世界の言語と日本語

言語類型論から見た日本語

角田太作

表紙の絵と裏表紙の絵はオーストラリアの画家 John Cummins さんの作品である。
　Cummins さんは、著者にオーストラリア東北部のワロゴ語を教えてくださった故 Alf Palmer さんの孫娘 Rachel Cummins さんの夫である。
　二つの絵はともにこの地域の神話に基づいている。表紙の絵は Gabol（錦蛇）を、裏表紙の絵は Yamani（大ウナギ）を描いている。Yamani の神話は著者が Alf Palmer さんから記録したものである。
　著者は 1971 年から 1974 年にかけて、3 回にわたって、Alf Palmer さんからワロゴ語を調査した。ワロゴ語の調査は著者の言語学の基礎を成している。ひいては、本書の基礎も成している。

目　次

はしがき
 0.1　本書の内容について …………………………………… ix
 0.2　本書の体裁等について …………………………………… x
 0.3　本改訂版について ………………………………………… x
 0.4　謝辞 ………………………………………………………… xi

第 1 章　はじめに
 1.1　言語類型論 ………………………………………………… 1
 1.2　諸言語を比較することの意義 …………………………… 1
 1.3　日本語を世界の諸言語と比較することの意義 ………… 2

第 2 章　語順
 2.1　はじめに …………………………………………………… 3
 2.2　資料 ………………………………………………………… 3
 2.3　考察 ………………………………………………………… 24

第 3 章　格
 3.1　はじめに …………………………………………………… 31
 3.2　格組織 ……………………………………………………… 31
 3.3　まとめ ……………………………………………………… 40

第 4 章　シルバースティーンの名詞句階層
 4.1　はじめに …………………………………………………… 41
 4.2　格組織 ……………………………………………………… 43
 4.3　日本語の能動文と受動文 ………………………………… 47
 4.4　発話当事者の視点ハイアラーキー ……………………… 50
 4.5　日本語の他動詞文の無生物主語 ………………………… 50
 4.6　「は」と「が」 …………………………………………… 53

4.7　ナバホ語の語順 ……………………………………………… 55
　　4.8　ジャル語の付属代名詞 ……………………………………… 58
　　4.9　日本語の形式名詞「こと」等 ……………………………… 59
　　4.10　まとめ ………………………………………………………… 65

第5章　他動性
　　5.1　はじめに ……………………………………………………… 67
　　5.2　伝統的な定義 ………………………………………………… 67
　　5.3　日本語の他動性の研究 ……………………………………… 70
　　5.4　原型 …………………………………………………………… 75
　　5.5　他動性の定義の提案 ………………………………………… 76
　　　　5.5.1　他動性の原型の意味的な側面 ……………………… 76
　　　　5.5.2　他動性の原型の形の側面 …………………………… 78
　　5.6　日本語における他動性 ……………………………………… 79
　　5.7　意志性 ………………………………………………………… 85
　　5.8　自動性 ………………………………………………………… 90
　　5.9　おわりに ……………………………………………………… 92

第6章　二項述語階層
　　6.1　はじめに ……………………………………………………… 95
　　　　6.1.1　述語 …………………………………………………… 95
　　　　6.1.2　項 ……………………………………………………… 95
　　　　6.1.3　日本語と英語の項の例 ……………………………… 97
　　6.2　二項述語階層 ………………………………………………… 100
　　　　6.2.1　意味 …………………………………………………… 102
　　　　6.2.2　品詞 …………………………………………………… 104
　　　　6.2.3　格 ……………………………………………………… 105
　　　　6.2.4　ボイス ………………………………………………… 116
　　　　6.2.5　日本語への反映 ……………………………………… 119
　　　　6.2.6　露語への反映 ………………………………………… 121
　　6.3　まとめ ………………………………………………………… 123

第 7 章 所有傾斜

- 7.1 所有者敬語 ……………………………………………… 125
  - 7.1.1 はじめに ……………………………………… 125
  - 7.1.2 所有傾斜 ……………………………………… 126
  - 7.1.3 所有者敬語（その 1）：自動詞主語の場合 ……… 129
  - 7.1.4 所有者敬語（その 2）：他動詞主語の場合と目的語の場合
    ……………………………………………………… 133
  - 7.1.5 個人差について ……………………………… 137
  - 7.1.6 「正しい」敬語との関連 …………………… 138
- 7.2 所有者昇格 ……………………………………………… 139
- 7.3 ワロゴ語とジャル語の所有格と同格表現 …………… 142
- 7.4 日本語の所有の動詞 …………………………………… 145
  - 7.4.1 「する」 ……………………………………… 145
  - 7.4.2 「所有する」 ………………………………… 149
  - 7.4.3 「持つ」 ……………………………………… 150
  - 7.4.4 「ある」と「いる」 ………………………… 150
- 7.5 日本語の「名詞＋の＋名詞」………………………… 154
- 7.6 英語の疑似過去分詞 …………………………………… 155
- 7.7 ワロゴ語とジャル語の所有接尾辞 …………………… 157
- 7.8 身体部分と属性について ……………………………… 158
  - 7.8.1 普通所有物と非普通所有物 ………………… 158
  - 7.8.2 日本語の「所有物＋の＋所有者」と英語の疑似過去分詞
    ……………………………………………………… 159
  - 7.8.3 英語の接尾辞 -y と with the NOUN ………… 161
  - 7.8.4 日本語の「ある」 …………………………… 162
  - 7.8.5 普通所有物：特別ではない意味の場合 …… 163
  - 7.8.6 普通所有物：「持っていない，無い」と言う表現の場合
    ……………………………………………………… 165
- 7.9 日本語の「する」，「ある」，「持つ」と「所有物＋の＋所有者」
  ……………………………………………………………… 167
  - 7.9.1 「する」 ……………………………………… 167
  - 7.9.2 「ある」 ……………………………………… 169

7.9.3　「持つ」 …………………………………………………… 171
　　　7.9.4　「所有物＋の＋所有者」 ……………………………… 173
　　　7.9.5　7.9 のまとめ …………………………………………… 174
　7.10　第 7 章のまとめ ……………………………………………… 176

第 8 章　主語，主格，主題，動作者：文法分析の四つのレベル
　8.1　はじめに ………………………………………………………… 177
　8.2　四つのレベル …………………………………………………… 179
　8.3　混乱の例 ………………………………………………………… 182
　　　8.3.1　はじめに ………………………………………………… 182
　　　8.3.2　動作者(即ち，意味役割)と主格(即ち，格)を区別しない場合 ………………………………………………………… 182
　　　8.3.3　主格(即ち，格)と主語(即ち，統語機能)を区別しない場合 ………………………………………………………… 185
　　　8.3.4　主語(即ち，統語機能)と主題(即ち，情報構造)を区別しない場合 …………………………………………………… 187
　8.4　意味役割のレベルと格のレベルの関係 ……………………… 188
　8.5　意味役割のレベルと情報構造のレベルの関係 ……………… 190
　8.6　格のレベルと情報構造のレベルの関係 ……………………… 191
　8.7　学問での理論的構築物 ………………………………………… 193
　8.8　統語機能のレベル ……………………………………………… 194
　8.9　英語における統語機能 ………………………………………… 196
　　　8.9.1　はじめに ………………………………………………… 196
　　　8.9.2　呼掛け語 ………………………………………………… 197
　　　8.9.3　主語 ……………………………………………………… 197
　　　8.9.4　目的語 …………………………………………………… 203
　　　8.9.5　補語 ……………………………………………………… 206
　　　8.9.6　状況語 …………………………………………………… 207
　8.10　統語機能を考える時の注意 ………………………………… 208
　8.11　日本語における統語機能 …………………………………… 211
　　　8.11.1　はじめに ……………………………………………… 211
　　　8.11.2　主語 …………………………………………………… 212

　　　　8.11.3　目的語 ……………………………………………… 218
　　　　8.11.4　日本語の主語の原型と目的語の原型 ……………… 219
　　　　8.11.5　原型ではない主語と目的語：動物の場合と無生物の場合
　　　　　　　 ………………………………………………………… 221
　　　　8.11.6　四つのレベルの対応 ……………………………… 223
　　　　8.11.7　原型ではない主語と目的語：「が＋を」（主格＋対格）と他
　　　　　　　 の格枠組み …………………………………………… 224
　　　　8.11.8　三上章の主語廃止説 ……………………………… 235
　　8.12　諸言語における主語 ………………………………………… 236
　　8.13　まとめ ………………………………………………………… 238

第9章　日本語は特殊な言語ではない。しかし，英語は特殊な言語だ。
　　9.1　はじめに ………………………………………………………… 241
　　9.2　語順 ……………………………………………………………… 245
　　9.3　格，Silverstein の名詞句階層，他動性，二項述語階層，所有傾斜
　　　　 ……………………………………………………………………… 251
　　9.4　統語機能と主語 ………………………………………………… 252
　　9.5　まとめ …………………………………………………………… 253
　　9.6　誤解の原因 ……………………………………………………… 253

第10章　言語教育への提案
　　10.1　はじめに ……………………………………………………… 257
　　10.2　母語の影響 …………………………………………………… 257
　　10.3　テストの結果への反映 ……………………………………… 260
　　10.4　諸言語の知識 ………………………………………………… 263
　　10.5　まとめ ………………………………………………………… 267

第11章　おわりに …………………………………………………… 269

付録　言語の分類 …………………………………………………………… 273
大付録　語順の表 …………………………………………………………… 280
参考文献 ……………………………………………………………………… 307

索引

索引　事項と語彙なとの索引·· 319
　　　言語名の索引··· 331
　　　人名の索引··· 334

図

図　図3-1　格組織··· 32
　　図3-2　動作格型格組織··· 37
　　図4-1　シルバースティーンの名詞句階層··································· 41
　　図4-2　対格と能格の分布··· 43
　　図4-3　日本語の能動文と受動文··· 49
　　図6-1　日本語の二項述語の格枠組み······································ 120
　　図7-1　所有者敬語(その1)··· 131
　　図7-2　所有者敬語(その2)··· 136
　　図7-3　所有傾斜のその他の反映·· 145
　　図9-1　英語の文の構造·· 242
　　図9-2　カルカトゥング語の文の構造······································ 243
　　図10-1　テストの結果··· 262

表

表　表2-1　日本語，英語とタイ語の語順······································· 25
　　表2-2　従属部と主要部··· 27
　　表2-3　日本語，英語，タイ語の項目[18]，[19]···························· 29
　　表3-1　古代日本語の格組織(Vovin 1997: 286)····························· 39
　　表4-1　ワロゴ語の代名詞:'3人称両数'···································· 44
　　表4-2　ワロゴ語の名詞:母音で終わる固有名詞····························· 45
　　表4-3　ワロゴ語の格組織··· 47
　　表4-4　「は」と「が」··· 54
　　表4-5　飾りの表現··· 60
　　表5-1　日本語における他動性··· 80
　　表6-1　二項述語の階層·· 101
　　表7-1　動詞「する」·· 147
　　表7-2　「いる」と「ある」·· 151
　　表7-3　日本語の「所有物＋の＋所有者」·································· 159
　　表7-4　英語の疑似過去分詞·· 159
　　表7-5　日本語の所有の表現·· 175

はしがき

0.1 本書の内容について

　本書の内容は「言語類型論の観点から見た日本語」と言える．本書の主な目標は以下の二つである．

　(a) 日本語を世界の諸言語と比較して，似ている点，異なる点を見る．換言すれば，日本語を世界の諸言語の中に位置づけて，日本語を幅広い視野から見る．

　(b) 文法の考え方を学習する．従来，学校等で習った文法にとらわれずに，自由で柔軟な考え方で，文法を，特に日本語文法を，見直す．

　本書の各章は，その内容によって，概略，次の四つに分かれる．

　(a) 第6章と第7章の内容は私自身の研究の結果である．第6章はTsunoda(1981b, 1985b)に，第7章はTsunoda(1995b)と角田太作(1990d)に，基づいている．

　(b) 第2章，第5章，第9章，第10章は，内容の全てが私自身の研究成果という訳ではないが，従来の研究成果を踏まえ，私自身の研究も入れて書いた拙論に基づいている．第2章はTsunoda(1988b, 1990a, 1990b)と日本語教育学会(1991)の第6章(私が担当)に，第5章はTsunoda(1994a)に，第9章は角田(1989b)に，第10章はTsunoda(1987a, 1987b)，日本語教育学会(1991)の第6章に基づいている．

　(c) 第4章，第8章の内容については，他の刊行物で管見を出版したことは殆ど無い．しかし，ここでも，従来の研究成果に加えて，私自身の考察も述べてある．

　(d) 第1章，第11章には，私自身の研究の成果は殆ど無い．

　本書では，日本では余り馴染みの無い言語，例えば，豪州原住民語から例を挙げることが有る．その目的は，(i)世界の諸言語には日本語とタイプの異なる言語があること，又は(ii)日本では余り馴染みの無い言語でも，日本語と同じ原理が働いていることを，示すことである．これらはいずれも，上記の二つの目標を考慮してのことである．

0.2 本書の体裁等について

　本に注が有ると読みにくい。特に注が脚注ではなくて，その章の最後か本の最後等にある場合は一層，読みにくい。これを考慮して，本書では，注は一切，用いない。注に当たるものは，全て括弧の中に書いて，本文に入れた。

　例文で，文頭に疑問符（？）の付いている文は，余り自然な文ではないが許される文，星印（＊）の付いている文は許されない文，非文法的な文である。（この様に区別することが困難な場合もあるが。）

　本書で用いた略語等は以下の通りである。1 は 1 人称；2 は 2 人称；3 は 3 人称；単は単数；両は両数；複は複数。

　読者にとって馴染みの無いと思われる言語の例を挙げる場合は，語を必要に応じて形態素に分け，形態素の境界をハイフンで示す。更に，形態素毎にグロスを付ける。豪州のワロゴ語の例を挙げる。（ゴの「゜」は鼻音を表す。）bama-nggo '男-能格'。但し，形態素に分けられない場合もある。例えば，ワロゴ語の代名詞 ngaya は 1 人称，単数，主格を表す。この場合，グロスはハイフンではなく，コロンを用いる。ngaya '1 単：主格'。又，例文を他の人の書いた文献から引用した場合，語を形態素に分けられるかどうか，分からないことが有る。この場合もコロンを使う。

0.3 本改訂版について

　本書の初版は 1991 年に刊行された。幸いな事に重刷が続き，2007 年の第 10 刷に至った。初版の刊行以来，本書を用いて，筑波大学，名古屋 YWCA，東京大学，富山大学，大阪大学，山口大学，お茶の水女子大学，信州大学，立正大学，東京外国語大学，日本女子大学，東北大学，神戸大学，宮城教育大学，名古屋大学，学習院大学等で，授業又は講演を行った。その際，受講者の方々が本書の内容について助言を下さり，又，間違いも指摘して下さった。間違いは重刷の度に訂正しておいた。又，初版刊行時には未刊行だった私の論文もその後刊行したので，出版年を書いた。

　今回はこの様な，小さな訂正に留まらず，改訂版を刊行することにした。改訂版を出す目的は下記の通りである。

　(a) 間違いを訂正すること。例えば 6.2.6－[1] の，ロシア語の完了体から不完了体を派生する方法の部分を書き直した。

　(b) 分かりにくい箇所，説明が足りなかった箇所を書き直すこと。例えば表

7-1から表7-4を加えた。日本語の主語と目的語についての部分を書き直した。8.11.2, 8.11.4, 8.11.5, 8.11.7である。第9章で，文の構造の階層性（configurationality）について述べた。

(c) 必要な場合には言語名の表記を変えること。例えば，豪州東北部のWarrungu（以前は「ワルング」等と表記）は，言語復活運動が始まり（Tsunoda 2005a：212-13），2004年にWarrongoと表記することに決まった。これを「ワロゴ」と表記する。

(d) 初版で引用しなかった文献と初版刊行後に刊行された論文で，本書に関係のあるものを，スペースの許す範囲で引用すること。例えば，新居田(1999)，奥津(1983)，パルデシ(2007)，角田太作(1992e)。

(e) 上で述べた授業と講演で頂いた助言を出来るだけ繰り込むこと。助言して下さった方々のお名前も，特定出来る限り，本文中で書いた。

(f) 不要と思われる箇所を削除すること。

(g) 出来るだけ本書を短くすること。例えば，出来る限り，表現を簡潔にしたり，受動文を能動文に代えたりした。英語の例文の和訳は，必要，或いは，有用と思われる箇所に止め，他は削除した。

(h) 性的嫌がらせ，或いは，暴力を描写する例文を他の例文で置き換えること。但し，他に適切な例文が見つからなかった場合には，置き換えることが出来なかった。特に動詞「殺す」は原型的他動詞（第5章参照）であるため，この動詞を用いるのが最も便利であり，他の動詞で置き換えるのが困難な場合があった。又，例文を引用した場合に，原典で「殺す」に当たる動詞を用いている場合は，そのまま引用した。

0.4　謝辞

本書が完成するまでに実に多数の方々の援助を頂いた。（以下，敬称は略す。）

下記の方々（五十音順）が初版の原稿の全体又は部分を読んで貴重な助言をして下さった：大坪一夫（故人），岡田公夫，金田章宏，小林典子，佐藤琢三，高橋太郎（故人），堤美知子，角田三枝，野田尚史，保阪泰人，松本克己，松本泰丈，皆島博。

付録に130の言語の語順の表を挙げてある。個々の言語の語順の資料は，ワロゴ語（豪州東北部）とジャル語（豪州西北部）については私自身の調査によ

る。日本語は私自身の母語話者としての知識による。他の言語については，大部分は刊行物から得た情報による。その一部は Tsunoda (1990a, 1991a, 1991b, 1992a, 1992b, 1993a, 1993b, 1994b, 1994c, 1994d, 1995a) に挙げてある。下記の言語について下記の方々が情報を提供して下さった。韓国語・朝鮮語：中島彰史，鄭真虎。蒙古語：水野正規。エベンキ語：I.V. Nedjalkov。トルコ語：林徹。マリ語：松村一登。ハンガリー語：Edith Moravcsik。アブハズ語とアジゲ語：Viacheslav A. Chirikba。カバルディアン語：Maria Polinskaja。アバル語：Claude Tchekhoff。グルジア語：下宮忠雄。露語：Maria S. Polinskaja, Yuri A. Tambovtsev。スウェーデン語：U.G.E. Hammarström, Michael Bjorn。仏語：Denis Reynaud, Joel Bouderlique。ポルトガル語：Vania Dias Mendonca。スペイン語：Yukiko Takayanagui。伊語：Marija Kristina Hmeljak。ルーマニア語：Graham Mallinson, Andrei Avram。現代ギリシャ語：浮田三郎。現代ペルシャ語：縄田鉄男。ベンガリ語：Rupa Bhattacharjee。バスク語：下宮忠雄，白附紀子，Tx. Peillen, E. Tiffou。現代ヘブライ語：松田伊作。ティグリニャ語：F. R. Palmer, Aster Mesghennan。ハヤ語：影山太郎。ブルシャスキ語：Etienne Tiffou。チベット語：長野泰彦。ビルマ語：加藤昌彦。中国語：Wu Lingfei, 小林（本人の希望により名前は略す），野島本泰。タイ語：マリー・ケオマノータム，坂本比奈子，タサニー・メータービスィット。インドネシア語：崎山理。タガログ語：Curtis McFarland。ビコル語：Bernardita B. McFarland。パラウ語：Charles M. De Wolf。ニエウ語：Maria Polinskaja。カルカトゥング語：Barry J. Blake。ディヤリ語：Peter Austin。ワルピリ語：Jane Simpson。グニヤンディ語：William McGregor。アムエシャ語：Mary Ruth Wise。ハカル語：M. J. Hardman。アイマラ語：M.J. Hardman, Lucy T. Briggs。ケチュア語：細川弘明。トゥユカ語：Janet Barnes。トル語：Ronald Dennis。ハイランド・チョンタル語：Viola Waterhouse。ワラパイ語：James E. Redden。イシル語：Maria T. de Stiles。キチェ語：David Henne。ポコムチ語：Boris Ramirez。ラビナル・アチ語：Carol Lynn Barrera。カクチケル語：Tim Carey。ケクチ語：Francis Eachus, Ruth Carlson, 八杉佳穂，Joseph DeChicchis。トホラバル語：M. Jill Brody。チョンタル・マヤ語：Susan M. Knowles-Berry。チョルティ語：John E. Lubeck。コパラ・トリケ語：Barbara E. Hollenbach。イスムス・ザポテク語：Jorge Ramirez Pineda, Carol C. Mock。ナワトゥル

語：Neville Stiles。ホピ語：Ekkehart Malotki, Michael Lomatuway'ma。コマンチ語：Jim Armagost。ナバホ語：K. L. Hale。スレイビー語：Philip G. Howard。チョクトー語：Jeffrey Heath。ユチ語：William L. Ballard。オマハ・ポンカ語：John E. Koontz。ブラックフット語：Don Frantz。アティカメク語：Bonnie Jo Stime。ネズ・パース語：Noel Rude。コースト・ツィムシアン語：Jean Mulder。ギトゥクサン語：Bruce Rigsby。イヌイト語（カナダのエスキモー語）：Edna Ahgeak MacLean。チュクチ語：Bernard Comrie, Vladimir P. Nedjalkov。ニヴフ語：Vladimir P. Nedjalkov。

又、語順の表に入れられなかったが、下記の資料も頂いた。古典アラビア語：松田伊作、シュメール語：吉川守、中世ペルシャ語：野田恵剛。

新永悠人が詳細な正誤表を作って下さった。

0.3 で述べた様に、助言、教示を下さった方々のお名前は、特定出来る限り、本文中で書いた。特に下記の方々は、資料と助言を下さり、改訂版の原稿の一部を読んで下さった。佐々木冠 (3.2)、山田久就 (6.2.6)、イ・ジェジュン (Lee Jea Joon) (9.2)。

本書で直接には扱っていないことも含めて、文法の諸分野について、Barry J. Blake、高橋太郎、柴谷方良の諸先生が指導して下さった。

本書で報告した研究の一部分は筑波大学平成 2 年度学内プロジェクト研究費の援助を受けた。

くろしお出版では、初版出版の際には岡野 (現在、三戸) ゆみ子、福西敏宏、第 9 刷 (2005 年) と本改訂版では池上達昭の皆様が、様々な面で援助して下さった。

皆様に心からお礼申し上げます。

謝辞を捧げるべき方が他にもいるかも知れない。その方々はご容赦いただきたい。

東　京
2008 年 9 月
角田太作

第1章 はじめに

1.1 言語類型論

　言語学の分野の一つに「言語類型論と言語普遍性」がある。この分野は単に言語類型論又は言語普遍性とも呼ぶ。以下では言語類型論と呼ぶ。(厳密に言えば，言語類型論と言語普遍性は別のものである。両者の関係についてはComrie(1981：30-35)参照。)

　言語類型論は世界の諸言語を比較して，そのバリエーションを調べる。具体的には以下のことを調べる。

　(a) 諸言語はどの様な点で，どの程度，異なっているか？
　(b) 諸言語にはどの様な点で，どの程度，共通性があるか？

　世界の諸言語に共通である(と見なされている)法則性を言語普遍性と呼ぶ。

　言語類型論の概説書にはComrie(1981)，Mallinson and Blake(1981)等がある。言語類型論の概略は，日本語では柴谷・角田(1982)，角田太作(1983a, 1988d, 2005b)，柴谷(1989)等がある。

1.2 諸言語を比較することの意義

　世界の諸言語を比較することには，どの様な意義があるのだろうか？

　先ず，言語普遍性を捜すには諸言語を比較しなければならない。そうしないと，或る特徴が世界の言語に共通するものであるか，或る言語に固有のものであるか，分からない。

　又，諸言語を比較してみると，ただ一つの言語を研究しているだけでは気が付かない法則性を発見することがある。Keenan and Comrie(1977)が提案した名詞句階層や，Silverstein(1976)の提案した名詞句階層がその例である。後者の名詞句階層を第4章で扱う。

　更に，他の諸言語と比較することによって，或る言語の特徴が浮かび上がって来る。語順がその例である。第2章で世界の諸言語の語順を比較して，様々な語順の型があることを示す。その結果，或る言語の語順の特徴が明らかになるのである。

1.3 日本語を世界の諸言語と比較することの意義

1.2で述べたことは日本語の研究についても言える。日本語を世界の諸言語と比較して初めて，日本語と他の言語の類似点，相違点が分かるのである。ただ日本語を見ているだけでは分からない。

よく「日本語は特殊な言語である」等と言う人がいる。又，「日本語の特質」，「日本語の本性」といった題の本もある。例えば金田一(1981)である。しかし，これらの人達は日本語を世界の諸言語と比べていない。世界の諸言語と比較しなければ，日本語が特殊であるかどうか，分からない。

日本語の特殊性とか特質といったものを語るには，先ず，日本語を世界の諸言語と比較しなければならない。本書では日本語をなるべく多くの言語と比べる様に努める。特に，語順に関しては，世界各地の約130の言語と比較する。これらの言語の語順の概略を「大付録 語順の表」に示す。

日本語のいわゆる特殊性については，第9章で詳しく述べる。結論としては，日本語は決して特殊な言語ではない。世界の諸言語の中でごく普通の言語である。

日本語の場合とは逆に，英語は世界の言語の中で代表的，標準的な言語であると思っている人がいる。実は，英語は或る点では世界でも希にみる，極めて珍しい言語なのである。このことも英語を世界の諸言語と比較して初めて判明した。詳細は第9章で扱う。

第2章　語順

2.1　はじめに

　本章では日本語，英語，タイ語の語順を19の項目について比較する。（以下，「日」，「英」，「タ」と略すことがある。）項目の選定は語順類型論の先駆者Greenberg(1963)の研究を参考にした。

　日本語と英語を選んだ理由は明白であろう。タイ語を選んだ理由は本章の最後で明らかになる。結論を先に述べると，この三つの言語は語順に関して，三つの異なるタイプに属す。日本語とタイ語は語順に関してかなり一貫して逆である。英語の語順は一貫性が無い。日本語と同じになったり，タイ語と同じになったりする。

　日本語の語順の詳細はTsunoda(1988b)に，タイ語の語順の詳細はTsunoda(1990a)にある。タイ語については，文法書から得た資料に加えて，タイ人のマリー・ケオマノータム(Malee Kaewmanotham)さんから直接，資料を得た。又，これら三つの言語の語順の比較の概略は日本語教育学会(1991)の第6章にも書いた。しかし，以下では，上記の研究で述べなかったことも加える。なお，語順の類型論の概観は，英語ではComrie(1981)，Mallinson and Blake(1981)等に，日本語では角田太作(1983a, 1988d, 2005b)，松本克己(1987)等にある。

2.2　資料

　[1] 主語，目的語と動詞

　言語類型論での習慣に従って，主語(subject)をS，目的語(object)をO，動詞(verb)をVと略す。[1]では，平叙文でしかも肯定文であるものだけを見る。（疑問文は[13]から[16]で，否定文は[17]で検討する。）最初に他動詞文を，次に自動詞文を見る。

　(a) 他動詞文。日本語では主にSOVの語順を用いる。英語では主にSVOの語順を，タイ語ではSVOだけを，用いる。

　　(2-1)　日：太郎が　花子を　見た。　　　　　　　　　　　(SOV)

(2-2) 英：John saw Mary. (SVO)
(2-3) タ：malii　　hěn　　　sǒmsàk. (SVO)
　　　　マリー　見る / 見た　ソムサク
　　　'マリーがソムサクを見る / 見た。'

（タイ語の動詞は活用語尾が無い。同じ形が過去も現在も未来も示せる。）

　日本語では厳密に言えば，動詞が文末に来ることが重要な規則である。動詞が文末に来さえすれば，主語と目的語は入れ替わってもよい。

(2-4) 花子を　太郎が　見た。 (OSV)

話し言葉では，主語や目的語が動詞の後に来ることも頻繁に起こる。その意味では，動詞が必ず文末に来なければならないという訳ではない。しかし，その場合，文が一旦終って，何かを付け加えた感じがする。

(2-5) 花子を　見た，太郎が。 (OVS)

又，柴谷(1981：52)の指摘する様に，動詞が文末に来ないで，文頭等に出る言い方もある。特に標語や広告文等でよく見る。

(2-6) 事故を呼ぶ，酒が，疲労が，スピードが。 (柴谷1981：52)
　　　　　　　　　　　　　　　　　　　　　　　　　　　　　　　(OVS)
(2-7) 聞かせて下さい，土地を売る話を。 (柴谷 1981：52)(VO)
(2-8) 乞う　ご期待。 (VO)

　英語では，目的語が主語の前に来ることがある。

(2-9) That play, John saw yesterday. (Chafe 1976：49)(OSV)

Chafe(1976：49)によると，この様な文は対照を表すという。「他の劇はともかくとして，その劇について言えば，ジョンが昨日，見た」という様な意味であろう。(対照については，4.6も参照。)

　タイ語では，私がケオマノータムさんから調べたところでは，平叙文はSVOのみを用い，他の語順は許さない。(しかし，一般疑問文ではOSVが可能である。例は(2-98)。)

　(b) 自動詞文。日本語では主語と動詞の順番は，上で他動詞文について述べたことが当てはまる。英語では自動詞文の語順は普通 SV である。しかし，或る種の条件の下では主語と動詞の倒置が可能である。(詳細は Penhallurick (1984)等参照。)

(2-10) Bill rushed into the room. (SV)
(2-11) Into the room rushed Bill. (VS)

しかし他動詞文ではこの様な倒置は許さない（Penhallurick 1984：35）。

　（2－12）　Harry pushed Bill into the room.　　　　　　　　　（SVO）
　（2－13）　*Into the room pushed Harry Bill.　　　　　　　　　（VSO）

タイ語でも自動詞文は普通 SV である。しかし，磯部(1988)によると，次の三つの動詞は VS の語順を取る：mii '存在する'，kə̀ət '起こる'，praakòt '判明する'。

　（2－14）　mii　nǎngsɯ̌　bon　tó.　　　　　　　　　　　　　（VS）
　　　　　　ある本　　　に　　テーブル
　　　　　　'テーブルの上に本があります。'
　（2－15）　kə̀ət　　faimâi.　　　　　　　　　　　　　　　　　（VS）
　　　　　　起こる　火事　　'火事があった。'

（上で，主語，目的語という術語を用いた。しかし，厳密に言うと，これらに関しては難しい問題がある。第 8 章で詳しく検討する。第 7 章までは余り厳密に考えないで，大まかに，次の様な意味で用いる。主語：他動詞能動文では，動作者或いはその類を指す語句。自動詞文では動作者，存在物，状態の持ち主等を表す語句。目的語：他動詞能動文の動作の対象或いはその類を指す語句。

又，上で，動詞という語を用いた。しかし，厳密には述語と言うべきものである。動詞は名詞，代名詞，副詞，形容詞等と共に，品詞である。一方，主語と目的語は，第 8 章で見る様に，語句の文中での役目による分類に関することである。従って，厳密に言えば，動詞を主語，目的語と同列に扱うことは不適切である。主語，目的語，動詞の語順とは言わないで，主語，目的語，述語の語順と言うべきである。しかし，語順の類型論の研究では SOV，SVO 等といった言い方が既に定着している。新しい言い方を用いると混乱を起こす恐れがあるので，不本意ながら，述語の代わりに動詞という語を使う。）

［2］側置詞と名詞

側置詞(adposition, Comrie 1981：85)の代表的なものは前置詞(preposition)と後置詞(postposition)である。日本語，英語，タイ語の全てに，側置詞がある。大まかに言って，日本語では名詞の後に来る，即ち，後置詞であり，英語とタイ語では前に来る，即ち，前置詞である。

　（2－16）　日：バンコク　に
　（2－17）　英：in　Bangkok

(2-18)　タ : nay krungthêeb
　　　　　に　バンコク　'バンコクに'

言語類型論では，日本語を普通，後置詞言語と呼ぶ(Tsunoda(1988b)等参照)。しかし，安藤節子(私信)によると，或る特殊な条件の下でだけ使うのではあるが，前置詞が存在する。例は「至名古屋」と「於名古屋」。この「至」と「於」は，語源的には多分，中国語の影響であろう。しかし，もはや日本語の一部となっていることは否定出来ない。語源は動詞であるかも知れない。しかし，この様な用法では前置詞とみるのが妥当であろう。これらは書き言葉だけで用いる。しかも，発音することが無い。非常に特殊な前置詞である。同じ様な例で，私が見つけたものに下記の例がある。全日空の機内誌「翼の王国」1990年6月号(No.252)の全日空の路線図で，空港を表す記号の説明が次の様に書いてある。

(2-19)　空港(含む無線航法援助施設)

この「含む」も起源は動詞であるが，もはや前置詞と見なすのが妥当であろう。(英語のincluding'を含めて'も，起源は動詞include'含む'であるが，この用法では，もはや前置詞である。)　この「含む」も書き言葉だけで用いるもので，発音することは無いであろう。

ある結婚式の案内状に次の様に書いてあった。

(2-20)　ホテルニューグランドに於て

この「に於て」は前置詞ではなくて，後置詞(もっと正確に言えば，複合後置詞)である。更に，前置詞の「於」とは違って，発音する。

日本語の場合とは逆に，英語は普通，前置詞言語と呼ぶ。しかし，英語にも少数ながら後置詞がある。例えば，over'の一面に'は(2-21)では前置詞であるが，(2-22)では後置詞である。

(2-21)　all over the world　'世界中に'
(2-22)　all the world over　'(上に同じ)'

Notwithstanding'にも拘らず'も，前置詞と後置詞の両方の用法がある。

(2-23)　notwithstanding the rain　'雨にもかかわらず'
(2-24)　my wishes notwithstanding　'私の願いにもかかわらず'

(Over, notwithstanding等について，前置詞ではあるが名詞の後に置くこともあると書いてある本もある。しかし，この言い方はおかしい。名詞の後に来るのなら，その場合は後置詞である。) Ago'…前に'は，副詞としている辞書も

あり，形容詞としている辞書もある．しかし，Lehmann(1978a：174)と安藤節子(私信)の指摘する様に，後置詞と見なすべきであろう．

(2-25)　ten minutes ago　　'10分前に'

Later'後で'や aside'わきへ'も辞書には副詞と書いてある．しかし，少なくとも以下の様な例では，後置詞と呼ぶべきであろう．

(2-26)　ten minutes later　　'10分後に'
(2-27)　all jesting aside　　'冗談はさておき'

(旺文社，エッセンシャル英和辞典 1968：95)

更に，次の様な例もある：

(2-28)　What for?　　'何の為に？'
(2-29)　Where from?　　'どこから？'
(2-30)　Who with?　　'誰と一緒に？'

これらは，省略文である．例えば，(2-28)は下記の様な文を省略したものと見てよいであろう．

(2-31)　What am I living for ?　　　　　　　　　(Chuck Willis)

(この例は Chuck Willis という歌手の歌った歌の題である．歌の題又は歌詞から例を採った場合には，その歌手又はグループの名前を括弧内に示す．)
(2-28)から(2-30)の様な言い方は話し言葉でよく聞く．これらの例で，for, from, with 等は後置詞と見なしてよいであろう(Ultan 1978：223, Blansitt 1988：175)．

(学校で習う文法の用語について私見を述べる．国文法で言う格助詞と英文法で言う前置詞は共に側置詞である．例は「学校へ」と to school；「学校から」と from school．名詞等に先行するか，後行するかという点で違う．しかし教科書では，共に側置詞であるという共通点を全く無視して，全く異なる名称で呼んでいる．これは得策ではない．教科書に以下の様に書いたらどうだろうか？「日本語にも英語にも側置詞がある．側置詞は日本語では大部分は名詞に後行するが，先行するものもある．英語では大部分は先行するが，後行するものもある．」この様に書けば，共通点と相違点が明白になり，日本語の理解にも，英語の学習にも役立つであろう．日本語と英語を比較して，共通点，相違点を捜し出させる様な教育方法を用いると，言語を幅広く見る視野の形成に貢献すると思われる．)

[3] 所有格と名詞

所有格は日本語では後置詞「の」で示し，所有物を示す名詞の前に来る。タイ語では一般に前置詞の khɔ̌ɔng で示し，名詞の後に来る。英語には二つの方法がある。一つは Saxon genitive と呼ぶもので，'s を用いる。所有物を示す名詞の前に来る。もう一つは Norman genitive と呼ぶもので，of を用いる。所有物を示す名詞の後に来る (Comrie 1981：85)。代名詞の所有格も名詞の前に来る。(英語のこの二つの所有格の意味，用法の違いはかなり複雑であるらしい。R. Hawkins (1981) 参照。)

(2-32) 日：太郎 の 家　　　　　私 の 家
(2-33) 英：Tweedledum's house
　　　　　 the house of Tweedledum　　　(Lehmann 1978a：177)
　　　　　 my house
(2-34) タ：bâan khɔ̌ɔng malii
　　　　　 家　　の　　マリー　'マリーの家'
　　　　　 bâan khɔ̌ɔng dìchǎn
　　　　　 家　　の　　私　　'私の家'

(ちなみに，代名詞の dìchǎn '私' は女性だけが使う。一方，phǒm '私' は男性だけが使う。後者は日本語の「僕」等に当たる。)

[4] 指示詞と名詞

指示詞は日本語と英語では名詞の前に来るが，タイ語では逆である。

(2-35) 日：この 家
(2-36) 英：this house
(2-37) タ：bâan níi
　　　　　 家　　この　'この家'

[5] 数詞と名詞

数詞は日本語と英語では名詞の前に来るが，タイ語では一般に名詞の後に来る。(更に，日本語では下記の様な例の場合，後置詞「の」が介入する。)

(2-38) 日：三人 の 子供
(2-39) 英：three children
(2-40) タ：dèk sâam khon
　　　　　 子供 三 類別詞　'三人の子供'

(日本語の「-人」は類別詞的な接尾辞である。タイ語の khon は類別詞であ

る。特殊な身分の人間ではなく，普通の人間を指す名詞と共に用いる。）

[6] 形容詞と名詞

形容詞は日本語では名詞の前に来る。英語でも一般にそうである。しかしタイ語では後に来る。

(2-41) 日：大きい 家
(2-42) 英：a big house
(2-43) タ：bâan yày
　　　　　　家　大きい　'大きい家'

英語では，厳密に言うと，形容詞が名詞又は被修飾語の後に来ることがある。例えば以下の様な場合である。

(a) 形容詞が他の語に伴われて，修飾語全体として長い場合(Lehmann 1978a：177)。

(2-44)　people fluent in three languages
　　　　　'三つの言語に堪能な人達'　　　　　(Comrie 1981：84)

(b) 被修飾語が some- 又は any- で始まる場合。

(2-45)　something old, something new　　　　(The Fantastics)

(c) 形容詞が前に来るか後に来るかで，意味が違う場合もある。

(2-46)　the present Cabinet　　'現在の内閣'
(2-47)　the people present　　'そこに居合わせた人達'

(d) 或る意味の時に，形容詞が後に来る名詞がある。例えば thing は 'もの' を意味する時は形容詞が前に来るが，'事物，風物' を意味する時は後に来る。

(2-48)　things Japanese　　'日本の風物'

(e) 或る種の法律用語の様なもの。多分，仏語の影響であろう。Comrie (1981：84)によると，これらの語はもはや二つの単語とは感じず，複合語の様に感じるらしい。

(2-49)　court martial　　'軍事法廷'　　　　(Comrie 1981：84)
(2-50)　envoy plenipotentiary　'全権公使'　(Comrie 1981：84)
(2-51)　governor general　　'総督'
(2-52)　heir apparent　　'法定推定相続人'

[7] 関係節と名詞

関係節は日本語では名詞の前に来るが，英語とタイ語では逆である。下の例文では関係節を角括弧で示す。

(2-53) 日：[昨日，犬を殺した]男は，家に居る。
(2-54) 英：The man [who killed a dog yesterday] is in the house.
(2-55) タ：phûuchay [thîi   khâa mǎa mîawaanníi] yùu
　　　　　　男   関係節の印 殺す 犬   昨日   いる
　　　　　　nay bâan.
　　　　　　に 家   '(上に同じ)'

[8] 固有名詞と普通名詞

非常に大まかに言って，日本語では，固有名詞は一般に普通名詞の前に来るが，タイ語では一般にその逆である。英語には両方の型がある。

(2-56) 日：山田 旅館　四谷 通り　名古屋 大学　一雄 おじさん
(2-57) 英：(a) Nottinghill Hotel　William Street　Monash University
　　　　　(b) Uncle Charlie (Nitty Gritty Dirt Band)　Lake Michigan
(2-58) タ：thànǒn   râachádamnɨan
　　　　　通り　　（名前）　　　　　'ラーチャダムニアン通り'
　　　　　mahǎawítthayaalay thammasàat
　　　　　大学　　　　　　（名前）　　'タマサート大学'
　　　　　khunlung sǒmsàk
　　　　　おじさん（名前）　　　　　　'ソムサクおじさん'

しかし，詳しく見ると，上に述べた傾向から外れる例もある。日本語では，上述の様に，非常に大まかに言って，固有名詞は一般に普通名詞の前に来る。しかし普通名詞が前に来る場合もある。例えば，普通名詞「ホテル」は後に来る例（「プリンスホテル」等）もあり，前に来る例（「ホテルオークラ」等）もある。これらは外来語を含んだ名前である。又，外来語ではないものでも，普通名詞が前に来る例がある。普通名詞「旅館」は，上記の傾向の通りに，後に来る場合が多い。例は「山田旅館」。しかし，普通名詞が前に来る例もある。例は「旅館河本」（名古屋大学の近くにある）である。普通名詞「旅荘」も，後に来る例（「桃山旅荘」等）もあり，前に来る例（「旅荘天城」等）もある。しかし，普通名詞「かっぽう」は必ず前に来るらしい。例は「かっぽう一の矢」（つくば市）と「かっぽう清澄」（土浦市）。逆に，「清澄かっぽう」の様に「かっぽう」が後に来る例は無い様だ。

英語でも普通名詞 hotel は両方の可能性がある。豪州では，大多数の例では後に来る。例は Nottinghill Hotel。しかし，少数ながら，前に来る例もある。

例は Hotel Melbourne, Hotel Brisbane, Hotel Adelaide 等。(大きい町の名前からとった名前の場合に, 普通名詞 hotel が前に来るのかも知れない。) アメリカでも同様な傾向であるらしい。Hotel が前に来る例は Hotel California (The Eagles)等がある。(或るアメリカ人に聞いたところ, hotel が前に来ると, 仏語の様な感じがすると言った。しゃれた感じがするということだろうか。) River も両方の可能性がある。豪州の或る川は River Norman とも Norman River とも呼ぶ。

ちなみに, 英語では大学の名前は(少なくとも豪州の大学に関しては)次の傾向がある。地名に由来する名前は「The University of 地名」の型を取る。例は The University of Melbourne と The University of Queensland。前者は市の名前, 後者は州の名前に由来する。(会話等では Melbourne University とも言うが, これは正式名称ではない。名古屋大学を名大と呼ぶ様なものである。) 人名に由来する名前は「姓 University」の型を取る。例は Monash University と Bond University。前者(私の母校)は John Monash, 後者は Alan Bond に由来する。この大学の命名の仕方の違いは, その大学が私立であるかどうかは関係無い。

名古屋大学では, 便箋に Nagoya University と書いてある。又, 大きな御影石の様なものに Nagoya University と彫ったものが大学前のバス停の近くに置いてある。折角, 御影石に彫ったのに The University of Nagoya(又は University of Nagoya)としなかったのは残念だ。筑波大学では, 便箋も学内の掲示も The University of Tsukuba 又は University of Tsukuba としてある。同様に東京大学でも The University of Tokyo としている。英語の大学名に of を入れるか入れないかについて, ピーターセン(1988:82-84)の考察がある。

タイ語では, 固有名詞が前に来る例をただ一つ見つけた。

  (2-59) cùlaalongkɔɔn mahǎawitthayaalay
       (名前)   大学
    'チューラロンコーン大学'

ケオマノータムさんに聞いたところ, この大学の名前の語順が例外であるのは, この大学が王様の名前に由来するからであろうとのことである。

人名では, 日本語では姓が先に来るが, 英語とタイ語では逆である。

  (2-60) 日:三上 章   藤村 富美男
  (2-61) 英:Otis Redding   Randy Bass

(2-62) タ：khàab　　　phágdii　　săa　　　phágdii
　　　　　（男の名前）　（姓）　　（女の名前）　（姓）

称号等は日本語では名前の後に来る。タイ語では前に来る。英語では一般に前に来るが，Esq. '殿，様' は例外で，後に来る。

(2-63) 日：小林　昭夫　博士　　　佐藤　幸作　教授
(2-64) 英：Dr. Peter Sutton　　　Mr. Bojangles（Nitty Gritty Dirt Band）
　　　　　John Smith, Esq.
(2-65) タ：khun khàaab phágdii　khun săa phágdii
　　　　　さん　　　　　　　　　さん

[9] 比較の表現

先ず例文を挙げる。

(2-66) 日：この本は　あの本　より　難しい。
(2-67) 英：This book is harder than that book.
(2-68) タ：năngsɨ̌ níi　yâak　kwàa năngsɨ̌ nán.
　　　　　本　　この　難しい　より　本　　あの
　　　　　'この本はあの本より難しい。'

日本語での語順は（主語を除くと）以下の通りである。

(2-69)　　比較の基準＋比較の印＋形容詞
　　　　　あの本　　　より　　　難しい

英語とタイ語では，語順は日本語の逆である。英語の例で示す。

(2-70)　　形容詞＋比較の印＋比較の基準
　　　　　harder　than　　that book

ちなみに，この様な比較の構文を持たない言語もある。例えば，(2-66)の内容を，二つの，異なる述語を使って(2-71)の様に言う言語もある。否定形を使って(2-72)の様に言う言語もある。或いは「勝る，しのぐ」の類の動詞を使って(2-73)の様に言う言語もある。

(2-71)　　この本は難しい。あの本はやさしい。

（この本はあの本と比べて，難しいという意味である。あの本がやさしいという意味ではない。次の例文も同様。）

(2-72)　　この本は難しい。あの本は難しくない。
(2-73)　　この本は難しさであの本に勝る。

[10] 助動詞と本動詞

日本語では本動詞が先行する。

(2-74)　食べて　いる　　食べて　しまう　　食べて　ある
　　　　　食べて　おく　　食べて　みる

これらの例の「いる」,「しまう」,「ある」,「おく」,「みる」は学校で習った国文法では助動詞と見なしていないが，助動詞と見てよいであろう。以下の例の「する」も同様である。

(2-75)　読みも　する(高橋 1978：9)　　読みは　する

(高橋は「読みも　する」の「する」を，補助動詞と呼んでいる様だ。)

英語では，日本語と逆で，助動詞が先行する。

(2-76)　am eating　　have eaten　　is eaten
　　　　must eat　　 will eat　　　can eat

タイ語では，助動詞は本動詞の前に来るものと，後に来るものとの，二種類ある。本動詞の前に来る例は下記の tǒɔng '義務' と (2-144) と (2-145) の cà '未来' である。

(2-77)　khǎw tǒɔng klàb bâan.
　　　　彼　　義務　　帰る　家
　　　　'彼は家に帰らなければならない。'

本動詞の後に来る例は下の例の yùu '進行' と (2-148) の dâay '可能' である。

(2-78)　khǎw kin　　aahǎan yùu.
　　　　彼　　食べる　食べ物　進行　'彼は食べ物を食べている。'

[11] 副詞と動詞

ここでは，広く副詞句(本書では状況語と呼ぶ。8.2-[4]参照。)も含めて考える。日本語では副詞は動詞よりも前に来る。動詞より後に来ると，文が一旦，終った後に付け加えた感じがする。

(2-79)　太郎さんは　いつも　　速く　　　　歩きます。
　　　　　　　　　時の副詞　様態の副詞

英語では副詞の位置は余り厳密には決まっていない。動詞より前に来る例もあり，後に来る例もある。

(2-80)　He always walks fast.　'彼はいつも速く歩く。'
　　　　　　時　　　　　　様態

例えば，時の副詞の位置も厳密には決まっていない(Comrie 1979：93)。

(2-81) Today Maxim is reading.
　　　　時
　　　　仮の訳：'今日マクシムは読書しています．'
(2-82) Maxim is reading today.
　　　　　　　　　　時
　　　　仮の訳：'マクシムは今日，読書しています．'

しかし Comrie(1979：98-99)によると，上の二つの文を使う状況は全く同じではない．(2-83)の質問には，(2-82)で答える．(2-81)は用いない．即ち，英語では新しい情報を示す時の副詞は文頭には出られない．文末に来なければならない．

(2-83) When is Maxim reading ?
　　　　'いつマクシムは読書していますか？'

日本語の場合については，(2-114)から(2-116)の考察で述べる．
タイ語では副詞の種類により，文頭に来るものも，文中に来るものも，文末に来るものもある．(詳細は Tsunoda(1990a：63-64)参照．)

(2-84) khǎw dəən rew samə̌ə.
　　　　彼　　歩く　速く　いつも　　'彼はいつも速く歩く．'
　　　　　　　　　　様態　時

[12] 副詞と形容詞

形容詞を修飾する副詞は，日本語では形容詞の前に来る．例は「とても」である．

(2-85) この花は　とても　きれいだ．

英語でも一般にそうである．例は very '非常に'，quite 'なかなか'，so 'とても'，too '…過ぎる' 等である．

(2-86) It may be quite simple. （Elton John）
(2-87) You're so vain. （Carly Simon）
(2-88) It's too late. （Carole King）

しかし，enough '十分に' は形容詞の後に来る．

(2-89) Feeling good was good enough for me. （Janis Joplin）

タイ語では副詞は形容詞の後に来る．

(2-90) malii nâarák mâak.
　　　　マリー　きれい　とても　　'マリーはとてもきれいだ．'

[13] 一般疑問文
　一般疑問文(英文法で yes/no の疑問文と呼ぶもの)は世界の言語の殆ど全てで，平叙文のイントネーションを変えると作れる。私がケオマノータムさんから調査したところによると，タイ語では単に平叙文のイントネーションを変えるだけでは，一般疑問文を作れない。この点でタイ語は珍しい。(世界の諸言語の一般疑問文の概観は Sadock and Zwicky (1985) にある。)
　世界の言語のかなり多くでは，疑問の印を加える方法でも，一般疑問文を作れる。日本語も疑問の印を持っている。それは「か」である。「か」は文末に起こる。(疑問の印というのは疑問符(？)ではない。)
　　(2-91)　太郎は　本を　読みました。
　　(2-92)　太郎は　本を　読みました　か？
　タイ語には疑問の印がいくつかある。これらは全て，接尾辞などではなく，語である。これらは，一般に，日本語と同じく，文末に来る。疑問の印の一つ，rɯ́ɯ の例を挙げる。
　　(2-93)　mîawaanníi　malii　hěn　sǒmsàk.
　　　　　　昨日　　　　(女の名前) 見る　(男の名前)
　　　　　　'昨日，マリーはソムサクを見ました。'
　　(2-94)　mîawaanníi　malii　hěn　sǒmsàk　rɯ́ɯ?
　　　　　　昨日　　　　　　　　見る　　　　　　　疑問
　　　　　　'昨日，マリーはソムサクを見ましたか？'
　タイ語の書き言葉では疑問の印は全て文末に出る。しかし，文法書には書いてなかったが，私がケオマノータムさんから調査したところでは，話し言葉に限って，疑問の印の内の rɯ́ɯ は文末以外の位置に出ることが出来る。正確に言うと，質問の焦点(質問された語)の直後に出る。以下の例文には，和訳に加えて，英訳も付ける。
　　(2-95)　mîawaanníi　rɯ́ɯ　malii　hěn　sǒmsàk?
　　　　　　昨日　　　　疑問　　　　　見る
　　　　　　'マリーがソムサクを見たのは昨日ですか？'
　　　　　　'Is it yesterday that Malii saw Somsak?'
　　(2-96)　mîawaanníi　malii　rɯ́ɯ　hěn　sǒmsàk?
　　　　　　昨日　　　　　　　　疑問　見る
　　　　　　'昨日，ソムサクを見たのはマリーですか？'

'Is it Malii who saw Somsak yesterday?'

(2-97)　mîawaanníi　malii　hěn　rǔǔ　sǒmsàk?
　　　　　昨日　　　　　　　　　　見る　疑問

'昨日，マリーはソムサクを（確かに）見ましたか？'

'Did Malii (really) see Somsak yesterday?'

(2-94)では rǔǔ が文末に来ているので，上に挙げた訳，即ち，文全体が質問の焦点である解釈が可能である。（もっと正確に訳せば「昨日マリーがソムサクを見たという出来事が存在しますか？」とでも訳せるであろう。）しかし，rǔǔ は目的語の直後に来ているとも言える。従って，目的語が質問の焦点である解釈（'マリーが昨日，見たのはソムサクですか？'）も可能である。両方の解釈が可能ではあるが，より普通の解釈は文全体を質問の焦点とする解釈である。目的語が質問の焦点であることを明確に示すには，目的語を文頭に置き，その後に rǔǔ を置く。

(2-98)　sǒmsàk　rǔǔ　mîawaanníi　malii　hěn?
　　　　　疑問　昨日　　　　　　　　　　　見る

'昨日，マリーが見たのはソムサクですか？'

'Is it Somsak whom Malii saw yesterday?'

（この文の語順は OSV である。上の[1]で見た様に，平叙文では OSV は非文法的である。）

　この様に，タイ語では，少なくとも話し言葉では，疑問の印 rǔǔ を動かすことによって質問の焦点を示せる。しかし日本語の疑問の印「か」の位置は固定している。従ってタイ語の rǔǔ の様なことは出来ない。質問の焦点を示すには発音で強調出来る。又，上の和訳が示す様に「…のは…だ」の構文でも示せる。英語でも It is … that/who … の構文で示せる。（タイ人のタサニー・メータービスィット（Tasanee Methapisit）さんによると，(2-95)から(2-98)では rǔǔ の後にポーズがあり，文が切れるそうだ。いずれにしても，rǔǔ は質問の焦点を示す。）

　日本語，タイ語とは違って，英語には疑問の印が無い。そのため，一般疑問文を作るのに，イントネーションの違いを用いない場合には，大変ややこしいことをする。それは主語と動詞の倒置である。動詞が be 動詞である場合は，動詞をそのままで主語と倒置する。

(2-99)　This is your song.　　　　　　　　　　　　　　　　　　(Elton John)

(2-100)　Is this your song?

助動詞と本動詞がある場合は，本動詞はそのままで，助動詞が主語と倒置する。Will の例を挙げる。

(2-101)　You will still love me tomorrow.
(2-102)　Will you still love me tomorrow?　　　　　　(Carole King)

Be の例：

(2-103)　The thrill is gone.　　　　　　　　　　　　(B. B. King)
(2-104)　Is the thrill gone?

(上の例では be を助動詞として使っている。Have も助動詞として使うことがある。例は (2-107)。)

更に，ややこしいことに，文に，be 動詞も助動詞も無い場合には，現代英語ではそのままでは倒置出来ない。対応する平叙文には無いのに，助動詞 do を持ち込んで来て，do と主語を倒置する。

(2-105)　The old man died.　　　　　　　　　　　　(Pink Floyd)
(2-106)　Did the old man die?

Have は助動詞として用いた場合には，主語と倒置する。

(2-107)　Have you ever seen the rain?　(Creedence Clearwater Revival)

'持つ' という意味で用いた場合には，(少なくとも豪州英語の話し言葉では) そのままでは倒置しないで，助動詞 do を導入して倒置する。

(2-108)　Do you have any books ?

[14]　一般疑問文における主語と動詞の倒置

英語では一般疑問文を作る際に，イントネーションを変える方法以外の方法では，主語と動詞(場合によっては助動詞)を倒置する。しかし，この倒置は日本語とタイ語には無い。

[15]　特別疑問文

特別疑問文(英文法で WH の疑問文と呼ぶもの)では，疑問詞は日本語では一般に平叙文の場合と同じ位置に出る。タイ語では，いつも平叙文の場合と同じ位置に出る。一方，英語では一般に文頭に出る。(世界の諸言語の特別疑問文の概観は Sadock and Zwicky (1985) にある。)

(2-109) 日：　太郎は　昨日　映画を　見ました。
　　　　　　　誰が　　昨日　映画を　見ました　か？
　　　　　　　太郎は　いつ　映画を　見ました　か？

(2-110) 英：
　　　　　　　　太郎は　昨日　何を　　見ました　か？
　　　　　　　John　saw　a movie　yesterday.
　　　　　　　Who　saw　a movie　yesterday?
　　　　　　　What did　John see　yesterday?
　　　　　　　When did　John see　a movie?

(2-111) タ：malii　hěn　sǒmsàk　mîawaanníi.
　　　　　　　　　　見る　　　　　　昨日
　　　　　　'マリーは昨日ソムサクを見ました．'
　　　　　　khray　hěn　sǒmsàk　mîawaanníi？
　　　　　　誰　　　見る　　　　　　昨日
　　　　　　'誰がソムサクを昨日，見ましたか？'
　　　　　　malii　hěn　khray　mîawaanníi？
　　　　　　　　　　見る 誰　　　　昨日
　　　　　　'マリーは昨日，誰を見ましたか？'
　　　　　　malii　hěn　sǒmsàk　mîaray？
　　　　　　　　　　見る　　　　　　いつ
　　　　　　'マリーはいつソムサクを見ましたか？'

　厳密に言うと，日本語では疑問詞が平叙文の場合の位置とは違う位置に出ることがある．例えば次の例を比べて見よう．（例文は安藤節子（私信）による．）

　　(2-112)　昨日，どこへ行ったの？
　　(2-113)　どこへ昨日，行ったの？

安藤（私信）の指摘する通り，例えば，妻が夫の行動を疑って追及する場合には，(2-112)より(2-113)の方が追及の迫力がある．即ち，日本語の特別疑問文では，文頭の位置の方が平叙文の場合の位置より，質問の効果が強いと思われる．

　特別疑問文への答えの場合には，動詞の直前の位置が焦点を表すと思われる．以下の文を比較してみよう．

　　(2-114)　'いつマクシムは読書していますか？'（英語の例(2-83)の和訳）
　　(2-115)　'今日，マクシムは読書しています．'（英語の例(2-81)の和訳）
　　(2-116)　'マクシムは今日，読書しています．'（英語の例(2-82)の和訳）

(2-114)の答えとして，(2-116)は自然であるが，(2-115)は自然さが落ちる．即ち(少なくともこれらの例に関して言えば)動詞の直前の位置が焦点を表

すと思われる。(Kim(1988)は日本語や韓国語・朝鮮語等，動詞が文末に来る言語では，動詞の直前の位置が焦点を表す傾向があると言う。上の日本語の例は Kim の説を裏付ける。)（なお，ここでは「焦点」という術語を用いたが，(2-81)と(2-82)の考察では「新しい情報」という術語を用いた。大体同じものを指すと考えて差し支えない。厳密に言うと，焦点は新しい情報の最も大切な部分である。Brown and Yule (1983：164)参照。)

英語では，上述の様に疑問詞は一般に文頭に来る。しかし文頭に来ない場合もある。例を挙げる。

(2-117) In which American state is Charleston?
'チャールストンはアメリカのどの州にありますか？'

(この例は Qantas 航空の機内誌 Airways, September/October 1988, p.94 のクイズ Question Time から採った。) この様な場合は In which American state が一つの単位を成している。従って，この様な例も含めて，英語の疑問詞の位置を言うには「疑問詞は文頭の語句の中に来る」と言えばよい。しかし，文頭の語句の中にも来ない場合がある。その例はクイズの質問でよく見る。

(2-118) Cavier is the roe of what fish?
'キャビアは何の魚の卵ですか？'
(Airways, September/October 1988, p.94)

(2-119) The anti-vermin fences throughout Australia were constructed to contain which two pests?
'オーストラリア中にある害獣用柵はどの，二種類の害獣を防ぐために立てられましたか？'
(The Australian way, April 1987, p.66)

(2-120) In its natural habitat the scarlet-flower or flame gum is native to a limited area in which state?
'緋色花ユーカリ，別名，炎ユーカリは，自然の生息地では，どの州の限られた地域に固有のものですか？'
(The Australian way, April 1987, p.66)

疑問詞を平叙文の場合と同じ位置に置くと，文が理解し易い。(2-118)程度の文なら，疑問詞を文頭に持って来ても，まだ理解出来る。(2-118)は次の様に言い換えることが出来るであろう。

(2-118a) What fish is cavier the roe of?

しかし，(2-119)や(2-120)位に複雑な文では，疑問詞を文頭に置くと理解しにくい。仮に文頭に置いた文を作ってみた。

(2-119a) Which two pests were the anti-vermin fences throughout Australia constructed to contain?

(2-120a) In which state is scarlet-flower or flame gum in its natural habitat native to a limited area?

この様に複雑な文は一度読んだだけでは意味が分からない。英語話者に読んでもらってみたら，大変戸惑っていた。

又，いわゆる，おうむ返しの質問でも，疑問詞は平叙文の場合と同じ位置に出る。例えば誰かが：

(2-121) I saw a big dog.

と言った時，a big dog の部分がはっきり聞こえなかったりすると：

(2-122) You saw what?

等と質問する。(但し，この様な質問は余り礼儀正しいものではないらしい。)

日本語では疑問詞を文頭に置いた場合，質問の効果が高まると思われることを指摘した。日本語の場合，疑問詞を文頭に置いてもよいが，置かなくてもよい。一方，英語は，この質問の効果を高めるために文頭に置くことが，いわば，癖になって，定着してしまった言語であると言える。この癖がしみついてはしまったが，しかし，上の様な複雑な文の場合，疑問詞を文頭に置いたら理解しにくくなる。その時には，いわば，その癖を放棄して，疑問詞を平叙文の位置に戻すのである。日本語ではもともと疑問詞を平叙文の場合と同じ位置に置くので，英語では理解しにくい文でも，日本語では分かりにくくならない。(例えば，英語の文(2-119a)を(2-119)の和訳と比べると，この違いがはっきりする。)従って，分かりにくい文の場合に疑問詞を平叙文の場合と同じ位置に戻すという余計な手間はかからない。(この点については，更に Tsunoda (1992d)を参照。)

[16] 特別疑問文における主語と動詞の倒置

英語では，特別疑問文を作る際に，主語と動詞(又は助動詞)を倒置する。但し，疑問詞が主語である場合には，当然，この倒置は起こらない。例は(2-110)の最初の文。又，(2-118)から(2-120)の様な文でも，この倒置は起こらない。日本語，タイ語ではこの倒置は起こらない。

［17］ 否定文

日本語では動詞の否定は -na, -en 等の接尾辞で示す。（接尾辞である。助動詞ではない。）

(2-123) 　肯定：読む　　　　　　読みます
　　　　　　　　yom-u　　　　　　yom-i-mas-u
　　　　　　　　（語根）-非過去　　（語根）-つなぎ-丁寧-非過去
　　　　　否定：読まない
　　　　　　　　yom-a-na-i
　　　　　　　　（語根）-つなぎ-否定-非過去
　　　　　　　　読みません
　　　　　　　　yom-i-mas-en
　　　　　　　　（語根）-つなぎ-丁寧-否定

（上で，これらの動詞の形を形態素に分けて，各形態素の意味又は役割を記した。「つなぎ」とは，つなぎの役目をする形態素である。これらの動詞の形では，先頭に語根があって，それに接尾辞が後続している。この様に，-na-, -en, -mas 等は接尾辞である。学校で習う国文法ではこれらを助動詞と呼ぶ。しかし，この考えは適切ではない。実は学校で習った国文法でいう助動詞の大部分は接尾辞である。語ではない。鈴木重幸(1972)，宮岡(2002)，角田三枝(2007)参照。品詞とは，語の分類である。接尾辞の分類ではない。従って，これらの接尾辞を助動詞という品詞で纏めることは，そもそも品詞の考えに合致しない。(2-74)の用法での「いる」，「しまう」，「ある」，「おく」，「みる」と，(2-75)の用法での「する」は接尾辞ではなく，語である。助動詞と呼べる。）

英語とタイ語は否定を示す独立の単語がある。英語では動詞を否定するのに not を用いる。これは概略，動詞の直後にくる。動詞が be であれば，not はその直後に来る。

(2-124) 　I am a man.　　　　　　　　　　　　　　　　　　　(Joe Tex)
(2-125) 　I am not a man.

助動詞と本動詞があれば，not は助動詞の直後に来る。

(2-126) 　I can stop loving you.
(2-127) 　I can't stop loving you.　　　　　　　　　　　　(Ray Charles)

(Can't は cannot の短くなった形。)

Be も助動詞も無い場合には，ここでも助動詞 do を導入して，do の直後に not を置く．

(2-128) I want security. (Otis Redding)

(2-129) I do not want security.

命令文を否定する場合には，be さえも，do の助けを借りる．

(2-130) Be cruel.

(2-131) Don't be cruel. '冷たくしないで．' (Elvis Presley)

名詞を否定するのには形容詞 no を使う．

(2-132) We have no secrets. (Carly Simon)

話し言葉では，動詞を not で否定して，更に名詞を no で否定する形も見られる．意味から言えば，否定の形を二つ使う必要は無いので，一つは無駄である．

(2-133) I can't get no satisfaction. (The Rolling Stones)

(2-134) We don't need no education. (Pink Floyd)

ケオマノータムさんから得た資料によると，タイ語では否定の語は否定される語，即ち，否定の焦点の直前に置く．動詞を否定する時は mây を使い，名詞，代名詞等を否定する時は mâychây を使う．以下の例文は参考となる場合には，和訳に加えて，英訳も付ける．

(2-135) mîawaannîi malii mây hěn sǒmsàk.
　　　　 昨日　　　　　　　　 否定　 見る
　　　　 'マリーは昨日，ソムサクを見なかった．'

(2-136) mâychây mîawaannîi malii hěn sǒmsàk.
　　　　 否定　　 昨日　　　　　　　　 見る
　　　　 'マリーがソムサクを見たのは昨日ではない．'
　　　　 'It is not yesterday that Malii saw Somsak.'

(2-137) mîawaannîi mâychây malii hěn sǒmsàk.
　　　　 昨日　　　 否定　　　　　　 見る
　　　　 '昨日ソムサクを見たのはマリーではない．'
　　　　 'It is not Malii who saw Somsak yesterday.'

(2-138) mîawaannîi malii hěn mâychây sǒmsàk.
　　　　 昨日　　　　　　　　 見る　 否定
　　　　 'マリーが昨日，見たのはソムサクではない．'

'It is not Somsak whom Malii saw yesterday.'
　最も普通の否定は動詞を否定する場合である。例は(2-135)である。動詞を否定することを正確に示すためには「マリーは昨日ソムサクを見たのではない(例えば，電話で話したかも知れないが)」とでも訳せばよいのであろう。
　この様にタイ語では否定語を動かすことによって，否定の焦点を示すことが出来る。しかし日本語では否定の接尾辞 -na, -en 等は位置が固定している。(2-123)参照。従ってタイ語の否定語の様なことは出来ない。否定の焦点を示すには，発音で強調することが出来る。又，上の和訳が示す様に「…のは…だ」の構文でも示せる。英語でも It is … that/who … の構文で示せる。
　世界の諸言語の否定文の概観は Payne(1985)にある。

［18］　条件節と主節
　節は主節と従属節に分類出来る。従属節には条件節，原因・理由節，目的節等がある。日本語では，大まかに言って従属節は主節に先行すると言える。これは当然，条件節にも当てはまる。(金田一(1957：192)参照。)例は(2-139)。もし，従属節の要素が主節の動詞の後に来ると，一旦文を言い終えてから付け足した感じがする。例は(2-140)。

　　(2-139)　もし明日，明子が来れば，花子は行きます。
　　(2-140)　花子は行きます，もし明日，明子が来れば。

　英語では条件節は主節に先行することも後行することも可能である。私が作った例を挙げる。

　　(2-141)　If Mary comes tomorrow, Diana will go.
　　(2-142)　Diana will go if Mary comes tomorrow.

　しかし実際の例では，大部分の場合，条件節は先行する。

　　(2-143)　If I were a guitar, I'd like to be played by B. B. King.
　　　　　　 'もしも私がギターなら，B. B. King にひいて貰いたいものだ。'　　　　　　　　　　　　　　　　　　　　(Joe Tex)

　或るアメリカ人に聞いたところ，英語では条件節が主節の後に来ると，'もし'という仮定を強調するということだった。
　タイ語では，ケオマノータムさんによると，条件節は後に来ても前に来てもよいとのことである。

　　(2-144)　thâa malii maa, chantraa cà   pay.
　　　　　　 もし　　　　 来る　　　　　　　　　未来 行く

　　　　　　　　　　'もしマリーが来れば，チャントラは行きます.'
　　（2-145）　chantraa　cà　　pay　thâa　malii　maa.
　　　　　　　　　　　　未来　行く　もし　　　来る　'上に同じ'
しかし，私が読んだタイ語の文法書等に載っている例文では，条件節は殆どいつも主節に先行する。

[19] 目的節と主節

　日本語では目的節（目的を表す節）は他の従属節と同じく，主節に先行すると言える。

　　（2-146）　花子が出かけられるように，明子は家にいた。

　英語では目的節は主節に殆ど必ず後行する。

　　（2-147）　Mary stayed home so that Diana could go out.

先行する例は極めて希である。豪州のキャンベラであった国際学会で語順に関する論文を発表した際に，この点について討論したところ，英語では目的節が先行する文は不自然であるとのことだった。（ちなみに，この国際学会で発表した論文はTsunoda（1987a, 1987b）として学会議事録に出版された。）

　タイ語ではケオマノータムさんによると，目的節が必ず後行する。先行出来ない。

　　（2-148）　chantraa　yùu　bâan　phɨ̂ɨ　hây　malii　pay　dâay.
　　　　　　　　　　　　いる　家　　様に　使役　　行く　可能
　　　　　　　　　　'マリーが出かけられる様に，チャントラは家にいた.'

2.3 考察

　以上，19の項目について，日本語，英語とタイ語の語順を比べた。（無論，これ以外にも，語順を比較出来る項目はあるが。）この結果を表2-1に示す。（例外的なものや，例外に近いものは表に入れない。）表を簡潔にするために，出来る限りプラス（+），マイナス（-）の記号で示す。日本語と同じ語順はプラスで，逆の語順はマイナスで示す。全体的に見て，日本語とタイ語は語順がかなり一貫して逆である。即ち，語順に関しては，この二つの言語はかなり対照的である。一方，英語の語順は一貫性が無い。詳細を検討しよう。

表 2−1　日本語，英語とタイ語の語順

		日本語	英語	タイ語
[1]	S, O と V	SOV	SVO	SVO
[2]	側置詞と名詞	＋	−	−
[3]	所有格と名詞	＋	＋,−	−
[4]	指示詞と名詞	＋	＋	−
[5]	数詞と名詞	＋	＋	−
[6]	形容詞と名詞	＋	＋	−
[7]	関係節と名詞	＋	−	−
[8]	固有名詞と普通名詞	＋	＋,−	−
[9]	比較の表現	＋	−	−
[10]	助動詞と本動詞	＋	−	＋,−
[11]	副詞と動詞	Vより前	様々	様々
[12]	副詞と形容詞	＋	＋	−
[13]	疑問の印	文末	無	文末；質問の焦点の直後
[14]	一般疑問文での倒置	無し	有り	無し
[15]	疑問詞	平叙文式	文頭	平叙文式
[16]	特別疑問文での倒置	無し	有り	無し
[17]	否定の印	動詞語尾	Vの直後	否定の焦点の直前
[18]	条件節と主節	＋	＋	＋
[19]	目的節と主節	＋	−	−

　一般に，言語において要素Aと要素Bが並ぶ際に，AとBの関係には少なくとも以下の二つがある。
　(a) AとBが対等である場合。
　(b) 一方が他方に従属する場合。従属する要素を dependent 従属部(「従」)と呼び，従属される要素を head 主要部(「主」)と呼ぶ。
　(a)の例を挙げる。各要素の下に下線を引いて示す。

(2-149) 日： <u>昭夫</u> と <u>英作</u>
　　　　　　<u>赤</u> と <u>黒</u>
　　　　　　<u>白</u> <u>黒</u>
　　　　　　<u>紅</u> <u>白</u>
　　　　英： <u>John</u> and <u>Bill</u>
　　　　　　<u>John came</u> and <u>he bought a book</u>.

(b)の例を挙げる。

(2-150) 日： <u>赤い</u> 花
　　　　　　 従　 主
　　　　　　<u>速く</u> 歩く。
　　　　　　 従　 主
　　　　　　<u>もし明日，明子が来れば，</u>花子は行きます。
　　　　　　((2-139)と同じ。)
　　　　　　 従　　　　　　　　　 主
　　　　英： <u>many</u> books
　　　　　　 従　 主
　　　　　　He <u>walks</u> <u>fast</u>.
　　　　　　 主　 従
　　　　　　<u>If Mary comes tomorrow,</u> Diana will go.((2-141)と同じ。)
　　　　　　 従　　　　　　　　　　 主

　一般に，主要部と従属部の関係の種類については，次の表2-2に示す提案がある。(Nichols(1986：57)に挙げてあるものを一部修正・追加した)。2.2で考察した語順の項目の番号も示す。

表2−2 従属部と主要部

	従属部	主要部
[2]	名詞	側置詞
[3]	所有格	名詞
[4]	指示詞	名詞
[5]	数詞	名詞
[6]	形容詞	名詞
[7]	関係節	名詞
[10]	本動詞	助動詞
[1]	主語	動詞
[1]	目的語	動詞
[11]	副詞	動詞
[9]	比較の基準と比較の印	形容詞
[12]	副詞	形容詞
[18]	条件節	主節
[19]	目的節	主節

　表2−2は「従属部と主要部」の関係の例を挙げている。似ている関係に「修飾語と被修飾語」の関係がある。修飾語は従属部の一種であり，被修飾語は主要部の一種である。表2−2に挙げた項目の内，少なくとも以下の項目は修飾語と被修飾語の関係を表すと言ってよいだろう（他にもあるだろうが）：[3], [4], [5], [6], [7], [9], [11], [12]。

　従属部と主要部の観点から見ると，日本語では従属部が一貫して先行する。タイ語では逆に，主要部がほぼ一貫して先行する。（しかし，従属部が先行する場合もある。[10]で本動詞（従属部）に先行する助動詞（主要部）がある。[11]で動詞（主要部）に先行する副詞（従属部）がある。[18]で条件節（従属部）は普通，主節（主要部）に先行する。）しかし，英語は一貫性が無い。

　修飾語と被修飾語の観点から見ると，日本語は修飾語が一貫して先行する。逆にタイ語では被修飾語がほぼ一貫して先行する。（しかし，[11]で，動詞（被修飾語）に先行する副詞（修飾語）がある。）しかし，英語は一貫性が無い。

金田一(1957：190)は日本語の語順について次の様に述べている。
　(2-151)　Aの語句がBの語句に従属しているとすれば，Aは常にBの
　　　　　先に立つ。
即ち，従属部は一貫して主要部に先行すると言っているのである。
　一般に，何が主要部で，何が従属部であるかについては，表2-2で示した様な考えで，意見が一致しているらしい。日本語についても，例えば金田一(1957：190-93)は表2-2に示したものとほぼ同じ考えを持っている。私が本動詞と助動詞と呼んだものの関係についても，前者を従属部と見なし後者を主要部と見なしている(金田一 1957：191-92)。「従属部」，「主要部」という言葉は使わないが。
　しかし厳密に言うと，何が主要部で，何が従属部であるかについては難しい問題がある。修飾語と被修飾語の関係がある場合は，修飾語と従属部と見なし，被修飾語を主要部と見なすことは問題無いであろう。又，主節と従属節の関係も([18]と[19])それぞれ主要部と従属部と見なしてよいだろう。
　しかし[8]の固有名詞と普通名詞の組合せは，どちらが主要部とも従属部とも決めがたい。例えば「山田旅館」の場合，主要部は「山田」か？「旅館」か？決めるのは難しい。姓と名前もそうである。「三上章」の場合，主要部は「三上」か？「章」か？やはり，決めるのは難しい。項目[8]は表2-2に入れなかった。
　[2]の側置詞と名詞の関係については，側置詞が主要部であるという見方がある(Nichols 1986：57参照)。しかし，その考えに疑問を感じる人もいる(Comrie 1981：92参照)。日本語の場合も，後置詞が主要部かどうか，決めるのは難しい。表2-2では仮にNichols等の意見を採用しておいた。
　ここまでは，日本語，英語，タイ語の語順を，主要部と従属部の関係(被修飾語と修飾語の関係も含めて)考察した。実は，これらに関係以外にも，語順に影響する要素がある。表2-1の項目[18]と[19]を表2-3に示す。

表 2-3 日本語，英語，タイ語の項目 [18]，[19]

	日	英	タ
[18] 条件節と主節	+ (従＋主)	+ (従＋主)	+ (従＋主)
[19] 目的節と主節	+ (従＋主)	− (主＋従)	− (主＋従)

　日本語，英語，タイ語は[18]では同じ順番を持っている。従属部が主要部に先行する。[19]では英語とタイ語は，日本語の逆である。日本語では従属部が先行するが，英語とタイ語では主要部が先行する。[18]と[19]では，英語とタイ語は従属部と主要部の順番という観点から見ると一貫性が無い。しかし，実は別の一貫性が存在するのである。

　先ず日本語を見よう。日本語では従属部は一貫して主要部に先行すると上で述べた。[18]と[19]でもやはり従属部が主要部に先行している。一貫性がある。

　英語とタイ語は，[18]と[19]では，従属部と主要部の順番という観点から見ると一貫性が無い。実は，条件節，目的節と主節の順番は出来事の起こる順番を反映しているのである。(Greenberg 1963：103 参照。)

　(2-152)　条件節の出来事　　主節の出来事　　目的節の出来事
　　　　　　────────────────────→

例えば(2-141)(条件節＋主節)では，Mary の到来(条件節)が発生して初めて，Diana の外出(主節)が発生する。(2-147)(主節＋目的節)では，Mary の在宅(主節)が発生して，初めて Diana の外出(目的節)が発生する。

　この様に，英語とタイ語では，条件節，目的節と主節の順番は表す意味内容を反映している。即ち，意味によって語順が決まっていると言える。主要部と従属部という関係で決まるのではない。一方，日本語では，従属節(従属部)が主節(主要部)に先行するという文法的規則が支配していて，意味の違いはこれらの節の順番に反映していない。[18]と[19]の節の順番は，英語とタイ語では，意味的条件が規制していて，日本語では文法的条件が規制していると言える。

　これら三つの言語の語順は次の様に纏めることが出来る。日本語では一貫し

て従属部が主要部に先行する。タイ語では，ほぼ一貫して主要部が先行する。但し[18]と[19]では出来事の順番を反映する。英語は一貫性が殆ど無い。但し，[18]と[19]では出来事の順番を反映する。

　[18]では日本語，英語，タイ語は同じ順番を持っている。しかし，その背景にある原理は異なるのである。即ち，表面の現象は同じに見えても，背景の原理は異なることがある。

　タイ語では，かなり多くの項目で主要部と従属部という関係が支配している。しかし[18]と[19]では出来事の順番という原理が支配して来る。即ち，一つの言語の中でも場合によって原理が異なることがある。

　第2章では，日本語，英語，タイ語の語順を比較した。この様に，様々な言語と比較することによって，或る言語の語順の性質が浮かび上がって来る。又，そうすることによって，世界には様々な語順があることも分かる。

　世界各地の130の言語の語順の概略と，それらの言語の分類を付録に示してある。

第3章　格

3.1　はじめに

　格を定義するのは難しい。仮に次の様に定義しておく。格とは，名詞，代名詞等に現れる，或いは，付く形であって，名詞，代名詞等と文中の他の語句との関係を表すものである。

　格の表現の仕方の代表的なものは次の(a)と(b)の二つであろう。余り頻繁には見ないが，(c)もある。

　(a) 語尾の変化。例は(i)ラテン語の名詞 puella '少女' の変化：puella（単数：主格），puellam（単数：対格），puellae（単数：属格／与格）等と(ii)英語の代名詞の he, him, his や they, them, their, theirs。

　(b) 側置詞との組合せ。前置詞との組合せの例は英語の to school, from school。後置詞との組合せの例は日本語の「学校へ」，「学校から」。語尾の変化した形を側置詞と組み合わせる言語もある。例は，英語の to him, from him や to them, from them。He, they ではなく，him, them を使う。

　(c) 語源的には異なる単語を使う方法。(これは suppletion と呼ぶ。) 例は英語の I と me；独語の Ich と mich。

3.2　格組織

　格組織の種類は図 3-1（次ページ）の五つの型等がある（Comrie 1978：332）。（角田太作 (1984) も参照）。

図3−1　格組織

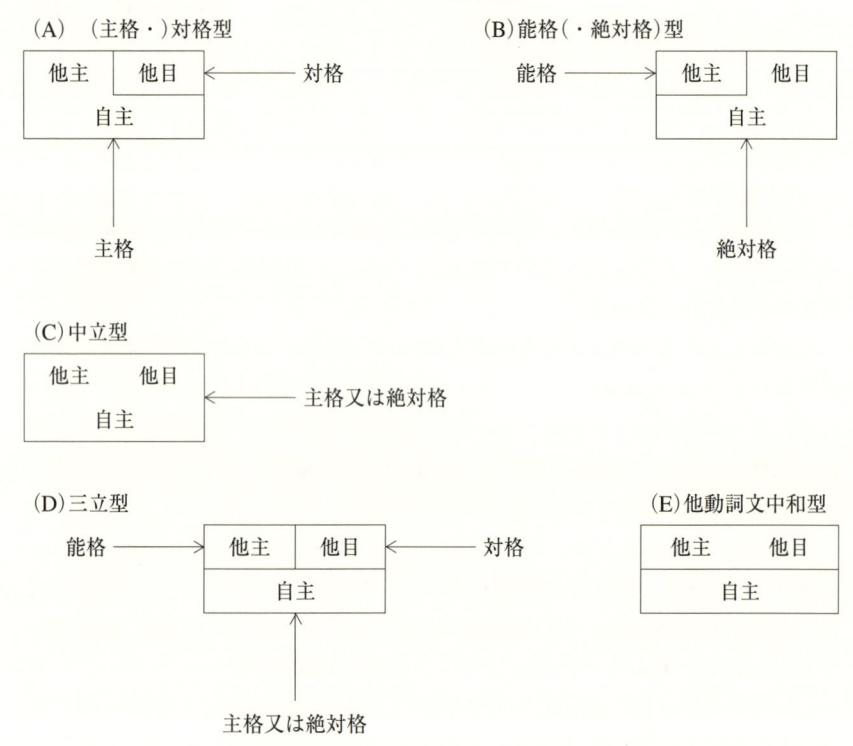

(A) （主格・）対格型

```
┌──────────┐
│ 他主 │ 他目 │ ←──── 対格
├──────────┤
│    自主    │
└──────────┘
      ↑
      │
    主格
```

(B) 能格（・絶対格）型

```
              ┌──────────┐
  能格 ───→ │ 他主 │ 他目 │
              ├──────────┤
              │    自主    │
              └──────────┘
                    │
                    ↓
                  絶対格
```

(C) 中立型

```
┌──────────┐
│ 他主   他目 │ ←──── 主格又は絶対格
├──────────┤
│    自主    │
└──────────┘
```

(D) 三立型

```
              ┌──────────┐
  能格 ───→ │ 他主 │ 他目 │ ←──── 対格
              ├──────────┤
              │    自主    │
              └──────────┘
                    ↑
                    │
              主格又は絶対格
```

(E) 他動詞文中和型

```
┌──────────┐
│ 他主   他目 │
├──────────┤
│    自主    │
└──────────┘
```

　本章では他主，他目，自主という言葉を以下の意味で用いる。他主は「殺す」等の，他動詞らしい他動詞を述語とする能動の他動詞文の動作者を指す。他目はこの様な他動詞文の動作の対象を表す。自主は自動詞文で，動作者，状態の持ち主等を表す語句である。日本語の例を挙げる。

　　（3−1）　花子が　太郎を　殺した。
　　　　　　　他主　　他目
　　（3−2）　花子が　走った。
　　　　　　　自主
　　（3−3）　太郎は　元気だ。
　　　　　　　自主

2.2 でも述べた様に，主語や目的語とは何かについては，第8章で詳しく検討する。本章では他主或いは自主という言葉を使っても，必ずしもその語句が主語であるという意味ではない。同様に，他目という言葉を使っても，その語句が目的語であるという意味ではない。他主，他目，自主はあくまでも便宜上使うラベルである。

上述の様に，この格組織の分類には「殺す」等の，他動詞らしい他動詞を用いた(Tsunoda 1983b, 1985b：387, 1994a：4673 参照)。他動詞らしい他動詞については 5.5.1 で述べる。又，格組織を定義するのに，この様な他動詞を選んだ理由は 6.2.3 で述べる。

個々の型を見て行こう。(主格・)対格型では他主と自主を同じ格(「主格」)で示し，他目を別の格(「対格」)で示す。この型は世界各地の諸言語にある。日本語にもある。(以下の例文で，該当の語或いは接尾辞或いは記号を太字で示す。)

(3-4) 花子 **が** 太郎 **を** 殺した。
　　　　　　主格　　　　対格
　　　　　　他主　　　　他目

(3-5) 花子 **が** 走った。
　　　　　　主格
　　　　　　自主

英語でも，it と you を除いて，(人称)代名詞は対格型である。

(3-6) **They** killed **them**.
　　　　主格　　　　対格
　　　　他主　　　　他目

(3-7) **They** went.
　　　　主格

中立型では，或る語が他主でも，他目でも，自主でも，形は同じである。この格の適切な名称は無いが，普通，主格或いは絶対格と呼ぶ。この型も世界各地の言語にある。英語では名詞，指示詞等と，代名詞の内の you と it がそうである。名詞 Mary の例を挙げる。

(3-8) **Mary** killed John.
　　　他主

(3-9)　John　killed　**Mary**.
　　　　他目
(3-10)　**Mary** went.
　　　　自主

　日本語でも話し言葉には中立型がある。格助詞（実は後置詞）が出ないで、いわゆるゼロ格又は、はだか格（鈴木重幸 1972：206）が他主、他目、自主の全てを示す場合である。（ゼロ格をゼロ記号（φ）で示す。）

(3-11)　太郎　φ　花子　φ　殺した？
　　　　他主　　　他目
(3-12)　花子　φ　走った？
　　　　自主

　佐々木（2004：44）によると、茨城県の水海道方言では対格型と中立型が共存する。有生の名詞句（即ち、（人称）代名詞、人間名詞、動物名詞）は対格型を持つ。（他主と自主を -φ で、他目を -goto で示す。）一方、無生の名詞句（即ち、無生物名詞）は中立型を持つ。（他主、自主、他目の全てをゼロ（-φ）で示す。）

　能格（・絶対格）型では、他目と自主を同じ格（「絶対格」）で示し、他主を別の格（「能格」）で示す。この型は日本語や、我々が日本で普通、習う外国語には無い。しかし豪州原住民諸語、インド北部の諸語、コーカサス諸語、バスク語（フランスとスペインの国境）、チュクチ語（東シベリア）、エスキモー語、マヤ諸語（中米）、ポリネシア諸語等、世界各地の諸言語にある。豪州クイーンズランド州のワロゴ語（Tsunoda 1974）の例を挙げる。

(3-13)　bama-**nggo**　　warrngo-φ　　balga-n.
　　　　男-能格　　　　女-絶対格　　　殺す-過去/現在
　　　　他主　　　　　他目
　　　　'男が女を殺した/殺す.'
(3-14)　bama-φ　　　　nyina-n.
　　　　男-絶対格　　　座る-過去/現在
　　　　自主
　　　　'男が座った/座る.'

　能格型格組織は日本人にとって普通、馴染みのある言語には存在しないので、分かりにくいかも知れない。日本語に置き換えれば、次の様に言える。も

し将来の日本語で変化が起こり，他目の「を」と自主の「が」を使わなくなり，共にゼロ格になるが，他主の「が」はそのまま残るということが起これば，その変化の結果として生じる格組織は能格型である．

(3-15) 男　が　　女　φ　　殺した．
　　　　　能格　　絶対格
　　　　　他主　　他目

(3-16) 男　φ　　行った．
　　　　　絶対格
　　　　　自主

(念のために記しておくが，上の日本語の例文は仮想の例文である．現実の日本語ではない．)

　三立型では，他主，他目，自主をそれぞれ別の格で示す．これらの格を能格，対格，主格(又は絶対格)と呼ぶ．この型は世界的に見るとかなり珍しい．しかし豪州原住民諸語では，かなり多くの言語にある．その中で最も有名なのはクイーンズランド州西南部のワンクマラ語である(Breen 1976, Blake 1977：11, Comrie 1981：118)．代名詞「私」の例を挙げる．

(3-17)　nga-**tu**　　nhanha　　kalka-nga.
　　　　　私-能格　　彼女：対格　殴る-過去
　　　　　他主　　　　他目　　　　　　　　　'私は彼女を殴った．'

(3-18)　nhu-lu　　nga-**nha**　　kalka-nga.
　　　　　彼-能格　　私-対格　　　殴る-過去　　'彼は私を殴った．'

(3-19)　palu-nga　nga-**nyi**.
　　　　　死ぬ-過去　私-主格　　　　　　　　　　'私は死んだ．'

代名詞「私」は他主(nga-tu)，他目(nga-nha)，自主(nga-nyi)の場合で全て形が違う．

　三立型も日本人にとって分かりにくいであろう．もし自主の「が」を使わなくなって，ゼロ格に置き換え，一方，他主の「が」と他目の「を」が残れば，結果として生じる格組織は三立型である．(以下の日本語の例文も仮想の日本語である．)

(3-20) 男　が　　犬　を　　殺した．
　　　　　能格　　対格
　　　　　他主　　他目

(3-21)　男　φ　　　行った。
　　　　　　主格
　　　　　自主

対格型，能格型，三立型の例は 4.2 にも挙げる。

　他動詞文中和型では，他主と他目を同じ格で示し，自主を別の格で示す。これらの格の良い名称は無い。この型は三立型よりも一層希である。報告があるのはロシャニ語等，パミール高原の三つの言語だけである。(Payne 1980 参照。) ロシャニ語の例を挙げる。(例文の表記法は Payne のものを少し修正してある。)

(3-22)　**mu**　　taa　　wunt.
　　　　私　　　あなた　見た
　　　　他主　　他目　　　　　　　'私はあなたを見た。'

(3-23)　taa　　**mu**　　wunt.
　　　　あなた　私　　　見た
　　　　他主　　他目　　　　　　　'あなたは私を見た。'

(3-24)　**az**-um　pa　Xaragh　sut.
　　　　私-私　　へ　ホログ　　行った
　　　　自主　　　　　　　　　　　'私はホログへ行った。'

代名詞「私」は他主の場合と他目の場合で同じ(mu)であるが，自主の場合は異なる(az)。(ちなみに，この格の形の作り方は suppletion であろう。)(-um は代名詞の一種で，独立性の無いものである。)

　他動詞文中和型は日本語の例文で言うと，他主と他目を共に「が」で示し，自主をゼロ格で示せば，結果として生じる格組織はこの型になる。(以下の例文も仮想の日本語である。)

(3-25)　男　が　　犬　が　　　殺した。
　　　　他主　　　他目

(3-26)　男　φ　　行った。
　　　　自主

　どの言語でも，他主と他目を格の形で区別している場合には，その形を見れば，どちらが他主でどちらが他目か分かる。他主と他目を格で区別していない場合には，語順で区別したりする。又，動詞の語尾等が主語等と一致を示す場合には，その一致で区別する。語順でも一致でも区別出来ない場合には，文脈

等に頼るしかない。

　ここまでは五つの格組織を見た。これ以外にactive-inactive型と呼ぶ格組織がある(Sapir 1917)。図3-2参照。仮にactive格を動作格と，inactive格を非動作格と訳し，この型を動作格型と呼ぶ。

図3-2　動作格型格組織

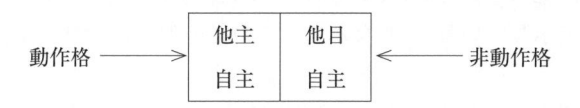

動作格 ─→ | 他主　他目 | ←─ 非動作格
　　　　　　| 自主　自主 |

　動作格型はバツ語(Comrie 1978：366-67)等のコーカサス諸語や，イースタン・ポモ語(McLendon 1978)等のアメリカ・インディアン諸語等にある(Dixon 1979：80-85, 1994：71-83参照)。この型では自主が二種類に分かれている。この二種類の自主の違いは，かなり多くの言語で，自主が自分の意志で動作を行うかどうかにあるらしい。自主が自分の意志で行った動作を表す文では，自主は他主と同じ格(active格「動作格」)を取る。一方，自主が自分の意志で動作を行ったのではない場合には，他目と同じ格(inactive格「非動作格」)を取る。イースタン・ポモ語の例を挙げる。この言語では，名詞は能格型であるが，代名詞は動作格型である。以下の例文は代名詞「私」の格を示す。自動詞の内，「行く」，「座る」等は自主に動作格を取る。しかし「くしゃみする」，「病気になる」等は非動作格を取る。面白いことに，「滑る」等は，わざとした場合には動作格を，うっかりした場合には非動作格を取る。

(3-27)　**háˑ**　　　　　míˑpal　　　šáˑk'a.
　　　　私：動作格　　彼：非動作格　殺した
　　　　他主　　　　　他目
　　　　'私は彼を殺した。'

(3-28)　xáˑs-ùˑla　　　**wí**　　　　koˑkhóya.
　　　　がらがら蛇-能格　私：非動作格　噛む
　　　　他主　　　　　　他目
　　　　'がらがら蛇が私を噛んだ。'

(3-29)　　há·　　　　ċe·xélka.
　　　　　　私：動作格　　滑る
　　　　　　自主　　　　　　　　　　　　'私は(わざと)滑っている.'
(3-30)　　wí　　　　ċe·xélka
　　　　　　私：非動作格　滑る　　　　　'私は(うっかり)滑っている.'

上の例文で，「私」は他主((3-27))と自分の意志で動作した自主((3-29))を há· で示し，他目((3-28))と自分の意志で動作をしたのではない自主((3-30))を wí で示している．(ちなみに，この格の形の作り方は suppletion であろう．)

　動作格型格組織も日本人にとって奇妙に見えるかも知れない．日本語の例文に置き換えれば，次の様に言える．もし他主を「が」で表し，他目をゼロ格で表し，更に，自分の意志で動作をした自主を「が」で，そうではない自主をゼロ格で表せば，結果として生じる組織は動作格型である．

(3-31)　　男　　が　　犬　　φ　　　　殺した．
　　　　　　　　動作格　　　　非動作格
　　　　　　他主　　　　他目
(3-32)　　男　　が　　　(わざと)滑った．
　　　　　　　　動作格
　　　　　　自主
(3-33)　　男　　φ　　　(うっかり)滑った．
　　　　　　　　非動作格
　　　　　　自主

　上の例文は仮想の日本語である．しかし現実の日本語にも動作格型格組織が存在したと言う提案がある．それは松本泰丈(1982, 1990)，Vovin (1997)，竹内(2008)である．(Vovinと竹内の研究の存在は佐々木冠(私信)の教示によって知った．)

　松本によると奄美群島の喜界島方言(阿伝)には，かつて次の状況が見られた．nga(動作格)が他主と行為的な自主を示し，ゼロ(φ)(非動作格)が他目と状態的な自主を示す．((3-31)と(3-32)の「が」を nga で置き換えれば，この型になる．)この提案は大変，興味深い．しかし残念ながら大きな問題がある．或る言語又は方言に動作格型の格組織があることを示すには，少なくとも以下の手順を踏まなければならない．

(a) 検討する条件を分ける。例えば，代名詞の場合，人間名詞の場合，動物名詞の場合，無生物名詞の場合等に分ける。条件が違えば，格の組織も違う可能性があるからである。
(b) 条件毎に，他主，他目，二種類の自主の格の例を挙げる。
松本はこの手順を踏んでいない。従って，喜界島方言に動作格型の格組織が存在したかどうか，分からない。

Vovin (1997 : 286)によると，古代日本語(8世紀)は表3-1に示す格組織を持っていた。ゼロ格(ϕ)は四つの場合に共通である。これを除けば「い」iが他主と active な自主を示し，「を」wo が他目と non-active な自主を示すので，動作格型であると Vovin は言う。竹内(2008 : 50)は Vovin を引用して，同様な主張をする。

表3-1　古代日本語の格組織 (Vovin 1997 : 286)

他主	ϕ, i
Active な自主	ϕ, i
Non-active 自主	ϕ, wo
他目	ϕ, wo

残念ながら，Vovin も竹内も名詞句の種類(人間名詞，動物名詞，無生物名詞等)を分けていない。しかし，例文を見ると，人間名詞では i が動作格を，wo が非動作格を示す様である。従って，古代日本語では少なくとも人間名詞には動作格型の格組織が存在した様だ。しかし，この格組織分布の範囲は不明である。

格組織を考察する際に条件を分けることは重要である。一つの言語の中でも，条件が違えば格の組織も違うことがある。例を4.2で詳しく見る。日本語でも，上で見た様に，水海道方言では有生の名詞句(即ち，(人称)代名詞，人間名詞，動物名詞)は対格型を持つが，無生の名詞句(即ち，無生物名詞)は中立型を持つ。

実は，上で挙げた，格組織の実例は条件を考慮したものである。多くの場合，条件は述べなかったが。例えば英語の例で，(3-6)と(3-7)は代名詞「彼ら」の格組織(対格型)を示し，(3-8)から(3-10)は名詞の格組織(中立型)を示した。上で述べた様に，英語では名詞，指示詞等と，代名詞の内の

you と it は中立型であるが，他の代名詞は対格型であるから，この区別は重要である．

以上，他主，他目，自主を同じ形で表すか，異なる形で表すかについて，六つの格組織を見た．

これ以外にも，世界の言語には様々な格がある．その代表的なものを下に記す．与格，方向格，所格，道具格，奪格，仲間格，所有格．日本語の格とその名称の提案を 8.2 - [2] に示す．

3.3 まとめ

本章では六つの格組織を見て，次に，それ以外の格にどんなものがあるかも見た．世界の様々な言語を見ることによって，様々な格組織があることが初めて分かる．或る言語だけを，例えば，日本語だけを見ていると，その言語の格組織はどんなものであるか，なかなか気付かないであろう．他の型の格組織と比べて，初めてその言語の格組織の特徴が分かる．この様に，個々の言語をよりよく理解するためにも，言語類型論の知識は有益である．

日本の中学校，高校で教えている外国語は普通，英語だけである．大学で教える第二外国語も普通，独語，仏語，スペイン語，露語等，西洋の言語だけである．中国語や韓国語・朝鮮語等を教えているところもあるが．これらの言語には対格型と中立型しかない．これらの言語を習うだけでは，能格型，三立型，他動詞文中和型，動作格型が存在することに気付かないであろう．この点で日本における外国語教育は非常に偏っている．特に西洋の言語に偏っている．(第 9 章参照．)

人間は誰でも自分が慣れ親しんだものを当り前と思い，馴染みの無いものを奇妙なものと思う傾向がある．これは生活様式や物の考え方に限らず，言語についても同様である．例えば，対格型格組織の文を話す人間にとって，その様な文は当り前のものであり，能格型格組織の文は奇妙に映るかも知れない．しかし，逆に，能格型格組織の文を話す人間にとっては，その様な文が当り前であり，対格型格組織の文は奇妙なものかも知れない．

日本語に限らず，或る言語を客観的に見るためには，或る言語の特質を知るためには，幅広く諸言語を見ることが大切である．

第4章　シルバースティーンの名詞句階層

4.1　はじめに

　Silverstein(1976：122)は名詞句を分類し，これらの名詞句が或る種の階層を成すことを示した。Dixon(1979：85)，Zubin(1979)等，その後の研究や私自身の考察によると，この階層に少し修正と追加をして，図4-1の様に表せる。(実は，Silverstein自身の提案では，2人称が1人称の左にある。)固有名詞とは人間を指す固有名詞である。植物は生物学的には生き物であろうが，文法現象の面で見ると，動物ではなく，無生物と同じ様な性質を示す。従って，文法を論じる時は，普通，植物は無生物に入れる。自然の力を指す名詞には地震，雷，火事，(親父は違う)，津波，大水等がある。

図4-1　シルバースティーンの名詞句階層

代名詞			名詞				
1人称	2人称	3人称	親族名詞，固有名詞	人間名詞	動物名詞	無生物名詞	
						自然の力の名詞	抽象名詞，地名

　この階層は一体，何を表すのだろうか？様々な説がある。Silverstein自身は，この階層は動作者になり易さの度合と動作の対象になり易さの度合を現すと言う。即ち，階層で高い方，即ち，左の方の名詞句(正確には，名詞句の指示物)は動作者になり易く，逆に，低い方，即ち，右の方の名詞句は動作の対象になり易いと言う。しかし，この説に賛成しない研究者もいる。例えばDixon(1979：85)はこの階層は話し手にとっての重要さの程度を表すと言う。話し手にとって，左の端，即ち，話し手自身が最も大切であり，右へ行くほど，大切さの度合が低くなると言う。同様に，Zubin(1979)は話し手のegocentrism自己中心性を表すと見る。Wierzbicka(1981：64-65)も，話題

なり易さの度合，或いは，話し手にとっての身近さの度合を表すのであろうと言う。

この階層が話し手にとっての関心の度合を示すという考えはかなり妥当性があると思われる。先ず階層の左の部分を検討しよう。人間は誰でも先ず自分（即ち，1人称）のことに関心を持つ。次は話し相手（即ち，2人称）であろう。それ以外（即ち，3人称）には最も関心が低いであろう。即ち左端から右へ行くに従い，関心の度合が低くなると言える。

次に階層の右の部分を検討しよう。例えば，家（「無生物」）と犬（「動物」）の写っている写真を誰かに見せておいて，後で，写真に何が写っていたか聞けば，普通は「犬」と答えるだろう。「家」と答える人はいないであろう。（建築関係に勤務する人等，家に特別な興味がある人は別として。）同様に，人間と犬の写っている写真なら，普通「人間」と答えるであろう。（徳川綱吉，或いは獣医や犬の美容室の経営者等，犬に特に関心の深い人は別として。）同じく，赤の他人（「人間名詞」）と太郎さん（「固有名詞」）又はお父さん（「親族名詞」）の写っている写真の場合なら，誰でも「太郎さん」又は「お父さん」と答えるであろう。自分の知っている人が写っていたのに，その人に関心を示さないで，「写真に赤の他人が写っていた。」と答える人は先ずいないであろう。即ち右端から左へ行くに従って，関心の度合が高くなると言える。（Zubin(1979)はこの名詞句階層に関連のある心理学的実験を多数，紹介している。）

この様な例を考えると，Dixon, Zubin, Wierzbicka の説はかなり説得力がある。文法現象にも彼らの説を支持する例が存在し，多くの言語に見られる。例を 4.3, 4.4, 4.6, 4.7 で挙げる。

しかし，この階層が関心の度合を示しているかどうか疑わしい面もある。例えば，私達は「太郎さん」(固有名詞)や「お父さん」(親族名詞)よりも，「彼」，「彼女」, he, she 等(3人称代名詞)について，高い関心を示すのだろうか？この点に疑問を感じた人（実は，日本人）もいた。確かに知人等(固有名詞)や親族(親族名詞)よりも，3人称代名詞が指すものの方に関心が強いかどうかは疑わしい。しかしこの階層が文法に反映している例を見る限りでは，3人称代名詞が固有名詞と親族名詞よりも上に来ている。例を表 4-3 に挙げる。

又，そもそも，3人称代名詞がこの階層に入っていることが納得出来ないと言った日本人もいる。確かに日本語では「彼」や「彼女」等の代名詞を余り使わないので，換言すれば，日本語では3人称代名詞の影が薄いので，日本語

を見る限りでは3人称代名詞はこの階層に無用である様に見えるかも知れない。しかし，言語によっては，3人称代名詞をこの階層に入れる理由が十分ある。

以下では，Silverstein の名詞句階層が文法に反映している例を見る。

4.2 格組織

Silverstein は元々，豪州原住民語に頻繁に見られる能格型格組織とそれ以外の，対格型等の格組織の共存の仕方を説明するために，この名詞句階層を提案した。(これらの格組織については図 3-1 参照。)具体的には，階層の左端から対格型格組織が延びてくる。一方，右端から能格型格組織が延びてくる。この二つの格組織が交錯すると，三立型格組織が生じる。Silverstein はこう説明する。(角田太作 1983a, 1984 も参照。) この様子は図 4-2 の様に示せる。

図 4-2　対格と能格　の分布

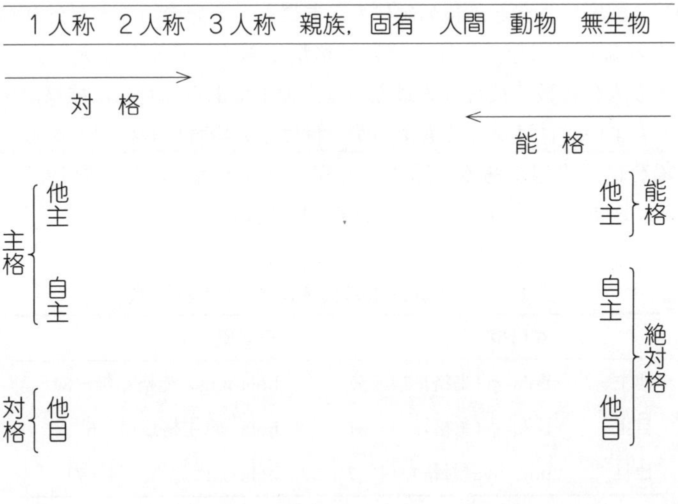

| 1人称 | 2人称 | 3人称 | 親族，固有 | 人間 | 動物 | 無生物 |

対　格　→　　　　　　　　　　　←　能　格

主格 { 他主 / 自主 }　　　　　　　能格 { 他主 } / 絶対格 { 自主 / 他目 }

対格 { 他目 }

豪州のワロゴ語(Tsunoda 1974)の格組織は，Silverstein の説明を見事に実現している。大まかに言うと，代名詞は対格型である。例は(4-1)と(4-2)。一方，名詞は能格型である。例は(4-3)と(4-4)。

(4-1)　ngaya　　　　nyonya　　　balga-n.
　　　　1単：主格　　3単：対格　　殺す-過去／現在
　　　　他主　　　　他目
　　　　'私は彼を殺した／殺す.'

(4-2)　ngaya　　　　nyina-n.
　　　　1単：主格　　座る-過去／現在
　　　　自主　　　　　　　　　　　　'私は座った／座る.'

(4-3)＝(3-13)　bama-nggo　　warrngo-φ　　balga-n.
　　　　　　　男-能格　　　　女-絶対格　　殺す-過去／現在
　　　　　　　他主　　　　　他目
　　　　　　　'男が女を殺した／殺す.'

(4-4)＝(3-14)　bama-φ　　nyina-n.
　　　　　　　男-絶対格　座る-過去／現在
　　　　　　　自主　　　　　　　　　　　　'男が座った／座る.'

しかし，厳密に言うと，代名詞にも名詞にも，上記の傾向から外れたものもある。代名詞の大部分は上述の様に対格型である。しかし3人称両数（'彼ら二人'）と3人称複数（'彼ら3人以上'）は，他主である場合には能格語尾 -nggo を付けてもよい。付けなくてもよいが。付けない場合は対格型である。しかし付けた場合は三立型である。即ち3人称の両数と複数は対格型と三立型の両方がある。Bola '3人称両数' の例を表4-1に示す。

表4-1　ワロゴ語の代名詞：'3人称両数'

	対格型	三立型
他主	bola-φ（主格），(4-5)	bola-nggo（能格），(4-8)
自主	bola-φ（主格），(4-6)	bola-φ（主格），(4-6)
他目	bola-nya（対格），(4-7)	bola-nya（対格），(4-7)

Bola '3人称両数' を対格型で使った例を挙げる。

(4-5)　bola-φ　　bama-φ　　　balga-n.
　　　　3両-主格　男-絶対格　　殺す-過去／現在
　　　　他主　　　他目

'彼ら二人は男を殺した／殺す．'
(4-6)　bola-φ　　　　nyina-n.
　　　　3両-主格　　　座る-過去／現在
　　　　自主
　　　　'彼ら二人は座った／座る．'
(4-7)　bama-nggo　　bola-nya　　balga-n.
　　　　男-能格　　　3両-対格　　殺す-過去／現在
　　　　他主　　　　他目
　　　　'男が彼ら二人を殺した／殺す．'

次に，bola '3人称両数' を三立型で使った例を見る．他主の例：

(4-8)　bola-nggo　　bama-φ　　　balga-n.
　　　　3両-能格　　　男-絶対格　　殺す-過去／現在
　　　　他主　　　　他目
　　　　'彼ら二人は男を殺した／殺す．'

自主の例は(4-6)と同じであり，他目の例は(4-7)と同じである．

　名詞の大部分は上述の様に能格型である．しかし親族名詞と固有名詞の内，母音で終わるものは，他目である場合に対格語尾 -nya を付けてもよい．付けなくてもよいが．付けない場合は能格型である．しかし，付けた場合は三立型である．即ち，これらの名詞は能格型と三立型の両方がある．男性の名前 Gonira の例を表4-2に示す．(この名前は，故 Alf Palmer 氏(ワロゴ名 Jinbilnggay)が私に付けて下さった名前である．)

表4-2　ワロゴ語の名詞：母音で終わる固有名詞

	三立型	能格型
他主	gonira-nggo(能格), (4-9)	gonira-nggo(能格), (4-9)
自主	gonira-φ(主格), (4-12)	gonira-φ(絶対格), (4-10)
他目	gonira-nya(対格), (4-13)	gonira-φ(絶対格), (4-11)

Gonira を能格型で使った例を挙げる．

(4-9) gonira-nggo　　　bama-φ　　　　balga-n.
　　　ゴニラ-能格　　　男-絶対格　　　殺す-現在/過去
　　　他主　　　　　　他目
　　　'ゴニラが男を殺した/殺す.'

(4-10) gonira-φ　　　　nyina-n.
　　　 ゴニラ-絶対格　 座る-過去/現在
　　　 自主
　　　 'ゴニラが座った/座る.'

(4-11) bama-nggo　　　gonira-φ　　　balga-n.
　　　 男-能格　　　　ゴニラ-絶対格　殺す-過去/現在
　　　 他主　　　　　 他目
　　　 '男がゴニラを殺した/殺す.'

　Goniraを三立型で使った例を挙げる。他主の例は(4-9)と同じである。自主の例と他目の例を挙げる。

(4-12) gonira-φ　　　　nyina-n.
　　　 ゴニラ-主格　　 座る-過去/現在
　　　 自主
　　　 'ゴニラが座った/座る.'

(4-13) bama-nggo　　　gonira-nya　　balga-n.
　　　 男-能格　　　　ゴニラ-対格　　殺す-過去/現在
　　　 他主　　他目
　　　 '男がゴニラを殺した/殺す.'

　ワロゴ語の格組織を表4-3に示す。Silversteinの説を実に見事に反映している。対格は左端から延び，一方，能格は右端から延びている。中央で交錯して，そこには三立型がある。

表 4-3　ワロゴ語の格組織

	1人称	2人称	3人称 単数	3人称両数, 複数	母音で終わる 固有, 親族	その他の 固有, 親族	人間	動物	無生物
他主	主格	主格	主格	主格	能格	能格	能格	能格	能格	能格
自主	主格	主格	主格	主格	主格	主格	絶対格	絶対格	絶対格	絶対格
他目	対格	対格	対格	対格	対格	対格	絶対格	絶対格	絶対格	絶対格

　　　　　　　　　　　　　　　　　　　――――――→ 対格
　　　　　　　　　　　能格 ←――――――

　又，表 4-3 は，3人称代名詞をこの階層に入れることが重要であり，決して除くことは出来ないことを示す(4.1 参照)．更に，或る言語の格組織を考察する際に条件(表 4-3 の場合は，名詞句の種類)を分けることの重要さも示す(3.2 の後半の，日本語の動作格型格組織の研究への批判を参照)．

　上述の様に，Silverstein は元々，豪州原住民諸語に見られる能格型と対格型等の，格組織の共存の仕方を説明するために，この階層を提案した．しかし，他の研究者の研究によって，この階層が豪州原住民語以外の多数の言語に反映していること，又，格組織以外にも，文法の様々な現象に反映していることが明らかになった．例えば，北米のナバホ語の動作者と対象の語順(Frishberg 1972, Hale 1973)，露語の否定文の目的語の格(Timberlake 1975)，独語の談話での主格の出方(Zubin 1979)，ワロゴ語の名詞と代名詞の語幹の形成法(Tsunoda 1974, 1976)，西オーストラリア州のジャル語の接辞代名詞の出方(Tsunoda 1981a, 1981c)等である．以下では日本語を中心にして，それらの例を見て行こう．

4.3　日本語の能動文と受動文

　上のワロゴ語の例文を見ていると，あたかも，Silverstein の階層は全く別の世界のことであって，日本語には関係無い様に見えるかも知れない．しかし，実はこの階層は日本語にも反映している．反映しているどころか，この階層を知っていると日本語の研究に大変，便利である．

　先ず日本語の能動文と受動文の使い分けを見よう．この使い分けには，様々な要素が介入していて，実に複雑な状況である．5.2 でその状況を簡単に述べる．その要素の一つは動詞の種類である(6.2.4 で詳しく述べる)．山田(1981)

の実験によると，Silverstein の階層も介入している。

　山田は能動文と受動文の対を作り，被験者にその内の自然な文と思う方を選んでもらった。その結果，例えば，動詞「殺す」の場合には，この階層が能動文と受動文の使い分けにかなり影響していることが分かった。動作者の方が動作の対象よりもこの階層で高い場合は，即ち，動作が高い方から低い方へ向かった場合には，被験者は能動文(例は(4-14)，(4-16))を自然な文として選び，一方，受動文(例は(4-15)，(4-17))を不自然な文と見なして，避ける傾向があった。(不自然と判断された文は疑問符(?)で示す。)

　　(4-14)　私は　女を　殺した。　　　　　(1人称と人間名詞)
　　(4-15)　?女は　私に　殺された。
　　(4-16)　女は　熊を　殺した。　　　　　(人間名詞と動物名詞)
　　(4-17)　?熊は　女に　殺された。

逆に，動作が低い方から高い方へ向かった場合には，受動文を選び，能動文を避ける傾向があった。

　　(4-18)　?女は　私を　殺した。　　　　　(人間名詞と1人称)
　　(4-19)　私は　女に　殺された。
　　(4-20)　?熊は　女を　殺した。　　　　　(動物名詞と人間名詞)
　　(4-21)　女は　熊に　殺された。

　(4-14)から(4-21)までの例文は山田(1981)から採った。更に，私の作った例文を追加する。初めに，動作が高い方から低い方へ向かう場合：

　　(4-22)　花子は　焼芋を　食べた。　　　　(固有名詞と無生物名詞)
　　(4-23)　?焼芋は　花子に　食べられた。

次に，動作が低い方から高い方へ向かう場合：

　　(4-24)　?大波は　私を　さらった。　　　　(無生物名詞と1人称)
　　(4-25)　私は　大波に　さらわれた。
　　(4-26)　?仕事が　海部さんを　追っている。　(無生物名詞と固有名詞)
　　(4-27)　海部さんは　仕事に　追われている。

　この様に，動作者の方が動作の対象よりこの階層で高い場合には能動文を使う。この場合，動作者が主語になり，文頭に来る。一方，対象が高い場合には，受動文を使う。この場合，対象が主語になり，文頭に来る。二つの場合を纏めると，次の様に言える。(動作者であれ，対象であれ)高い方が主語になる。そして文頭に来る。即ち，4.1で述べたことを考慮して言えば，いずれに

せよ，話し手にとってより関心のあるもの，より話題になり易いものが主語になる。（そして文頭に来る。）（主語という概念はここでも，厳密な意味で使っているのではない。詳細は第8章参照。）この能動文と受動文の使い分けは，図4-3の様に表せる。（矢印は動作の方向を示す。）

図4-3　日本語の能動文と受動文

```
1人称    2人称   …    …    動物    無生物
動作者 ─────────────────────→ 対　象     能動文：自　然
                                        受動文：不自然

対　象 ←───────────────────── 動作者     能動文：不自然
                                        受動文：自　然
```

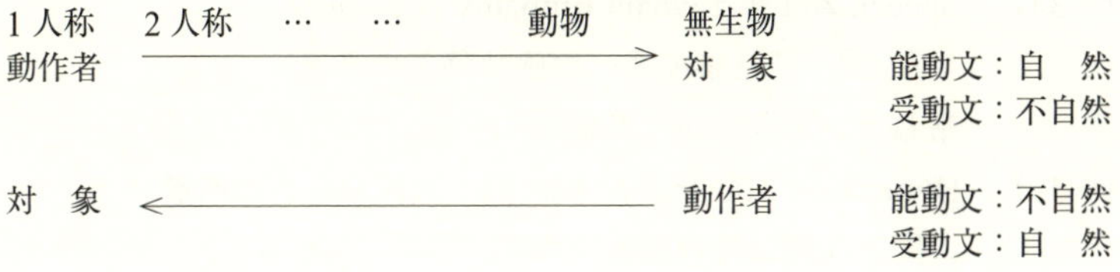

　上で見た例文の大部分では，動作者と対象の間の距離がこの階層でかなり大きい。例えば，1人称と無生物名詞である。この場合には能動文と受動文の自然さの度合に違いがはっきりしている。しかし，動作者と対象の距離が小さい場合には，はっきりした違いがあるとは限らない。(4-16), (4-17)と(4-20), (4-21)(人間名詞と動物名詞)では，この違いがかなり明快である。しかし，同じく人間名詞と動物名詞の組合せであっても，次の例では違いが無い。能動文も受動文も，共に自然な文である。

　　(4-28)　少年は　犬を　　蹴った。
　　(4-29)　犬は　　少年に　蹴られた。

次の組合せは固有名詞と人間名詞である。この場合も違いが無い。能動文も受動文も自然な文である。

　　(4-30)　あの借金取りは　いつも　海部さんを　　追いかけている。
　　(4-31)　海部さんは　　　いつも　あの借金取りに　追いかけられている。

　動作者と対象がこの階層で同等である場合には，もう既に予測出来る様に，違いが無い。能動文と受動文は共に自然な文である。固有名詞と固有名詞の組合せの例を挙げる。

　　(4-32)　太郎が　花子を　けなした。
　　(4-33)　花子が　太郎に　けなされた。

　日本語の能動文と受動文の使い分けには，様々な条件が関与している(5.2参照)。その条件の一つはこの名詞句階層である。しかし，文脈も関与する。

動作が階層で高い方から低い方に向かう場合でも，低い方が話題である場合には受動文は自然である。例は(8-120)。

4.4 発話当事者の視点ハイアラーキー

Kuno and Kaburaki(1977：652-53)は日本語や英語における，或る種の文法現象を説明するために，次の二つの階層を提案した。

  (4-34) Speech-Act Participant Empathy Hierarchy
     （仮の訳：談話参加者への感情移入の階層）
     話し手＞聞き手＞3人称
  (4-35) Humanness Hierarchy（仮の訳：人間らしさの階層）
     人間＞人間以外の動物＞物

又，久野(1978：148)は次の階層を提案した。

  (4-36) 発話当事者の視点ハイアラーキー
     1人称＞2，3人称

         （久野の書き方を少し変えてある。）

 この三つの階層は，それぞれSilversteinの名詞句階層を部分的に表している。三つを合わせれば，Silversteinの階層とほぼ同じになる。

 (4-36)の階層について久野は次の様に述べている。「話し手は，常に自分の視点をとらなければならず，自分より他人の視点をとることができない。」例えば，次の英語と日本語の文が不自然なのは，この規則に違反しているからだと久野は説明している。

  (4-37) ? Then, John was hit by me.
  (4-38) ? その時，太郎が僕に殴られた。

この現象が4.3で見た現象と同じものであることは，言うまでも無い。

4.5 日本語の他動詞文の無生物主語

 日本語では，自動詞文の場合，主語が人間であっても（例は(4-39)），動物であっても（例は(3-40)），無生物であっても（例は(4-41)と(4-42)）自然な文である。

  (4-39) 男が歩いた。
  (4-40) 犬が歩いた。
  (4-41) 昨日，雨が降った。

(4-42)　この部屋に本がある。

　他動詞文でも，主語が人間の場合（例は(4-43)）と動物の場合（例は(4-44)）は自然な文である。

(4-43)＝(4-28)　少年は犬を蹴った。

(4-44)　犬が水を飲んだ。

しかし，他動詞文の場合，主語が無生物であると，不自然である，或いは翻訳調であるという説がある（金田一 1981：209-211 参照）。無生物主語の他動詞文の例を挙げる。

(4-45)　? 何が彼女をそうさせたか？　　　　　　　（金田一 1981：209）
(4-46)　? 風が私を悲しませる。（金田一 1981：209 の例を少し直した。）
(4-47)　? あの事件は加藤を驚かした。　　　　　（角田太作 1982：206）
(4-48)＝(4-24)　? 大波は私をさらった。
(4-49)＝(4-26)　? 仕事が海部さんを追っている。

　実は，無生物主語の他動詞文であっても，不自然でない文がある（角田太作 1982：206，金子 1990）。（金子(1990)の存在は野田尚史（私信）の指摘によって知った。）私の直感では，無生物主語の他動詞文の中でも，特に自然に感じるのは以下の様な文である。

(4-50)　津波が三陸地方を襲った。　　　　　　（角田太作 1982：206）
(4-51)　台風が九州を直撃した。
(4-52)　激しい雨と風が窓を打つ。（1958 年の狩野川台風の記録から。
　　　　http://www.otenki.co.jp/wes/justtime/typhoon/typhoon.html）
(4-53)　火砕流は … 北上木場地区を飲み込みました。また，人家や農地，山林などを広範囲に焼き尽くしました。
　　　　（1991 年の島原市の火砕流の記述から。
　　　　http://www.city.shimabara.lg.jp/kazan/04.html）

　これらの他動詞文は主語が無生物主語であるのに，(4-45)等とは違い，自然である。では，どこが違うのであろうか？違いは意味の面である。

(a)　(4-50)から(4-53)：
　　　主語：自然の力である無生物。目的語：無生物。
(b)　(4-45)から(4-49)：
　　　主語：自然の力とは限らない無生物。目的語：人間。

　ここで，図4-3に戻って，考えてみよう。(4-45)から(4-49)では，動作は

無生物から人間に向かっている。即ち，Silverstein の階層で，低い方から高い方へ向かっている。既に見た様に，日本語では動作が低い方から高い方へ向かう場合，能動文を嫌う傾向がある。(4-45)等の文を不自然と見なすのは実に当然のことである。実は，(4-24)(=(4-48))と(4-26)(=(4-49))は，このことを示すために挙げた例文である。

一方，(4-50)から(4-53)では，動作が無生物から無生物に向かっている。しかも，主語は自然の力(津波，台風，激しい雨と風，火砕流)である。図4-1が示す様に，自然の力を表す名詞は無生物名詞の中では，最も高い位置を占めるとされている。一方，目的語は全て無生物名詞であり，しかも，自然の力を表していないので，階層の上で自然の力の名詞よりも低い位置を占めている。特に，地名などは最も低い。「三陸地方」，「九州」，「北上木場地区」は地名である。従って，動作は高い方から低い方に向かっている。既に見た様に，動作が高い方から低い方に向かう場合，能動文は自然な文である。(4-50)から(4-53)が，無生物主語でもあるに拘わらず自然な文であることは，当然のことである。

纏めると次の様に言える。日本語で，無生物主語の他動詞文が不自然であると言うのは正確ではない。確かに，無生物の動作が階層の上で高い方へ向かう場合には，他動詞文は不自然である。しかし，低い方に向かう場合には何ら，不自然ではない。このことは図4-3で見た，日本語の一般傾向に合致している。無生物主語の他動詞文は決して例外ではない。

従来，無生物主語の他動詞文は不自然であるという主張をした人達は，(4-45)等の様に，無生物の動作が高い方へ向かう場合だけを見ていて，(4-50)等の様に，低い方へ向かう場合を考慮しなかったのである。文法の研究をする場合，或る条件の下だけで起こる例文を検討するだけではなく，それ以外の様々な条件を考慮しなければならない

なお，(4-50)の様な文の中には，受動文で言えるものがある。全てではないが。

(4-54)　三陸地方が津波に襲われた。

Silverstein の名詞句階層で動作者と対象の距離が小さいから言えるのかも知れない。

今までは日本語での状況を見た。他の言語ではどうであろうか？先ず，英語では，無生物主語の他動詞文はかなり普通であるらしい。例えば，中学校で

使った英語の教科書に次の様な文があった。

 (4-55) This road takes you to Rome.

これは，直訳すれば「この道はあなたをローマへ連れて行きます」となるが，自然な日本語では「この道を行けば，ローマへ行けます」であろう。私は豪州にいた頃，頻繁に次の様に質問された。

 (4-56) What brought you out here?

直訳すれば「何があなたをここに連れてきましたか？」であるが，自然な日本語では，「何の目的でこの国に来ましたか？」であろう。これらの例では，動作が階層で低い方(無生物)から高い方(代名詞)に向かっているが，日本語とは違い，何ら，不自然ではない。

 西オーストラリア州のジャル語(Tsunoda 1981a：57)でも，動作が無生物から人間名詞や代名詞に向かった文がある。例えば「雨が私達を打った」という類の文である。

 この様に，英語やジャル語では，動作が無生物から高い方へ向かった場合にも他動詞文が言える。しかし，無生物主語の他動詞文が全く言えない言語もあるらしい。例えば，Craig(1976：108-09)によると，中米グワテマラのハカルテク語では，他動詞文の主語は人間又は動物でなければならない。無生物は不可能だ。動作が自然の力の無生物から更に低いものへ向かった場合でさえも言えないということらしい。(自動詞文は主語が無生物であっても，無生物でなくても，言える。)

4.6 「は」と「が」

 久野(1973：27-35)によると，「は」の用法には「主題」と「対照」があり，「が」の用法には「総記」，「中立叙述」がある。これらの意味は非常に大まかに言って次の通りである。主題は「…について言えば」という様な意味である。即ち話題を示す。対照は明らかであろう。総記は「…だけが」という意味である。中立叙述は，主題でもなく，対照でもなく，又，総記でもなく，いわば無色透明の表現である。(4-62)と(4-63)へのコメントも参照。例文(4-57)から(4-60)と説明は久野による。

 (4-57) 主題：太郎は学生です。
 (4-58) 対照：雨は降っていますが，雪は降っていません。
 (4-59) 総記：太郎が学生です。

(「(今話題になっている人物の中では)太郎だけが学生です」の意味)

(4-60) 中立叙述:雨が降っています。

おや,太郎が来ました。

(観察出来る動作・一時的状態を表す)

「は」と「が」の使い分けには,文脈,名詞の意味,述語の種類等,実に様々な要素が影響している。(久野1973の第2章を参照。)私の観察では,その他に,Silversteinの名詞句階層も影響している。(このことは,柴谷・角田1982:106,角田太作1983a:76,Tsunoda 1995b:567で述べた。)即ち,「は」はこの階層で高い方では「主題」を表すが,低い方では対照を表す。

(4-61) 主題:私は勉強しています。

(4-62) 対照:雨は降っています。

((4-62)の文を見ると,いかにも,「しかし,雪は降っていません」とか,「しかし,風は吹いていません」といった含みが感じられる。)

一方,「が」は高い方では総記を表し,低い方では中立叙述を表す。

(4-63) 総記:私が勉強しています。

(4-64) 中立叙述:雨が降っています。

((4-63)を見ると,いかにも勉強しているのは私だけで,他の人達は何か別のことをしている感じがする。)

(無論「は」と「が」の用法はこれ程,単純ではない。上に述べたことは「は」と「が」の用法に関与する様々な条件の一つに過ぎない。自然科学で行っている様に,'もし,他の条件を一定にすれば,こうであろう'ということである。)

階層で高い方では「は」(主題)を用いるのが自然な用法である。無標unmarkedの用法である。逆に「が」(総記)を用いるのは自然さが落ちる。有標markedの用法である。一方,低い方では「が」(中立叙述)が自然(無標unmarked)であり,「は」(対照)は自然さが落ちる(有標marked)。このことは表4-4の様に示せる(柴谷・角田1982:106,角田太作1983a:76)。

表4-4 「は」と「が」

	1人称	…… …… ……	無生物
は	主題(無標),(4-61)		対照(有標),(4-62)
が	総記(有標),(4-63)		中立叙述(無標),(4-64)

「私」は1人称であるので，この名詞句階層の左端に位置し，一方，「雨」は無生物であるので右端に位置する。これらの場合では「は」と「が」のそれぞれの，二つの用法の違いがかなり明快である。では階層の中間あたりではどうであろうか？ 固有名詞の例を見よう。

(4-65) 太郎は来ました。(主題？ 対照？)

(4-66) 太郎が来ました。(総記？ 中立叙述？)

(4-65)では，文脈が無いと，「は」が主題を示すか，対照を示すか，明快には決めがたい。(4-66)も同様である。即ち，階層の中ごろでは，用法の違いが明瞭ではない。従って，どの用法が有標か無標かといった点でも，違いが明瞭ではない。

さて，4.1で見た様に，Silversteinの名詞句階層は話題になり易さの度合を示すという説がある。日本語で「は」が左端で主題を表すのが自然であるが，右へ行くと次第に主題を表しにくくなるという事実はこのことの反映であろう。

4.7 ナバホ語の語順

Silversteinの名詞句階層は北米のナバホ語の語順にも反映している。以下では話を分かり易くするために，やや単純化してある。(詳細はFrishberg (1972)，Hale(1973)等参照。) 又，理解し易くするために，日本語の単語を用いて，疑似ナバホ文を使う。

ナバホ語ではSOVとOSVの語順が可能である。日本語の「が」，「を」に当たるものは無い。動作者(又はS)と対象(又はO)を区別するには，語順と動詞の接頭辞を使う。具体的に言うと，動作者が動作の対象の前に来た時(SOV)は動詞にyi-が付く。動作者が対象の後に来た場合(OSV)は動詞にbi-が付く。どちらが先行するかについて，Silversteinの名詞句階層が影響している。以下の三つの場合はある。(非文法的な文は星印(*)で示す。)

(a) 動作者(S)と対象(O)が同等の場合：どちらが前に来てもよい。

　　　　　　　　S O yi-V, O S bi-V.

(b) 動作者(S)と対象(O)が同等ではない場合：

　(b-i) 動作者(S)の方が高い場合：動作者(S)が必ず先行する。

　　　　　　　　S O yi-V. *O S bi-V.

(b-ii)対象(O)の方が高い場合：対象(O)が必ず先行する。
*S O yi-V.　O S bi-V.

(a)の例を挙げる。少年と少女は共に人間であるので同等である。どちらが先行してもよい。

(4-67)　少年　少女　yi- 見た。　　　　　　　(S O yi-V)
　　　　'少年が少女を見た。'

(4-68)　少女　少年　bi- 見た。　　　　　　　(O S bi-V)
　　　　'(上に同じ。)'

馬と驢馬は共に動物であるので同等である。どちらが先行してもよい。

(4-69)　馬　　驢馬　yi- 蹴った。　　　　　　(S O yi-V)
　　　　'馬が驢馬を蹴った。'

(4-70)　驢馬　馬　　bi- 蹴った。　　　　　　(O S bi-V)
　　　　'(上に同じ。)'

(b-i)の例を挙げる。階層で少年(人間)は山(無生物)より高い。以下の例では「少年」が先行しなければならない：(4-71)。後行すると非文法的である：(4-72)。

(4-71)　少年　山　　yi- 見た。　　　　　　　(S O yi-V)
　　　　'少年が山を見た。'

(4-72) *山　　少年　bi- 見た。　　　　　　　(*O S bi-V)

階層で驢馬(動物)は山(石)より高い。以下の例では「驢馬」が先行しなければならない：(4-73)。後行すると非文法的である：(4-74)。

(4-73)　驢馬　石　　yi- 蹴った。　　　　　　(S O yi-V)
　　　　'驢馬が石を蹴った。'

(4-74) *石　　驢馬　bi- 蹴った。　　　　　　(*O S bi-V)

(b-ii)の例を挙げる。少年(人間)は水(無生物)より高い。以下の例では「少年」が先行しなければならない：(4-76)。後行すると非文法的である：(4-75)。

(4-75) *水　　少年　yi- 殺した。　　　　　　(*S O yi-V)

(4-76)　少年　水　　bi- 殺した。　　　　　　(O S bi-V)
　　　　'水が少年を殺した。'

犬(動物)は雪(無生物)より高い。以下の例では「犬」が先行しなければならない：(4-78)。後行すると非文法的である：(4-77)。

(4-77) *雪 犬 yi-凍らせた。　　　　　　　　　(S O yi-V)
(4-78) 犬 雪 bi-凍らせた。　　　　　　　　　(O S bi-V)
　　　　'雪が犬を凍らせた。'

　以上，(a), (b-i), (b-ii)の三つの場合の例文を見た。この三つの場合を一つの規則に纏めることが出来るだろうか？ (b-i)と(b-ii)は以下の様に纏められる。

(4-79)　(b-i), (b-ii)：階層で高い方が先行する。
　　　（低い方が後行するとも言える。）

では(4-79)と(a)を纏めるにはどうしたらよいか？次の様に纏められる。

(4-80)　階層で高い方が先行する。（低い方が後行するとも言える。）

これは(4-79)と同じである。実は(a)の場合(SとOが同等である場合)については何も言わないでよい。(4-79)を言っておけば，(a)は不必要である。一般に，規則というものは，制限する部分だけを指定しておいて，制限しない部分については，何も述べない。例えば，「この花壇に立ち入り禁止」という規則があった場合を考えて見よう。この花壇に入りさえしなければ，あとは，どこに立ち入ろうと自由である。（他の規則に触れない限り。）ナバホ語の(a), (b-i), (b-ii)も同様である。動作者と対象が対等でない場合に，高い方が先行さえすれば（或いは，低い方が後行さえすれば）よい。他の場合，即ち，動作者と対象が対等な場合には，何の制限も無いのだから，どちらが先行してもよい。（勿論，動詞の形は変わる。）従って，規則として記述するには(4-79)だけで十分で，(a)は不要である。（但し，実際に教える時には，これでは分かりにくい。(a), (b-i), (b-ii)の個々の場合を教えて，(4-79)で纏めるのが分かり易いであろう。）

　ナバホ語におけるこの語順の交換が4.3で見た日本語での能動文と受動文の使い分けと酷似していることは明白である。動作者と対象が階層の上で同等の場合には，日本語では能動文も受動文も自然である。ナバホ語ではどちらが前に来てもよい。動作者の方が高い場合には，日本語では能動文を好み，ナバホ語では動作者が先行する。対象の方が高い場合には，日本語では受動文を好み，ナバホ語では対象が先行する。即ち，動作者と対象の内，階層の上で高い方が，日本語では主語になり，文頭に来る。ナバホ語でも前に来る。いずれの場合も，話題になり易いもの，話の中心になり易いものが前に来る。

　日本語の能動文と受動文の使い分けとナバホ語の語順は表面だけを見てい

と，何の関連も無い様に見えるが，一皮剥くと，実は共通の原理が支配していることが分かる。同じことが，西オーストラリア州のジャル語についても言える。4.8で例を挙げる。

4.8 ジャル語の付属代名詞

　ジャル語の代名詞には独立代名詞と付属代名詞(clitic pronouns)の二種類がある。付属代名詞はいつも，何か他の単語の後に付着する。大部分の場合は，nga に付着する。nga には付属代名詞の付着先としての役目しか無い。単なる carrier 運び屋である。以下の例文では C で示す。独立代名詞の語順は，名詞等と同じく，余り厳格には決まっていない。しかし，付属代名詞はいつもお互いに一緒に出て来る。(普通，最大限，二つしか一緒に出ない。) しかも，その相互の順番が決まっている。大部分の場合には次の規則に従う。1人称が2人称に先行する。1人称も2人称も3人称に先行する。これは，次の様に纏めることが出来る。(詳細は Tsunoda 1981a：131-32, 1981c 参照)。

　　(4-81)　　1人称＞2人称＞3人称

例文を挙げる。

　　(4-82)　　nga-rna-nggu　　　　　nyangan.
　　　　　　　C-1単：主格-2単：対格　　見る　　'私は君を見る。'
　　(4-83)　　nga-yi-n　　　　　　　nyangan.
　　　　　　　C-1単：対格-2単：主格　　見る　　'君は私を見る。'
　　(4-84)　　nga-n-janu　　　　　　nyangan.
　　　　　　　C-2単：主格-3複：対格　　見る　　'君は彼らを見る。'
　　(4-85)　　nga-nggu-lu　　　　　 nyangan.
　　　　　　　C-2単：対格-3複：主格　　見る　　'彼らは君を見る。'
　　(4-86)　　nga-rna-yanu　　　　　nyangan.
　　　　　　　C-1単：主格-3複：対格　　見る　　'私は彼らを見る。'
　　(4-87)　　nga-yi-lu　　　　　　 nyangan.
　　　　　　　C-1単：対格-3複：主格　　見る　　'彼らは私を見る。'

付属代名詞の順番は，主格であるか，対格であるかに関係無く，一貫して(4-81)の階層に従っている。即ち，階層の上で高い方，話題になり易い方が先行する。ジャル語のこの現象も一見，関連が無い様に見えるが，実は，上で見た日本語とナバホ語の現象と同じ原理に支配されているのである。(厳密に

言うと，この階層に従わない組合せもあるが。）

4.9　日本語の形式名詞「こと」等

豪州のワロゴ語(Tsunoda 1974, 1976)では，名詞，代名詞等の格は接尾辞で示す場合が多い。例は表4-1と表4-2に挙げた。格の内，与格，所格等の場合，格の形の作り方にSilversteinの名詞句階層が反映している。表4-5に示す。階層で高い方では，直接，格の接尾辞を付けることは出来ない。先ず，つなぎの接尾辞を付けて，それに格の接尾辞を付ける。（つなぎの接尾辞は，1人称単数には -n- を，他では -ngon- を使う。）つなぎの接尾辞は，代名詞には必ず付ける。（表4-5では，プラスで示す。）(4-88), (4-89)参照。親族名詞，固有名詞の内，母音で終わるものには付けることが出来る。しかし，付けなくてもよい。（括弧に入れたプラスで示す。）(4-90), (4-91)参照。他の親族名詞，固有名詞と低い方の名詞，即ち，人間名詞，動物名詞，無生物名詞にはつなぎの接尾辞を付けることが出来ない。直接，格の接尾辞を付ける。（マイナスで示す。）(4-92), (4-93)参照。

表4-5　飾りの表現

	1人称	2人称	3人称	固有，母音で終わるもの	親族 他のもの	人間	動物	無生物
ワロゴ語	+	+	+	(+)	−	−	−	−
日本語								
好きだ，嫌いだ，いやだ	(+)	(+)	(+)	(+)	−	−	−	−
好く，嫌う	(+)	(+)	(+)	(+)	−	−	−	−
心配だ	+	+	+	+	+	+	+	(+)
心配する	+	+	+	+	+	+	+	(+)
考える(I)	+	+	+	+	+	+	+	+
考える(II)	−	−	−	−				
思う	+	+	+	+	+	+	+	(+)

(4-88)　　ngali-ngon-go
　　　　　1両-つなぎ-与格　　　　　　　　'私達二人に'

(4-89) *ngali-wo
　　　 1両-与格
(4-90) gonira-ngon-go
　　　 (男の名前)-つなぎ-与格　　　'ゴニラに'
(4-91) gonira-wo
　　　 (男の名前)-与格　　　　　　'ゴニラに'
(4-92) *gamo-ngon-go
　　　 水-つなぎ-与格
(4-93) gamo-wo
　　　 水-与格　　　　　　　　　　'水に'

(ワロゴ語の与格の接尾辞は，子音の後では -go，母音の後では -wo である。)
　つなぎの接尾辞は，いわば，飾りである。それ自体は何の意味も表さない。いわば，階層の上の方の連中は，気取っていて，格の接尾辞という衣服を直接着るのを嫌い，先ず，-ngon- 等の下着を着けてから，格の接尾辞の衣服を着る，といった様なものである。
　飾りの様な表現は，世界各地の諸言語にある。日本語の形式名詞も飾り表現の一種と言えよう。形式名詞は意味を表さないとまでは言い切れないが，少なくとも，「山」や「鳥」等の名詞と比べると，具体的な意味を表していないと言える。
　形式名詞の一つに「こと」がある。「こと」を使う場合には，後置詞「の」を伴う。形式名詞「こと」について，Kuno(1976：42)は以下の様に述べている。

> In Japanese, when the object of feeling, thinking, and saying verbs is human, *no koto* '(someone)'s matter' appears optionally after the noun phrase for the human.

しかし，「こと」は人間名詞以外にも使える場合がある。又，人間名詞に使った場合，必ずしも optional(任意)とは言えない様だ。更に，動詞だけではなく，形容動詞の場合にも使える。
　形式名詞「こと」の用法を明快に示すことは困難である。しかし，少なくとも以下の二つの要素が関与しているらしい。
　(a) Silverstein の名詞句階層における該当の名詞の位置。
　(b) 該当の名詞が具体的な，或いは，特定の，ものを指すかどうか。

(b)に関する考察は様々な大学等で行った授業や講演での受講者の質問，コメントのおかげである。以下で考察することの結果は表 4-5 に示してある。

(a)の例を見よう。形容動詞「好きだ」，「嫌いだ」，「いやだ」の場合，「こと」は 1 人称から固有名詞，親族名詞まで使える様。但し，使わなくてもよい。（このことを括弧に入れたプラスで示す。）人間名詞，動物名詞，無生物名詞では使えない。（マイナスで示す。）下の例文では，括弧の中の語は使っても，使わなくてもよい。「嫌いだ」の例文を挙げる。（形式名詞「こと」の用法には個人差がかなりある様だ。以下の例文の自然さについては私自身の判断を示す。）

(4-94)　1 人称：花子は僕（のこと）が嫌いです。
(4-95)　2 人称：僕は君（のこと）が嫌いです。
(4-96)　3 人称：私は彼女（のこと）が嫌いです。
(4-97)　固有，親族：僕は花子（のこと）が嫌いです。
(4-98)　人間：＊花子は男のことが嫌いです。
(4-99)　人間：　花子は男が嫌いです。
(4-100)　動物：＊花子は犬のことが嫌いです。
(4-101)　動物：　花子は犬が嫌いです。
(4-102)　無生物：＊花子は果物のことが嫌いです。
(4-103)　無生物：　花子は果物が嫌いです。

形容動詞「好きだ，嫌いだ，いやだ」の内，「好きだ，嫌いだ」には対応する動詞が有る：「好く，嫌う」。形式名詞「こと」の用法に関して，動詞「好く，嫌う」は形容動詞「好きだ，嫌いだ」は同じ分布を示すと思われる。

(4-104)　1 人称：花子は僕（のこと）を嫌っています。
(4-105)　2 人称：花子は君（のこと）を嫌っています。
(4-106)　3 人称：太郎は彼女（のこと）を嫌っています。
(4-107)　固有，親族：太郎は花子（のこと）を嫌っています。
(4-108)　人間：＊花子は男のことを嫌っています。
(4-109)　人間：　花子は男を嫌っています。
(4-110)　動物：＊花子は犬のことを嫌っています。
(4-111)　動物：　花子は犬を嫌っています。
(4-112)　無生物：＊花子は果物のことを嫌っています。
(4-113)　無生物：　花子は果物を嫌っています。

形容動詞「心配だ」は形容動詞「好きだ，嫌いだ，いやだ」の場合と違う。私自身の判断では下の通りである。1人称から動物名詞までは「こと」を必ず使う。使わないと文が不自然になる。（プラスで示す。）無生物名詞の場合には使っても使わなくてもよい。（括弧に入れたプラスで示す。）

(4-114) 1人称： 母は私のことが心配です。
(4-115) 1人称：*母は私が心配です。
(4-116) 2人称： 私はあなたのことが心配です。
(4-117) 2人称：*私はあなたが心配です。
(4-118) 3人称： 僕は彼女のことが心配です。
(4-119) 3人称：*僕は彼女が心配です。
(4-120) 固有，親族： 僕は花子のことが心配です。
(4-121) 固有，親族：*僕は花子が心配です。
(4-122) 人間： 花子は男のことが心配です。
(4-123) 人間：*花子は男が心配です。
(4-124) 動物： 花子は犬のことが心配です。
(4-125) 動物：*花子は犬が心配です。
(4-126) 無生物：僕は明日の試験（のこと）が心配です。

形容動詞「心配だ」には対応する動詞「心配する」がある。形式名詞「こと」の用法に関して，動詞「心配する」は形容動詞「心配だ」と同じ分布を示すと思われる。

(4-127) 1人称： 母は私のことを心配しています。
(4-128) 1人称：*母は私を心配しています。
(4-129) 2人称： 私はあなたのことを心配しています。
(4-130) 2人称：*私はあなたを心配しています。
(4-131) 3人称： 僕は彼女のことを心配しています。
(4-132) 3人称：*僕は彼女を心配しています。
(4-133) 固有，親族： 僕は花子のことを心配しています。
(4-134) 固有，親族：*僕は花子を心配しています。
(4-135) 人間： 花子は男のことを心配しています。
(4-136) 人間：*花子は男を心配しています。
(4-137) 動物： 花子は犬のことを心配しています。
(4-138) 動物：*花子は犬を心配しています。

(4-139) 無生物：花子は明日の試験(のこと)を心配しています。

この様に，「好きだ」と「好く」，「嫌いだ」と「嫌う」，「心配だ」と「心配する」等，同じ語根を持った形容動詞と動詞の対は，「こと」の用法に関して，それぞれ同じ分布を示すと思われる。(この指摘は野田尚史(私信)による。)

ここまでは「(a) Silverstein の名詞句階層における該当の名詞の位置」の例を見てきた。次に「(b) 該当の名詞が具体的な，或いは，特定の，ものを指すかどうか」の例を検討しよう。動詞「考える」を考察する。「考える」には少なくとも二つの意味がある。何かについて一般的に考える場合(「考える(一般的)」と呼ぶ)と，具体的に何かについて考える場合(「考える(具体的)」と呼ぶ)である。動詞「考える」はこの二つの場合で「こと」の用法が異なる。「考える(一般的)」の場合，1人称から無生物名詞まで必ず「こと」を使う。使わないと不自然である。

(4-140) 1人称：　母は私のことを考えている。
(4-141) 1人称：＊母は私を考えている。
(4-142) 2人称：　私は君のことを考えている。
(4-143) 2人称：＊私は君を考えている。
(4-144) 3人称：　僕は彼女のことを考えている。
(4-145) 3人称：＊僕は彼女を考えている。
(4-146) 固有，親族：　僕は花子のことを考えている。
(4-147) 固有，親族：＊僕は花子を考えている。
(4-148) 人間：　花子は男のことを考えている。
(4-149) 人間：＊花子は男を考えている。
(4-150) 動物：　花子は犬のことを考えている。
(4-151) 動物：＊花子は犬を考えている。
(4-152) 無生物：　花子は結婚のことを考えている。
(4-153) 無生物：＊花子は結婚を考えている。
(4-154) 無生物：　山田先生は数学の試験のことを考えている。
(4-155) 無生物：＊山田先生は数学の試験を考えている。

「考える(具体的)」の場合，1人称から無生物名詞まで，形式名詞「こと」無しで使う。「こと」を入れると不自然な文になる。(不自然な文の例は省略する。)

(4-156) 1人称：社長は後継者に私を考えている。

(4-157) 2人称：社長は後継者に君を考えている。
(4-158) 3人称：社長は後継者に彼女を考えている。
(4-159) 固有，親族：社長は後継者に花子を考えている。
(4-160) 人間：社長は後継者にあの男を考えている。
(4-161) 動物：花子は次のペットにこの犬を考えている。
(4-162) 無生物：花子は結婚を考えている。
(4-163) 無生物：山田先生は数学の問題を考えている。

(4-156)から(4-161)までは，該当の名詞が具体的な，或いは，特定の，人間或いは動物を指すことは明らかである。例えば「あの男」と言った場合，男なら誰でもよいのではない。或る特定の男を指している。

「考える」の二つの意味の違いが最もはっきりするのは，(4-152)から(4-155)と(4-162)，(4-163)であろう。((4-152)と(4-162)の違いは佐伯紀子（私信）の教示による。(4-154)と(4-163)は佐々木惣平（私信）の例文に基づいている。)(4-162)の場合，花子には特定の結婚相手がいる。「もうそろそろ結婚しようか」と考えている段階である。一方(4-152)の場合，結婚相手がいるかどうかは述べていない。例えば「結婚したら幸せな人生を送れるかな？それとも結婚は人生の墓場かな？」等と，結婚について一般的に考えている場合である。((4-162)は(4-153)と同じである。しかし，(4-153)の場合，即ち一般的な意味の場合は不自然な文である。)同様に，(4-163)の場合，山田先生は今，数学の問題を作っている。一方，(4-154)の場合，例えば「そろそろ学期末だな。数学の期末試験の問題を作らなくてはいけないな」等と，数学の問題について考えている場合である。((4-163)は(4-155)と同じである。しかし，(4-155)の場合，即ち一般的な意味の場合は不自然な文である。)

笹栗(1996)は形式名詞「こと」を IDENTITY の「こと」と PROPOSITION の「こと」に分ける。非常に大まかに言って，「考える（一般的）」の「こと」は PROPOSITION の「こと」に，「考える（具体的）」の「こと」は IDENTITY の「こと」に対応するのかも知れない。

動詞「思う」の場合，形式名詞「こと」の分布は形容動詞「心配だ」と動詞「心配する」の場合と同じと思われる。例文は省略する。

以上纏めると，形式名詞「こと」の分布には，形容動詞「好きだ，嫌いだ，いやだ，心配だ」と動詞「好く，嫌う，心配する，思う」の場合は Silverstein の名詞句階層が反映している。但し，「考える」の二つの用法は，一般的か具

体的かの違いを反映しているらしい。

　ワロゴ語は表面だけ眺めていると，どう見ても日本語と似ているとは思われない。しかし，この様に見ると，それぞれに飾りの表現があり，しかも，その用法が共通の原理に支配されているのである。

4.10　まとめ

　Silverstein の名詞句階層は非常に普遍的な原理である。豪州原住民諸語における能格型と対格型の格組織の共存の仕方だけでなく，世界の諸言語の様々な文法の現象に反映している。ワロゴ語，ジャル語，ナバホ語等と日本語は，一見すると似ている様にはとても見えない。しかし，上で見た様に，共通の原理に支配されているのである。この様に，世界の諸言語は，表面は随分違う様に見えても，一皮剥くと，共通の原理に支配されていることがある。（この様な原理の例は第6章と第7章でも挙げる。）

　Silverstein の階層を用いて日本語を見た結果，(i)能動文と受動文の使い分け，(ii)「は」と「が」の分布，(iii)「こと」の分布に関する規則が判明した。又，(iv)無生物主語の他動詞文が可能な条件も明らかになった。これが，実は(i)に関する一般規則の一部分に過ぎないことも分かった。

　この様に，この名詞句階層を用いると，世界の諸言語の共通性が分かって来る。同時に，日本語等，個々の言語の研究においても，新しい事実を発見する手助けになる。この様に，Silverstein の名詞句階層は文法研究のための強力な武器である。

第5章　他動性

5.1　はじめに

　他動性(transitivity)とは自動詞文(intransitive sentences)との関係も含めて，他動詞文(transitive sentences)に関する言語現象一般を指す。

　他動性，他動詞文，自動詞文という術語は言語学辞典，言語学の教科書，文法理論書等でしばしば用いる。又個別言語の文法書でこれらの術語を使う。日本語の文法書でも頻繁に用いる。他動性とは何か，他動詞文，自動詞文と何かは自明であるかの如く書いている文法書も多い。しかし厳密に考えてみると，非常に難しい問題がある。

　本章では，Tsunoda(1994a)で述べた考えを用いて，主に日本語の他動性を考察する。他動性の研究の概略は角田太作(2007a)にある。

5.2　伝統的な定義

　欧州の伝統では，他動性を大体，次の様に定義している(Hartmann and Stork 1972：155−56, 118, 242；Richards et al. 1985：198, 298 等参照)。

　　(5−1)　伝統的な他動性の定義
　　　　　(a) 他動詞文には目的語がある。動作が主語から目的語に向かう。
　　　　　　 (更に，目的語は動作を被る，或いは，他動詞文は受動文は変えることが出来る，等と述べている場合もある。)
　　　　　(b) 自動詞文には目的語がない。動作は何にも，向かわない。

(ちなみに，transitivity という言葉はラテン語の trans '越えて，渡って' と īre '行く' に由来する。)

　例えば，英語では他動詞文として挙げるものには，次の様なものがある。
　　(5−2)　Brutus killed Caesar.　　'ブルータスがシーザーを殺した。'
　　(5−3)　I hit him.　　　　　　　'私は彼を殴った。'
　　(5−4)　John saw Mary.　　　　　'ジョンがメアリーを見た。'
　　(5−5)　John has many books.　　'ジョンは沢山，本を持っている。'
　自動詞文の例を挙げる。

(5-6)　He sat down.　　　　　'彼は座った。'
(5-7)　Kim died yesterday.　'キムが昨日死んだ。'

　これらの例文を見ている限り，他動詞文とは何か，自動詞文とは何かは，全く明快なことであり，何ら問題が無いかの如く見える。しかし，実は問題がある。

　問題1。他動詞文の内，(5-2), (5-3)の様な文では，確かに，動作が主語から目的語に向かう。しかし，(5-4)や(5-5)の様な文では，厳密に言えば，何の動作も無い。(5-4)の様な文では，即ち，see '見る，見える'やhear '聞く，聞こえる'等，知覚の動詞の場合には，もし，何かが向かって行くとしたら，それは，知覚の刺激である。視覚の場合は光であり，聴覚の場合は音波である。しかし，この刺激は(5-2), (5-3)の場合とは逆の方向で，目的語から主語に向かう。従って，他動詞文と呼ぶものでも，動作があるとは限らない。ましてや，動作が主語から目的語へ向かうとは限らない。(Jespersen 1924：157-58, Robins 1964：265-66, Lyons 1968：350 参照。)

　(この章でも，主語，目的語といった術語は厳密な意味では用いない。詳細は第8章参照。)

　問題2。(5-5)の様な文は他動詞文と呼ぶものではあるが，受動文に変えることが出来ない。

(5-8)　*Many books are had by John.
　　　　*'多くの本がジョンに持たれている。'

(この英文の日本語訳も不自然である。このことについては以下で触れる。)逆に，(5-9)の様な文は，普通，自動詞文と呼ぶが，実は受動化が可能である。

(5-9)　Ed bumped into Sue.　　　'エドがスーにぶつかった。'
(5-10)　Sue was bumped into by Ed.　'スーがエドにぶつかられた。'

　即ち，他動詞文と呼ぶものでも受動文に変えられないものもあるし，逆に，自動詞文と呼ぶものでも，受動文に変えられるものもある。(受動文化のし易さにはいくつかの要素が介入している。その内の四つを挙げる。勿論，これ以外にも介入する要素はあるだろうが。(i)述語が動詞である場合は受動文に変えられても，形容詞等の場合は変えられない。(ii)動詞の意味，文の意味も影響する。一般に，動作が対象に及ぶ程，受動文にし易いが，及ばない程，受動文にしにくい。詳細は6.2.4で検討する。(iii) Silverstein の階層の上での動作者と対象の相対的な位置も影響する。4.3参照。(iv)その文脈で何が話題であ

るかも影響する。一般に，対象が話題である場合の方が，話題でない場合よりも，受動文を作り易い。）

問題3。(5-9)の様な文は，明らかに，動作が相手に及んでいる。それにも拘らず，他動詞文とは普通，呼ばない。普通，自動詞文と呼んでいる。

ここまでは，他動性の伝統的な定義の問題点を三つ指摘した。これらの問題点が生じた原因は次の二つの事実であると思われる。

事実1。文法を研究する際，形の側面（例えば，活用，格，語順）と意味の側面を区別し，両者の間にどの様な対応があるか，どの様な食い違いがあるかを，調べることが重要である。このことは他動性の研究でも同様である。意味の側面（例えば，動作が向かうこと）と形の側面（例えば，目的語の存在と受動文の可能性）を区別しなければならない。しかし，伝統的な定義はこの二つの側面を区別していない。従って，問題1から問題3までで見た，食い違いを取り扱えない。（実は個々の言語の他動性の研究で，この二つの側面がぴったりとは対応しないことに気が付いた人はいた。5.3参照。）

事実2。伝統的な定義は他動詞文と自動詞文を明快に二分出来るものと考えていた。その結果，(5-5)や(5-9)の様な例が示す中間的な場合の処置に苦しんだのである。（個々の言語の他動性の研究では，明快に二分出来ないことに気付いた人はいた。例えばジャル語についてはTsunoda(1981a：96-97)参照。日本語については5.3参照。）しかし，かなり多くの研究は，それでもなお，明快に二分しようと努力した，或いは，二分出来るふりをしていた。

上では英語の例文を見て，伝統的な他動性の定義に問題が有ることを示した。実はこの様な問題点はどの言語の他動性の記述にも存在する。例えば，ジャル語についてはTsunoda(1981a：96-97)参照。日本語については5.3参照。

更に，文法の型が英語とは著しく異なる言語を見ると，上記の三つの問題点の他に，次の二つの問題点がある。

問題4。伝統的な定義は主語と目的語という術語を使う。主語や目的語といった概念は西洋の言語の文法の研究で発達してきたもので，これらの言語の記述には有用である。（例えば，主語という概念を用いないで英文法を記述しようとすると大変，困難である。8.9.3と8.9.4で詳しく述べる。）しかし，英語等とは文法の型が著しく異なる言語の内の或るものには，主語は当てはまらないという主張もある。（例えばFoley and Van Valin 1977, Van Valin 1977参

照。）日本語でも，主語は無用だという主張がある。（8.1参照。）従って世界の諸言語に当てはまる定義を提案するためには，「主語」と「目的語」の使用を避けなければならない。

問題5。受動文の可能性はしばしば，他動詞文の特徴の一つとして指摘される。しかし，独語，ラテン語，トルコ語等では自動詞文も受動文になれる（Lyons 1968：379-80）。英語でも，（5-9）の様な文は自動詞文と見なす。しかし受動文になれる。即ち，受動化の可能性が他動詞文だけの特徴であるとは限らない。（日本語については5.3と5.6で検討する。）又，ワロゴ語（Tsunoda 1974）やジャル語（Tsunoda 1981a）の様に，受動文の無い言語もある。即ち，受動化の可能性がどの言語でも他動詞文の特徴であるとは限らない。言語によっては，受動化の可能性以外の特徴でも，他動詞文の特徴と見なせるものがあるかも知れない。従って，受動化だけでなく，他動詞文の特徴と見なせる可能性のあるものを，幅広く検討する必要がある。

ここまでで既に明らかな様に，他動性の伝統的な定義は修正する必要がある。定義の修正を提案する前に，日本語の場合を簡単に見ておく。

5.3 日本語の他動性の研究

日本語の研究では次の様な定義が見られる。（日本語における他動性の研究の歴史については，小松（1984）等を参照。）

(5-11)　国語学会(1955：624)，「他動詞」の項
他動詞の特性は，その作用が，ある客体に及ぶ意味を持つことであるが，日本語では，その客体の概念を目的語…として，多くは助詞「を」の添加によって表す。　　　（林大，執筆）

(5-12)　奥津(1967：47)
動詞の自・他は，文構成の上で，自動詞は目的語をとらず，他動詞は目的語をとる，という著しいちがいのあることを認めなければならない。そして名詞につく格助詞の「ヲ」が，目的語の目印となる。

(5-13)　森田(1987：155-57)
(a)　だいたい動詞の自他と言っても，日本語の場合，それほど明確な線が引けるものではない。他の対象に対しての働き掛けが他動詞で，その主体自体の働きが自動詞だと一応は説明する…

(pp. 155-56)
　　(b)　今日，その動詞が自動詞か他動詞かを弁別する一つの目安として，ヲ格の目的語を取り得るか否かということが判定基準となっている。　　　　　　　　　　　　　　　　　　　　(p. 157)

鈴木重幸(1972：270)も同じ様な定義を提示している。

　これらの定義は殆ど同じものである。これらと異なるものに三上(1972)の定義がある。(三上の定義は野田尚史(私信)の指摘によって知った。)三上(1972：104)は日本語の動詞を以下の様に分類する。

(a) 受身にならない動詞(所動詞)：自動詞。
(b) 受身になる動詞(能動詞)
　　(b-i)　「はた迷惑の受身」だけを作れる動詞：自動詞。
　　(b-ii)　「はた迷惑の受身」と「まともな受身」の両方を作れる動詞：他動詞。

　(a)の例は「聞こえる，見える，要る，似合う，出来る」等である。これらの動詞は受動形を作れない。三上の言う「はた迷惑の受身」は間接受動文とも呼び，「まともな受身」は直接受動文とも呼ぶ(柴谷 1978：135)。この二つの受動文の違いは次の様に示せる。

　　(5-14)　能動文：　　太郎が　花子を　けなした。
　　(5-15)　直接受動文：花子が　太郎に　けなされた。
　　(5-16)　間接受動文：僕は　　太郎に　花子を　けなされた。

間接受動文では能動文に無い語句((5-16)では「僕」)が加わる。この語句は迷惑や利益を受ける人を表す。直接受動文では，この様な語句は加わらない。(三上 1972：101, 103, 柴谷 1978：135 参照。)

　日本語では，一般に自動詞と呼ぶものでも間接受動文を作れるものがある(三上 1972：100, 柴谷 1978：135)。しかし，直接受動文を作れるとは限らない。

　　(5-17)　能動文(？)：太郎が　死んだ。
　　(5-18)　直接受動文：無し。
　　(5-19)　間接受動文：僕は　太郎に　死なれた。

　三上(1972：105)の定義では他動詞は(b-ii)の動詞である。即ち，まともな受身を作れる動詞である。(他の動詞は全て自動詞である。)この定義では，(5-14)の「けなす」は他動詞である。まともな受身を作れる。(5-17)の「死

ぬ」は自動詞である。まともな受身を作れない。

　又，この定義では他動詞の大部分は「が＋を」構文を取る。例は「けなす」である。しかし「が＋に」構文を取る動詞の中にも，まともな受身を作れるものがある。三上(1972：105-106)の定義では，これらも他動詞である。

　　(5-20)　花子が　太郎に　惚れた。
　　(5-21)　太郎が　花子に　惚れられた。

この様に，三上の定義は他の定義とは異なる。三上以外の定義では英語の場合と同じ様な問題が生じている。(奥津1967，ヤコブセン1989，森田1987等参照。)三上の定義は実に明快であって，他の定義の場合に生じる様な問題は生じないと思われる。しかし，他動性を考える時に，ただ一つの特徴(即ち，直接受動文の可能性)だけを考慮するのでは，不十分である。他の，様々な側面も考慮しなければならない。5.5で考察する。

　以下では三上以外の定義の場合に生じる問題を見て行こう。(5-22), (5-23)の様な文を他動詞文と見なすことには，誰でも賛成すると思われる。

　　(5-22)　太郎が　花子を　殺した。
　　(5-23)　花子が　太郎を　叩いた。

これらは格の点で言うと「が＋を」構文である。しかし「が＋を」構文を全て他動詞文と見なすかというと，そうでもないらしい。例えば，以下の様な例文は他動詞文であるか自動詞文であるか，といった問題が生じる。(国語学会(1955：624), 上記の諸論文と柴谷(1984：67)を参照。)

　　(5-24)　弁慶が　安宅の関を　通った。　　（奥津1967：47参照）
　　(5-25)　私の両親は　戦争の時代を　生きた。（森田1987：160参照）
　　(5-26)　一休さんが　橋を　渡った。　　　（森田1987：160参照）
　　(5-27)　鳥が　空を　飛ぶ。　　　　　　（森田1987：160参照）
　　(5-28)　汽車が　トンネルを　抜ける。　　（森田1987：161参照）
　　(5-29)　飛行機が　成田を　発つ。　　　　（森田1987：161参照）
　　(5-30)　宇宙飛行士が　宇宙を　行く。

例えば奥津は(5-24)について「「通ル」も「ヲ」をとるので，他動詞の様にも見える」と言っている。しかし，森田は(5-25)の様な例について「自動性の動作」と呼び，(5-26)から(5-30)の様な例について「自動性の移動動作」と呼んでいる。鈴木重幸(1972：271-72)は次の様に述べている。「を格の名詞とくみあわされる動詞でも，を格が出発点や人，ものがうつりうごく場所を

あらわすばあいには，その動詞は他動詞ではなく，移動をしめす自動詞である。」これではこれらの動詞を自動詞と見なすのか，他動詞と見なすのか，分からない。又，そう見なす根拠も分からない。(この様な文は 8.11.7－[1]でも扱う。)

　これらの文は「が＋を」構文ではあるが，問題無く他動詞文であると断言することは出来ないであろう。例文(5-22)，(5-23)等との大きな違いは，動作が相手に及んでいないことである。強いて言えば，(5-26)では一休さんの歩行の動作が橋に及んだと言える。しかし(5-30)では宇宙飛行士の動作が宇宙に及んだと言うのはかなり無理であろう。

　(ちなみに三上(1972：105)はこの様な文について次の様に述べている：「「空ガ飛バレタ」という表現を認める人は「ヲ飛ブ」を他動詞とされたらよかろう。」)

　(5-24)等は普通に言う他動詞文と格の点では同じである，しかし動作が相手に及ばないという点で違う。「が＋に」構文の例の内の，(5-20)及び(5-31)から(5-34)は，その逆の場合である。これらでは，動作は相手に及ぶ。しかし，「が＋を」構文を取らないので，普通，自動詞文と呼んでいる(森田 1987：157-58 参照)。

　　　(5-31)　太郎が　花子に　ぶつかる。
　　　(5-32)　花子が　太郎に　触った。
　　　(5-33)　犬が　　花子に　襲いかかった。
　　　(5-34)　犬が　　太郎に　噛みついた。

(ちなみに，これらの動詞は直接受動文が可能なので，三上(1972：105)の考えでは他動詞である。)

　日本語には「が＋を」構文，「が＋に」構文の他に，「が＋が」構文，「に＋が」構文等がある。

　　　(5-35)　太郎が　花子が　好きである(こと)。
　　　(5-36)　花子が　太郎が　嫌いである(こと)。
　　　(5-37)　昭夫に　英語が　出来る。
　　　(5-38)　海部さんには　内閣の将来が　予測出来ない。
　　　(5-39)　幸作には　自分の罪が　分からない。

(例文(5-35)等は，最初の「が」を「は」に変えた方が自然な文になる。しかし，格を明示するために，わざと「は」の無い文を使った。形式名詞「こ

と」を付けると,「は」の無い文が得られる。三上(1960：12)参照。)

(例文(5-35),(5-36)等は述語が形容動詞であるから,自動詞文ではないと言った人がいる。本書では自動詞文という用語はintransitive sentencesの訳として使う。Transitive sentences 他動詞文でないものは,全て,intransitive sentences 自動詞文である。一般的に言って,この意味での自動詞文には,述語が自動詞であるもの,形容詞であるもの,名詞であるものの三種類がある。この意味では,(5-35)等も自動詞文である。)

(5-35)から(5-39)は普通,他動詞文とは呼ばない。しかし,これらは只の自動詞文とも違う。特に,(5-38),(5-39)の様な文は「が＋を」構文に言い換えることも可能である。

(5-40)　海部さんが　自分の内閣の将来を　予測出来る。
(5-41)　幸作が　自分の罪を　分かる。

さて,今まで見た問題点を,日本語に限って纏めると以下の通りである。

(a) 格の点では(「が＋を」)普通に言う他動詞文と同じなのだが,動作が相手に及ばないという点では違う文がある。例は(5-24)等。

(b) 動作が相手に及ぶという点では,普通に言う他動詞文と同じなのだが,格の点では(「が＋に」)違う文がある。例は(5-31)等。

(c) その他にも,他動詞文とは呼びがたいが,自動詞文とも呼びがたい文がある。例は(5-35)から(5-39)。

繰り返して強調する。この様な問題はどの言語の文法にも存在する。決して日本語だけの問題ではない。(日本語は特殊な言語ではない。)これらの問題が生じた原因は,日本語の場合でも,やはり,5.2で述べた事実1と事実2である。事実1について言えば,意味の面と形の面がぴったりとは対応しないことに,殆どの研究は気付いていた。しかし,意味の面と形の面を明快に区別すべきであると主張したものは見当たらない。事実2についても,大部分の研究は明快に二分出来ないことに気付いてはいるのだが(特に(5-13)の森田の説を参照),それでもなお,二分しようと努力している。(三上の定義では明快に二分出来る。しかし,三上は日本語の他動性を見るのに,ただ一つの基準(直接受動文の可能性)だけを考慮している。5.6で見る様に,日本語の他動性の様々な側面を考察すると,明快な二分は困難である。)

日本語の研究に限って言えば,もう一つ重大な問題がある。上で引用した研究から明らかな様に,(三上の定義を除いて)日本語の研究では「が＋を」の

文を他動詞文と見なしている。(そして「を」を目的語の目印と考えている。) だからこそ, (5-24)から(5-30)の様な文を他動詞文と見なすか, 自動詞文と見なすか, といった問題が生じるのである。しかし, 一体, 何故「が+を」を他動詞文と見なすのか？その根拠は何か？「が+を」構文を他動詞文と見なす理由を挙げなければ, (5-24)から(5-30)の様な文を他動詞文と見なすか, 自動詞文と見なすか, 論争することは意味が無い。更に, 「が+に」の文でも, 動作が対象に及ぶものがある。例は(5-31)から(5-34)。では, 何故, 「が+に」構文を他動詞文と呼ばないのか？しかし, 管見では日本語で何故「が+を」構文を他動詞文と見なすのか, 明確に書いてある研究は一つも無い。このことには, 5.5.1 と 5.5.2 でも触れる。

以下で提案する他動性の定義は prototype(原型)という考えを用いる。他動性の定義を提案する前に原型について述べておく。

5.4 原型

Prototype 原型の考えは以下の様に言える。或る言語現象には prototypical なもの, 即ち, その現象の例として相応しいものがあり, 一方, そうではない例もある。この両者は連続体を成す。即ち, 両者の違いは, 程度問題であって, 明快に二分は出来ない。従来の言語学では, プラーグ学派の二項対立説に見る様に, 言語単位は discrete 不連続であるという考えが支配的であった。言語現象は, 明快に二分出来ると考えていた。原型の考えはこの考えに対する挑戦であると言えよう。(Prototypical とは「原型的」である。Typical「典型的」とは違う。原型的なものは定義によって設定したものである。実在しない可能性もある。一方, 典型的なものは, 実在するものの中で頻度の(最も？)高いものである。)

私自身の経験では, 不連続説よりも, 原型説の方が言語現象の実態に合っている。文法現象でも, 明快に二分出来ないことがかなり多くある。しばしば, 中間的なものが存在するのだ。原型は有効な考えである。(言うまでもなく, 文法を教える時にも有効である。)

例えば, 5.3 で見た様に, 日本語では(実は, 他の言語でも)他動詞文と自動詞文は明快には二分出来ない。中間的な例もある。そのため, 従来の研究は中間的な例の取扱に苦慮したのである。原型の立場を採れば, そんな問題は無くなる。

実は，日本語の他動性の研究に限らず，他の現象や他の言語の研究において
も，不連続説や二項対立説を用いた人達は，中間的な例の存在に気付いてい
て，この立場の限界を悟っていたのかも知れない。（日本語の他動性の研究で
はそうであった。）しかし，言語現象は明快に区分出来ると考えるふりをして
いたのであろう。
　原型の考えを用いた研究の実例は角田太作(1985a)参照。

5.5　他動性の定義の提案

　ここで他動性の定義を提案する。この定義は，世界のどの言語にも適用出来
る様に考えた定義である。又，5.2 と 5.3 で見た様な問題を避けるために，特
に下記の二つの点に注意してある。
　(a) 他動性を考える際に，その意味的側面と形の側面をはっきりと区別す
る。
　(b) 他動性の問題は程度問題である。他動詞文と自動詞文は明快に区別出来
ないで，連続体を成す。
　この定義では，他動詞文の原型，即ち，他動詞文らしい他動詞文というもの
を設定する。他動詞文の原型を用いれば，他の文の他動性の程度を計ることが
出来る。
　(b)に示した考えは Hopper and Thompson(1980)による。しかし，(a)に示
した考えはそうではない。彼らは意味の面と形の面をきちんと区別していな
い。又，以下で述べることは彼らの研究に負うところが大きい。しかし，私の
考えは彼らの考えと全く同じではない。彼らの考えを修正，発展させてある。
特に，5.7 で扱う問題では，私の意見は彼らの考えに反対である。
　この定義の詳細は Tsunoda(1994a)参照。概略は角田太作(1985a, 2007a)で
も述べた。

5.5.1　他動性の原型の意味的な側面

　他動詞文の原型は意味的にはどんなものを設定するのが適切であるかとい
う点について，Lakoff(1977:244)，Hopper and Thompson(1980)，Givón
(1985:90)等の提案がある。私自身が世界の様々な言語の文法を見たところ
では，以下を設定すれば十分であると思われる。

　(5-42)　他動詞文の原型の意味的側面：

参加者が二人(動作者と動作の対象)又はそれ以上いる。動作者の動作が対象に及び，かつ，対象に変化を起こす。
(動作者と対象は無生物の場合もある。従って，二人でなく，二つの場合もある。)

この定義に基づくと，他動詞の原型は次の様に定義出来る。(角田太作 1985a, Tsunoda 1985b : 387 参照。)

(5-43)　他動詞の原型：
相手に及び，かつ，相手に変化を起こす動作を表す動詞。

この定義によれば，原型的他動詞は以下の様な動詞である：「殺す，曲げる，壊す，傷つける，作る，改良する，増やす，減らす，動かす，止める，溶かす，温める，隠す，覆う，与える，送る」。

これらの動詞は全て，何らかの意味で変化を表す。状態の変化，移動，停止，授与等，変化の種類は様々である。又，厳密に言えば，全体変化，部分変化等，変化の度合による違いもある。「殺す」等は，対象の全体に変化を起こす。「溶かす」等は，全体に及ぶ場合も，部分にだけ及ぶ場合もある。更に，部分にだけ及ぶ場合でも，殆ど全体に及ぶ場合から，ごく小さい部分にだけ及ぶ場合まで，様々な度合がある。変化が非常に小さくて，変化が無いのと殆ど同じ場合もあるだろう。即ち，変化の度合も全体変化から非常に小さい部分変化まで，連続体を成す。

上の定義に当てはまらない動詞は原型的他動詞ではない。英語の研究では(実は他の言語でも)，hit '叩く', kick '蹴る', shoot '射る' 等を，しばしば他動詞文の例に用いる(Robins 1964 : 266, Lyons 1968 : 350-51, Hartmann and Stork 1972 : 242, Huddleston 1988 : 53 等参照)。例は(5-3)。特に，Lakoff (1977 : 244)は hit を原型的他動詞と見なしている。しかし，(5-43)の定義によれば，これらの動詞は原型的他動詞ではない。これらの動詞の表す動作は対象には及ぶが，必ず変化を起こすという含みは無い。例えば，「叩く」という動詞は変化については何も言及しない。誰かを叩いたら，単瘤が出来るかも知れないが，出来ないかも知れない。一方，「殺す」等の動詞は対象に変化を起こすという含みが必ずある。例えば，誰かを殺せば，その人に，生きている状態から死んだ状態への変化が必ず起こる。(Fillmore(1970 : 125)も英語について同様のことを言った。Break や bend 等の動詞を "change-of-state" verbs と呼び，hit や slap 等の動詞を "surface-contact" verbs と呼ぶ。)

「殺す」等の動詞と「叩く」等の動詞の違いは，ネパールのネワリ語 (Nagano 1986)やコーカサスのアブハズ語(Hewitt 1979：49)等に，はっきり出ていて，別の構文を取る。((6-68)と(6-69)参照。)これらの研究が他動詞文と呼ぶのは，「叩く」等の構文ではなくて，「殺す」等の構文である。従って，世界の言語に当てはまる他動性の定義を目指すには，(5-42)と(5-43)の様に，定義に「かつ，対象に変化を起こす」の部分を入れることが必要である。(日本語や英語では「殺す」，kill 等と「叩く」，hit 等の違いはすぐには目に付かないが，実はよく観察すると違いがある。(6-70)から(6-85)参照。)

Tsunoda(1981a：96)も含めて，かなり多くの(大部分の？)文法書は，その言語で或る種の文を他動詞文と呼ぶ時に，何を基準にその文を他動詞文と呼ぶか，述べていない。日本語の場合もそうである(5.3)。実は，ネワリ語とアブハズ語の例からも分かる様に，どの言語の文法書でも(Tsunoda 1981a：96でも)，上に挙げた定義で原型的他動詞文と見なすものを，暗黙の内に他動詞文と見なしていた。(更に，その他動詞文と同じ格を取る文も他動詞文と呼んでいた。)即ち，上に挙げた定義は何ら，目新しいものではない。今まで，いわば暗黙の内に使っていた定義を，明確に言葉で表現しただけのことである。日本語の場合もそうであろう。結果的には，ここでいう原型的他動詞文を他動詞文(の代表)と見なしていたのであろう。

5.5.2 他動性の原型の形の側面

5.5.1 で提案した他動性の原型の意味の側面は世界のどの言語にも当てはまる，共通の定義である。どの言語にも必ず，動作が対象に及んで，かつ，変化を起こす状況を描く動詞があり，文があるだろう。無い言語は考えられない。しかし，他動性の原型の形の側面は，意味の側面とは異なり，言語によって同じであるという保証は無い。例えば，5.2 で見た様に，受動文のある言語もあるし，無い言語もある。

ここで提案する定義では，或る言語における他動性の原型の形の側面とは，意味的に他動詞文の原型であるものがその言語で持っている文法的特徴である。

他動詞文の原型の形の面には次の現象等がある(国語学会 1955：504, 624, Robins 1964：254-55, Hopper and Thompson 1980, 角田太作/Tsunoda 1994, 2007a：7)：(i)項の数，(ii)品詞，(iii)格，(iv)ボイス，(v)アスペク

ト，(vi)動詞の活用，(vii)動詞の派生，(viii)動詞による一致，(ix)助動詞の選択，(x)語順。世界各地の諸言語におけるこれらの現象の実例は角田三枝・佐々木・塩谷(編)(2007)収録の諸論文が考察している。

　ここで二つの点を注意しておかなければならない。注意1。或る言語において，原型的他動詞文或いは原型的他動詞と見なすもの全てが，形の面で全く同じ特徴を持っているとは限らない。注意2。もし，或る言語で原型的他動詞文の持っている特徴を他の文の全てが持っていれば，当然のことではあるが，この特徴は原型的他動詞文を他の文から区別するのには役立たない。即ち，原型的他動詞文の特徴として挙げても意味が無い。

　ここで示した考え，即ち，上で意味的な原型的他動詞文と呼んだものが或る言語で持っている形の特徴がその言語における原型的他動詞文の形の特徴とする考え，は何ら，目新しいものではない。今まで，諸言語の文法書で暗黙の内に行ってきたことを，言葉で明確に表現したに過ぎない。日本語の研究でも，言葉で明快に定義したものは見当たらないが，暗黙の内にこの考えを採用していたと思われる。5.3で見た様に，「が＋を」構文を他動詞文と見なしている。(5-31)の様な「が＋に」構文でも動作は対象に及んでいるのに，「が＋に」構文を他動詞文と見なしていなかった。対象に変化を起こさないからそう考えたのであろう。「が＋を」構文を他動詞文と見なしたのは，「殺す」等，対象に変化を起こすものが「が＋を」を取るからなのであろう。即ち，暗黙の内に，本章でいう原型的他動詞の取る文を他動詞文と見なしていたのであろう。(三上の定義についても同じことが言える。本書でいう原型的他動詞は直接受動文が可能なので，直接受動文の可能性を他動詞と自動詞の分類の基準にしたのであろう。)

　しかし，学問では「暗黙の理解」は望ましくない。出来る限り，はっきり表現しなければならない。他動詞文とは何か，はっきり決めて出発しなかったから，(5-31)の様な文に出会うと扱いに困ってしまうのである。

5.6　日本語における他動性

　日本語の様々な文の他動性を検討しよう。代表として，以下の文を選んだ。参考に，格を示す。

　　(5-44)　太郎が　花子を　殺した。　(「が＋を」)
　　(5-45)　太郎が　花子に　本を　送った。　(「が＋に＋を」)

(5-46)　太郎が　花子を　叩いた。（「が＋を」）
(5-47)　太郎が　花子を　愛した。（「が＋を」）
(5-48)　太郎が　花子に　触った。（「が＋に」）
(5-49)　太郎が　花子が　好きだ(ということ)。（「が＋が」）
(5-50)　飛行士が　宇宙を　飛んだ。（「が＋を」）
(5-51)　太郎に　英語が　分かる。（「に＋が」）
(5-52)　太郎が　死んだ。（「が」）

これらの文を意味の点と形の点から検討する。検討の結果は表5-1に示す。(5-44)と(5-45)は意味の面で原型的他動詞文である。従って，(5-44)と(5-45)，或いは，この類の文が持っている形の特徴が日本語における原型的他動詞文の，形の面での特徴である。

表5-1　日本語における他動性

例文(5-	44)	45)	46)	47)	48)	49)	50)	51)	52)
意味の側面									
参加者二人以上	＋	＋	＋	＋	＋	＋	＋	＋	－
動作が及ぶ	＋	＋	＋	－	＋	－	－	－	－
変化を起こす	＋	＋	－	－	－	－	－	－	－
形の側面									
「が＋を」	＋	＋	＋	＋	－	－	＋	－	－
直接受動文	＋	＋	＋	＋	＋	－	－	－	－
間接受動文	＋	＋	＋	＋	＋	＋	－	＋	＋
再帰文	＋	＋	＋	＋	＋	＋	－	＋	－
相互文	＋	＋	＋	＋	＋	＋	－	－	－

［1］意味の側面
(a) (5-44)では参加者が二人いる。(太郎，花子。)(5-45)では三人(厳密に言えば，二人と一つ)いる。(太郎，花子，本。)(5-46)から(5-51)までも，二人(厳密に言えば，或る文では一人と一つ)いる。(5-52)では一人だけである。

(b) (5-44)と(5-45)では動作が対象に及ぶ。(5-46)と(5-48)も同様である。他の文では，及ばない。

(c) (5-44)と(5-45)では動作が対象に及び，その上，変化を起こす。((4-45)では本が移動変化を受ける。)(5-46)と(5-48)では対象に及ぶが，変化は起こすという意味は無い。他の文では，対象に及ばないし，変化も起こさない。

[2] 形の側面

(d) 「が＋を」構文。(5-44)と(5-45)は「が＋を」構文を取る。(厳密に言えば，(5-45)では，更に「に」が加わって，「が＋に＋を」である。)日本語では意味の点から定義した原型的他動詞文が「が＋を」を取る。だからこそ，5.5.2で述べた様に，従来の研究は「が＋を」を他動詞文の特徴(の一つ)と見なしたのであろう。

(5-46)，(5-47)，(5-50)も「が＋を」を取る。他の文は「が＋を」を取らない。「が＋に」，「が＋が」，「に＋が」等は，原型的他動詞文の特徴ではない。(例文(5-31)(「が＋に」)等を，動作が対象に及ぶのにも拘らず，森田(1987：158)が他動詞文と見なさないのは，実は，格が「が＋を」ではないことを根拠にしている。)

(e) 直接受動文。(5-44)と(5-45)は直接受動文が可能である。(5-46)から(5-48)でも可能である。

(5-44a)　花子が太郎に殺された。
(5-45a)　花子が太郎に本を送られた。
(5-46a)　花子が太郎に叩かれた。
(5-47a)　花子が太郎に愛された。
(5-48a)　花子が太郎に触られた。

しかし，(5-49)では不可能である。「好きだ」等，形容動詞には受動形が無い。(「好く」等，動詞にはあるが。)私の日本語では(5-50)は直接受動文を作れない。(科学論文や科学雑誌ではこんな文も使う人がいるかも知れないが。)

(5-50a)　*宇宙が飛行士に飛ばれた。

(5-51)も直接受動文を作れない。

(5-51a)　*英語が太郎に分かられる。

(5-52)は直接受動文は作れない。(5-18)参照。

(f) 間接受動文。(5-44)と(5-45)では可能である。(5-46)から(5-48)までも，可能である。

(5-44b)　私は太郎に花子を殺された。

(5-45b)　私は太郎に花子に本を送られた。
(5-46b)　私は太郎に花子を叩かれた。
(5-47b)　私は太郎に花子を愛された。
(5-48b)　私は太郎に花子に触れた。

(これらの文はこのままでは不自然に聞こえるものも有るかも知れない。しかし，前後に適当な文脈があれば，何らおかしくない。例えば「…されて，困っています」等と続けると，自然な文になる。本書で用いた他の例文も同様である。文脈無しでは不自然に聞こえるものでも，前後に適切な文が続けば，何ら不自然ではなくなることがしばしばある。)

(5-49)(「好きだ」)は上述の様に受動文は無い。間接受動文も不可能である。(5-50)では間接受動文は可能である。宇宙一番乗りを目指していた人なら(5-50b)の様に言うかも知れない。

(5-50b)　私は飛行士に宇宙を飛ばれた。

(5-51)は間接受動文も作れない。強いて作れば(5-51b)の様な文になるだろう。不自然である。

(5-51b)　*私は太郎に英語が分かられた。

(5-52)は作れる。例は(5-19)。

　(g) 再帰文。再帰文は「自分を(又は，自分自身を) … する」という意味を表す。(5-44)と(4-45)は，対応する再帰文を作れる。(5-46)から(5-49)も可能である。

(5-44c)　太郎が自分(又は，自分自身)を殺した。
(5-45c)　太郎が自分(又は，自分自身)に本を送った。
(5-46c)　太郎が自分(又は，自分自身)を叩いた。
(5-47c)　太郎が自分(又は，自分自身)を愛した。
(5-48c)　太郎が自分(又は，自分自身)に触った。
(5-49c)　太郎が自分(又は，自分自身)が好きである(こと)。

((5-44c)と(5-45c)はこのままでは不自然に聞こえる。しかし，前後に適切な文脈があれば自然な文になるだろう。) しかし，(5-50)では作れない。

(5-50c)　*飛行士が自分(又は，自分自身)を飛んだ。

一方，(5-51)は可能である。

(5-51c)　太郎に自分(又は，自分自身)のことが分かる。

(5-52)は再帰文を作れない。

(h) 相互文。相互文は「お互いに…する，…し合う」という意味を表す。(5-44)と(5-45)は対応する相互文を作れる。(5-46)から(5-49)でも作れる。

　(5-44d)　太郎と花子が(お互いを)殺し合った。
　(5-45d)　太郎と花子が(お互いに)本を送り合った。
　(5-46d)　太郎と花子が(お互いを)叩き合った。
　(5-47d)　太郎と花子が(お互いを)愛し合った。
　(5-48d)　太郎と花子が(お互いに)触り合った。
　(5-49d)　太郎と花子がお互いが好きである(こと)。
しかし，(5-50)では不可能である。
　(5-50d)　*飛行士と宇宙がお互いを飛び合った。
(5-51)でも不可能である。
　(5-51d)　*太郎と英語にお互いが分かり合う。
(5-52)でも不可能である。

　(ちなみに，一般に，或る言語に受動文，再帰文，相互文等があれば，動詞の中で，これらの文を最も作り易いのは原型的他動詞である。6.2.4 で考察する。)

　以上見てきたもの以外にも，日本語の他動性の原型の形の面での特徴と見なせるものがあるかも知れないが，今のところ，見当たらない。

　国語学会(1955：504)は次の様に述べている。「口語では，存在態を作る補助動詞「(て)いる」「(て)ある」が，自動詞・他動詞によって選択される様な，語連接上に見られる区別がある。」しかし，他動詞と呼ぶものにも，「ている」と「てある」の両方を取れるものがあり，又，自動詞と呼ぶものにも，「ている」と「てある」の両方を取れるものがある。従って，「ている」と「てある」は他動詞と自動詞の分類には有効とは思われない。(このことは，高橋太郎(私信)の指摘による。)

　ちなみに，仏語の複合時制での助動詞 avoir と être の使い分けと，独語の完了形での助動詞 haben と sein の使い分けは，非常に大まかに言って，他動詞・自動詞の区別と対応する。(独語については，三松国宏(私信)の指摘による。)

　なお，動詞の活用の仕方が原型的他動詞の特徴となる言語もある。例えば，ワロゴ語である。(Tsunoda 1974：187-88, 1988e：597)。動詞は活用の仕方

でL類，Y類，ゼロ類に分けられる。大まかに言って，他動詞は全てL類である。自動詞の大部分はY類又はゼロ類である。但し，L類に属す自動詞が少数ある。

動詞の派生の仕方も特徴となりうる。日本語にはかなり当てはまるらしい。ぴったりとは当てはまる訳ではないが。森田（1987：164）は次の様に述べている。「続く，続ける；tuzuk-u, tuzuk-eru」と「焼く，焼ける；yak-u, yak-eru」では，自他の関係が逆である。従って，「自動詞・他動詞の関係には，形式上の原則がない」。(西尾 1954，奥津 1967 等も参照。)しかしながら，岡田（1987）等の研究が示す様に，派生語尾の種類と他動詞・自動詞の区別にはかなりの対応はある（野田尚史，私信）。

日本語の他動性に関する従来の研究は，動詞の派生方法にかなり重点を置いてきた様に思われる。しかし，動詞の形態論に集中する方法は得策とは思われない。本章で試みた様に，文全体の意味的側面と形の側面を検討する方が，より有意義な結果が得られると思われる。

［3］考察

さて，以上の検討の結果を表5-1に示す。各項目につき，原型的他動詞文の持っている特徴をプラスで示す。他の文がその特徴を持っていれば，或いは，持てれば，プラスで示す。持てなければ，マイナスで示す。

この様な方法で調べて見ると，原型的他動詞文の(5-44)と(5-45)に次いでは，(5-46)から(5-48)は他動性がかなり高いと言える。逆に，(5-51)や(5-52)は他動性が非常に低いと言える。現に，(5-52)の様な文は，日本語でも，他の言語でも，普通，自動詞文と見なしている。英語と日本語の例は(5-7)とその和訳。

又，この様な方法を用いると，個々の文を無理遣に，他動詞文か自動詞文かに分けなくて済む。従来の方法では扱いが難しかった文，特に，(5-48)，(5-50)，(5-51)等も，日本語の他動性の中に無理なく位置づけられる。

(5-31)から(5-34)までの文や，(5-48)の様な文(全て「が＋に」)は，5.3で述べた様に，普通，自動詞文と見なしている。（三上 1972：105-06 は別として。）しかし，表5-1が示す様に，これらの文の他動性はかなり高い。これらの文を自動詞文と見なす考えは，実は，「が＋に」の格にだけ目を奪われていて，文の意味的側面と形の側面の全体を考慮していない。一方，(5-50)(「が＋を」)は他動性がかなり低いと言える。5.3で見た様に，この類の文が他

動詞文であるか，自動詞文であるかといった論があった。実は，この論はこの類の文の格(即ち「が＋を」)にだけ目を奪われていて，文の意味的側面と形の側面の全体を考慮していないのである。

この様に，従来の日本語の他動性の研究は「を」格(と動詞の派生方法)だけを考慮していて，文全体の意味と形を考慮しない傾向があったと思われる。

さて，表5-1の様な方法で他動性を調べて見ると，(5-46)と(5-47)の様に，プラスの数が一つ違うだけということがしばしば起こる。この様な場合，プラスが一つでも多い方が他動性が高いと考えることは意義があるであろうか？答えは「否」である。プラスの数が多いか少ないかは，どんな基準を用いたかによって変わりうるからである。上で見た上で列挙したもの以外の基準も加えれば，結果は変わるかも知れない。Hopper and Thompson(1980：254)は単純にプラスの特徴が多い方が他動性が高いと見る。しかし，その様な見方は適切ではない。

但し，(5-44)と(5-45)の様な文と(5-46)の様な文の違いは，プラスの数が一つ違うだけであるが，重要である。この違いは「変化を起こす」の項目での違いである。本書で提案した他動性の定義は「…かつ，対象に変化を起こす」と規定するので，変化を起こさないものは，原型的他動詞文ではない。

さて，上で見た構文は「が＋を」，「が＋に＋を」，「が＋に」，「が＋が」，「に＋が」，「が」である。これ以外にも「で＋を」，「から＋を」等の構文がある(6.1.3-[1]参照)。

(5-53) 名古屋YWCAでは　受講者を　募集しています。
(5-54) 私から　結果を　報告します。

これらの文も，その他の文も，上で示した方法で他動性の程度を調べることが出来る。

5.7 意志性

他動性の原型の意味の面は「動作が対象に及び，かつ，対象に変化を起こす」である(5.5.1)。動作が対象に及ぶことは，換言すれば，対象が動作を被ることである。対象が動作を被ることを英語の術語ではaffectednessと呼ぶ(Hopper and Thompson 1980：252)。(他動詞 affect '影響する' の過去分詞形 affected に，名詞形成接尾辞 -ness を付けたものである。) 仮に，「被動作性」と訳す。

さて，他動性を論じる時にしばしば用いる術語に volitionality がある。これは「自分の意志で，その動作を行う」という意味である。仮に「意志性」と訳す。（「意図性」とも訳せる。）

意志性はしばしば，他動性の原型の意味の面の要素の一つと見なしている。(Lakoff 1977：244, Hopper and Thompson 1980：252, Givón 1985：90 等参照)。しかし，私(Tsunoda 1981b, 1985b, 1994a)が調べた範囲では，意志性は他動詞文と自動詞文の区別とは無関係である。即ち，他動性の原型の要素の一つと見なす理由は無い。

例えば，本書で原型的他動詞文と呼ぶものにも，動作者の意志で動作を行った場合もあるし，そうでない場合もある。日本語で「太郎が花子を殺した」と言った場合，わざと殺した場合もあるし，うっかり，殺した場合もある。一方，自動詞文と呼ぶものの場合も同様である。例えば「太郎が転んだ」と言った場合，太郎がわざと転んだ場合もあるし，うっかり転んだ場合もある。意志性は他動詞文と自動詞文の区別に関係無いのである。

他動性を論じる時に，被動作性と意志性を区別しないで，混乱している場合がある。この二つはきちんと区別しなければならない。意志を持って動作をしたからと言って，動作が対象に及ぶとは限らない。逆に，動作が対象に及んだからと言って，必ず，自分の意志で行ったとは限らない。このことは，日常生活で頻繁に遭遇する。例えば，殺人未遂の場合，殺す意志はあるが，動作が対象に及ばない。逆に，過失致死の場合，殺す意志は無いのに，動作が対象に及ぶ。

Hopper and Thompson(1980：252)は volitionality（意志性）について次の様に述べ，下記の例文を挙げている。The effect on the patient is typically more apparent when the A is presented as acting purposefully「動作者が故意に動作をしているとして描写されている場合の方が，対象への影響は典型的にはより明らかである。」

(5-55)　I wrote your name.（意志的である）
(5-56)　I forgot your name.（意志的でない）

しかし，彼らの見解は妥当ではない。この二つの例文での，対象への影響の違いは動詞の意味の違いによるのであって，意志性とは関係無い。書くという動作は何らかの結果を残す動作である（一時的にしか残らない場合もあるが）。しかし，忘れるということは何の結果も残さない。故意にしたかどうかは，この

影響の違いに関係無い。

　被動作性と意志性が相互に関係が無いことを，現実の世界の例を取って示した。実は言語の世界でも，この二つは殆ど無関係である。例えば，或る言語で他動詞文の格が出るかどうかに関しては，私が調べた範囲では，意志性ではなくて，被動作性である。英語の例を挙げる。

		格	意志性	被動作性
(5-57)	I hit him.	主格-対格	言及なし	＋
	'私は彼を叩いた.'			
(5-58)	I hit at him.	主格-at	＋	言及なし
	'私は彼を叩こうとした.'			

　動詞の hit, kick, shoot 等は，前置詞 at を取ると，「狙った」という意味を表す。但し，命中したかどうかについては，言及しない。命中したかも知れない。しなかったかも知れない。この様な言い方の場合，狙ったのであるから，当然，意志性がある。一方，前置詞 at を取らない場合には，命中したことを示す。しかし，故意に行ったどうかについては，言及していない。故意かも知れない。故意ではないかも知れない。

　さて英語の代名詞は (you と it を除いて)，原型的他動詞の場合，「主格＋対格」を取る。(3.2 参照。) 従って，(5-57) が他動詞文である。但し原型的ではないが。上の例で明らかな様に，他動詞文 (5-57) の格の実現に反映しているのは被動作性である。意志性は無関係である。(この様な場合には，意志性があるのは，他動詞文ではない方の文である。即ち (5-58) である。)

　同様な例をジャル語 (Tsunoda 1981a：149) から挙げる。

(5-59)	ngaju-nggu	nga-rna-φ		ngumbirr-φ
	1単-能格	C-1単：主格-3単：対格		女-絶対格
	bad-man-i.			
	触る-過去			
	'私は女に触った.'			
(5-60)	ngaju-nggu	nga-rna-la		ngumbirr-gu
	1単-能格	C-1単：主格-3単：与格		女-与格
	bad-man-i.			
	触る-過去			
	'私は女に触ろうとした.'			

(4.8で見た様に，運び屋Cに付いているのは付属代名詞である。bad-man-'触る'は複合動詞。) 纏めると次の様になる。

	代名詞，名詞	付属代名詞	意志性	被動作性
(5-59)	能格-絶対格	主格-対格	言及なし	＋
(5-60)	能格-与格	主格-与格	＋	言及なし

ジャル語では，原型的他動詞の場合，名詞・代名詞は「能格＋絶対格」を取り，付属代名詞は「主格＋対格」を取る。従って(5-59)が他動詞文である。但し原型的ではないが。ここでも，他動詞文(5-59)の格(「能格＋絶対格」と「主格＋対格」)に反映しているのは，意志性ではなくて，被動作性である。(この場合にも，意志性があるのは，他動詞文ではない方の文である。即ち(5-60)である。)

この様に，私が調べた範囲では，他動詞文の格の実現に反映しているのは，被動作性である。意志性は関係無い。この様な言語では，他動詞文の特徴として，或いは，原型的他動詞文の特徴として，意志性を挙げるのは妥当ではない。(Tsunoda 1985b, 1994参照。) 英語の例でも，ジャル語の例でも，意志性があるのは，他動詞文ではない方の文である。

以上，意志性と被動作性の関係を，Tsunoda(1981b, 1985b, 1994a)に基づいて述べた。しかし，その後の研究で，他動詞文，或いは，原型的他動詞文に反映するのが被動作性ではなく，意志性である言語が存在することが判明した。パルデシ(2007)によると，この状況が南アジアの諸言語(マラーティー語，ヒンディー語，オリア語，マイティリ語，シンハラ語等の印欧語族の言語とテルグ語，タミール語等のドラビダ語族の言語)にある。パルデシ(2007：179)からマラーティー語の例を挙げる。

(5-61) raam-ne　　(muddaam)　　kap
　　　　ラム-能格　(わざと)　　　カップ：男性形
　　　　phoD-l-aa.
　　　　壊す-完了-男性形
　　　　'ラムはコップを(故意に)割った。'

(5-62) raam-caa-haat-un　　(nakaLat)　　kap
　　　　ラム-所有格-手-から　(うっかり)　　カップ：男性形
　　　　phuT-l-aa.
　　　　壊れる-完了-男性形

'ラムは(不注意で)コップを割った。

((5-62)は直訳すれば「ラムの手からコップが割れた」であろう。)故意に割った場合には他動詞文(5-61)を使う。(5-62)は使えない。逆に，不注意で割った場合には(5-62)を使う。他動詞文ではない。(5-61)は使えない。

これは大変興味深い指摘である。上述の様に，私が調べた範囲では，意志性は他動詞文と自動詞文の区別とは無関係であった。即ち，他動性の原型の要素の一つと見なす理由は無かった。しかし，パルデシの研究は私の説が不十分であったことを示す。今後の研究課題は，どの様な言語で，どの様な条件の下で，被動作性が働くか，或いは，意志性が働くかを調べることであろう。

上で見た様に，日本語等では，典型的な他動詞文の格には被動作性が反映して，意志性は無関係である。しかし，この様な言語でも，典型的な他動詞文ではないところではあるが，意志性が格に反映する場合がある(Klaiman 1980, 1981)。世界のかなり多くの言語で，能力，所有，感情，知識等を表す述語が「与格＋主格」或いはそれに相当する格(例，「与格＋絶対格」)を取る(詳細は6.2.3参照)。Klaimanによれば，これらは，普通，自分の意志で行うといった性質のものではない，即ち，意志性は無い。しかし，これらの文が，何らかの状況で意志性を表す場合には，「与格＋主格」或いはそれに相当するものを取らないで，その言語で他動詞文とする文の格を取るらしい。

日本語でもこの状況が見られる。「与格＋主格」(「に＋が」)の例は(5-38)(「出来る」)，(5-39)(「分かる」)と(5-51)(「分かる」)である。

(5-63)=(5-51)　太郎に　英語が　分かる。

(但し，この文は他動詞文の格「主格＋対格」(「が-を」)で言うことも出来る。)次の文は明らかに，意志性を表す。そして，Klaimanの指摘する通り，他動詞文の格「主格＋対格」(「が＋を」)を取る。「に＋が」は取れない。

(5-64)　太郎が　英語を　分かろうとした。
(5-65)　*太郎に　英語が　分かろうとした。

纏めると，次の様になる。

　　　　　　　格　　意志性
(5-63)　　に＋が　　－
(5-64)　　が＋を　　＋

Klaimanによると，この様な状況は日本語，ベンガリ語(バングラデシュ)，グルジア語(コーカサス)，露語に見られる。この様な場合には，上で見た

様に，他動詞文の格を取る時は意志性を表す。逆に，「与格＋主格」或いはそれに相当する格を取る時には意志性が無いことを表すと言える(詳細は，Klaiman 1980, 1981 参照)。

この様に，能力，所有，感情等の動詞においては，意志性が他動詞文の格に反映する場合がある。しかし，これらの他動詞文は原型的他動詞文からはかなり外れたものである。

5.8 自動性

他動性の原型を提案することは余り困難なことではなかった。又，上で提案した他動性の原型に反対する言語学者もいないであろう。この定義は，いわば，今まで無意識に用いていたことを明確に言葉で言ったに過ぎない。

しかし自動性の原型を提案しようとすると実に難しい問題がある。今までに他動性の原型の定義の試みはあった(5.5.1)。しかし，自動性の原型の定義の試みは，ヤコブセン／Jacobsen (1989：239, 1991：109)等を除くと，殆ど見当たらない。従来の定義でも(5.2, 5.3)，結局，他動詞又は他動詞文を定義しておいて，自動詞又は自動詞文はその特徴の無いものと定義している。(Intransitive というのは，transitive に否定の接頭辞 in- が付いたもので，'transitive ではない'という意味である。)即ち他動性は積極的に定義したが，自動性は消極的に定義していた。

そもそも，自動性の原型を提案する価値があるのだろうか？価値が無ければ，提案する必要は無い。(上で提案した他動性は便利なので，提案する価値があった。第6章，特に，6.2.3 も参照。)又，もし自動性の原型を提案するとしたら，どんなものを選んだらよいのだろうか？

これに関連して考慮しなければいけない問題は他動性と自動性の関係である。一般に，言葉ではっきり書いてはないが，他動性と自動性は一つの軸を成し，それぞれが両端を占めると考えている。例えば，Hopper and Thompson (1980)も，他動性の度合が低くなれば自動詞文になるという考えを暗黙の内に取っている。本書も今までは，その様に述べてきた。しかし，他動性と自動性が一つの軸を成すと考えるのは妥当であろうか？

他の可能性もある。例えば，他動性と自動性はそれぞれ，別の軸を成すと考えることも出来る。この場合，二つの軸は平行線であって，交差しないと考えることも可能である。交差すると考えることも可能である。

5.8 自動性

もし仮に自動詞性の原型を提案するとしたら，どんなものを選んだらよいだろうか？大まかに言って，自動詞文は以下の三つの意味のどれかを表す（Chafe 1970：98-100参照）。動作（例は(5-66)），変化（例は(5-67)）と状態（例は(5-68)）。

(5-66)　花子は走った。(動作)
(5-67)　花子は死んだ。(変化)
(5-68)　花子は元気だ。(状態)

動作，変化，状態は，意味の面での自動性の度合の違いを表すのだろうか？これらの文は他動性と自動性の一つの軸の上に並べることが出来るのだろうか？或いは，他動性と自動性の一つの軸の上に並べることが出来ないとしても，自動性の軸の上に並べるべきだろうか？並べるとしたら，どの様な順番に並べたらよいだろうか？

この様に，大変，難しい問題がある。究極的には，他動性と自動性が一つの軸を成すという考えを放棄しなければならないかも知れない。

動作，変化，状態の位置づけに関して，少なくとも以下の二つの可能性がある。

可能性1。他動性の原型とは違い，自動性の原型は積極的には定義出来ない。三種の自動詞文が，いわば，衛星の様に原型的他動詞文を取り囲んでいる。(江口豊(私信)が私の提案を少し修正して，次の様な考えを提案した。原型的他動詞文がいわば，富士山の頂上であり，様々な自動詞文は麓で富士山を取り巻いている。)

可能性2。他動性と自動性が一つの軸を成すかどうかは，未解決ではあるが，少なくとも自動性については下記の可能性がある。5.5.1で原型的他動詞文を，動作が対象に及び，かつ，対象に変化を起こすものと定義した。もし自動性は他動性の逆の性質を持つと考えると（この二つが一つの軸を成すかどうかは別として）自動性の原型は動作でもなく，変化でもない。即ち状態である。従って(5-68)は原型的自動詞文である。他動詞文の場合，ただ動作が対象に及ぶだけのものよりも，動作が対象に及び，かつ，対象に変化を起こすものの方が他動性が高いと見なす。すると，逆に，変化の方が動作よりも自動性が低いと見なすことが可能である。従って動作は状態と変化の間に来る。この提案は以下の様に纏められる。

(5-69)　自動性の原型：　状態

　　　　自動性の程度：
　　　　高い　　　　　　低い
　　　　┠─────────────▶
　　　　状態　＞　動作　＞　変化

　実は，他にも可能性がある。例えば，ヤコブセン/Jacobsen(1989：239，1991：109)は日本語について「自動的意味原型又は自発的意味原型」と呼ぶものを提案した。

(5-70)　自動的意味原型又は自発的意味原型
　　　　（ヤコブセン 1989：239）：
　　　　(a)関与している事物(人物)が一つある。すなわち，対象物
　　　　　　(object)である。
　　　　(b)対象物は変化を被る。
　　　　(c)変化は現実の時間において生じる。

例は自動詞「壊れる」等である。(5.5.1 で提案した考えでは，他動詞「壊す」は原型的他動詞である。) この自動的意味原型は，(5-69)で提案した自動性の原型とは逆で，変化を原型と見なす。

　自動性の原型に関して，三つの可能性を見た。他にもあるかも知れない。どの可能性が最も妥当であるか決めるには，様々な言語を検討する必要がある。

5.9　おわりに

　本章では以下のことを見た。日本語の研究に限らず，従来の他動性の研究には二つの問題がある。(i)意味の側面と形の側面をはっきり分けていない。(ii)他動詞文と自動詞文が二分出来ると思っていた(少なくとも，二分しようとした)。

　本章は上記の二つの問題を解決する研究方法を示した。先ず意味の観点から原型的他動詞文を定義した。原型的他動詞文は動作が対象に及び，かつ，対象に変化を起こすものである。この定義は世界のどの言語にも適用出来る。更に，意味の点から定義した原型的他動詞文が或る言語において持っている形の特徴がその言語における原型的他動詞文の形の面での特徴である。その言語の他の文についても，これらの意味の面の特徴と形の面の特徴を用いると，その

他動性の程度を見ることが出来る。

　ここで示した他動性の定義は目新しいものではない。意味の面でも，形の面でも，従来，諸言語の文法書で暗黙の内に採用していた考えを，言葉ではっきりと表現したものである。この様に，論の出発点をはっきりしておくと，「鳥が空を飛ぶ」の様な厄介な文に出会っても扱いに困らない。

　又，原型という考えを用いると，この様な面倒な文も，日本語の他動詞性の現象の中に，ごく自然に位置付けることが出来る。

　従来の日本語の他動性の研究は「を」格と動詞派生法に重点を置きすぎた。(管見では，唯一の例外はヤコブセン/Jacobsen(1989, 1991)である。) 本章で試みた様な，文の意味的側面と形の側面の全体を考慮する研究方法の方が他動性の理解には適切であると思われる。

　本章では，更に，被動作性と意志性の関係について，Hopper and Thompson の研究から Tsunoda/角田太作の研究を経てパルデシの研究に至り，理解がより深まったことも見た。

　他動性(と自動性)については興味深い問題がまだまだ多数残っている。(i)被動作性と意志性の関係(5.7参照)，(ii)自動性の原型(5.8参照)，(iii)談話における他動性，(iv)認識における他動性，(v)言語習得における他動性等である。(角田太作(2007a：8-9)参照。) 今後の研究の一層の発展を期待する。

第6章　二項述語階層

6.1　はじめに

本章では Tsunoda(1981b, 1985b)が提案した二項述語階層を見る。(これは角田太作(1983a, 1984, 1985a, 2007a)等にも簡単に紹介した。) 始めに，本章で言う述語とは何か，項とは何か，について述べておく。

6.1.1　述語

本章では述語とは何かを，余り厳密には考えない。大まかに言って，動詞，形容詞等を考える。日本語の場合は形容動詞も含む。いわゆる名詞文，例えば，日本語の：

　　(6-1)　太郎は　学生です。
　　(6-2)　花子は　歌手です。

等の「学生です」，「歌手です」の部分も述語と呼ぶ。しかし，本章では名詞文の述語は扱わない。

6.1.2　項

Lyons(1968：350)は，動詞の分類として，動詞と組み合わす名詞句の数による分類を提案した。Lyons によると，a verb like die … requires only one nominal(「死ぬ」の様な動詞は名詞句を一つだけ必要とする)。One-place verb と呼ぶ。「一項動詞」と訳す。

　　(6-3)　John died.　　　　　　　'ジョンが死んだ。'

Kill '殺す' は two-place verb(「二項動詞」と訳す)である。殺す人を表す名詞句と殺される人を表す名詞句を必要とする。

　　(6-4)　John killed Bill.　　　　'ジョンがビルを殺した。'

Give '与える' は three-place verb(「三項動詞」と訳す)である。与える人，贈物，受取人を表す名詞句を必要とする。

　　(6-5)　John gave Bill the book.　'ジョンがビルに本を与えた。'

(上の動詞の例と例文は Lyons(1968：350)による。)

Lyons は挙げていないが，この他にゼロ項動詞，四項動詞等もある。日本語の例を 6.1.3 で挙げる。
　この分類は便利なので本書でも採用する。日本語でも「死ぬ」は一項動詞，「殺す」は二項動詞，「与える」は三項動詞であると言える。
　5.5.1 で「参加者」という言葉を用いた。「参加者」は文が表す意味の側面に関することである。一方，「項」は参加者を言語によって表現したもの，即ち，文の形の側面に関することであると言えよう。
　項という概念は便利なので広く使っている。しかし，厳密に考えると実に難しい問題がある。或る動詞が或る名詞句を必要とする(requires)ということはどういうことか？少なくとも以下の二つの問題がある。
　問題 1。省略の場合である。例として以下の日本語の会話を検討しよう。
　　(6-6)　A: この本を読みましたか？
　　　　　B: はい，読みました。
普通，動詞「読む」を二項動詞と呼ぶ。読む人を指す名詞句と読み物を指す名詞句が必要であるという理由である。しかし，名詞句は A の文には一つしか無い。B の文には全く無い。本当に「読む」は名詞句を二つ必要とするのだろうか？（実は，A の文も B の文も，省略は無いという考えも可能である。もともと名詞句は無いが必要に応じて加えるという考えである。）
　問題 2。では，動詞の項を決めるのに，省略のある文は無視して，省略の無い文を考慮することにしよう。（言語学者は普通そうしている。）それでもなお問題がある。例えば，次の日本語の文を見よう。
　　(6-7)　昨日　部屋で　花子が　手紙を　ペンで　書いた。
　　　　　時間　場所　　動作者　対象　　道具
普通「書く」を二項動詞と呼ぶ。書く人(動作者)と書かれるもの(対象)が必要であるという理由である。しかし，何故「書く」を二項とするのだろう？書くには道具も必要である。三項と見なしてもよいではないか？更に書くには場所も必要である。四項と見なしてもよいではないか？等々。これは実に難しい問題である。(Foley and Van Valin(1984：77-102)，Moravcsik(1984) 等，日本語については，鈴木重幸(1972)の主語，対象語，修飾語，状況語，寺村(1982)の必須補語，準必須補語，副次補語，副詞的修飾語等も参照されたい。）結局，項と呼ぶものと項と呼ばないものは連続体を成していて，明快に区別することは困難である。（特に，Moravcsik 1984 参照。）

本章ではこの問題をなるべく避ける。どの動詞の項の数はいくつであるかについては，残念ながら，普通に言っている数に従う。

6.1.3　日本語と英語の項の例

述語を，項の数毎に見て行こう。更に，項が取る格にも着目する。(或る述語の取る格を case frame という。「格枠組み」と訳す。)従って，日本語の或る種の例文の場合には，格を示すために，わざと「は」の無い例文を使う。そのため，そのままでは少し不自然な文もある。((5-35)等へのコメント参照。)初めに日本語を，次に英語を見る。

［1］日本語

述語には，動詞の他に，形容詞と形容動詞もある。

(a) 一項述語。「が」が普通である。例文：

(6-8)　太郎が　泣いた。

(6-9)　今，日本語が　面白い。

長友和彦(学会口頭発表)によると，能力の表現では一項述語にも「に」もかなり用いるらしい。プールについて，次の様に言った例があったそうだ。

(6-10)　このプールでは　子どもにも　泳げます。

(野田尚史(私信)の指摘によると，この文は場所を示す語句「…で」を要求するので，一項文と呼ぶのは不適切である。しかし，私の考えでは，場所の「…で」の必要度は低い。この文は一項文でもなく，そうかと言って二項文でもなく，いわば，一・五項文とでも言うべきものであろうか。)

世界の諸言語でも，私が見た範囲では，一項述語はそれぞれの言語で取る格枠組みの種類が少ない。又は，一つしか無い。但し，3.2で見た様に，一項述語の格枠組みが二つある言語もある。古代日本語もそうであったかも知れない。

(b) 二項述語。「が+を」の例が多い。その他「が+に」，「が+が」，「に+が」，「で+を」，「から+を」もある。

(6-11)　「が+を」：　太郎が　本を　読んだ。

(6-12)　「が+に」：　昭夫が　花子に　惚れた。

(6-13)　「が+が」：　昭夫が　花子が　好きである(こと)。

(6-14)　「に+が」：　幸作には　自分の罪が　分からない。

(6-15)　「で+を」：　警視庁では　山田を　追及している。

(6-16)　「から+を」：警視庁から　山田の罪状を　報告すべきだ。

(c) 三項述語。世界的に見て，一項述語よりも格枠組みの種類はやや多い，しかし二項述語より少ない様だ。日本語では「が＋に＋を」が最も普通である。その他「が＋から＋を」がある。

(6-17) 「が＋に＋を」： 太郎が　花子に　本を　売った。
(6-18) 「が＋から＋を」：花子が　太郎から　本を　買った。

(d) 四項述語。日本語では（そして，多分，世界の言語の大多数でも）普通の述語は四つの項を取らない。しかし，普通の述語ではないが，四つの項を取るものが世界のかなり多くの言語にある。それは使役動詞である。使役動詞は対応する，普通の動詞と比べて，項の数が一つ多い。例えば，(6-19)は一項文であるが，(6-20)は二項文である。(「が」の一項文を使役文にしたものには「が＋を」と「が＋に」がある。柴谷(1978：276-77)参照。)

(6-19) 太郎が　泣いた。
(6-20) 花子が　太郎を／に　泣かせた。

同様に，(6-21)は二項文であるが，(6-22)は三項文である。

(6-21) 太郎が　本を　読んだ。
(6-22) 花子が　太郎に　本を　読ませた。

従って，三項文を使役文にすると，四項文が出来る。「売る」の例：

(6-23) 花子が　太郎に　本を　売った。
(6-24) 昭夫が　花子に　太郎に　本を　売らせた。

「買う」の例：

(6-25) 花子が　太郎から　本を　売った。
(6-26) 昭夫が　花子に　太郎から　本を　買わせた。

日本語には間接受身文がある。これも対応する文に比べて項が一つ多い(5.3, 5.6参照)。例えば，(6-27)は一項文だが，(6-28)は二項文である。

(6-27) 太郎が　泣いた。
(6-28) 花子が　太郎に　泣かれた。

従って三項文を間接受動文にすると四項文になる。「買う」の例：

(6-29) 花子が　太郎から　本を　買った。
(6-30) 昭夫が　花子に　太郎から　本を　買われた。

更に，四項文から五項文を作れる言語があるかも知れないが，今のところ，聞いたことがない。

(e) ゼロ項述語。今まで見た述語とは逆に，項を取らない述語もある。天

候，気温，明暗，状況，時間等を表す述語はゼロ項である。これは，日本語に限らず，世界的な傾向であろう（奥津 1975：12-14 参照）。

(6-31) ああ，暑いなー。
(6-32) 段々暗くなってきた。
(6-33) 静かですねー。

［2］英語
(a) 一項述語。日本語と同様に，格枠組みは一つしか無いと思われる。

(6-34) 「φ」：John died.
(6-35) 「φ」：Mary is tall.

(3.2 で見た様に，英語では名詞の格組織と代名詞の大部分の格組織は違う。ここでは名詞の例文だけを見る。名詞の格組織は中立型である。その格を仮にゼロ記号（φ）で表す。前置詞がある場合は，格は前置詞で示す。）

日本語でゼロ項述語を用いる場合に，英語では，この様な文を嫌い，it を加えて無理遣に一項文の体裁を整える。（独語，仏語も同様である。）

(6-36) It is hot today. '今日は暑い。' （奥津 1975：13）

この it は私達が中学校で習った英文法では形式主語と呼ぶ。この様な文は，意味の点では参加者は無いが，形の点では一項であると言えよう。

ゼロ項述語について調べた訳ではないが，世界の 100 以上の言語の文法について読んだ印象では，この様な文に無理遣に形式主語を加える言語は世界の言語の中では，少数派であると思われる。（実は，この様な言語は非常に少ないのかも知れない。欧州の言語でもスペイン語，伊語等ではこの様な形式主語を付けない。野田尚史，私信。）このことについては，8.12 で更に触れる。

(b) 二項述語。日本語と同様に，英語でも，二項述語は格枠組みの種類が多い。例を挙げる。

(6-37) 「φ　φ」：John hit Mary.
(6-38) 「φ　on」：John trod on a toad.
(6-39) 「φ　at」：John looked at Mary.
(6-40) 「φ　for」：John looked for Mary.
(6-41) 「φ　after」：John looked after Mary.
(6-42) 「φ　like」：John looks like Bill.
(6-43) 「φ　into」：John looked into the matter.
(6-44) 「φ　to」：His answer corresponds to my expectation.

(6-45) 「φ　of」　：John is fond of Mary.
(6-46) 「φ　with」：John was angry with Mary.

(c) 三項述語。英語でも三項述語の格枠組みは一項述語より多いが，二項述語より少ない。代表的なものは下記の三つであろう。

(6-47) 「φ　φ　to」　：John gave the book to Mary.
(6-48) 「φ　φ　φ」　：John gave Mary the book.
(6-49) 「φ　φ　from」：John bought a house from Mary.

その他に，下記の格枠組みもある。

(6-50) 「φ　φ　with」：John presented Mary with some money.

Provide, supply, furnish '供給する' もこの格枠組みを取れる。

「与える」を表す動詞に，英語の(6-47)に相当する言い方と(6-48)に相当する言い方の両方が可能である言語は珍しくない。例えばジャル語(Tsunoda 1981a：115)である。しかし「与える」の意味の動詞で，英語の(6-50)に相当する言い方が出来る言語は(管見では)珍しい。英語でも最も基本的な「与える」の動詞 give では，これが不可能であって，present, provide, supply, furnish 等，基本的ではない動詞でのみ可能である。しかし「与える」の動詞が，英語の(6-50)の言い方が出来る言語もある。豪州のジルバル語(Dixon 1972：300)とワロゴ語(Tsunoda 1974：353-54)では，「与える」の動詞で，英語の(6-47)と(6-50)に相当する言い方を含めて，三つの言い方が可能である。これは大変珍しいと思われる。

以上見た様に，どの言語でも，格枠組みの数が最も多いのは二項述語であると思われる。従って，どの様な述語がどの様な格枠組みを取るかについて調べるのは，二項述語が最も興味深い。

6.2　二項述語階層

Tsunoda(1981b, 1985b)は，世界の諸言語の二項述語の格枠組みを調べて，表6-1に示す二項述語の分類を提案した。

表 6-1　二項述語の階層

類	1		2		3	4	5	6	7
意味	直接影響		知覚		追求	知識	感情	関係	能力
下位類	1A	1B	2A	2B					
意味	変化	無変化							
例	殺す 壊す 温める	叩く 蹴る ぶつかる	see hear 見つける	look listen	待つ 探す	知る 分かる 覚える 忘れる	愛す 惚れる 好き 嫌い 欲しい 要る 怒る 恐れる	持つ ある 似る 欠ける 含む 対応する	出来る 得意 強い 苦手 good capable proficient
日本語	主＋対	主＋対 主＋与	主＋対		主＋対	主＋対 与＋主	主＋対 主＋与 主＋主 与＋主	主＋対 主＋与 主＋奪 与＋主	主＋与 主＋主 与＋主
英語	主＋対	主＋対 主＋at 主＋on 主＋into	主＋対	主＋at 主＋to	主＋対 主＋for	主＋対 主＋of	主＋対 主＋of 主＋with	主＋対 主＋to 主＋in 主＋of	主＋at 主＋of 主＋in
バスク	能＋絶対	能＋絶対 能＋与	能＋絶対	能＋絶対 能＋与	能＋絶対 能＋与 与＋絶対	能＋絶対 能＋与 与＋絶対	能＋絶対 与＋絶対	能＋絶対	
チベット	能＋絶対	能＋与	能＋絶対 能＋与		能＋絶対 能＋与	能＋絶対	能＋絶対 絶対＋与 与＋絶対	与＋絶対	
アバル	能＋絶対		所＋絶対		能＋絶対 絶対＋所	所＋絶対	与＋絶対	所有＋絶対	
サモア	能＋絶対		能＋絶対 絶対＋所 絶対＋与		能＋絶対	能＋絶対 絶対＋与 所＋絶対	能＋絶対 絶対＋与 絶対＋所	与＋絶対	
ジャル	能＋絶対		能＋絶対		能＋絶対 絶対＋与	能＋絶対 絶対＋与	能＋絶対 絶対＋与 絶対＋所	能＋絶対 絶対＋与 絶対＋所	
ワルコ°	能＋絶対		能＋絶対		能＋絶対 絶対＋与	能＋絶対 絶対＋与	絶対＋所 絶対＋与	能＋絶対	

　この分類を考える時に，意味と形の両面を考慮した．意味の面では，動作が対象に及ぶかどうかという点を中心に考えた．形の面では，或る述語がどの格枠組みを取るかを最も考慮した．後で見る様に，表 6-1 は述語の品詞の違い等，文法の他の現象にも反映している．

この分類は諸言語の文法書や論文等によく出て来る二項述語だけを考慮した。二項述語の種類はこの7種類だけという意味ではない。これ以外の種類を設定することも可能であろう。

6.2.1 意味

意味の面では，先ず，大まかに言って，表の左の方の述語は動作を表すが，右の方の述語は状態を表す。(前者は，普通，纏めて，動作動詞又は動作述語と呼ぶ。しかし，以下で示す様に，分類する理由がある。同様に，後者は，普通，纏めて状態動詞又は状態述語と呼ぶ。しかし，分類する理由がある。)

従って，大まかに言って，表の左の方の述語が表す事柄は，具体的に実現する。それを見ることが出来る。例えば：

(6-51) 花子が 箱を 壊した。
(6-52) 花子が 太郎を 叩いた。

の場合，壊す或いは叩く動作を見ることが出来る。しかし，表の右の方の述語が表す事柄は，具体的に実現はしないし，又，見ることも出来ない。例えば：

(6-53) 太郎が 英語を 知っている(こと)。
(6-54) 太郎が 財産を 沢山持っている(こと)。

の場合，英語を知っているということや，財産を沢山持っていることを目撃出来ない。(財産自体は目撃出来るが，財産の所有は目撃出来ない。)

表6-1は動作が対象に及ぶ度合のcline(「傾斜」と訳す)を表すとも言える。動作は1類「直接影響」では対象に及ぶが，大まかに言って，右へ行く程，及ばなくなる。より具体的に言うと，動作は1類では現実に相手に達するが，2類「知覚」では達しないので，1類での方が2類よりも，対象に及ぶ。2類では動作は相手に及ばないが，相対的に言うと，3類「追求」よりも及ぶと言える。2類では(「見る」，「聞く」，「見つける」等)少なくとも，視覚或いは聴覚で対象の姿或いは音波を捉えるが，3類では(「待つ，探す」等)は永久に捉えない。(もし，捉えたら「探した」とは言わないで「見つけた」と言う。その場合は，2類になる。)従って，2類の方が3類よりも，相対的には，対象を捉えている，或いは，対象に及んでいると言える。

4類「知識」，5類「感情」，6類「関係」，7類「能力」の場合，1類から3類までについて述べた様な意味では，動作が対象に及ぶ度合に違いがあると言うことは困難である。しかし，何らかの意味で，表6-1の様な順番で並んで

いると言えると思われる。例えば、6類「関係」の例(6-54)では、財産が所有という関係に現実に参加している。しかし、7類「能力」の例：

　　(6-55)　　太郎に英語が出来る。

は可能性を述べているだけであって、太郎が現実に英語を話していると述べているのではないので、英語は、(6-54)の財産とは違い、参加はしていない。(正直に言うと、これは、かなり苦しい言い逃れという感じがすることは否定出来ない。6.2.3で述べる様に、4類から7類までの配列は、実は、他動詞構文の格枠組みの出易さに基づいている。)

　類の下位分類についても、動作が及ぶ度合を考慮した。初めに、1類の下位分類、1A「変化」と1B「無変化」を見よう。1A「変化」の述語は、実は5.5.1で提案した定義でいう原型的他動詞である。例は「殺す」である。二項述語の中で(実は、全ての述語の中で)動作が対象に影響を与える度合が最も高い。動作が対象に及び、かつ、必ず、対象に変化を起こすことを表す。例えば、誰かを殺せば、その人に、生きている状態から死んだ状態への変化が必ず起こる。一方、1B「無変化」の述語の場合、動作は対象には及ぶ、しかし、必ず変化を起こすという含みは無い。例は「叩く」である。誰かを叩いたら、単瘤が出来るかも知れないが、出来ないかも知れない。動詞「叩く」は変化については何も言及しない。従って、必ず相手に変化を起こすという点で、1Aの方が1Bよりも、動作が対象に及ぶ。

　次に、2類「知覚」の下位分類、2Aと2Bを見よう。この違いは日本人にはかなり難しい。英語では2Aと2Bで別の動詞を使う。2Aなら see, hear 等であり、2Bなら look, listen 等である。See は対象の映像を既に捉えてしまった状態を指す(Catford 1975：34 参照)。一方、look は対象の映像を捉えようとする努力を指す。The Australian Pocket Oxford Dictionary は look を make an effort to see 'see する様に努力する' と定義している。従って：

　　(6-56)　　I looked, but I could't see.

と言える。(Gruber 1967：943 参照。) 日本語に訳せば「見ようとしたが、見えなかった」であろう。同様なことが hear と listen についても言える。(上述の辞書は listen を make effort to hear something '何かを hear する様に努力する' と定義している。) 次の様に言える。

　　(6-57)　　I listened, but I couldn't hear.

これも、日本語に訳せば「聞こうとしたが、聞こえなかった」であろう。2A

の方が対象の姿又は音波を捉えているという意味で，2A の方が 2B より対象に及ぶ度合が高いと言える。

　表 6-1 で下位分類したのは 1 類と 2 類だけであるが，他の類でも下位分類が可能なものがあるかも知れない。例えば 4 類「知識」で，或るものを詳しく知っている場合と少ししか知らない場合を区別する言語があれば，それは 4 類の下位分類の一例である。

　ここまでは，表 6-1 が，大まかに言って，動作が対象に及ぶ度合を示すことを見た。

6.2.2　品詞

　品詞について見ると，表の左の方では，どの言語でも動詞である。しかし，形容詞のある言語では，右の方に行くに従って，形容詞が出て来る。(実はこの言い方は正確ではない。正確に言えば，述語に(i)表 6-1 の左端から出て来るものと，(ii)右の方へ行くと出易くなるものの，二種類が存在する言語では，左端から出る方，即ち，主に動作を表すものを動詞と呼び，右の方へ行くと出易くなるもの，即ち，主に状態を表すものを形容詞と呼んでいるのである。)

　表の右の方では，一つの言語の中でも，大体同じ内容を動詞と形容詞の両方で言える場合がある。英語では 4 類「知識」で動詞 know と形容詞 aware, 5 類「感情」で動詞 like, fear, desire, envy と形容詞 fond, afraid, desirous, envious 等。日本語では 5 類で動詞「好く，嫌う，欲す，悲しむ，羨む」と形容詞(形容動詞も含めて)「好き，嫌い，欲しい，悲しい，羨ましい」等。(寺村 1982：144-45 も参照。) 例文を挙げる。(最初の二つの文は寺村(1982：145)から採った。訳は私の訳である。)

(6-58)　　I envy him.　　　　　　　　'私は彼が羨ましい。'
(6-59)　　I am envious of him.　　　'(上と大体同じ意味)'
(6-60)　　I like Pink Floyd.　　　　　'私はピンク・フロイドが好きです。'
(6-61)　　I am fond of Pink Floyd.　'(上と大体同じ意味)'
(6-62)　　太郎が　カラオケを　嫌っている(こと)。
(6-63)　　太郎が　カラオケが　嫌いである(こと)。

6.2.3 格

5.2 でも強調した様に，文法の研究では意味の側面と形の側面の両方を考慮することが大切である。両者の間にどの様な一致があるか，どの様な食い違いがあるかを，調べることが重要である。(意味的側面だけを考慮するのは良くない。単なる思弁に陥る危険があり，言語の研究にはならない。) 6.2.1 では，表 6-1 の述語分類の意味的側面を見た。更に，この分類は形の面にも反映している。換言すれば，この分類は形の面でも十分，根拠がある。根拠があるからこそ，この分類を提案したのである。Tsunoda(1981b, 1985b)は形の面では，特に述語の取る格枠組みを考慮した。以下では主に格枠組みについて，表 6-1 の述語の分類の根拠と，述語の類の配列の根拠を見よう。

［1］分類の根拠

(a) 状態述語の分類：4 類「知識」，5 類「感情」，6 類「関係」，7 類「能力」

表 6-1 の提案する述語の種類は各類の名前が示す通りの意味的な種類である。上述の様に，この分類は述語の取る格枠組みにも分類の根拠がある。特に興味深いのは 4 類「知識」，5 類「感情」，6 類「関係」，7 類「能力」である。これらの述語は普通，状態動詞又は状態述語と呼び，纏めて扱っていて，区別しない。しかし，諸言語における格枠組みを見ると，これらの述語を表 6-1 の様に分類する根拠が十分にある。

例えば，日本語では「主格＋主格」(が＋が)の格枠組みは 5 類「感情」(例は「好き，嫌い」)と 7 類「能力」(例は「得意，上手」)には出るが，4 類「知識」と 6 類「関係」には出ない。「が＋が」の 5 類の例は(6-13)(「好き」)と(6-63)(「嫌い」)。「が＋が」の 7 類の例：

(6-64)　花子が　英語が　得意である(こと)。

一方，「主格＋奪格」(が＋から)は 6 類にしか，出ない。

(6-65)　委員会が　10 人の委員から　成っている(こと)。

この様に見ると，日本語を見ただけでも，これらの状態述語を 4 類から 7 類まで分類する根拠がある。

他の言語でも，表 6-1 が示す様に，4 類から 7 類まで見ると，出て来る格枠組みが違う例が多数ある。最も興味深いのはコーカサスのアバル語(Černy 1971，Claude Tchekhof 私信)である(Tsunoda 1981b：404-05 参照)。この言語では，知識の動詞「知る，分かる，忘れる」等(4 類)は「所格＋絶対

格」，感情の動詞「愛す，欲す，要る」等(5類。例は(6-67))は「与格+絶対格」，所有は「所有格+絶対格」を用いる。ちなみに知覚の動詞「見る，聞く，発見する」等(2類)は「所格+絶対格」を取る。例は(6-66)。

(6-66)　inssu-da　　žindargo　　was-φ　　　wix̃ana.
　　　　父-所格　　自分の　　　子供-絶対格　見た
　　　　'父親は自分の子供を見た。'(2類)

(6-67)　inssu-je　　žindargo　　łimer-φ　　bokúla.
　　　　父-与格　　自分の　　　子供-絶対格　愛す
　　　　'父親は自分の子供を愛す。'(5類)

(表6-1でアバル語に関して，3類の動詞「待つ」が取る格枠組みは「絶対格+所格」と書いた。厳密に言うと，apudessiveと呼ぶもので，所格の一種である。)

(b) 1類「直接影響」の下位分類：1A「変化」と1B「無変化」

　表6-1の述語分類の根拠が様々な言語の格の面にあることを見た。同じことが下位分類についても言える。1類「直接影響」の動詞はどの言語の文法でも，単に動作の動詞と呼ぶだけで，下位分類しているものは見当たらない。しかし，6.2.1で見た様に，細かく見ると，意味の点で違いがある。即ち，1A「変化」(例は「殺す」)では動作が対象に変化を必ず起こすが，1B「無変化」(例は「叩く」)では起こすとも起こさないとも言っていない。

　1Aと1Bの違いは日本語や英語等では，すぐには分からないが，ネパールのネワリ語(Nagano 1986)やコーカサスのアブハズ語(Hewitt 1979：49)等にはっきり出ている。例えば，ネワリ語では1Aの動詞「殺す，壊す」等は「能格+絶対格」を取るが，1Bの動詞「叩く，蹴る」等は「能格+与格」を取る。

(6-68)　jĩ：　　　shrestha-φ　　　syā-nā.
　　　　私：能格　シュレスタ-絶対格　殺す-完了
　　　　'私はシュレスタを殺した。'

(6-69)　jĩ：　　　shrestha-yāta　　dā-yā.
　　　　私：能格　シュレスタ-与格　叩く-完了
　　　　'私はシュレスタをぶった。'

表6-1が示す様に，チベット語でも同様である。

　日本語や英語では，1Aと1Bの違いは，ネワリ語やアブハズ語の場合と違って目には付きにくいが，よく注意して見ると，確かに違いがある。

英語では，5.5.1 で見た様に，1A の kill, break 等も，1B の hit, kick, shoot 等も，共に，他動詞文の例として，しばしば用いる。例は(6-70)，(6-71)。しかし，よく観察してみると(英語母語話者の学者も気付かなかった様だが)この二つのグループの違いは英語にも出ている(Tsunoda/角田太作 1981b：410, 1984：77, 1985b：389-90)。(5-58)でも見た様に，(6-71)の hit(1B)は前置詞 at を加えて，(6-73)の様に言うことが出来る。これは，私は彼を叩こうとしたと言う意味である。狙ったことは述べているが，命中したかどうかについては，言及していない。同様に，1B の他の動詞 kick, shoot 等も，前置詞 at を付けて，狙った(しかし，命中したかどうか言及しない)ことを表せる。(1B の動詞全てでこの言い方が出来る訳ではないが。)しかし 1A の動詞(kill, break, bend, destroy 等)は，どれも，at を付けた言い方が出来ない。(6-72)参照。

(6-70)　　I killed him.　　(1A)(主格＋対格)

(6-71)　　I hit him.　　(1B)(主格＋対格)

(6-72)　　*I killed at him.　　*(主格＋ at)

(6-73)　　I hit at him.　　(主格＋ at)

日本語でも，詳しく見ると，1A と 1B の違いが反映している。少なくとも四つの違いがある。

違い 1。1A では動詞の全てが「主格＋対格」(が＋を)を取る。例は(5-22)(殺す)，(6-51)(壊す)。1B では動詞のかなり多くは「主格＋対格」(が＋を)を取る。例は(5-23)，(6-52)(叩く)。但し，「主格＋与格」(が＋に)を取るものもある。例は(5-31)(ぶつかる)，(5-32)，(5-48)(触る)。

違い 2。1B の動詞の内の(全てではないが)或るものは，次の二つの表現が出来る。

(6-74)　　「が　を　動詞」：A が　B を　抱く，かじる，食う，噛む。

(6-75)　　「が　に　動詞－つく」：A が　B に　抱きつく，かじりつく，
　　　　　　　　　　　　　　　　　食いつく，噛みつく。

「-つく」の表現の場合，対象は「を」でなく，「に」で表す。(但し，「-つく」が付くと，意味が変わる場合もあるが。)例を挙げる。

(6-76)　　　　　　犬が　太郎を　噛んだ。

(6-77)　=(5-34)　犬が　太郎に　噛みついた。

(6-75)の表現は 1A の動詞では不可能である。

(6-78)　　A が　B を　殺す，曲げる，壊す。

(6-79) *Aが　Bに　殺しつく，曲げつく，壊しつく。

違い3。1Bの動詞の内の(全てではないが)或るものは，次の二つ表現が出来る。

(6-80) 「Aが　Bを　動詞」：　　　Aが　Bを　殴る，襲う。
(6-81) 「Aが　Bに　動詞-かかる」：Aが　Bに　殴りかかる，
　　　　　　　　　　　　　　　　　　　　　　襲いかかる。

「-かかる」の表現の場合も，対象を「を」でなく，「に」で表現する。例を挙げる。

(6-82) 昭夫が　太郎を　殴った。

(6-83) 昭夫が　太郎に　殴りかかった。

一方，1Aの動詞ではこの様な表現は不可能である。

(6-84) 　Aが　Bを　殺す，曲げる，壊す。

(6-85) *Aが　Bに　殺しかかる，曲げかかる，壊しかかる。

(「-かかる」については，6.2.5-[4]でも触れる。)

さて，(6-83)は昭夫が太郎を殴ろうとしたことを表す。実際に殴ったかどうかについては言及していない。従って，英語の(6-71)と(6-73)の関係と日本語の(6-82)と(6-83)の関係は殆ど同じである。英語では目的語の格を対格(又はゼロ格)から前置詞atに変えることにより，日本語では対格「を」を与格「に」に変えることによって，動作が向かったことは表すが，しかし動作が及んだかどうかについては言及しない表現を作っている。日本語と英語は一見，違う様に見えるが，実は，よく見ると，同じ様な現象が沢山ある。(実は，このことは，本書が示す様に世界中の言語について言える。)

違い4。1Aと1Bの動詞(全て他動詞)は対応する自動詞に関して違いがある。他動詞と自動詞が対応する場合，以下の二つの場合がある。(i)語根が同じ場合。例は日本語のak-e-r-u(他)，ak-u(自)と英語のopen(他，自)。(ii)語根が異なる場合。例は日本語のkoros-u(他)とsin-u(自)。英語のkill(他)とdie(自)。話を分かり易くするために，以下の例は語根が同じものだけを挙げる。

他動詞と自動詞の対応の仕方には次の傾向がある。これはDixon(1979：117)が一般的に述べたことを，Tsunoda(1981a：193)がジャル語の事実を基に少し修正したものである。

(i) 「他目＝自主」型。他動詞文の目的語が自動詞文の主語に対応する。

変化を引き起こす，又は，変化を止める・抑える等，広い意味での，変化を表す動詞に見られる。
(ii)「他主＝自主」型。他動詞文の主語が自動詞文の主語に対応する。
変化以外の意味領域，特に，飲食(「食べる，飲む」等)や人間心理に関する出来事(「忘れる，夢みる」等)に見られる。

言うまでもなく，(i)の対応を示す動詞は 1A に属する。(ii)の動詞の内，飲食に関する動詞は 1B に属する。(人間心理に関する動詞は 4 類「知識」である。)この様に，自動詞との対応の点でも，1A と 1B は異なる。

英語もこの傾向を示す。1A には open, stop, break 等，(i)の対応を示す動詞が多数ある。

(6-86)　　John opened the window.　　'ジョンが窓を開けた。'
(6-87)　　The window opened.　　'窓が開いた。'

(ii)の対応の例として drink(1B)を挙げる。

(6-88)　　He drinks wine. (Jespersen 1924：158) '彼はワインを飲む。'
(6-89)　　He drinks before meals.　　(Jespersen 1924：158)
　　　　　'彼は食前に飲む。'

日本語にも(i)の例は多数ある。

(6-90)　　太郎が　窓を　あける (ak-e-r-u)。
(6-91)　　窓が　　あく (ak-u)。
(6-92)　　太郎が　窓を　ひらく (hirak-u)。
(6-93)　　窓が　　ひらく (hirak-u)。

(ハイフンは形態素の(仮の)境界を示す。)(英語の break, open, stop 等は，他動詞と自動詞の形が同じである。日本語では形が違うものが多い(語根は同じだが)。例は ak-e-r-u(他)と ak-u(自)((6-90)と(6-91)参照)，tom-e-r-u(他)と tom-ar-u(自)，kowa-s-u(他)と kowa-re-r-u(自)。更に 7.1.4 でも述べる。)しかし，少数ながら形が同じものもある。例は hirak-u(他，自)((6-92)と(6-93)参照)，toji-r-u(他，自)，mas-u(他，自)，tamot-u(他，自)と tare-r-u(他，自)。

但し，日本語の場合，(ii)の例が見つからない。Jespersen (1924：158)は(6-88)の drinks を他動詞と見なし，(6-89)の drinks を自動詞と見なす様だ。しかし，少なくとも日本語の場合，(6-89)の和訳「彼は食前に飲む」の「飲む」を自動詞と見るのは問題がある。日本語はいわゆる省略の多い言語であ

る。「飲む」の目的語を省略した文と見るのも妥当であろう。佐藤琢三（私信）によると，1Bの動詞には対応する自動詞が無い。（飲食に関する動詞だけでなく，他に「叩く」等も対応する自動詞が無い。）この説では，日本語では（語根が同じものに限ると）1Aの動詞には対応する自動詞があるが，1Bの動詞には無いことになる。日本語ではこの点でも1Aと1Bは異なる。

(c) 2類「知覚」の下位分類

英語ではsee, hear (2A)とlook, listen (2B)で，別の動詞を用いる。（日本語，ワロゴ語，ジャル語等にはこの区別は無い。）更に，2Aと2Bでは，格枠組みも違う。

(6-94) I saw him. (2A)（主格＋対格）
(6-95) I heard him. (2A)（主格＋対格）
(6-96) I looked at him. (2B)（主格＋at）
(6-97) I listened to him. (2B)（主格＋to）

上の例では，2Aは前置詞を取らないが，2Bは取る。

以上，二項述語階層の形の側面の内，特に，格枠組みを見てきた。1類から7類まで，意味の面だけでなく格枠組みの面でも分類する根拠が有る。1類の下位分類と2類の下位分類も同様である。この様に，文法の研究では，意味の面と形の面の両方を考慮することが大切である。

6.2で述べた様に，表6-1を考案する際，諸言語の文法書，論文等でよく使う述語だけを検討した。表6-1に示した類以外の類を立てることが必要な言語もあるかも知れない。逆に，これほど，細かい分類は不必要な言語もあるかも知れない。もし，表6-1を或る言語の研究に応用するなら，その言語に便利な様に修正することが大切である。

[2] 述語の類の配列

(a) 他動詞格枠組みと他の格枠組みの分布

原型的他動詞或いは原型的他動詞文が取る格枠組みを，以下では，簡単に「他動詞格枠組み」と呼ぶ。日本語では「主格＋対格」（が＋を）と「ゼロ＋ゼロ」がそうである。英語では「主格＋対格」と「ゼロ＋ゼロ」である。(3.2参照。)（表6-1には日本語の「ゼロ＋ゼロ」も英語の「ゼロ＋ゼロ」も入れてない。）

表6-1は他動詞格枠組みの現れ方にも反映している。どの言語でも，1Aでは他動詞格枠組みが出る。（これは当然のことである。1Aの動詞を原型的

他動詞と呼び，かつ，これらの動詞が取る格枠組みを他動詞格枠組みと呼んだのだから。）しかし，表 6-1 で右の方へ行くに従って，他動詞格枠組みは出なくなる傾向がある。代わって，他の格枠組みが出たり，或いは，他動詞格枠組みと他の格枠組みが共存する傾向がある。右端の 7 類では，日本語でも英語でも他動詞格枠組みは出ない。

日本語では，1A は「主格＋対格」（が＋を）を取る。例は (6-78)（殺す，曲げる，壊す），(6-90)（あける），(6-92)（ひらく）。（ここでは，二項動詞だけを扱う。三項動詞は扱わない。）1A 以外でも，「が＋を」が出る場合がある。例は次の通り。1B：(6-52)（叩く），(6-74)（抱く，かじる，食う，噛む），(6-80)（殴る，襲う）。4 類「知識」：(6-53)（知る）。5 類：「感情」：(5-47)（愛す），(6-62)（嫌う）。6 類「関係」：(6-54)（持つ）。表で右の方へ行くと，「が＋を」以外の格枠組みも出て来る。例は下記の通り。

「主格＋与格」（が＋に）：　1B：(5-31)（ぶつかる），(5-32)，(5-48)（触る）。
　　　　　　　　　　　　　5 類「感情」：(6-12)（惚れる）。
「主格＋奪格」（が＋から）：6 類「関係」：(6-65)（成る）。
「主格＋主格」（が＋が）：　5 類「感情」：(6-13)（好き），(6-63)（嫌い）。
　　　　　　　　　　　　　7 類「能力」：(6-64)（得意だ）。
「与格＋主格」（に＋が）：　4 類「知識」：(6-14)（分かる）。
　　　　　　　　　　　　　5 類「感情」：(6-105)（要る）。
　　　　　　　　　　　　　6 類「関係」：(6-105)（ある），(6-105)（無い）。
　　　　　　　　　　　　　7 類「能力」：(5-37)，(6-55)（出来る）。

6.2.2 で見た様に，表 6-1 の右の方では，殆ど同じ内容を動詞と形容詞の両方で表せる場合もある。そのため，殆ど同じ内容を異なる格枠組みを用いて表現出来る場合もある。(6-62)「が＋を」（嫌う）と (6-63)「が＋が」（嫌い）は 5 類「感情」の例である。「好く」と「好き」，「羨む」と「羨ましい」も同様。上の例では，動詞と形容詞は同じ語根を持つ。次の例では，語根は異なる。4 類「知識」の例：

　　(6-98)　「が＋を」：若者が　ピンクフロイドを　理解している（こと）。
　　(6-99)　「に＋が」：若者に　ピンクフロイドが　分かる（こと）。
次の例でも述語の語源は異なる。共に形容詞である。7 類「能力」の例：
　　(6-100)　「が＋が」：太郎が　英語が　得意である（こと）。
　　(6-101)　「が＋に」：太郎が　英語に　強い（こと）。

英語でも同様である。他動詞格枠組みは代名詞の大部分では「主格＋対格」であり，名詞などでは「ゼロ＋ゼロ」である。(後者は表6-1に入れてない。) 1Aでは，当然，他動詞格枠組みが出る。例は(6-70)(kill), (5-55)(write), (6-86)(open)。1A以外でも他動詞格枠組みが出る場合がある。例は，1B：(6-71)(hit), (6-88)(drink)。2類「知覚」：(5-4), (6-94)(see), (6-95)(hear)。3類「追求」：(6-103)(await)。4類「知識」：(5-56)(forget)。5類「感情」：(6-58)(envy), (6-60)(like)。6類「関係」：(5-5)(have)。表6-1で1Aより右の方へ行くと，他動詞格枠組み以外も出て来る。例は下記の通り。

　　「主格／ゼロ＋into」： 1B：(5-9)(bump)。
　　「主格／ゼロ＋at」：　 1B：(6-73)(hit)。
　　　　　　　　　　　　　2B：(6-96)(look)。
　　　　　　　　　　　　　7類「能力」：(6-102)(good)。
　　「主格／ゼロ＋on」：　 1B：(6-38)(tread)。
　　「主格／ゼロ＋for」：　3類「追求」：(6-40)(look), (6-104)(wait)。
　　「主格／ゼロ＋of」：　 5類「感情」：(6-59)(envious), (6-61)(fond)。
　　「主格／ゼロ＋with」： 5類「感情」：(6-46)(angry)。
　　「主格／ゼロ＋like」： 6類「関係」：(6-42)(look)。
　　「主格／ゼロ＋to」：　 2類「知覚」：(6-97)(listen)。
　　　　　　　　　　　　　6類「関係」：(6-44)(correspond)。

　　(6-102)　He is good at Japanese. '彼は日本語が上手です.'

又，日本語と同じく，表6-1で右の方へ行くと，ほぼ同じ内容を，他動詞格枠組みと他の格枠組みを用いて表現出来る場合がある。3類「追求」の例：

　　(6-103)　「主格／ゼロ＋主格／ゼロ」：I await your reply.
　　(6-104)　「主格／ゼロ＋for」：　　　 I wait for your reply.

(6-103)と(6-104)では，述語は共に動詞で，しかも，語根は同じである。語根は同じであるが，品詞が違って，動詞と形容詞が対を成す例は(6-58)「主格／ゼロ＋対格／ゼロ」(envy)と(6-59)「主格／ゼロ＋of」(envious)。語根の異なる動詞と形容詞の例は(6-60)「主格／ゼロ＋対格／ゼロ」(like)と(6-61)「主格／ゼロ＋of」(fond)。

6.2.1でも述べた様に，4類「知識」から7類「能力」までは，動作が対象に及ぶ度合について，配列することは，1類から3類までとは異なり，困難で

ある．実は4類から6類までの順番は，諸言語を見て，それぞれの他動詞格枠組みが出易い順番に並べたのである．

(b) 1類「直接影響」と2類「知覚」の下位分類

今までは，表6-1は全体として，左端では他動詞格枠組みが出るが，右へ行く程，出なくなり，他の格枠組みが出て来る傾向があることを述べた．同じことが，1類と2類の下位分類にも言える．1Aよりも1Bの方が，2Aよりも2Bの方が，他動詞格枠組み以外のものが出易い．

最初に日本語を見る．1類では，1Aは他動詞格枠組み「が＋を」を取る．例は上の(a)で挙げた．1Bでもかなり多くの動詞は「が＋を」を取る．例は(6-52)(叩く)，(6-74)(抱く，かじる，食う，噛む)，(6-80)(殴る，襲う)．しかし，その中には，「-つく」或いは「-かかる」の言い方が出来るものがあり，その場合には「が＋に」を取る．例は(6-75)(抱きつく，かじりつく，食いつく，噛みつく)，(6-81)(殴りかかる，襲いかかる)．又，1Bの動詞の中には，他動詞格枠組みを取らないで，「が＋に」だけを取る動詞もある．例は(5-31)(ぶつかる)，(5-32)，(5-48)(触る)．

2類の下位分類は，上述の様に，日本語にははっきりと反映していない．

次に英語を見る．1類では，1Aは他動詞格枠組みを取る．例は上に挙げた．1Bでは，かなり多くの動詞が他動詞格枠組みを取る．例は(6-71)(hit)．しかし，その中には，対象を前置詞atで示す構文を取れるものもある．例は(6-72)(hit)．又，1Bの動詞の中には，他動詞格枠組みを取らないで，他の格枠組みだけを取るものもある．例は下記の通り．

「主格／ゼロ＋into」：(5-9)(bump)．

「主格／ゼロ＋on」：(6-38)(tread)．

2類では，2Aのsee, hear, find等は他動詞格枠組みを取る．例は(6-94)(see)，(6-95)(hear)．しかし，2Bのlook「主格／ゼロ＋at」，listen「主格／ゼロ＋to」はそれ以外の格枠組みを取る．例は(6-96)，(6-97)．

(c) 原型的他動詞文

普通，どの言語の文法書でも他動詞文(或いは他動詞格枠組み)を明快に定義していない．ましてや，原型的他動詞文を定義した文法書など，見たことも無い．しかし，多くの文法書では(もしかしたら，全ての文法書で？)明快に定義していなくても，他動詞文とは何かを考えていた．しかも，他動詞文として，本書で提案した原型的他動詞文と同じ様なものを考えていた．上述の様に，

1Aの「殺す」等と1Bの「叩く」等が異なる格枠組みを取る言語がある。例文は(6-68)と(6-69)。表6-1参照。その様な言語の文法で他動詞文と呼ぶのは必ず「殺す」の方である。(即ち，本書で言う原型的他動詞の方である。)「叩く」の方を他動詞文と呼ぶ文法書は見たことが無い。

　5.5.1で述べた様に，本書で提案した原型的他動詞文は別に目新しいものではない。今まで，様々な(実は，全ての？)言語の文法書で暗黙の内にも他動詞文と見なしてきたものを，明確な言葉で表現しただけのことである。

　3.2で，格組織の定義をする際に，実は，1A動詞，即ち，原型的他動詞を用いたのである。どの言語の文法書でも，その言語にある格組織はどんな型であるかを決める時に，暗黙の内に，本書で言う原型的他動詞を用いていた。

　(d) 与格構文

　上で見た様に，他動詞格枠組みは1Aには必ず出るが，表6-1で右の方へ行く程，出なくなる傾向がある。逆の傾向を示す格枠組みがある。それは，「与格＋主格」，「与格＋絶対格」等，一般に与格構文と呼ぶものである。5.7で見た様に，この構文は能力，所有，感情，知識等の述語と共に用いる(柴谷1978：359-61, Klaiman 1980, 1981)。即ち，表6-1で言うと，与格構文は右の方の類で出易い。逆に，左の方では出にくい。1Aでは出ない。(Tsunoda 1981b, 1985b参照。) 日本語の「与格＋主格」(に＋が)もそうである。例は下記の通り。

　　　7類「能力」：(5-37)　　(出来る)。
　　　6類「関係」：(6-105)　(ある)，(6-105)(無い)。
　　　5類「感情」：(6-105)　(要る)。
　　　4類「知識」：(6-14)　　(分かる)。
　　(6-105) 太郎に金がある／無い／要る。

　上で見た様に，アバル語でも「与格＋絶対格」を「愛す，欲す，必要とする」等，感情の動詞(5類)に用いる。例は(6-67)。他の言語の与格構文例を挙げる。インドのカンナダ語の例(柴谷1978：360)：

　　(6-106)　manage　　jarman　　　baratte.
　　　　　　　私：与格　ドイツ語：主格　出来る
　　　　　　　(直訳)　'私にドイツ語が出来る。'(7類)
　　(6-107)　avaḷige　　ibbaru　　makkaḷu　　iddare.
　　　　　　　彼女：与格　二人　　子供：主格　ある

　　　　　　（直訳）'彼女に二人の子供がある。'（6類）
　　（6-108）manage　idu　　　ishṭa　illa.
　　　　　　私：与格　これ：主格　好き　ない
　　　　　　（直訳）'私にこれが好きでない。'（5類）

露語の例（柴谷1978：359-360）：
　　（6-109）Mne　　možno　xodit'.
　　　　　　私：与格　可能だ　歩き
　　　　　　（直訳）'私に歩きが可能だ。'（7類）
　　（6-110）Mne　　nužna　kniga.
　　　　　　私：与格　要る　本：主格
　　　　　　（直訳）'私に本が要る。'（5類）

独語の例（柴谷1978：360）：
　　（6-111）Mir　　　gefallen　diese　　Damen.
　　　　　　私：与格　好きだ　これらの　婦人：複数：主格
　　　　　　（直訳）'私にこれらのご婦人が好きだ。'（5類）

スペイン語の例（Klaiman 1981：124）：
　　（6-112）Me　　gusta　Juan.
　　　　　　私：与格　好きだ　ホアン
　　　　　　（直訳）'私にホアンが好きだ。'（5類）

　管見では与格構文は特にインドとその周辺の諸言語とコーカサスの諸言語に多い様だ。しかし，上で見た様に，露語，独語，スペイン語等，西洋の言語にもある（柴谷1978：359-61）。

　日本語の研究で，「が＋を」文を基本的な文と見なし，他の文，特に，「に＋が」構文（与格構文）は基本的ではないと見るものがある。例えば，井上和子（1976：107）が挙げた三つの文を見よう。
　　（6-113）ジョンが　ロシア語を　読める。（が＋を）
　　（6-114）ジョンが　ロシア語が　読める。（が＋が）
　　（6-115）ジョンに　ロシア語が　読める。（に＋が）
井上（1976：97-108）の分析は，大まかに言って，（6-113）を基本と見なす。その「を」を「が」に変えて（6-114）を導く。その，一番目の「が」を「に」に変えて（6-115）を導く。久野（1973：48-57）の提案でも「が＋が」から「に＋が」を導く。(「が＋を」から「が＋が」を導くとは言明していない

が。)(井上の例文の述語は「読める」である。一方，久野の例文の述語は「苦手だ」である。)

しかし，井上と久野の分析には問題がある。世界の諸言語では与格構文が表 6-1 の右の方で出ることは，かなり普通のことである。柴谷(1978：361)は，カンナダ語，露語，独語等から与格構文の例を挙げて，井上と久野の分析を批判し，以下の様に言う。世界の諸言語を見ると「日本語だけを見ていては特異だと考えられる構文も，人間の言語に於いてはよく起こるものであるということが判明するだけでなく，その構文の日本文法に於ける位置を示してくれる…」。柴谷は日本語でも「に＋が」構文を基本文型と見なすべきだと主張する。私も同感である。

6.2.4 ボイス

6.2.3 では，表 6-1 の二項述語階層が文法の形の面に反映している例として，格枠組みを見た。以下では，もう一つの例として，ボイスの現象を見る。下記の言語の下記の現象を見た。

［1］受動文：日本語(私自身の資料)，英語(私自身の資料)，トルコ語(Anna Siewierska 私信)，タイ語(タサニー・メーターピスィット，私信)。

［2］逆受動文：ワロゴ語(Tsunoda 1974, 1988e)。

［3］再帰文：ワロゴ語(Tsunoda 2006)，ジャル語(Tsunoda 1981a, 2007b)。

［4］相互文：ワロゴ語(Tsunoda 2007c)，ジャル語(Tsunoda 2007b)，日本語(私自身の資料)。

(逆受動文の説明はかなり長くなるし，又，本書の目的を考えても，必要でもないので，ここでは説明しない。逆受動文の詳細は Tsunoda(1988e)参照。概略は角田太作(1988a)にもある。)

この四つのボイスに関する構文について，これらの言語には(その構文がある場合には)次の傾向が見られる。これらの構文は 1 類では用いるが，右へ行く程，用いなくなる。即ち，これらの構文は，大まかに言って，動作が対象に及ぶ場合は自然な文となるが，動作が対象に及ばなくなるに従って，不自然な文となる。この傾向は上記の言語に限らず，世界の言語に当てはまるであろう。各構文を見て行こう。

［1］受動文

日本語と英語では，大まかに言って，1 類では自然な受動文を作れる。(日

本語については直接受動文だけを扱う。）例は下記の英語の例文とその和訳の日本語文。

　　（6-116）　Mary killed John.　　　　'メアリーがジョンを殺した.'
　　（6-117）　John was killed by Mary.　'ジョンがメアリーに殺された。'
右の方へ行って，4類「知識」，5類「感情」くらいまでは受動文を作れる。
　　（6-118）　Mary loves John.　　　　'メアリーがジョンを愛している。'
　　（6-119）　John is loved by Mary.　'ジョンがメアリーに愛されている。'
しかし，6類「関係」では，一般に，受動文はかなり作りにくい，又は，作れない。
　　（6-120）　John has many books.　　'ジョンは沢山の本を持っている。'
　　（6-121）? Many books are had by John.
　　　　　　?'沢山の本がジョンに持たれている。'
　　（6-122）　Bill resembles David.　　'ビルはデイビッドに似ている。'
　　（6-123）*David is resembled by Bill.　?'ビルはジョンに似られている。'
英語の(6-123)は言えない。英語の(6-121)とその日本語訳，及び，(6-123)の日本語訳は不自然である。

　（英語の受動文(6-121)とその日本語訳が不自然である原因は述語の種類ではない可能性もある。4.3で見た様に，Silversteinの名詞句階層での固有名詞と無生物名詞の相対的な位置関係が原因であるとも言える。いずれにせよ，これらの述語を使った受動文は一般に不自然である。）

　但し，6類でも「含む」(高橋太郎，私信)や「囲む，覆う，包む」等(位置関係を表す動詞？)は受動文を作れる。英語でもそうであるらしい。
　　（6-124）　The house is surrounded by a moat.
　　　　　　'その家は掘に囲まれている。'
　　　　　　（Senkichiro Katsumata (ed.) 1958, *Kenkyusha's New English dictionary of English collocations*, p. 1302）
7類「能力」では受動文は不可能である。
　　（6-125）　太郎に英語が出来る。
　　（6-126）*英語が太郎に出来られる。

　この様に，一般に他動詞文と見なすものの中でも，表6-1で左の方の動詞では受動文を作り易いが，右の方の動詞では作りにくい。例えば，英語の1Aのkillは受動文が可能だ。例は(6-116)。しかし，6類「関係」のresemble

'似る' では不可能である。(6-123) 参照。

　同じく，一般に他動詞文とは見なさないものの中でも，表 6-1 で左の方の動詞では受動文を作り易いが，右の方の動詞では作りにくい。例えば 1B の bump(into) 'ぶつかる' と 2B の look(at) '見る' は受動文が可能であるが，6 類の correspond(to) '対応する' では不可能である。

　　(6-127)　Mary bumped into John. 　'メアリーがジョンにぶつかった'。
　　(6-128)　John was bumped into by Mary.
　　　　　　'ジョンがメアリーにぶつかられた。'
　　(6-129)　Mary looked at John. 　'メアリーがジョンを見た。'
　　(6-130)　John was looked at by Mary.
　　　　　　'ジョンがメアリーに見られた。'
　　(6-131)　This corresponds to that. 　'これはあれに対応する。'
　　(6-132) *That is corresponded to by this.
　　　　　　(直訳) 'あれはこれに対応される。'

日本語と英語では表 6-1 のかなり右の方まで受動文が可能である。しかしタイ語では制限は日本語と英語よりずっと厳しいらしい。タサニー・メーターピスィット (私信) によると，受動文を作れるのは 1 類と 2 類だけである。

[2] 逆受動文

　ワロゴ語では 1 類から 3 類までは可能であるが，4 類以下では不可能であるらしい。(少なくとも実例を見た記憶は無い。)

[3] 再帰文

　日本語と英語では受動文の場合と同じく，4 類「知識」から 5 類「感情」のあたりまで可能である。1 類の例：

　　(6-133)　John hurt himself.
　　　　　　'ジョンは自分 (又は，自分自身) を傷つけた。'

5 類の例：

　　(6-134)　Mr. Nakasone loves himself.
　　　　　　'中曽根さんはご自分が好きです。'

ワロゴ語では少なくとも 1 類，2 類で，ジャル語では少なくとも 3 類までは，再帰文が可能である。

[4] 相互文

　日本語，英語，ワロゴ語，ジャル語とも，それぞれ，再帰文の場合と大体同

じである。日本語と英語の1類の例：

  (6-135)　John and Mary killed each other.
  　　　　　'ジョンとメアリーが殺し合った。'

日本語と英語の5類「感情」の例：

  (6-136)　John and Mary love each other.
  　　　　　'ジョンとメアリーは愛し合っている。'

但し，英語では6類「関係」でも相互文が可能な述語がある。例：

  (6-137)　This and that correspond to each other.
  　　　　　(直訳)'これとあれは対応しあう。'

(6-137)の和訳も，日本語として，多分言えるであろう。

　6.2.1からここまで表6-1の二項述語階層の意味的側面と形の側面（及び品詞との関連）を見てきた。既に明らかな様に，この表は意味の点でも形の点でも，二項述語の他動性の程度を示している。

　(a) 意味の側面：動作が対象に及ぶ度合。
　(b) 形の側面：
　　　(b-i)　原型的他動詞文の格枠組みの出易さの度合。
　　　(b-ii) ボイス：受動文，逆受動文，再帰文，相互文の作り易さの度合。

6.2.5　日本語への反映

　6.2.4まで，表6-1の日本語への反映を色々と見た。ここではその反映を整理しよう。

　[1] 格

　表6-1の日本語の部分だけを取り出すと図6-1(次ページ)の様に示せる。6.2.3-[2]-(d)で見た様に，「が+を」は左から延びて行き，逆に，「に+が」は右から延びて行く。他の格枠組みはいわばその中間にある。そして，それぞれある類にのみ現れていて，独自の分布を示す。

図6-1　日本語の二項述語の格枠組み

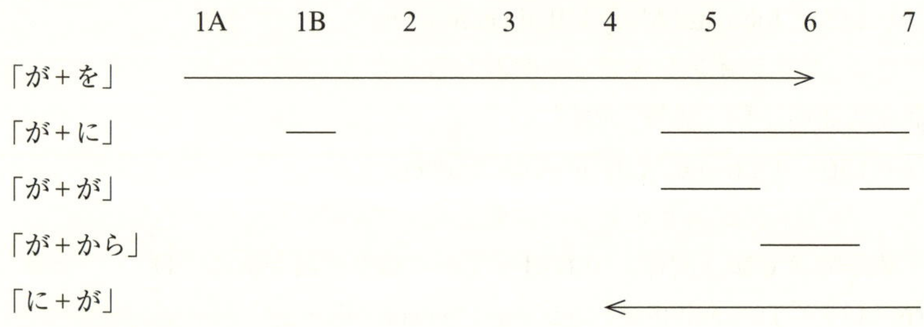

```
              1A    1B    2     3     4     5     6     7
「が＋を」      ──────────────────────────────→
「が＋に」            ──                    ──────
「が＋が」                                    ──────
「が＋から」                                        ──
「に＋が」                                  ←──────
```

[2] ボイス

6.2.4で見た様に，受動文，再帰文，相互文は表6-1で右へ行く程，作りにくくなる。

[3]「-つく」

この言い方が可能であるかどうかは述語の種類による。又，この言い方が可能な場合に，格枠組みが変わることがある。どの格枠組みを取るかも，又，述語の種類によって異なる。

6.2.3-[1]-(b)で見た様に，この言い方は1Bの動詞のあるもの(「抱く，かじる，食う，噛む」等)では可能であるが，1Aの動詞(「殺す，曲げる，壊す」等)では不可能である。しかも，1Bではこの言い方の場合「が＋を」でなく「が＋に」を取る。

　　(6-138)=(6-76)　犬が　太郎を　噛んだ。
　　(6-139)=(6-77)　犬が　太郎に　噛みついた。

この言い方は2類「知覚」と3類「追求」では不可能であるらしい。例文は省略する。しかし4類「知識」の動詞の内，「考える」と「思う」では可能である。(この指摘は加藤容子(私信)による。)更に，面白いことに，この場合，格枠組みは1Bとは異なり，「が＋に」でなく，「が＋を」のままである。意味も，1Bが動作の方向を表すのに対して，4類では開始又は発見を表す。

　　(6-140)　太郎が　そのことを　考えた／思った。
　　(6-141)　太郎が　そのことを　考えついた／思いついた。

この表現は5類「感情」以下では，再び，不可能になる。例文は省略する。

[4]「-かかる」

この言い方は，6.2.3-[1]で見た様に「殴る，襲う」等の，1Bの動詞の或

る種のものにだけ使える。

　　　(6-142)=(6-82)　昭夫が　太郎を　殴った。
　　　(6-143)=(6-83)　昭夫が　太郎に　殴りかかった。

意味は「動作を向ける」の類である。格枠組みは「が＋に」である。他の類の動詞では使えないらしい。但し，私の判断では「分かりかかる」(4類「知識」)と「惚れかかる」(5類「感情」)では，言える様な気もする。

　　　(6-144)？太郎に　答えが　分かりかかった。
　　　(6-145)？太郎が　花子に　惚れかかった(ところで，昭夫が水を差した)。

もしこの様な言い方が言えるとしたら，意味は「…し始める」である。

　「-つく」と「-かかる」の用法は，表6-1の左端から延びている訳でもなく，右端から延びている訳でもない。従って，表6-1の階層の反映ではない。表6-1の分類の反映ではあるが。

　[5] 高橋太郎(私信)によると，表6-1はアスペクトの用法の違いにも反映している。(大まかな傾向ではあるが。) 例えば，関係節の中の「している」と「した」である。表6-1の右端の方では対立しない。次の例(「持つ」，6類「関係」)では，どちらでも言える。

　　　(6-146)沢山　財産を　持っている　男
　　　(6-147)沢山　財産を　持った　男

表している内容は同じである。しかし，表6-1の左端の方では「している」と「した」は対立する。表す内容が異なる。「飲む」(1類)の例：

　　　(6-148)ビールを　飲んでいる　男
　　　(6-149)ビールを　飲んだ　男

　以上，表6-1の二項述語階層が日本語に反映した例を見た。これ以外にも，反映した例があるかも知れない。又，他の言語でも，様々な形で反映しているであろう。露語に反映した例を挙げる。

6.2.6　露語への反映

　露語には少なくとも以下の二つの面で反映している。
　[1] 動詞のアスペクト(「体」たい)
　アスペクトに完了体と不完了体がある。この二つの体の意味の違いの一部分(全部ではない)は，非常に大まかに言って，以下の通りであると言ってよいであ

ろう．動詞「食べる」を使えば，完了体の意味は「食べた，食べる」に当たり，不完了体の意味は「食べていた，食べている」に当たる．詳細は露語の文法書を参照されたい．

渡辺俊洋(1981)によると，表6-1で左の方の動詞は各自，完了体の形と不完了体の形がある．しかし，右の方へ行くに従って，個々の動詞に不完了体の形だけがあって，完了体の形は欠ける傾向が強くなる．この状況は，次の様に表せる．

```
        1類 2類 ……        …… 6類 7類
        完了体形                  （完了体形）
        不完了体形                 不完了体形
```

又，渡辺によれば，体の形の派生の方法は，表6-1で左の方の動詞では完了体形に接尾辞を付けて不完了体形を得る．逆に，右の方では(完了体形を作れる場合には)不完了体形に接頭辞を付けて完了体形を得る．この状況は次の様に表せる．

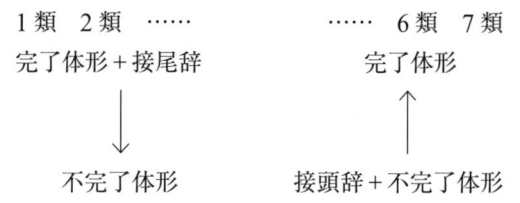

```
        1類 2類 ……        …… 6類 7類
        完了体形＋接尾辞            完了体形
             ↓                    ↑
        不完了体形            接頭辞＋不完了体形
```

露語のアスペクトについて，完了体形と不完了体形のどちらが基本形であるかという論争が長年，続いているそうだ．渡辺によると，表6-1はこの長年の論争を解決する．即ち，基本形は表6-1で左の方では完了体形であり，右の方では不完了体形である．(アスペクト形の派生の仕方，即ち，完了体形に接尾辞を付けて不完了体形を派生することと，不完了体形に接頭辞を付けて完了体形を派生することについては，山田久就(私信)の確認を得た．但し，山田は必ずしも渡辺の意見の全てに賛成する訳ではない．)

[2] 動詞の接頭辞

露語には(アスペクトの接頭辞とは別に)動詞に付く接頭辞が多数ある．個々の接頭辞毎に，組み合わせる動詞と組み合わせない動詞がある．更に，組み合わせる場合でも，組み合わせる動詞によって接頭辞の意味が異なる．従来の文法書では，接頭辞毎に，どの動詞と組み合わせるか，その時，どんな意味になるかを，列挙していたという．しかし，渡辺俊洋によれば，表6-1を用いる

と，この様なことをかなり簡潔に記述出来るらしい。例えば，接頭辞 po- は6類「関係」と7類「能力」では使わない。使う場合には，接頭辞 po- の意味が動詞の類によって違うことがある。例えば，1Aの動詞と組み合わした場合には「…し終える，変化を起こす」を表す。(興味深いことに，1Aは本書でいう原型的他動詞であり，意味には「対象に変化を起こす」ということを含む。) 1Bの動詞と組み合わした場合には「一回…する」を表す。2類「知覚」と3類「追求」の動詞に付いた場合には「しばらく…する」を表す。

この様に，表6-1を使うと，或る接頭辞がどの動詞に付くか，どの意味を表すかを，かなり組織的に記述出来るそうだ。それだけでなく，どの動詞に付かないかまでも指摘出来る。二項述語階層を露語の辞書や教科書に繰り込んだら，有用であろう。

6.3 まとめ

第6章では，初めに，ゼロ項文，一項文，二項文，三項文等の文の分類を見た。どの言語でも格枠組みの種類は二項文が最も多い様だ。従って，格枠組みの研究は二項文が最も興味深い。次に，私の提案した二項述語階層を見た。この階層は意味の点でも，格枠組み，ボイス等の形の点でも，二項述語の他動性の傾斜を示している。この述語階層は格枠組み，ボイス以外にも，様々な現象に反映している。日本語への反映をやや詳しく，露語への反映を非常に大まかに述べた。

6.2で述べた様に，この階層は諸言語の文法書や論文等によく出て来る二項述語だけを考慮している。Malchukov(2005)は私が扱わなかった種類の述語も繰り込んで，二項述語階層を修正・発展した。

第7章　所有傾斜

第 7 章は主に Tsunoda(1995b) に基づく。詳細はこの論文を参照されたい。その内の日本語の敬語に関する部分は角田太作(1990d) に紹介した。本章は更に角田太作(1992c) の内容を 7.8.6 で簡単に紹介する。

7.1 所有者敬語
7.1.1 はじめに

1988 年後半から 1989 年初頭にかけて，昭和天皇に関する報道に，次の様な敬語の例があった。

(7-1)　全体としては，陛下のご様子は落ち着いていらっしゃる。
　　　　　　　　　　　　　　　　　　　　　　　　　　　　（テレビニュース）
(7-2)　天皇陛下のご体温はもとの状態に戻られました。
　　　　　　　　　　　　　　　　　　　　　　　　　　　　（テレビニュース）
(7-3)　陛下のご体調はお弱りになっている。　　　（テレビニュース）
(7-4)　陛下の意識がおありになる。　　　　　　　（新聞記事）
(7-5)　病床の天皇陛下は，…その後ご容体は落ち着かれた。（新聞記事）
(7-6)　お体が弱っておられる。　　　　　　　　　（テレビニュース）
(7-7)　…内臓が大変お強いようだ。　　　　　　　（雑誌記事）
(7-8)　血圧は上がられました。　　　　　　　　　（テレビニュース）
(7-9)　…意識混濁も進んでおられる…　　　　　　（新聞記事）
(7-10)　…体の衰弱はもうギリギリのところまで来ておられる…
　　　　　　　　　　　　　　　　　　　　　　　　　　　　（新聞記事）
(7-11)　…尿の出がきわめて悪くなっておられる。　（新聞記事）

以下では敬意の対象を「被尊敬者」と呼ぶことにする。((Tsunoda 1995b：571)で Respectee という術語を提案した。「被尊敬者」はその和訳である。)

上の例では，主語は天皇の身体，身体部分，状態等，広い意味での所有物を指す。これらの例では，一見，被尊敬者は所有物であるかの如く見える。しかし，実際には被尊敬者は天皇である。即ち，これらの所有物の所有者である。

いわば，所有者への敬意を，所有物を通して間接的に表現している。この様な表現を「所有者敬語」と呼ぶことにする。それに対して，(7-12)の様に，所有者敬語を含まない敬語表現を「直接敬語」と呼ぶことにする。(Tsunoda (1995b：571)で Possessor Respect と Direct Respect という術語を提案した。「所有者敬語」と「直接敬語」はそれぞれその和訳である。なお，大石(1983：355)は私が「所有者敬語」と呼ぶものを「所有者尊敬の表現」と呼んだ。)

(7-12)　陛下はこの日も侍医の呼掛けに目を開けられた…（新聞記事）
(柴田武(私信))によれば，所有者敬語は間接的な表現であるため，直接敬語よりも敬意の度合が高い。)　以下では，所有者敬語を見て行こう。

所有者を，即ち，天皇を，(7-1)から(7-4)までは「の」で示している。(7-5)では「は」で示している。(7-6)から(7-11)では文脈等で示している。

上の例では述語の動詞が「お…になる」，「…られる」等，敬語の要素を含む。(更に，かなり多くの例では，所有物を示す表現に敬語の接頭辞「お-」又は「ご-」が付いている。)以下では，動詞が敬語の要素を含む例を考察する。その理由は，動詞は敬語の集中度が最も高い(南 1987：142)ので，敬語現象を研究するのに最適だからである。

上の例では所有者は天皇である。しかし，所有者敬語は天皇等，やんごとない人々について言う時にだけ使うのではない。下々の人間について言う時にも使うことがある。例えば私も或る人に次の様に言われたことがある。

(7-13)　角田さんは舌が肥えてらっしゃるから…
(但し，この文の内容が真であるか，偽であるかは，ここでは問題にしない。)

7.1.2　所有傾斜

所有者敬語の例を眺めていて，所有者敬語が不自然である場合もあることに気付いた。例えば，次の例(私の作例)は私自身の判断では不適格である。

(7-14)　*天皇陛下の御用邸が地震でお潰れになった。
(7-15)　*陛下の所有地が台風で水浸しになられました。

(本章では，不自然な文，即ち，「そういう言い方はおかしい」と感じる文を不適格な文と呼ぶことにする。不適格な文は星印(*)で示す。一方，自然ではないが，許される文は疑問符(？)で示す。いつも，明快に区別出来るとは限らないが。)

敬語の表現の自然さ，適格さには一般に次の様な要素が影響する。(i)伝達手段は話し言葉か書き言葉か，(ii)どんな文体か，(iii)被尊敬者は聞き手か第三者か，(iv)話し手の性，年齢，社会階層，(v)被尊敬者の社会的地位等。(詳細は南 1987 参照。) 勿論，これらの要素は所有者敬語の自然さに影響する。しかし(7-1)から(7-11)の自然さと(7-14)と(7-15)の不自然さの違いの原因はこれらの要素のどれでもない。他に要素がある。それは所有物の種類である。私自身の直感によると，所有者敬語の自然さには下記の様な cline('傾斜'と訳す)も影響する。

(7-16)　所有傾斜：
　　　　身体部分　＞　属性　＞　衣類　＞　(親族)　＞　愛玩動物　＞　作品　＞　その他の所有物

(Hilary Chappell and William McGregor(私信)の指摘により，私の提案する所有傾斜に似た考えが Haiman(1985：136)，Nichols(1988：572)に有ることを知った。しかし，これらの研究の提案する傾斜(又は階層)は私の提案する所有傾斜ほどは包括的ではない。詳細は Tsunoda(1995b)参照。

世界の多くの言語の文法書で，所有の関係を alienable possession(分離可能所有)と inalienable possession(分離不可能所有)の二種類に分類する。(例えば，ジャル語については Tsunoda(1981a：194)参照。Nichols(1988)は北米インディアン語を初めとして，世界各地の諸言語を扱っている。)

この二つの所有関係の違いは次の様に表せる。分離不可能所有物は生まれながらにして持っているものであり，一方，分離可能所有物は後に獲得したものである(Nichols 1988：568)。分離不可能の所有物は所有者と一体になっていて，切り離すことが出来ない，しかし，分離可能所有ではそうではない(Haiman 1985：130)。一般に，分離不可能所有物の代表的なものとされるものは身体部分である。逆に，道具等は分離可能所有物である。

(7-16)に示した所有傾斜は，分離不可能所有と分離可能所有の分類を精密化したものである。又，別の観点から見ると，所有傾斜は所有者と所有物の間の物理的な，或いは，心理的な近さ・密接さの程度を表すと言える。(この考えには心理学者の辻敬一郎(1989 年当時，名古屋大学文学部心理学研究室)も同意見であった。)

Tsunoda(1981a)も含めて，従来の研究はこの二つの所有関係は峻別出来ると考えていた，或いは，峻別出来るふりをしていた。しかし，以下で見る様

に，峻別することは困難である。実態は連続体を成す。(だから傾斜という言葉を使ったのである。)以下では，これらの所有物の種類を見て行こう。

「身体部分」の類には身体部分(手，足，頭，髪等)と排せつ物(汗，糞尿等)等が属す。

「属性」の類には身長，体重，性質，健康状態，体温，血圧，身体機能(運動，反応，排せつ作用等)，意識等が属す。これらの物とは違い，名前は後天的に得たものである。しかし，名前も「属性」に属すと見なすべき言語事実がある。(7-55)，(7-56)，(7-82)，(7-83)参照。

身体部分も属性も共に，普通，分離不可能所有物と呼ぶ。しかし，私の直感では，身体部分の方が属性よりも所有者に近く，密接である。このことは以下で述べる研究の結果にも反映している。特に，7.1.3参照。

「身体部分」と「属性」以外は(「親族」は別として)全て，従来，纏めて分離可能所有物と呼ばれたものである。(「親族」については後で触れる。)しかし，分類することが可能であるし，又，有用である。その分類を挙げる。

「衣類」の類は，衣服，ネクタイ，帽子，眼鏡，靴等が身に付けてある時に，この類に属す。この類は従来の分類では分離可能所有物と見なすのであろう。しかし，この類は身に付けた時は所有者に密着していて，殆ど身体部分同然である。(しかし，身に付けてないで，どこかにしまってある時には「衣類」ではなく「その他の所有物」の類に属す。)

「愛玩動物」の類には，愛玩動物の他に家畜も属すとみてよいだろう。愛玩動物と家畜は心理的にも物理的にも，所有者にかなり近い。心理的には，所有者は自分の愛玩動物や家畜等に愛着を感じる。又，家で飼っている愛玩動物や庭先に飼っている家畜等は，物理的距離の点でも所有者に近い。(「愛玩動物」を独自の類として立てることは高橋公明(私信)の教示による。)

「作品」の類には，研究者の論文，職人の工芸品，作家の著書，生徒の図工の作品等が属す。例えば，研究者は自分が書いた本の方が，単に買って所有している本よりも，遙かに愛着を感じるであろう。同様に，職人も，単に自分が買った工芸品よりも自分が作った工芸品の方を遙かに自慢に思うであろう。

これ以外の所有物は全て「その他の所有物」の類に属す。物理的に，或いは，心理的に，所有者から最も離れている。

言うまでもなく，この所有傾斜は絶対的なものではない。所有傾斜を或る言語の研究に用いる際，場合によっては，修正が必要になるかも知れない。例え

ば，徳川綱吉の時代では，或る言語現象で，お犬様は所有傾斜で，只の愛玩動物よりも高い位置を占めると見なすべき場合があるかも知れない。又，インドでは，或る言語現象で，神聖な牛が他の家畜よりも高い位置を占めると見なすべき場合があるかも知れない。

所有傾斜に上記の類以外の類を設定することも可能であるし，又，或る類を下位分類することも可能である。場合によっては，必要になることもあろう。この分類とは異なる分類が必要になる場合もあるかも知れない。

「親族」は(7-16)では括弧に入れた。その理由は7.1.3で述べる。「親族」の位置は私自身の直感では「衣類」と「愛玩動物」の間が適切である。この直感は7.2以下で述べる様々な現象に反映している。

親族は厳密に言うと以下の様に分類出来る。
 (a) 血族：
　 (a-i)　誰かが生まれた時に必ずいる親族：両親，その両親，その両親…。
　 (a-ii)　他の血族：おじ，おば，兄弟姉妹，甥，姪，子，孫等。
 (b) 血族以外：結婚や養子縁組等で得た親族。

厳密には，分離不可能所有物と呼べるのは(a-i)だけであろう。しかし，(a-i)も分離不可能と分離可能の二面がある。誰でも生まれながらに持っている点では分離不可能である。しかし，所有者と一体ではない点では分離可能である。その意味では「親族」は「衣類」よりも所有者から離れている。詳しい考察はTsunoda(1995b)参照。

7.1.3　所有者敬語（その1）：自動詞主語の場合

所有者敬語の自然さと所有傾斜の関連について，十数人の日本語母語話者の意見を聞いた。又，1989年5月6日に「名古屋ことばのつどい」の月例会でこの研究の第一稿を発表した。この会の参加者の中の約40人の日本語母語話者と上述の十数人の母語話者，即ち，合計約50数人の日本語母語話者は，所有傾斜が所有者敬語の自然さと相関することに，一人の例外も無く賛成した。更に，アンケート調査も行い，73人から回答を得た。この相関はアンケート調査の結果にも反映している。（本研究で用いた統計的資料の価値については，村上隆(1989年当時，名古屋大学教育学部)の教示によるところが大きい。）

この調査では，実際に報道で見た文を用い，更に，私の作例も加えた。この調査の目的は，所有物の種類と所有者敬語の関連を見ることである。理想的に

は，調査で用いる文では所有物の種類だけを変えて，他の部分は一定にすることが望ましい。しかし，そんな文はいくら新聞や雑誌を探しても見つからなかったし，作ることも不可能であった。調査で用いる文では少なくとも以下の点では条件を一定にした。(i)所有者は天皇であり，(ii)所有者は省略してなくて，(iii)所有者は「の」で示していて，かつ，(iv)動詞が敬語の要素を含む。(所有物の名詞は，尊敬の接頭辞「お－」又は「ご－」を持つ例文もあり，持たない例文もある。)

以下で扱う例文は全て自動詞文である。従って本節の題は「自動詞主語の場合」という表現を含んでいる。7.1.4 で他動詞主語の場合と目的語の場合を扱う。

この調査で，被調査者に各例文について自然さを判断してもらい，「自然」，「おかしい」，「どちらとも言えない」のどれかを選んでもらった。「自然」という答えには2点，「どちらとも言えない」には1点，「おかしい」には零点を与えて，例文毎に平均点を出した。もし，或る例文について全員が「自然」と判断すれば，その文の平均点は2点になり，全員が「おかしい」と判断すれば，零点となる。興味深いことに，私が自然であると思う例文でも平均点が2点になったものは無かった。逆に，私が全く不自然と判断した例文でも平均点が零点になったものは無かった。

該当する例文の平均点を図7–1に示す。図7–1は，所有者敬語の自然さと所有傾斜が相関することを，全体としては実に見事に表している。個々の所有物の類を検討する。

[1] 身体部分
所有者敬語は所有物が身体部分である時に，最も自然である。例文を挙げる。
　　Q, TT (7–17) 最近，天皇陛下の髪がすっかり白くなられました。　(1.4/2)
　　Q, TT (7–18) 天皇陛下の脚はめっきり弱くなられました。　(1.3/2)
(Q は，例文を調査の質問票 Questionnaire から採ったことを示す。TT は私の作例であることを示す。数字は2点満点での平均点を示す。)

[2] 属性
全体的に，所有者敬語の自然さは身体部分の場合よりも，やや低い。
　　Q　　(7–19) = (7–1)　　(1.2/2)
　　Q　　(7–20) = (7–2)　　(1.5/2)
　　Q　　(7–21) = (7–3)　　(0.5/2)

Q　（7-22）=（7-4）　（0.9/2）

［3］衣類

所有者敬語の自然さは属性の場合よりもやや落ちる。次の二つの例文は，私自身の判断では，殆ど不自然と言ってよい位である。従って疑問符を付ける。

Q, TT（7-23）?天皇陛下のお帽子が少し古くなられました。　　（0.6/2）

Q, TT（7-24）?陛下の眼鏡がとても魅力的でいらっしゃいます。　（1.0/2）

（7.1.2 で述べた様に，衣類は身に付けないで，どこかにしまっておいた場合には「その他の所有物」の類に属する。この場合，例文の自然さは一層低くなる。）

［4］愛玩動物

所有者敬語の自然さは非常に低い。被調査者の大部分は例文を不自然と見なした。従って，星印を付ける。

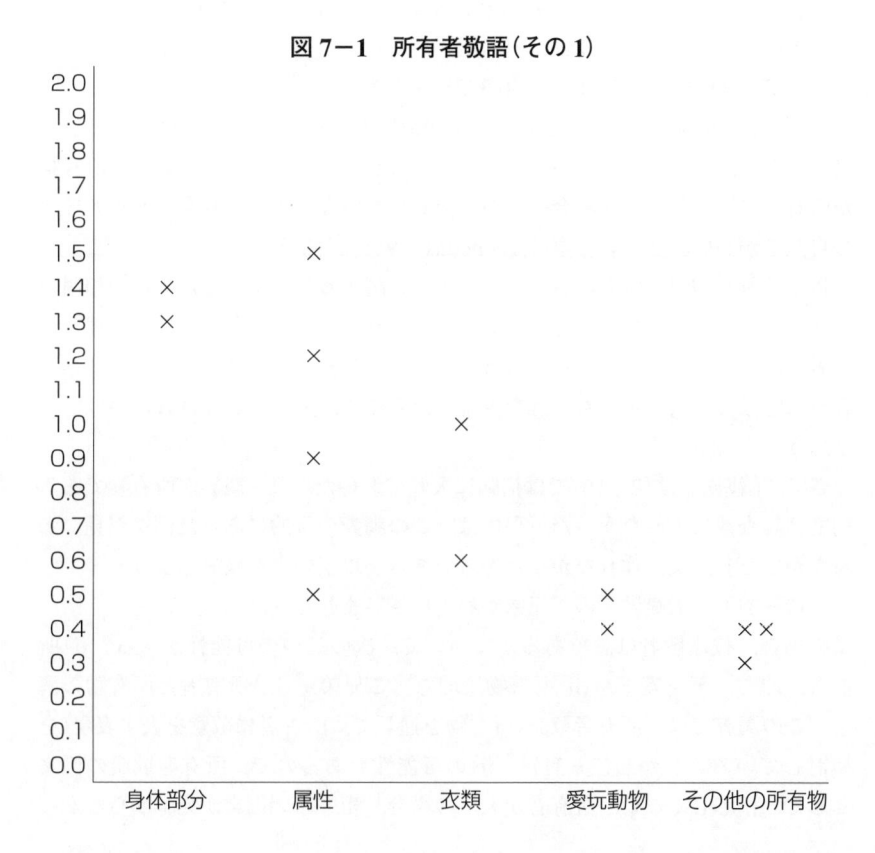

図7-1　所有者敬語（その1）

Q, TT(7-25) *天皇陛下の愛犬が病気になられた。(0.4/2)
Q, TT(7-26) *陛下の馬が優勝なさいました。　(0.5/2)
[5] 作品
　調査票を配った後に高橋(1975)を読んで，この類の重要さに気が付いた。そのため，この類は調査票に入っていない。従って，平均点は出せない。しかし，私自身の判断によると，この類では，所有者敬語の自然さは愛玩動物の場合よりも一層低い。私が意見を聞いた人達も同意見である。
　TT(7-27)　*天皇陛下のご著書が店頭に出ていらっしゃいます。
[6] その他の所有物
　所有者敬語の自然さは最も低い。被調査者の大多数が例文を不自然と判断した。
　Q, TT(7-28) *天皇陛下のお車が故障なさいました。(0.4/2)
　Q, TT (7-29) = (7-14)　(0.4/2)
　Q, TT (7-30) = (7-15)　(0.3/2)
　(私自身の判断では，(7-28)は，車が故障した時に，天皇が車の中にいる場合の方が，車の中にいない場合よりも，自然さの度合が高い。即ち，所有物が所有者に密着している場合の方が，密着していない場合よりも，所有者敬語の自然さが高い。詳しい考察はTsunoda(1995b)参照。)
　以上，所有傾斜が所有者敬語の自然さと相関することを示した。この相関の背後には，以下の様な人間心理があるのだろう。所有物が所有者に近い程，所有者と同一視し易い。所有物を所有者と同一視し易い程，話し手は所有者への敬意に応じて，所有物にも敬意を表現したくなる。又は，しなければいけないと思う。
　さて，「親族」は(7-16)では括弧に入れておいた。又，親族が所有物である例文は調査票に入れなかった。理由は，この調査の目的にあった例文が見つからなかったし，又，作れなかったからである。以下の文を検討しよう。
　(7-31)　天皇陛下のご兄弟が到着なさいました。
この場合，被尊敬者は誰であるかについて，次の三つの可能性がある。(i)所有者，即ち，天皇陛下，(ii)所有物，即ち，ご兄弟，(iii)所有者と所有物の両者。この調査では，所有者敬語(所有物を通して，所有者に敬意を表す表現)を検討している。しかし(7-31)は(ii)の可能性もあるので，所有者敬語の例文としては相応しくない。所有者が天皇の場合，相応しい例文が見つからなかっ

たし，又，作れなかった。従って，「親族」の例文は調査に入れることが出来なかった。そのため親族は(7-16)では括弧に入れた。

最後に，この調査を行った時に出会った問題について述べておく。この調査の目的は所有者敬語の自然さと所有傾斜の関連を見ることである。しかし当然のことながら，この目的は被調査者に知らせなかった。調査の際，被調査者がある例文を不自然と判断した場合，何故，そう判断したかについての理由の説明は求めなかった。しかし調査が終った後，被調査者の内の数人と話をしているうちに，次のことが分かった。被調査者が例文の自然さを判断する場合，所有傾斜自体とは無関係な理由で判断した場合があった。例1：(7-4)は「陛下の」を「陛下に」に代えれば自然な文になるが，このままでは不自然である。例2：(7-17)は「髪が」を「髪は」に代えれば自然な文になる。例3：(7-17)は，「髪」を「お髪」に代えれば自然な文になるが，このままでは不自然である。この様に，所有傾斜自体とは関係無い理由で自然さを判断した人がいた。しかし，それにも拘らず，図7-1が全体としては，見事な傾斜を成すことは意義深いことである。所有傾斜の考えが妥当な考えであることを示す。

7.1.4　所有者敬語(その2)：他動詞主語の場合と目的語の場合

7.1.3で見た敬語は尊敬語である。以下では謙譲語も見る。尊敬語と謙譲語の定義には様々なものがある(南1987等参照)。大部分は分かりにくい。Harada(1976)等を参考にして，以下の定義と分類を考えた。これが最も分かり易いと思う。(完璧ではないかも知れないが。)
(a)主語尊敬：いわゆる尊敬語。「お…になる」，「…られる」等。
　　（a-i）　自動詞主語への尊敬。
　　（a-ii）　他動詞主語への尊敬。
(b)非主語尊敬：いわゆる謙譲語。「お…する」等。
　　（b-i）　直接目的語への尊敬。
　　（b-ii）　間接目的語への尊敬。
　　（b-iii）　状況語への尊敬。
(正確には，「自動詞主語への尊敬」は「自動詞主語が指す人等への尊敬」と言うべきである。他も同様。)

7.1.3で見た所有者敬語の例は，実は全て自動詞文である。(a-i)の例であり，所有物は自動詞主語である。興味深いことに，所有者敬語の自然さは，

(a)であるか(b)であるか，更に，(a)の場合，(a-i)であるか(a-ii)であるかによって異なる．以下では(a-i)に加えて，(a-ii)，(b-i)，(b-ii)も考察する．(本章では，主語，目的語等の用語を，厳密な意味では用いない．これらの用語の厳密な意味での考察は第8章で行う．)

(a-i) 自動詞主語への尊敬．7.1.3 で見た様に，所有者敬語は所有傾斜で高い方では自然であるが，「衣類」ではかなり不自然になり，それより下の類では不適格である．

(a-ii) 他動詞主語への尊敬．(a-i)とは異なり，自然さの度合が著しく低い．実例は一つも見つからなかった．自然な例文を作ることも非常に困難であった．私が作った例文を挙げる．

Q,TT(7-32) ?天皇陛下の穏やかな目はいつも国民の心を安らかにしていらっしゃいました(または，しておられました)．(0.8/2)

Q,TT(7-33) ?陛下のご病気が国民に大きな衝撃をお与えになった(または，与えられた)．(0.6/2)

所有物は(7-32)では身体部分(「目」)であり，(7-33)では属性(「病気」)である．共に，所有傾斜では高い位置を占めるのにも拘らず，これらの例文は不自然である．これよりも下位の類では，所有者敬語は一層，不自然になる．「その他の所有物」の例を(7-34)に挙げる．この文は完全に不適格である．

Q,TT(7-34) *天皇陛下の所有地がその地域の開発を防がれた(または，お防ぎになった)．(0.4/2)

所有物が他動詞主語である場合は，自動詞主語の場合と比べて，所有者敬語の自然さが著しく低いことは特筆に値する．特に以下の二点は興味深い．

(i) 所有物が身体部分又は属性である時は，自動詞主語の場合はごく自然であるのに，他動詞主語の場合は自然な文にならない．即ち，自動詞主語と他動詞主語の違いが影響している．

(ii) これらの文(全て他動詞文)は尊敬語の要素を動詞から取り除けば自然な文になる．これらの文は動詞に尊敬語の要素がある点以外では，ごく自然な文である．(7-32)と(7-35)，(7-33)と(7-36)，(7-34)と(7-37)をそれぞれ比較してみよう．動詞に尊敬語の要素があると，不自然な文になる．即ち，他動詞主語の場合，尊敬語の要素の有無も影響している．

Q,TT(7-35) 天皇陛下の穏やかな目はいつも国民の心を安らかにしていました．(1.3/2)

Q,TT(7-36)　陛下のご病気が国民に大きな衝撃を与えた。(1.7/2)
Q,TT(7-37)　天皇陛下の所有地がその地域の開発を防いだ。(1.4/2)

(b-i)　直接目的語への尊敬。所有者敬語は可能である。しかも，可能であるばかりではなく，所有傾斜の最高位「身体部分」のみならず，最下位「その他の所有物」でも自然である。「身体部分」の例は(7-38)で，「その他の所有物」の例は(7-39)である。

Q,TT(7-38)　侍女が天皇陛下の手をお取りした。(1.5/2)
Q,TT(7-39)　田中さんは天皇陛下の御用邸をお見かけした。(0.8/2)

例文(7-39)の平均点は余り高くない。しかし，これは所有傾斜自体とは関係無い原因で点が低くなったと思われる。私自身はこの文はごく自然な文であると思う。又，私が意見を聞いた人の中にも私と同意見の人がいた。しかし，動詞「見かける」は人間について用いる，物には用いない，従ってこの文にふさわしくないと言う人もいた。その結果，(7-39)の点が低くなったのである。次の例文はごく自然な文である。

(7-40)　田中さんは天皇陛下の御用邸をお守りした。(影山太郎，私信)
(7-41)　山田さんは陛下のお荷物をお持ちした。
　　　　　　　　　　　　　　(Harada(1976：526)の例文を一部修正)

(b-ii)　間接目的語への尊敬。所有者敬語は直接目的語の場合と同じく「身体部分」から「その他の所有物」まで自然である。この点に関しては，直接目的語と間接目的語の間に違いは見当たらない。(日本語の直接目的語と間接目的語については8.11.3と8.11.7-[3]参照。)

Q,TT(7-42)　侍女が天皇陛下の手にお帽子をお渡しした。　(1.4/2)
Q,TT(7-43)　田中さんは天皇陛下の御用邸にそのお荷物をお送りした。
　　　　　　　　　　　　　　　　　　　　　　　　　　(1.5/2)

以上の結果を図7-2(次ページ)に示す。(実線は「自然」，破線は「かなり不自然」，無線は「不適格」を表す。)全体としては，所有傾斜で低くなる程，所有者敬語の自然さの度合が低くなる。又所有者敬語の自然さの程度は(7-44)の様にも表すことが出来る。

(7-44)　直接目的語，間接目的語　＞　自動詞主語　＞　他動詞主語

図7-2 所有者敬語(その2)

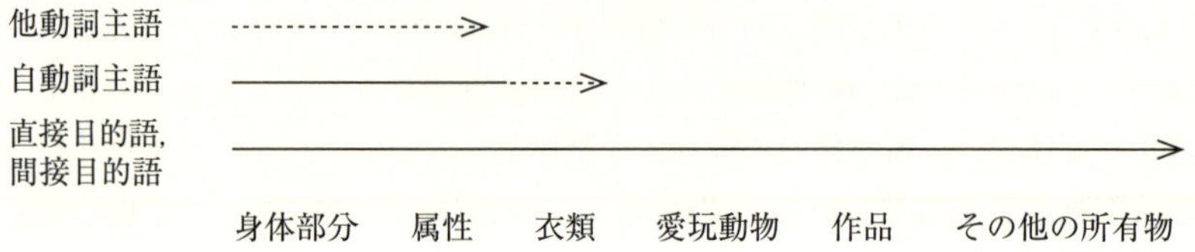

```
他動詞主語    ------------->
自動詞主語    ――――――――・・・・>
直接目的語,
間接目的語    ―――――――――――――――――――>
             身体部分  属性  衣類  愛玩動物  作品  その他の所有物
```

　図7-2が示す様に,自動詞主語,他動詞主語,目的語(直接と間接)という統語的な違いによって,所有者敬語の自然さが違うことは興味深い。実は,日本語の敬語の研究で,敬語の統語論的側面(即ち,文の構造)を考察した研究は非常に少ない。僅かにHarada(1976)や柴谷(1978)等が存在するだけである。(Tsunoda(2005c)は,日本語を含め,様々な言語の敬語を概観し,統語的な分析を提案した。)日本語の敬語の研究の大部分は形態論的側面(敬語の動詞の派生の仕方等)又は語用論的・社会言語学的側面(敬語意識や敬語を使う場面等)だけを見た。そのため,自動詞主語,他動詞主語,目的語という統語的な面での違いには気付かなかった。

　本章でいう所有者敬語に言及した研究は松下(1930：376-77, 380-83),Harada(1976),大石(1983：167),南(1987：18, 21, 73)等,多数ある。しかし,Harada(1976)を除いて,所有者敬語の統語的な側面を考察したものは,管見では一つも無い。Haradaは,図7-2が示す事実の一部分に気が付いた。529頁で,所有者敬語は目的語では可能だが,主語では不可能であるという趣旨の主張をした。(所有者敬語,直接敬語という用語は使わなかったが。)この主張は洞察力の鋭いものではある。しかし,以下の二つの点で不十分である。

　(i) Haradaは自動詞主語と他動詞主語を区別していない。主語の所有者敬語が不適格であるとして彼が挙げた例文は二つとも自動詞文である。(私はワロゴ語,ジャル語等,能格型の格組織(3.2参照)のある言語を研究したので,日本語を見る時も,自動詞主語と他動詞主語の違いに注意を払う。そのため,所有者敬語における自動詞主語の場合と他動詞主語の場合の違いに気付いた。この様に,型の違う言語を見ておくと,日本語の研究にも有用である。)

　(ii) 上で見た様に,自動詞主語の場合,所有者敬語は単に可能であるばかりでなく,所有傾斜で高位の類ではごく自然である。しかしHaradaが挙げた自動詞主語の場合の不適格の例は所有傾斜で下位の類である。(一つは「先生のご本」,即ち「作品」,もう一つは「お荷物」,即ち,「その他の所有物」であ

る。）彼は所有傾斜で高位の類の例文を検討していない。

　ちなみに，（7-44）と同じ，或いは，類似の階層は諸言語の様々な文法現象に反映している。例えば，下記の階層である。

　　（7-45）　直接目的語　＞　自動詞主語　＞　他動詞主語

　この階層の反映の例の一つは動詞と名詞の複合語の作り易さの度合である。一般に，この三つの中では，直接目的語が最も複合語にし易く，次に自動詞主語であり，次に他動詞主語である（Comrie 1978：337）。日本語でも同様である（角田太作 1984：79）。直接目的語を含む例は多数ある。例えば「魚釣り」は次の文に対応する。

　　（7-46）　太郎が　魚を　釣る。

自動詞主語を含むものもかなりある。例えば「雨漏り」は次の文に対応する。

　　（7-47）　雨が　漏る。

他動詞主語を含むものは非常に少ない。例は「虫食い」（荒木一富，私信）である。次の文に対応する。

　　（7-48）　虫が　衣類（など）を　食う。

　ちなみに，6.2.3 で動詞 mas-u（他，自）や tare-r-u（他，自）等の動詞を見た。これら動詞は同じ形のままで他動詞の用法と自動詞の用法がある。他動詞の場合の直接目的語と自動詞の場合の主語が対応する。従って，「水増し」は直接目的語を含むと見る可能性もあり（「X が水を増す」），自動詞主語を含むと見る可能性もある（「水が増す」）。同様に「糞ったれも」も，直接目的語を含むと見る可能性もあり（「X が糞をたれる」），自動詞主語を含むと見る可能性もある（「糞がたれる」）。

　従来の日本語文法で，主格「が」の用法を自動詞主語の場合と他動詞主語の場合に分けたものは見当たらない。しかし，本章で見た様に，所有者敬語や複合語等では区別する理由がある。このことは，又，格の形は同じであっても，用法が異なる場合があることを示す。形と用法の関係については第 8 章で詳しく検討する。

7.1.5　個人差について

　7.1.2 で述べた様に，或る敬語の言い方を自然であると判断するかどうかは，話し手或いは聞き手の年齢，性，職業等様々な要素に影響される。私の調査は文法と意味に関する調査であり，社会言語学的な調査ではないので，様々

な社会階層を幅広く網羅する努力はしなかった。それでもなお，被調査者73人は，年齢的には幅広く，20代から70代までいる。男性も女性もいる。職業等は大学生，大学教官，大学事務官，会社員，生命保険外交員，主婦，隠居した人，無職等である。

この調査では社会言語学的な要素の分析は行わなかった。しかし，調査票を見て感じたことを，所有傾斜との関連の点から簡単に述べておく。

(a) 年齢。自然であると判断した敬語の例は，大学生等，若者よりも，年配者，特に，戦前派の人達の方が所有傾斜の低い方まで延びている。これは天皇への敬意の違いを反映しているのかも知れない。

(b) 性別。自然であると判断した敬語の例は，男性よりも女性の方が，傾向として，低い方まで延びている。

(c) 職業。女性の中で，特に，生命保険の外交員の方々は，傾斜のかなり低い方まで，敬語を自然であると判断した。

(d) 全体としては，それぞれの場合において，所有傾斜で低くなる程，所有者敬語を不自然と判断する傾向がある。

この様に，所有者敬語のある実例を自然であると判断するかどうかについては個人差がある。しかし，その個人差は全く無規則なものではなく，或る種の規則性がある。その背景にあるのは所有傾斜である。文法研究では，或る例文の自然さについて話者の判断が分かれる場合，単に個人差であると言うことがしばしばある。しかし，ただ個人差と言うだけでなく，背景にある原理を探すことが大切であることを所有傾斜は示した。

7.1.6 「正しい」敬語との関連

敬語のある言い方が正しい敬語であるか，誤用であるかが，しばしば問題になる。大石(1975, 1983)は実例を沢山挙げている。(敬語の「誤用」を指摘することを喜びとする人も大勢いる様だ。)この様な言い方の内の，或る種のものは，所有傾斜の考えを用いれば，別の見方も出来る。例えば，大石(1983：354)は次の例を挙げている。

(7-49) まあ，お宅にはこんなかわいらしいわんちゃんがいらっしゃるんですか。

(7-50) お宅にはきれいな金魚がいらっしゃいますね。

大石自身はこれらの言い方はおかしいと判断しているが，この様な言い方をす

る人は実際にいるそうだ。特に，女性に多いらしい。

　(7-49)や(7-50)の様な文の自然さに関する判断の違いは，所有傾斜の考えを用いると次の様に言える。所有者敬語(この場合，所有物は自動詞主語)を「愛玩動物」まで使う人がいる。一方，「愛玩動物」までは使わないで，「愛玩動物」では不自然と判断する人もいる。この様な場合にも，所有傾斜の考えを用いると，或る敬語の言い方の自然さ判断の背景の原理が分かる。

　所有傾斜を考えた契機は所有者敬語であった。しかし，その後，所有傾斜が日本語で所有に関する他の表現にも反映していることに気付いた。更に，日本語以外の言語でも，所有に関する表現に反映していることに気付いた。以下でその例を見る。

7.2　所有者昇格

　Hilary Chappell and William McGregor(私信)は，所有傾斜がpossessor ascension(所有者昇格)という現象と関連のある可能性を指摘した。所有者昇格についてはFox(1981)，Blake(1984)，Durie(1987)，Nichols(1988：578-79)等参照(Chappell and McGregor 私信)。Possessor ascensionという用語はRelational Grammar(関係文法)という文法理論で使う用語である。他にpossessor promotion(Gary and Keenan 1977, Hyman 1977)，possessor raising(Munro and Gordon 1982：95)，possessor float「所有者移動」(奥津1983)とも呼ぶ。

　所有者昇格は英語にもある。以下の例はWierzbicka(1979：350)の例文を修正したものである。

　　(7-51)　John kissed Mary's lips.　'ジョンはメアリーの唇にキスした。'
　　(7-52)　John kissed Mary on the lips.　'(上と大体同じ。)'
(厳密に言うと，この二つの文は微妙に違うらしい(Wierzbicka 1979：350)。)

　唇の所有者Maryは(7-51)ではMary'sとして所有格で出ている。一方(7-52)では直接目的語である。この現象の分析の仕方は少なくとも二つある。(i)関係文法では(非常に大まかに言って)Maryが所有格から直接目的語へ昇格したと考える(Gary and Keenan 1977参照)。(ii)昇格は無くて，ただ意味の似ている二つの言い方があると考える。本章ではどちらの分析が優れているかは検討しない。大事なことは，所有者を所有格で表す場合と他の形で表す場合の，二つの言い方の存在である。これが存在する場合，便宜上，所有者昇格と

呼ぶことにする。

　所有者昇格は，英語以外にも，世界各地の様々な言語から報告がある。（上に挙げた文献参照。）後で日本語の例を挙げる。

　私の観察では所有者昇格の自然さの度合は所有傾斜と相関する。実はその様な考えは Hyman(1977)，Fox(1981)，奥津(1983)，Blake(1984)等の従来の研究も，明確な形ではないが示している。例えば，Hyman(1977)は，ハヤ語の所有者昇格について次の様に言っている。所有者昇格は所有者が動作を被った場合にだけ可能である。例えば，身体部分と身に付けた衣類の場合は可能であるが，棒切れ（所有傾斜では「その他の所有物」）では不可能である。Fox(1981：336)も次の様に述べている。身体部分と衣類は所有者に密着しているので，これらが動作を被ると，必然的に所有者も，いわば，直接目的語の様に動作を被る。この様な場合に所有者昇格が可能である。奥津(1983：2)は「不可分離所有」の場合にだけ可能だと述べている。

　所有者昇格は英語では「身体部分」から「衣類」まで，可能であると思われる。（これらの類の名詞の全てで可能という訳ではないが。）身体部分の例は，(7-51)，(7-52)と：

　　(7-53)　　I grabbed his arm.　　　　　'私は彼の腕を掴んだ。'
　　(7-54)　　I grabbed him by the arm.　'（上と大体同じ。）'

属性の例：

　　(7-55)　　I know his name.　　　　　'私は彼の名前を知っている。'
　　(7-56)　　I know him by name.　　　'（上と大体同じ。）'

衣類の例：

　　(7-57)　　I grabbed his sleeve.　　　 '私は彼の（衣類の）袖を掴んだ。'
　　(7-58)　　I grabbed him by the sleeve.　'（上と大体同じ。）'

(以上の例文は James Ford さん（アメリカ人）に確認した。)

　「衣類」よりも下では，所有者昇格は不可能と思われる。無論，所有傾斜での最下位「その他の所有物」では不可能である。

　　(7-59)　　I kicked his wine bottle.
　　　　　　　'私は彼のワインボトルを蹴った。'
　　(7-60)　　*I kicked him on the wine bottle.　　（Fox 1981：336 参照）

(7-60)は「彼がワインボトルの上にいる時に蹴った」という意味なら言えるかも知れない。しかし，その場合は(7-59)とは全く関係の無い文である。

7.2 所有者昇格

ここまで見た例は直接目的語の例である。英語では所有者昇格は自動詞主語の場合も可能である。但し、例は少ないと思われる。

(7-61) His face became very red. '彼の顔は赤くなった.'
(7-62) He became very red in the face.
直訳：'彼は顔で赤くなった.'

(この二つの例文とその和訳は奥津(1983：2)による.) 身体部分の例である。他動詞主語では不可能と思われる。纏めると、英語では所有者昇格は直接目的語で言い易い。自動詞主語では例は少ない。他動詞主語では言えない。この状況は(7-63)の様に示せる。

(7-63) 英語の所有者昇格：
直接目的語 ＞ 自動詞主語 ＞ 他動詞主語

ちなみに、(7-63)は(7-45)と同じであり、(7-44)に似ている。即ち、同じ、又は、似ている原理が日本語の所有者敬語、諸言語の動詞と名詞の複合語、英語の所有者昇格に反映している。様々な言語の様々な現象に反映していることは興味深い。

日本語では、三上(1960：13)や久野(1973：40)が指摘する様に、以下の言い換えが出来る。身体部分の例：

(7-64) 象の 鼻が 長い(こと)。　　　　　(三上 1960：13)
(7-65) 象が 鼻が 長い(こと)。

属性の例：

(7-66) 太郎の 性格が 明るい(こと)。
(7-67) 太郎が 性格が 明るい(こと)。

親族の例：

(7-68) 太郎の お父さんが 死んだ。　　　　(久野 1973：40)
(7-69) 太郎が お父さんが 死んだ。　　　　(久野 1973：40)

これらの例文では、各対の中で「の」と「が」が交替する。「の」の代わりに「が」で言う言い方は所有傾斜で高い方で自然であり、低い方へ行くに従って自然さの度合が落ちていく。(この分析は、柴谷方良(私信)の指摘による。)高い方の例は(7-65)「身体部分」、(7-67)「属性」、(7-69)「親族」。一方、(7-71)「作品」はやや不自然である。

(7-70) 山田先生の 著書が 売れている(こと)。
(7-71) ?山田先生が 著書が 売れている(こと)。

(7-73)「その他の所有物」はかなり不自然である。
  (7-72) 太郎の 別荘が 潰れた(こと)。
  (7-73) ?太郎が 別荘が 潰れた(こと)。
この様に「の」を「が」に言い換える言い方の自然さは所有傾斜と相関する。既に見た様に，所有者敬語の自然さも所有傾斜と相関する。しかし，この二つの場合の間に違いが有るらしい。所有者敬語の場合，左端の文の自然さと右端の文の自然さの間に，かなり大きな違いがある。右端の文は不適格である。(図7-1参照。)従って，所有者敬語の場合には所有傾斜はかなり急な傾斜であると言える。一方「の」を「が」に代えた文の自然さは，左端と右端の間に余り差が無い。右端の文はやや不自然ではあるが，所有者敬語の場合ほどは不自然ではない。従って，この場合は所有者敬語の場合に比べて，傾斜がかなり緩やかであると言える。

上で見た所有者昇格の例は自動詞主語の例である。私の観察では日本語では所有者昇格は自動詞主語の場合にだけ可能である。他動詞主語，直接目的語等では不可能である。以下の様に示せる。

  (7-74) 日本語の所有者昇格：
       自動詞主語 ＞ 直接目的語，他動詞主語

英語の場合((7-63)参照)と似ている。共通点は所有者昇格が他動詞主語の場合に不可能であることだ。

本節(7.2)で見たことは図7-3に纏めてある。

7.3　ワロゴ語とジャル語の所有格と同格表現

豪州のワロゴ語(Tsunoda 1974：576-99)とジャル語(Tsunoda 1981a：197-203)では，所有者を表すのに，大まかに言って，「衣類」から一番下の「その他の所有物」までは所有格を使う。以下ではジャル語の例を挙げる。(7-75)は親族の例で，(7-76)は愛玩動物の例である。

  (7-75) nyununga   babayi-ϕ
       2単：所有格 兄-絶対格   'あなたの兄さん'
  (7-76) nganinga   gunyarr-ϕ
       1単：所有格 犬-絶対格   '私の犬'

しかし「身体部分」と「属性」の場合は所有者を表すのに，普通，所有格を用いないで，所有者と所有物を同じ格に置く。(所有格を用いた例も少数ながら

らあるが。)(逆に「衣類」から下では同じ格に置く表現は使えない。)所有者と所有物を表す語を太字で示す。格も示す。(ジャル語の文には普通，必ず付属代名詞が出る(4.8参照)。しかし，以下の例文では分かり易くするために付属代名詞を削除した。)

(a) 身体部分。先ず自動詞文の例を挙げる。

(7-77)　　**nyila-**φ　　　**mawun-**φ　　**marla-**φ　　yambi-φ.
　　　　　あの-絶対格　　男-絶対格　　手-絶対格　　大きい-絶対格
　　　　　　　　　　　　　　　　　　　　　　　　　　　　　　(絶対格)
　　　　　直訳：'あの男　手　大きい。'('あの男は手が大きい。')

(7-78)　　**ngaju-**φ　　　**milngali-**φ　　yanan.
　　　　　1単-絶対格　　涙-絶対格　　　行く　　　　　　(絶対格)
　　　　　直訳：'私　涙　行く。'('私は泣いている。')

(7-79)　　gungulu-φ　　yanan　**nyanunginy-ngu**　**langga-ngu**.
　　　　　血-絶対格　　行く　　3単-奪格　　　　頭-奪格
　　　　　直訳：'血　彼から　頭から　行く。'　　　　　(奪格)
　　　　　　　　('彼の頭から血が流れる。')

次に他動詞文の例を挙げる。

(7-80)　　ngaju-nggu　　**mawun-**φ　　**langga-**φ　　bungan.
　　　　　1単-能格　　　男-絶対格　　頭-絶対格　　叩く　　(絶対格)
　　　　　直訳：'私(能格)　男　頭　叩く。'('私は男の頭を叩く。')

(7-81)　　ngaju-nggu　　magarda-φ　　yaanan　**mawun-da**
　　　　　1単-能格　　　帽子-絶対格　置く　　男-所格
　　　　　langga-ga.
　　　　　頭-所格　　　　　　　　　　　　　　　　　　　(所格)
　　　　　直訳：'私(能格)　帽子　男に　頭に　置く。'
　　　　　　　　('私は男の頭に帽子を置く。')

(b) 属性。(7-82)は自動詞文，(7-83)は他動詞文である。

(7-82)　　**ngaju-**φ　　　**yiri-**φ　　　yagayarri-φ.
　　　　　1単-絶対格　　名前-絶対格　ヤガヤリ-絶対格　　(絶対格)
　　　　　直訳：'私　名前　ヤガヤリ。'('私の名前はヤガヤリです。')

(ジャル語では普通「…です」に当たる動詞を使わない。)

(7-83) ngaju-nggu　nyila-φ　　**mawun-**φ　**yiri-**φ
　　　　1単-能格　あの-絶対格　男-絶対格　名前-絶対格
　　　　ngarramanan.
　　　　知る　　　　　　　　　　　　　　　　　（絶対格）
　　　　直訳：'私（能格）　あの男　名前　知っている。'
　　　　　　（'私はあの男の名前を知っている。'）

纏めると，ジャル語とワロゴ語では，所有者を表すのに，大まかに言って「衣類」から下では所有格を用い，「属性」から上では所有者と所有物を同じ格に置く。所有傾斜の高位で所有格を使わない点で，7.2で見た所有者昇格に似ている。

豪州原住民語の多くでは，分離可能所有では所有格を用い，分離不可能所有では所有者と所有物を同格で表すと言われる（Dixon 1980：393）。私はワロゴ語の文法（Tsunoda 1974）とジャル語の文法（Tsunoda 1981a）を書いた時には，所有傾斜の考えは無かった。しかし，今，資料を再検討して見ると，上述の現象は所有傾斜を反映している。他の豪州原住民語でも多分，所有傾斜を反映しているであろう。

豪州原住民語のこの現象に似ている現象が日本語でも報告されている。松本泰丈（1990：35）によると，奄美群島の喜界島方言では格を示す「ぬ」（本土の諸方言の「の」格に対応する）は（1人称に限って言うと）分離不可能所有の場合には使えない。松本はその分離不可能所有の例として身体部分と親族を挙げている。所有傾斜に即して考えると，「ぬ」は高位（多分，親族から上）では使えないで，下位（多分，愛玩動物から下）では使えるのであろう。

本節(7.3)で見たことは図7-3に纏めてある。

7.2と7.3で英語，日本語（喜界島方言も含めて），ジャル語とワロゴ語を検討した。これらの現象は一見，無関係の様に見えるが，実は，共通点がある。所有格の使い方である。もし所有格を使わないとしたら，それは所有傾斜で高い方である。逆に，使うとしたら，それは低い方である。

図7-3　所有傾斜のその他の反映

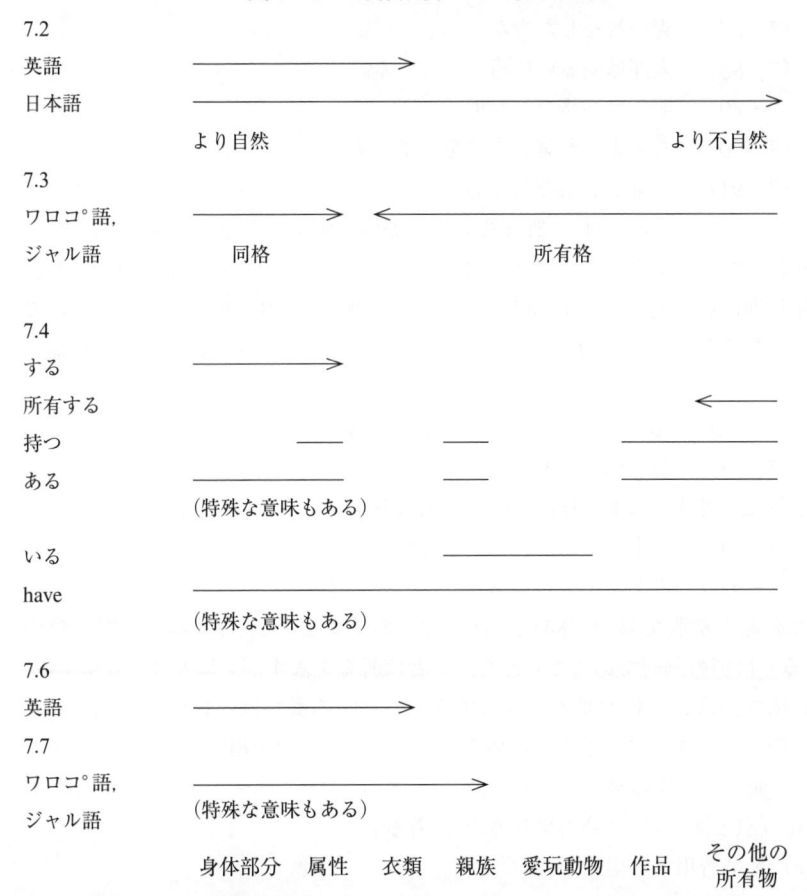

```
7.2
英語           ──────────→
日本語         ─────────────────────────────→
               より自然                        より不自然
7.3
ワロゴ°語,     ──────→  ←──────
ジャル語       同格              所有格

7.4
する           ──────→
所有する                                      ←──────
持つ           ─────    ─────    ─────
ある           ─────    ─────
              （特殊な意味もある）
いる                       ─────────
have          ─────────────────────────────
              （特殊な意味もある）
7.6
英語           ──────────→
7.7
ワロゴ°語,     ──────────────────→
ジャル語       （特殊な意味もある）

              身体部分　属性　衣類　親族　愛玩動物　作品　その他の
                                                            所有物
```

7.4　日本語の所有の動詞

日本語の所有を表す動詞「する，所有する，持つ，ある，いる」を検討する。

7.4.1　「する」

先ず例文を見よう。

　　（7-84）　彼女は長い髪をしている。　　　　　　（影山 1980b：13）
　　（7-85）　長い髪をした女

(7-86)　メアリーは青い目をしている。
(7-87)　青い目をした少女
(7-88)　太郎は明るい性格をしている。
(7-89)　明るい性格をした男
(7-90)　あの男は陰気な表情をしている。
(7-91)　陰気な表情をした男

これらの例の「する」は，「野球をする」等の「する」と違い，所有を表す。

所有を表す「する」の使用は，大まかに言って，所有傾斜の最高位の「身体部分」(例は(7-84)から(7-87))と「属性」(例は(7-88)から(7-91))だけで可能であると言える。「衣類」の場合は，一般に，この様な言い方は不可能である。

(7-92)　＊田中さんは黒い帽子をしている。
(7-93)　＊黒い帽子をした男

しかし，実は，以下の様な言い方が出来る。

(7-94)　田中さんはネクタイをした。
(7-95)　ネクタイをした男

私は本書の初版では(7-84)から(7-91)の「する」と(7-94)と(7-95)の「する」は別の動詞であると考えた。前者は所有を表すが，後者は「着用する」の意味であると。日本語の「着用する」の意味の動詞は，影山(1980a：78-103)の分析を非常に大まかに纏めると，以下の様に分類出来る。

(a)　頭に着用する場合：「かぶる」。
(b)　胴(と頭，足)に着用する場合：「着る」。
(c)　足に着用する場合：「はく」。
(d)　その他：着用するものによって動詞が違う。例は「ネクタイをする」，「眼鏡をかける」，「指輪をはめる」，「ブローチを付ける」。

私は，(7-94)と(7-95)の「する」は着用を表す動詞である，一方，(7-84)から(7-91)の「する」は所有を表す，従って，別の動詞であると思っていた。しかし，その後の，(i)高橋太郎，矢澤真人，新居田純野，岩崎敏彦(全て私信)の教示や，(ii)名古屋YWCAでの講演，筑波大学，東京大学，日本女子大学等での授業での討論の結果を纏めると，所有を表す「する」と着用を表す「する」は連続体を成すことが分かった。表7-1に示す。

7.4 日本語の所有の動詞

表 7-1　動詞「する」

	言い切り				連体修飾				全体・部分	修飾語
	した	する	していた	している	した	する	していた	している		
木を切る	+	+	+	+	+	+	+	+	−	不要
	D	D	D	D	D	D	D	D		
ネクタイをする	+	+	+	+	+	+	+	+	?	不要
	D	D	D, S	D, S	D, S	D	D, S	D, S		
恐い顔をする	+	+	+	+	+	+	+	+	+	必要
	D	D	D, S	D, S	D, S	D	D, S	D, S		
明るい性格をする	−	−	+	+	+	−	+	+	+	必要
			S	S	S		S	S		

表7-1は，形態，統語，意味の観点から，これらの表現の共通点と相違点を示している。「する」の表現が言える場合はプラスで，言えない場合はマイナスで示す。動作等，動的な(dynamic)状況を表す場合はDで，状態等，静的な(static)状況を表す場合はSで示す。他の項目については以下で述べる。個々の表現を検討する。

[1]「明るい性格をする」

これは所有を表す「する」の例である。テンスとアスペクトに関して制限がある。言い切り用法では，「していた，している」は言えるが，「した，する」は言えない。

(7-96)　＊太郎は明るい性格をした。

(7-97)　＊太郎は明るい性格をする。

(7-98)　太郎は明るい性格をしていた。　(S)

(7-99)　太郎は明るい性格をしている。　(S)

連体修飾では「する」は言えない。他は全ていえる。

(7-100)　明るい性格をした男　　(S)

(7-101)＊明るい性格をする男

(7-102)　明るい性格をしていた男　(S)

(7-103)　明るい性格をしている男　(S)

これらの表現は全て状態を表す。従って，Sで示す。太郎，男と性格は全

体・部分の関係にある。これらの表現は部分の名詞を修飾する語が必要である。無いと言えない(影山 1980b：13)。(この点については 7.9.1 で詳しく考察する。)

(7-104)＊太郎は性格をしている。

[2]「怖い顔をする」

(「怖い顔をする」という表現は岩崎敏彦(私信)の教示による。) 言い切り用法でも連体修飾でも「した，する，していた，している」の全てが言える。

(7-105)　太郎は怖い顔をした。　　(D)
(7-106)　太郎は怖い顔をする。　　(D)
(7-107)　太郎は怖い顔をしていた。(D，S)
(7-108)　太郎は怖い顔をしている。(D，S)
(7-109)　怖い顔をした男　　　　　(D，S)
(7-110)　怖い顔をする男　　　　　(D)
(7-111)　怖い顔をしていた男　　　(D，S)
(7-112)　怖い顔をしている男　　　(D，S)

(7-107)は，例えば，普段は優しい顔をしていたが，その時は怖い顔をしていたなら D である。生まれつき怖い顔をしていたなら S である。(7-108)，(7-109)，(7-111)，(7-112)も同様である。太郎，男と顔は全体・部分の関係にある。これらの表現も部分の名詞を修飾する語が必要である。

(7-113)＊太郎は顔をした。

「怖い顔をする」の用法は，S の場合は「性格をする」と全く同じである。この場合，所有を表す「する」であると言える。

[3]「ネクタイをする」

言い切り用法，連体修飾，D/S については「怖い顔をする」と全く同じである。ネクタイは厳密に言えば太郎又は男の部分ではない。しかし，体に付いているのでほぼ身体部分同然である。全体・部分の関係ではないとも言いがたい。従って，この項目は疑問符にしておいた。名詞「ネクタイ」を修飾する語は不要である。(7-94)，(7-95)参照。

[4]「木を切る」

「する」以外の，普通の動詞の例として挙げた。言い切り用法でも連体修飾でも「した，する，していた，している」の全てが言える。例文を一つ挙げる。

(7-114) 与作は木を切っていた。　　(D)

必ず D である。S は無い。与作と木は全体・部分の関係にない。名詞「木」を修飾する語は不要である。

　表 7-1 が示す様に，形態，統語，意味を見ると，「木を切る」から「明るい性格をする」までの表現は連続体を成す。これらは少しずつ違う。違いは以下の通りである。「木を切る」と「ネクタイをする」は二つの点で異なる。(i) 全体・部分の関係について，「木を切る」はマイナスだが，「ネクタイをする」は疑問符である。(ii) D/S に関する意味が違う。「ネクタイをする」と「怖い顔をする」も二つの点で異なる。(i) 全体・部分の関係について，「ネクタイをする」は疑問符だが，「怖い顔をする」はプラスである。(ii) 修飾語は「ネクタイをする」では不要だが，「怖い顔をする」では必要である。「怖い顔をする」と「性格をする」も二つの点で異なる。「性格をする」は (i) テンス・アスペクトに関して制限がある。(ii) D の意味が無い。

　「木を切る」は普通の動詞の例であり，一方，「明るい性格をする」はかなり特殊な言い方である。しかし，連続体でつながっている。「する」の三つの用法も大分違う様に見える。しかし，形態，統語，意味を検討してみると，見事に連続体を成している。

　この様に見ると，「ネクタイをする」の「する」は所有を表す「する」と全く無関係とは言えない。従って，所有を表す「する」を「衣類」の類でも使えると言うことも可能であろう。

7.4.2 「所有する」

　上述の様に「する」の言い方は，所有傾斜の高位置の類に限ると言える。逆に，「所有する」は低い方に限る様である。私の判断では「その他の所有物」では使える。

(7-115)　私は株を所有している。　　　　　　　(Hinds 1986：138)

「作品」から上の類では使えない。例えば：

(7-116)？山田先生は多くの著書を所有している。

は，「作品」の意味，即ち，山田先生自身の著書を指す場合には不自然である。(但し，他人の著書を指す場合，即ち，「その他の所有物」の意味の場合には，かろうじて可能かも知れないが。)「愛玩動物」から上でも，やはり使えない。

(7-117)＊山田先生は犬を所有している。
この場合は「飼っている」と言う。

7.4.3 「持つ」
　この動詞の分布は「所有する」の場合より複雑である。先ず「その他の所有物」では使える。
　　　(7-118)　私は車を持っている。　　　　　　　(Hinds 1986：138)
「作品」でも使える。
　　　(7-119)　山田先生は多くの著書を持っている。
(山田先生自身の著書を指す。)しかし「愛玩動物」では使えない。
　　　(7-120)＊山田先生は犬を持っている。
「飼っている」と言う。「親族」では使える。
　　　(7-121)　山田さんは立派な親を持っている。
「衣類」では使えない。
　　　(7-122)　山田さんは帽子を持っている。
(但し「かぶっている」の意味でなく，「所有している」の意味なら，この文は使える。その場合は「衣類」ではなくて「その他の所有物」である。又「手に持っている」の意味でも，この文は使える。)「属性」でも使える。
　　　(7-123)　山田さんはすぐれた才能を持っている。
しかし，「身体部分」では普通，使えない。
　　　(7-124)＊清は大きい目を持っている。
(但し，身体部分でも「持つ」を使える場合もある。7.9.3参照。)
　「持つ」の分布は，大まかに言って，所有傾斜で右から延びていると言える。しかし，分布が連続しないで，飛んでいる場合もあるので，厳密に言えば，所有傾斜で右から延びているとは言えない。(図7-3参照。)しかし，「持つ」の分布は所有傾斜の所有物の分類によるとは言えない。
　ちなみに，英語の have は所有傾斜の全ての類で用いる。(例文は省略する。)即ち，have を使う場合に必ず日本語の「持つ」を使えるとは限らないのである。仏語の avoir '持つ' も have と同じであるらしい。

7.4.4 「ある」と「いる」
　「ある，いる」は意味も用法も似ている。しかし存在を表す場合と所有を表

す場合があると言われる(高橋1975, 新居田1999等参照)。以下の考察の結果を表7-2に示す。

表7-2 「いる」と「ある」

	存在			所有		
	人間	動物	無生物	人間	動物	無生物
いる	+	+	−	+	+	−
ある	−	−	+	+	−	+

　存在を表す時には，大まかに言って，人間と(人間以外の)動物には「いる」を用い，それ以外の場合(無生物と呼ぶ)には「ある」を用いる(高橋1975：3等参照)。

　　　(7-125)　庭に　子どもが　いる。　(人間)
　　　(7-126)　庭に　犬が　　　いる。　(動物)
　　　(7-127)　庭に　箒が　　　ある。　(無生物)

　所有を表す場合も，大体同じである。但し高橋(1975：3)等によると，「ある」は無生物だけでなく，人間の所有にも使える。実はこの事こそ，高橋(1975：3)が「ある」を存在の表現と所有の表現に分けた理由である。なお，高橋(1975：3)等は動物については明言していない様だが，「ある」は動物には使えない。

　　　(7-128)　彼には　　妻が　　　いる。(人間)　(新居田1999：246)
　　　(7-129)　彼には　　妻が　　　ある。(人間)　(新居田1999：246)
　　　(7-130)　彼には　　ペットの猫が　いる。(動物)
　　　(7-131)　あの方には　財産が　　おありだ。(無生物)(高橋1975：3)

　この様に，「ある」が所有を表す場合，人間には使えるが，動物には使えない。これは興味深いことである。上述の様に，存在の表現では，人間と動物を区別しない。所有の表現は，存在の表現に非常に似ているのにも拘らず，人間と動物を区別する。(これは意外であった。)このことは存在の表現と所有の表現を区別する理由に加えることが出来る。

　尚，新居田(1999)の研究によると，人間の所有を表すのに「ある」を使わないで「いる」を使う傾向が強まっている。

　所有を表す「いる」と「ある」を所有傾斜の観点から検討しよう。先ず「い

る」を見る。親族(例は(7-128)，妻)と愛玩動物(例は(7-130)，猫)でだけ使える。他では使えない。

次に「ある」を見る。「その他の所有物」で使える。例は(7-131)。「作品」でも使える。

(7-132) 山田先生は著書が沢山あります。

「愛玩動物」では使えない。

(7-133) *山田さんは犬があります。

(「飼う」を使う。)「親族」では使える。例は(7-129)。「衣類」では使えない。

(7-134) *太郎さんはシャツがある。

この文はシャツを身に付けている状態を表すのには使えない。(タンスかどこかにしまってある状態を表すのには使える。但し，その場合は「衣類」ではなくて「その他の所有物」である。)「属性」でも使える。

(7-135) 花子さんは品がある。

(7-136) 太郎は風格があります。

「身体部分」でも使える。

(7-137) 母さん，しらががありますね，タントン，タントン，…

(7-138) 太郎さんはニキビがあります。

興味深いことに，身に付けた衣類は，殆ど身体部分同然であるのにも拘らず，「身体部分」と「属性」とは異なり，「ある」が使えない。

ここまでに見た様に，所有を表す「いる」と「ある」の分布は連続しないで，飛んでいる。従って，所有傾斜そのものの反映ではない。しかし，所有傾斜の所有物の分類によるとは言える。

さて，「ある」を用いた身体部分の表現の内，或る種のものは特別な意味を持つ。例を挙げる。

(7-139) 福本選手は脚があります。

(この例文は，プロ野球の実況放送で聞いた。)

(7-140) 太郎さんは頭があります。

(7-141) さすが，花子さんは目がありますね。

(7-142) あの大工さんは腕がありますね。

これらの例は，その身体部分の機能を表す。しかも「普通のXよりも」の意味を持つ。例えば(7-139)は「普通の選手よりも脚が速い」ことを表す。

同じことが属性の表現の内の或る種のものにも当てはまる。
 (7-143) あの力士は体重があります。
 (7-144) あの力士は身長があります。
 (7-145) 名前のある選手   (新聞記事から採った例)
これらの例は，普通の力士よりも重い或いは背が高いこと，普通の選手よりも名前が知られていることを表す。
 英語の have にも同じ様な表現がある。(上述の様に have は所有傾斜の全ての類で使える。) 身体部分と属性の内の，或る種のものの場合には特別な意味を表す。
 (7-146) He has an ear for music. '彼は音楽の鑑賞力がある。'
 (7-147) He has an eye for paintings. '彼は油絵の審美眼がある。'
これらの例も，その身体部分の機能を表し，しかも，その普通の人よりも能力が優れていることを表す。(面白いことに，耳も目もそれぞれ二つあるのに，これらの表現では，複数形を用いないで，an ear, an eye と単数形を用いる。) もう一つ例を挙げる。
 (7-148) He has temperature. '彼は熱があります。'
これも temperature '体温' が普通の場合よりも高いことを表す。次の様な例と比べると，(7-148)が，temperature が普通より高い体温を表すことが明らかである。
 (7-149) The nurse took my temperature.
     '看護婦は私の体温を計った。'
 日本語では(多分，英語でも)この様な表現が特別な意味を持つのは，大まかに言って，「身体部分」と「属性」に限られる。但し，「その他の所有物」の例も見つかった。
 (7-150) 太郎さんは金があります。
この文の意味は二つの可能性がある。(i)今，現金の持ち合わせがある。(ii)普通の人よりも財産が多い。後者は特別な意味である。ちなみに「金持ち」という表現がある。これは(i)の意味は無い。(ii)の意味だけである。即ち，特別な意味だけである。
 実は，身体部分又は属性の表現が必ず特別な意味を持つ訳ではない。例えば(7-137)(しらが)，(7-138)(ニキビ)は「普通の X よりも」の意味を持たない。(7-149)も「普通の X よりも」の意味を持たない。どの様な場合に特別

な意味を持つかについては 7.8.1 で考える。

本節(7.4)で見たことは図 7-3 に纏めてある。日本語の所有の動詞は英語の have と比べて分布の範囲がそれぞれ小さい。又、分布の範囲がそれぞれ異なる。

Hinds(1986：178)は、日本語には分離可能所有と分離不可能所有の区別は無いと言った。しかし、実はそうではない。図 7-3 が示す様にこの区別はある。峻別は出来ないが。

7.5　日本語の「名詞＋の＋名詞」

日本語の所有格「の」は次の様に使える。

　　(7-151)　所有者＋の＋所有物

例は「太郎の本」、「花子の母親」等。又、逆の語順の用法もある。

　　(7-152)　所有物＋の＋所有者

(7-152)の型の表現は所有物が所有者の特徴を描写すると言える(鈴木康之 1968：339、髙橋 1975：11、影山 1980b：13、田島毓堂(私信)、Hilary Chappell and William McGregor(私信))。この表現は所有傾斜の「身体部分」と「属性」では使えるが、それより下では使いにくい。個々の類を検討しよう。

　(a)「身体部分」。この表現はこの類では使える。所有を表す。

　　(7-153)　髭の男

　　(7-154)　ホクロのこども　　　　　　　　　　(鈴木康之 1975：11)

　　(7-155)　長い髪の少女

　(b)「属性」。この類でも使える。ここでも所有を表す。

　　(7-156)　並外れた体重の男

　　(7-157)　よい性格の男

　　(7-158)　立派な態度の女

　(c)「衣類」。この類でも使える。ここでも所有を表す。厳密に言えば「身に付けている」という意味である。

　　(7-159)　眼鏡の男

　　(7-160)　長いスカートの女　　　　　　　　　(髙橋 1975：11)

　　(7-161)　あかいかばんの少女　　　　　　　　(髙橋 1975：11)

「親族」から下では使いにくい。「親族」の例を挙げる。

　　(7-162)　立派な父親の息子

この例は立派な父親を持った息子を指すのではない。即ち，今まで見た例とは違い，(7-152)の例ではない。立派な父親が息子を持っている状況を示すと思われる。(7-151)の型の例であろう。「愛玩動物」の例を挙げる。

  (7-163)　?白い犬の男

これも，白い犬を飼っている男の意味は持たないと思う。(但し愛玩動物が所有者と一緒にいる場合には使えると思われる。)「作品」と「その他の所有物」でも(7-152)の型としては使いにくい。例文は省略する。

 纏めると，(7-152)の型は「身体部分」と「属性」では使えるが，その下では使いにくい。

 さて，「身体部分」，「属性」の名詞ではあっても，この型が使えない場合がある。「*髪の少女，*性格の男」。このことは 7.8.1 で検討する。

7.6　英語の疑似過去分詞

 英語の疑似過去分詞とは名詞に -ed の接尾辞を付けて，形式上は動詞の過去分詞の形にしたものである。意味は「X を持っている」を表す。この言い方は，どんな場合でも必ず使える訳ではない。Hudson(1975：71)は，この表現は分離不可能所有にだけ用いると言っている。しかし，衣類でも使えると付け加えている。所有傾斜の考えを用いると，大まかに言って「身体部分」から「衣類」まで言える。「身体部分」の例：

  (7-164)　a blue-eyed boy　　　　　　　　　　　(Hirtle 1970：22)
      '青い目の少年' 又は '青い目をした少年'
  (7-165)　a bearded man　　　　　　　　　　　　(Hudson 1975：70)
      '髭の男'
  (7-166)　a red-headed boy　　　　　　　　　　　(Hirtle 1970：27)
      '赤い髪の少年' 又は '赤い髪をした少年'

「属性」の例：

  (7-167)　a talented girl　　'才能のある少女'
  (7-168)　a good-natured man　　　　　　　　　　(Hirtle 1970：21)
      'よい性格の男' 又は 'よい性格をした男'
  (7-169)　a one-idea'd character　　　　　　　　　(Hirtle 1970：22)
      'ただ一つの考えしか無い人'

「衣類」の例：

(7-170)　a uniformed commissionaire　　　　（Hudson 1975：71）
　　　　　'制服の使い走り人'
(7-171)　a white-hatted cabman　　　　　　（Hirtle 1970：30）
　　　　　'白い帽子のタクシー運転手'

しかし，「親族」から下は，この言い方は殆ど無い。例えば，次の「親族」の例は使えない。

(7-172)　*a wifed man　　　　　　　　　　（Hudson 1975：71）
　　　　　'妻を持っている男'

しかし，例外的に「その他の所有物」の例が少数ながら見つかった。例を挙げる。

(7-173)　a many-carred family　　　　　　（Hudson 1975：31）
　　　　　'車を沢山持っている家族'
(7-174)　a landed-proprietor　　　　　　　（Hirtle 1970：29）
　　　　　'地主'
(7-175)　an estated country gentleman　　（Hirtle 1970：29）
　　　　　'地所を持った田舎の紳士'
(7-176)　moneyed men　　　　　　　　　　（Hirtle 1970：21）
　　　　　'金のある男達' 又は '金持ちの男達'

((7-176)は「普通よりも」を表す（近藤典子，私信）。日本語の(7-150)（金がある）と「金持ち」と同じである。）

　この様に，英語の疑似過去分詞の言い方は，大まかに言って，所有傾斜で，高い方では言えるが，低い方では言えない。（英語が母語の言語学者 Hilary Chappell と William McGregor もこの見解に賛成した。）

　なお，この言い方は「身体部分」或いは「属性」であっても言えない場合がある。

(7-177)　*an eyed boy　　　（Hirtle 1970：28）（直訳）　'目の少年'
(7-178)　*a headed boy　　　（Hirtle 1970：27）（直訳）　'頭の少年'
(7-179)　*a natured man　　　　　　　　　　（直訳）　'性格の男'

これらの表現の日本語の直訳も言えない。7.8.1 で検討する。

　本節(7.6)で見たことは図7-3に纏めてある。なお，疑似過去分詞は人間以外でも使える場合がある。例は the red-nosed reindeer '赤鼻のトナカイ'（身体部分）。

7.7 ワロゴ語とジャル語の所有接尾辞

多くの豪州原住民語に，英語の接尾辞 -ed の様に，名詞に付いて，所有を表す接尾辞がある。少なくとも，ワロゴ語とジャル語では，これらの接尾辞は，-ed とは違い，「親族」の類まで使える。ワロゴ語の「身体部分」，「属性」，「衣類」，「親族」の例を挙げる。

(7-180)　birngga-yi
　　　　　白髪-持っている　'白髪のある'（老人を指す。）　（身体部分）

(7-181)　morran-ji
　　　　　病気-持っている　'病気の'　（属性）

(7-182)　gambi-yi
　　　　　衣類-持っている　'衣類を着ている'　（衣類）

(7-183)　jolbon-ji
　　　　　配偶者-持っている　'結婚している'　（親族）

（ワロゴ語のこの接尾辞は子音の後に来る時は -ji，母音の後に来る時は -yi である。）

7.4.4 で，日本語と英語では身体部分と属性に関する表現の或る種のものは，特別な意味を持つことを見た。例は(7-139)（脚）から(7-148)(temperature)。ワロゴ語とジャル語のこれらの言い方も，少なくとも身体部分の場合には（属性の例は見つからない）特別な意味を持つ場合がある。「X が普通よりも悪い状態である」を表す場合が多い。ワロゴ語の例を挙げる。

(7-184)　jina-yi
　　　　　足-持っている　'足が痛い，足が腫れている，等'

(7-185)　bolo-yi
　　　　　腹-持っている　'満腹である，下痢をしている，
　　　　　　　　　　　　（女性の場合）妊娠している，等'

(7-186)　walngga-yi
　　　　　息-持っている　'息が切れている'

英語と日本語で，特別な意味を持つ例では，普通よりも良いという意味の例が多い感じがする。（いつも良い意味ばかりとは限らないが。）しかし，ワロゴ語とジャル語で特別な意味を持つ例は，単に普通ではないばかりか，普通の状態よりも悪いという意味の例が大部分である。（いつも悪い意味ばかりとは限らないかも知れないが。）

(このことを基に，(i)日本語母語話者，英語母語話者と(ii)ワロゴ語母語話者，ジャル語母語話者は世界観，人生観が違う，例えば日本語母語話者と英語母語話者は楽観的だが，ワロゴ語母語話者とジャル語母語話者は悲観的だ，等と言ったらそれは言い過ぎであろう。言語の表現の違いが世界観の違いを反映している保証は無い。Tsunoda（2005a：148-52）参照。）

　ワロゴ語とジャル語でこれらの表現がどの様な場合に特別な意味を持つかについては，7.8.1 で考える。

　本節（7.7）で見たことは図7-3 に纏めてある。

7.8　身体部分と属性について
7.8.1　普通所有物と非普通所有物

　日本語と英語で「髭の男」a bearded man,「青い目の少年」a blue-eyed boy,「良い性格の男」a good-natured man の様な言い方は出来るが,「*目の少年」*an eyed boy,「*性格の男」*a natured man の様な言い方は出来ないことを上で見た。では，この二つの場合はどこが違うのだろうか？

　又，日本語，英語，ワロゴ語，ジャル語の所有の表現で，身体部分又は属性に関するものの内，或る種のものは特別な意味を表すことを見た。では，この様な特別な意味を表す場合はどんな場合であろうか？

　日本語と英語は非常に異なる言語である。更に，ワロゴ語，ジャル語は日本語，英語とも大きく違う言語である。これら四つの言語はこれ程違うのに，同じ様な現象が起こっている。何か共通の原理があるのだろうか？答えを言えば，共通の原理があるのだ。それは，身体部分や属性の以下の二種類の分類である。（峻別することは困難であろうが。）

　(a) 普通所有物：普通，誰にでもあるもの。
　　　　　　　　身体部分の例：頭，目，足。属性の例：性格，体重。
　(b) 非普通所有物：普通，誰にでもあるとは限らないもの。
　　　　　　　　身体部分の例：髭，ニキビ。属性の例：才能，風格。

　7.8 と 7.9 では，普通所有物と非普通所有物の区別を考慮しつつ，主に日本語と英語の所有の表現を検討していく。ワロゴ語（7.8.5）とジャル語（7.8.6-[3]）にも触れる。

7.8.2 日本語の「所有物＋の＋所有者」と英語の疑似過去分詞

例えば「青い目の少女」a blue-eyed girl,「良い性格の男」a good-natured man は言える。しかし修飾要素を除くと不適格になる。「*目の少女」*an eyed girl,「*性格の男」*a natured man。従って, この様な言い方が可能であるためには, 修飾要素が必要であると, 一見, 見える。しかし, 修飾要素が無くても言えるものがある。例は「髭の男」a bearded man,「ニキビの少年」a pimpled boy。しかも, 修飾要素が無くても言えるものは, 修飾要素を付けてもよい。例は「茶色の髭の男」a brown-bearded man。従って, この様な表現の適格さの決め手は修飾要素の有無ではない。では何が決め手だろうか？決め手は普通所有物と非普通所有物の違いである。以下で考察する。その結果を, 日本語は表7-3に, 英語は表7-4に示す。

表7-3 日本語の「所有物＋の＋所有者」

	修飾要素無し	修飾要素あり
普通所有物	*目の少女 但し：鼻のシラノ, 　　　目玉のまっちゃん	青い目の少女
非普通所有物	髭の男	茶色い髭の男

表7-4 英語の疑似過去分詞

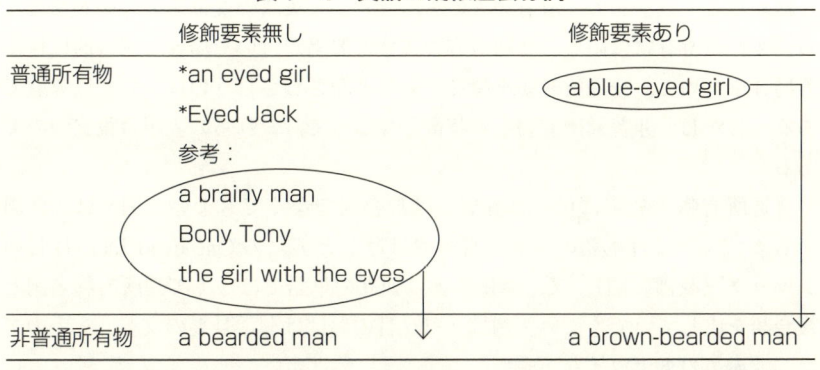

	修飾要素無し	修飾要素あり
普通所有物	*an eyed girl *Eyed Jack 参考： a brainy man Bony Tony the girl with the eyes	a blue-eyed girl
非普通所有物	a bearded man	a brown-bearded man

非普通所有物の場合は修飾要素が無くても言える。例は「髭の男」a bearded man,「ニキビの少年」a pimpled boy。男の中には髭がある人もいる

し，無い人もいる。少年の中にはニキビのある人もいるし，無い人もいる。従って，これらはその人の特徴，目印となるので，こういう言い方は役立つのである。(鈴木康之 1968：28, Hirtle 1970：27-30, 高橋 1975：11, 影山 1980b：12-13 参照。) 又，修飾要素があっても言える。例は「茶色の髭の男」a brown-bearded man。やはり特徴，目印となる。

　普通所有物の場合は一般に修飾要素が無いと言えない。(但し例外的に，言える場合がある。五段落下で見る。)「*目の少女」*an eyed girl,「*性格の男」*a natured man 参照。普通所有物は普通，誰でも持っているので，この言い方では目印，特徴にならない。だから言っても無駄なのであろう。

　しかし，普通所有物の場合でも，修飾要素が付くと言える。例は「青い目の少女」a blue-eyed girl,「良い性格の男」a good-natured man。少女の中には青い目の人もいるし，そうではない人もいる。男の中には，良い性格の人もいるし，そうではない人もいる。従って，修飾要素が付くと，今度は特徴，目印になるので，この言い方は無駄ではなく，立派に役立つ。

　実は，普通所有物でも，修飾要素がある場合，意味の点では，普通所有物のグループから非普通所有物のグループに移っている。少女の中には青い目ではない人もいるし，男の中には良い性格ではない人もいるからである。例外的に言える場合も，意味の点では，普通所有物のグループから非普通所有物のグループに移っている。(意味の点でのグループの間の移動を，表7-3と表7-4では，矢印で示す。)

　纏めると，日本語の「所有物＋の＋所有者」と英語の疑似過去分詞が使えるのは非普通所有物に限る。普通所有物に修飾要素が付いた場合と例外的に言える場合を含めて。普通所有物を持っているとわざわざ言うのは，いわば無駄である。しかし，非普通所有物なら特徴となるので，これらの表現は役立つのである。

　普通所有物の名詞に付く修飾要素は形容詞でなくてもよい。例えば，数詞でもよい。例は日本語の「三ッ目のおばけ」と英語の One-eyed Jack '片目のジャック'(映画の題)。又，修飾要素は独立の単語ではなくて，所有物名詞と複合語を成していてもよい。例は「三ッ目のおばけ」,「長髪の女」,「赤毛のアン」,「赤鼻のトナカイ」。

　ここまで見たところでは，日本語の「所有物＋の＋所有者」と英語の疑似過去分詞は分布が全く同じである。(表7-3, 表7-4参照。)しかし違いも

ある。日本語の「所有物＋の＋所有者」では，普通所有物で，しかも，修飾要素が無いのに，例外的に使えるものがある。「身体部分」の例は「鼻のシラノ」(南不二男，私信)(シラノ・ド・ベルジュラックから)と「目玉のまっちゃん」。(昔，目玉のまっちゃんと呼ばれた俳優がいたそうだ。)「属性」の例は「体重の小錦」，「身長の曙」。(これら二つの例は 佐伯紀子(私信)による。)これらも特別な意味である。例えば「鼻のシラノ」は鼻が普通の人より大きいことを表している。結局これらも非普通所有物のグループに移っている。(これらの表現のいくつかは，あだ名の様なものである。)

なおこれらの表現では所有者は或る特定の人である。或る特定の人ではない場合は言えない。(影山太郎，私信。) 例えば「*目の少女」，「*性質の男」は言えない。又特別な意味も持たない。鈴木康之(1968：28)も次の言い方はないだろうと言っている：「目のこども」，「鼻のおじいさん」。

(非普通所有物は修飾要素が無い場合，特別の意味(「普通よりも」)を持たない。例えば「髭の男」は髭が普通よりも長いなどという意味は無い。「ニキビの少年」はニキビが普通よりも大きいという意味は無い。)

一方，英語の疑似過去分詞は所有者が特定の人である場合も言えない。例えば *Eyed Jack(直訳：目のジャック)は言えない。この点で，日本語の「所有物＋の＋所有者」と英語の疑似過去分詞は違う。

今までは，身体部分と属性を見てきた。同じことが「衣類」にも当てはまる。例を挙げる。

(7-187)　a coated cabman　'コートのタクシー運転手'

この例について，Hirtle(1970：30)は，タクシー運転手が普通，コートを着ている社会なら，この言い方は不自然であろうが，そうではない社会なら，自然な言い方であろうと言っている。同じことが日本語の表現「コートのタクシー運転手」にも言えるであろう。

7.8.3　英語の接尾辞 -y と with the NOUN

表7-4が示す様に，疑似過去分詞は普通所有物で修飾語が無い場合には使えない。実はこの条件の下で使える接尾辞がある。それは -y である。例を挙げる。Brainy '頭の良い'，nosey '鼻の大きな，詮索好きな'，breathy 'かすれた(息又は声)'，hearty '親切な'，busty '胸の豊満な'，handy '器用な'，gutsy '度胸のいい'，leggy '足のきれいな'，hairy '毛深い'，meaty '肉付きのよい

(牛等)', bony '骨ばった', smelly '悪臭のある'。何らかの意味で「普通よりも」を表す。非普通所有物のグループに移っている。

(7-188) a meaty bullock (Bernard Comrie, 私信) '肉付きのよい牛'
但し使えない場合もある。例えば耳が良く聞こえる人を指して *eary とは言わない様だ。

上で見た様に，疑似過去分詞は，普通所有物で修飾語が無い場合には，所有者が特定の人であっても言えない。*Eyed Jack 参照。しかし，この条件の下で，接尾辞 -y は使える。以下の例等を見つけた。物語の人物等である。仮の訳を添える。Bony Tony '骨ばったトニー'，Handy Mandy '器用なマンディー'，Leggy Jenny '美脚のジェニー'，Hairy Mary '毛深いメアリー'。(これらの例は全て韻を踏んでいる。)

Jodi Dalton さん(アメリカ人)によると，普通所有物で修飾語が無い場合に with the NOUN の表現も使える。以下の例も Dalton さんによる。

(7-189) the girl with the eyes
'そのグループの中で，目が最もきれいな女'

(7-190) the man with the belly
'そのグループの中で，腹が最も大きい男'

(7-191) the man with the feet
'そのグループの中で，走るのが最も速い男'

「そのグループの中で，最も」を表す。やはり特別な意味を持つ。ここでも非普通所有物のグループに移っている。

Dalton さんによると，これらの例では，冠詞は不定冠詞ではなく定冠詞である。更に，(7-191)で，feet が単数形でなく，複数形であることに注意されたい。英語の例(7-146) (have an ear)と (7-147) (have an eye)も，普通所有物で修飾語が無い例であり，特別な意味(「普通よりも」)を表す。しかし，冠詞は不定冠詞であり，名詞は単数形である。

7.8.4 日本語の「ある」

「ある」は，非普通所有物の場合，修飾要素が無くても，あっても，言える。修飾要素が無い例：(7-137)「しらが」，(7-138)「ニキビ」，(7-135)「品(ひん)」，(7-136)「風格」。特別の意味(「普通よりも」)を持たない。例えば(7-138)は，ニキビが普通よりも大きいといった意味を持たない。修飾要素がある例：

(7-192)　太郎はひどいにきびがある。

　普通所有物の場合,修飾要素が無いと,特別な意味(「普通よりも」)になる。例は(7-139)(脚),(7-140)(頭),(7-141)(目),(7-142)(腕),(7-143)(体重),(7-144)(身長),(7-145)(名前)。修飾要素があると言えない。

　(7-193)＊メアリーは青い目がある。

　ここまで見た様に,日本語の所有の表現の「の」(7.8.2)と「ある」は,普通所有物で,しかも,修飾要素が無くても言える場合がある。(実は他の言語にもある。)その場合は特別な意味(「普通よりも」)を持つ。しかし,普通所有物で修飾要素が無い場合に,必ず言えるという訳ではない。次の例は全て,普通所有物の例である。(7-194),(7-195)は「所有物＋の＋所有者」の例で,(7-196),(7-197)は「ある」の例。

　(7-194)　耳の男
　(7-195)　手の女
　(7-196)　あの男は耳があります。
　(7-197)　あの女は手があります。

これらは「普通の人よりも」という意味では使えないと思う。即ち,普通所有物で修飾要素が無い場合の全てが特別な意味の表現として可能である訳ではない。(7-194)と(7-195)が使えないのは,「鼻のシラノ」や「目玉のまっちゃん」とは違い,特定の人を指さないからであろう。(7.8.2 参照。)しかし,(7-140)(「頭」),(7-141)(「目」),(7-142)(「腕」)が使えるのに,(7-196)(「耳」),(7-197)(「手」)が使えない理由は分からない。今の段階では以下のことしか言えない。もし修飾要素無しで普通所有物の表現が使えるなら,その場合には特別な意味を表す。

7.8.5　普通所有物：特別ではない意味の場合

　普通所有物であって,しかも,修飾要素が無いのに,それでもなお,所有の表現が出来る場合が二つある。

　(a) 特別な意味を持つ場合：その身体部分或いは属性について,普通ではない,「普通よりも」,或いは,特別であると言う場合。特別な意味を表せば,もはや,無駄ではない。

　(b) 特別ではない意味を持つ場合：その身体部分或いは属性は普通であって,何ら,特別なものではない。しかし,適切な文脈がある場合に限って使う。適切な文脈があれば,もはや,無駄ではない。

　(a)と(b)の観察は,初めはワロゴ語について(Tsunoda 1974：142-52,

1976)，次いでジャル語(Tsunoda 1981a：186，227-28)について述べた。

(a) の例は(7-139)から(7-145)(日本語)，(7-146)から(7-148)(英語)，(7-184)から(7-186)(ワロゴ語)である。「鼻のシラノ」，「目玉のまっちゃん」，「体重の小錦」，「身長の曙」(7.8.2)もこの例である。(ワロゴ語でも，非普通所有物の場合，特別な意味にならない。修飾要素も要らない。(7-180)(白髪)と(7-181)(病気)参照。)

(b) の例を挙げる。先ず，ワロゴ語の例を見よう。7.7で見た所有の接尾辞である。次の例は物語から採った。或る女好きの男が以下の様に言った。

(7-198) (もし，オチンチンが二つあれば，女を二人，探すのだが，残念ながら)

  ngaya   nyon.gol-ji-φ
  1単：主格 一つ-持っている-絶対格
  jombi-yi-φ．
  陰茎-持っている-絶対格
  '私はオチンチンが一つある(だけだ)．'

普通，陰茎は一つしかない。当り前のことである。しかし，当り前のことであっても，この文脈では言うことは無駄ではない。(勿論，特別な意味は表していない。)

次に，日本語の例を挙げる。次の例は「家政婦は見た」というテレビドラマをヒントに作った。家政婦が派遣先の家庭の秘密を知ってしまうという設定である。

(7-199) あの家政婦も目があるんだ。見たに違いない。

例を追加する。

(7-200) 花子は口があるんだ。秘密をしゃべったに違いない。
(7-201) (太郎が酔っぱらっている時に)
    太郎は足があるんだ。自分で歩かせろ。

英語の例を挙げる。動詞haveの例を挙げる。(7-198)の英訳を見よう。

(7-202) I have (only) one penis.

この文も，(7-198)を使った文脈で使える。疑似過去分詞の例を挙げる。Kevin Tuite(私信)によると，アメリカのある図書館で，視覚障害者にテープを貸し出すコーナーに次の様な掲示があったという。(私は，その文を正確には覚えていないが。)

(7-203) Sighted people can also borrow the tapes.
　　　　'視力のある人もテープを借りられます.'
多数の人は視力があるから，sighted people という表現は普通の状況を表している．しかし，この表現はこの状況では無駄ではない．視力のある人を視力の無い人と対照している．

7.8.6　普通所有物：「持っていない，無い」と言う表現の場合

　上述の様に，普通所有物を持っているという表現であって，しかも，修飾要素が無いのに，それでもなお，この様な言い方が出来る場合が二つある．(i) 特別な意味を持つ場合．(ii) 特別ではない意味の場合：適切な文脈がある場合．

　本節では「持っていない，無い」を表す表現を見る．普通所有物であって，しかも，修飾要素が無い場合に，その身体部分又は属性を持っていないと言う表現がある．この場合，二つの可能性がある．

　(a) その身体部分又は属性を本当に持っていない場合．
　(b) 特別な意味を表す場合．
(この事を考えたきっかけは Hilary Chappell and Wiliam McGregor (私信) の教示による．以下で述べることの詳細は角田太作(1992)に書いた．) 日本語，英語，ジャル語の例を見よう．

　[1] 日本語
　形容詞「無い」と接頭辞「無-」を検討しよう．
　(a) 形容詞「無い」．先ず身体部分の例を見る．本当に持っていない場合の例：
　　(7-204) 頭の無い死体
　　(7-205) 耳無し芳一
特別な意味の例：
　　(7-206) あの人は頭が無いねえ．
　　(7-207) あの捕手は肩が無い．
　　(7-208) 山倉選手は脚がありません．
(山倉選手は野球の巨人の捕手だった．脚が遅いので有名だった．)
　　(7-209) 骨の無い男　　　　　　　(草薙裕(私信)の例を修正した．)
7.8.1 で見た例で「普通よりも」を表すものは全て「普通よりも上」を表す．

逆に(7-204)から(7-208)は「普通よりも下」或いは「普通ほどではない」を表す。これも特別な意味である。
　次に「属性」の例を見る。本当に持っていない場合の例：
　　(7-210)　この赤ん坊は生まれたばかりだ。まだ名前が無い。
特別な意味の例を挙げる。「普通よりも下」或いは「普通ほどではない」を表す。
　　(7-211)　名前の無い選手
　　(7-212)　あの人は考えが無いねえ。
　　(7-213)　心無い人達
　　(7-214)　体重の無い力士
　(b) 接頭辞「無-」。先ず身体部分の例を見る。本当に持っていない場合の例は見つからなかった。特別な意味の例はあった。
　　(7-215)　太郎は無口です。
　　(7-216)　花子は無神経です。
これらの例も「普通よりも下」或いは「普通ほどではない」を表す。特別な意味である。
　次に「属性」の例を見る。本当に持っていない場合の例は見つからなかった。特別な意味の例はあった。
　　(7-217)　あの選手は無名です。
　　(7-218)　あの政治家は無力です。
「普通よりも下」或いは「普通ほどではない」を表す。特別な意味である。
　[2] 英語
　接尾辞 -less (Hilary Chappell and William McGregor, 私信) と形容詞 no の例が見つかった。特別な意味の例だけを挙げる。「身体部分」の例を挙げる。接尾辞 -less の例：eyeless '視力の無い' (Chappell and McGregor, 私信), headless '思慮の無い', heartless '無情な', gutless '度胸の無い', bloodless '冷淡な'。形容詞 no の例：
　　(7-219)　He has no heart. '彼は思いやりが無い。'
　　(7-220)　He has no brain.
(7-220)は日本語の(7-206)「頭が無い」に対応する。
　次に「属性」の例を挙げる。接尾辞 -less の例：mindless '愚かな', nameless '無名の', thoughtless '軽率な'。Mindless '愚かな' は日本語の(7-213)「心無い」とは違う。一方 nameless '無名の' は日本語の(7-217)「無名」に対応す

る。形容詞 no はよい例が見つからなかった。
　[3] ジャル語
　接尾辞 -mulungu '無い' がある (Tsunoda 1981a：226)。特別な意味の例だけを挙げる。身体部分の例しか見つからなかった。
　　(7-221)　milwa-mulungu '目-無い'：'視力が無い'
　　(7-222)　man.girrgirr-mulungu '耳-無い'：'聴力が無い', '愚かな'
(豪州原住民の考えでは耳が知性の在処である。)
　　(7-223)　jalany-mulungu '舌-無い'：'言語能力が無い, しゃべれない'
(豪州原住民の考えでは舌が言語能力の在処である。この考えは他の地域にもある。例えば英語の単語 language の語源はラテン語の lingua '舌' である。)

7.9　日本語の「する」,「ある」,「持つ」と「所有物＋の＋所有者」

　所有を表す動詞「する, ある, 持つ」の用法は類似点もあるが, 相違点もある。以下で検討する。同時に (7-152) の「所有物＋の＋所有者」も検討する。以下の観点から検討する。
　(a)　身体部分と属性。
　(b)　普通所有物と非普通所有物。
　(c)　修飾要素がある場合と無い場合。
　(d)　修飾要素が独立の単語である場合と複合語になっている場合。
修飾要素には形容詞, 数詞, 名詞, 接頭辞等様々ある。なお (c) は影山太郎 (1980b：12), (d) は影山 (私信) が, もともと「する」について指摘したものである。

7.9.1　「する」

　[1] 身体部分
　(a)　普通所有物の場合。「する」は修飾要素が無いと使えない (影山 1980b：12)。
　　(7-224)＊太郎は口をしている。
　　(7-225)＊花子は頭をしている。
　　(7-226)＊明子は髪をしている。
修飾要素があって, それが独立の単語である場合には使える。
　　(7-227)　太郎は大きい口をしている。

(7-228) 花子は小さい頭をしている。

(7-229) 明子は長い髪をしている。

修飾要素は独立の単語でなければならない。修飾要素があっても，それが普通所有物名詞と共に複合語を成している場合には，「する」は使えない（影山太郎，私信）。

(7-230) *太郎は大口をしている。

(7-231) *花子は小頭をしている。

(7-232) *明子は長髪をしている。

名古屋YWCAで講演を行った時，以下の様な複合語が言えると指摘して下さった方がいる。

(7-233) あの力士は太鼓腹をしている。

(7-234) あの子はドングリ眼をしている。

(7-235) 狐目をした男　（グリコ事件容疑者）

これらの複合語が適格な場合と不適格な場合を分ける条件は分かっていない。少なくとも(7-230)から(7-232)では形容詞に対応する要素（「大，小，長」）が名詞（「口，頭，髪」）を修飾していると言える。例えば*「大口」は「大きい口」を表す。一方(7-233)から(7-235)にはこの修飾関係は無い。名詞（「太鼓，ドングリ，狐」）と名詞（「腹，眼，目」）から成る複合語である。例えば*「太鼓腹」は「太鼓」が「腹」を直接，修飾するのではない。「太鼓の様な腹」という意味である。従って，以下の様に纏められそうである。これらの複合語は，形容詞的な要素が名詞をいわば修飾する場合には不適格である。しかし，名詞と名詞の複合語の場合には適格である。

(b) 非普通所有物の場合。一貫して使えない。修飾要素の有無は関係無い。修飾要素が独立の単語であるかどうかも関係無い。修飾要素が無い場合：

(7-236) *太郎は髭をしている。

(7-237) *政夫はほくろをしている。

修飾要素があって，独立の単語である場合：

(7-238) *太郎は赤い髭をしている。

(7-239) *政夫は大きいほくろをしている。

修飾要素があって，複合語になっている場合：

(7-240) *あの医者は赤髭をしている。

［2］属性

(a) 普通所有物の場合。修飾要素が無いと使えない。
　(7-241)＊あの男は性格をしている。
　(7-242)＊あの力士は体重をしている。
修飾要素があって、独立の単語であれば、使える。
　(7-243)　あの男は異常な性格をしている。
　(7-244)　あの力士はもの凄い体重をしている。
修飾要素があっても、複合語になっている場合は使えない。
　(7-245)＊あの男は異常性格をしている。
(b) 非普通所有物の場合。一貫して使えない。修飾要素の有無は関係無い。修飾要素が独立の単語であるかどうかも関係無い。修飾要素が無い場合：
　(7-246)＊花子は才能をしている。
　(7-247)＊太郎は風格をしている。
修飾要素があって、独立の単語である場合：
　(7-248)＊花子は特殊な才能をしている。
　(7-249)＊太郎は立派な風格をしている。
修飾要素があって、複合語に成っている場合：
　(7-250)＊花子は特殊才能をしている。

7.9.2 「ある」
［1］身体部分
(a) 普通所有物の場合。修飾要素が無いと通常、使わない。
　(7-251)　太郎は足がある。
　(7-252)　花子は目がある。
しかし、使う場合が二つある。(i)「普通よりも」を表す場合。特に、普通よりも優れた能力を表す。例は(7-139)(脚)から(7-142)(腕)。(ii)当り前のことを言うのでも、適切な文脈があれば、言う価値のある場合。例は(7-199)(目)、(7-200)(口)、(7-201)(足)。
修飾要素があって、それが独立の単語である場合、通常、使わない。
　(7-253)＊太郎は大きい口がある。
　(7-254)＊花子は大きい目がある。
しかし、角田三枝(私信)によると、使える場合もあるらしい。この場合、身体部分が何らかの意味で武器であることを表しているという。特に「に」がある

場合にはその意味がはっきりすると言う。
　（7-255）　太郎には大きい口がある。
　（7-256）　花子には大きい目がある。
もしこの様な言い方が可能だとしたら，それは多分「当り前のことだが，言う価値がある」の一種であろう。
　修飾要素があって複合語になっている場合にも，使えない。
　（7-257）＊太郎は大口がある。
　（7-258）＊花子は大目がある。
　（7-259）＊あのトナカイは赤鼻がある。
　（7-260）＊アンは赤毛がある。
（「赤鼻のトナカイ，赤毛のアン」は言える。7.9.4で考察する。）
　(b) 非普通所有物の場合。一貫して使える。修飾要素の有無は関係無い。修飾要素が独立の単語であるかどうかも関係無い。修飾語が無い場合の例は（7-137）（しらが），（7-138）（にきび）と：
　（7-261）　太郎は髭がある。
　（7-262）　政夫はほくろがある。
　修飾要素があって，それが独立の単語である場合の例：
　（7-263）　太郎は白い髭がある。
　（7-264）　政夫は大きいほくろがある。
　修飾要素があって，複合語になっている場合の例：
　（7-265）　あの医者は赤髭がある。
　[2] 属性
　(a) 普通所有物の場合。修飾要素が無い場合は，通常，使わない。
　（7-266）　花子は性格がある。
　（7-267）　太郎は態度がある。
しかし，使える場合が二つある。(i)「普通よりも」を表す場合。例は（7-143）（体重），（7-144）（身長），（7-145）（名前）。(ii) 適切な文脈では使える場合。例を挙げる。
　（7-268）　花子にだって性格があるんだ。良い面もあるだろう。
　修飾要素があって，それが独立の単語である場合は，使えない。
　（7-269）＊花子は明るい性格がある。
　（7-270）＊太郎は慎重な態度がある。

修飾要素があって，複合語になっている場合にも，使えない。
　（7-271）＊花子は明朗性格がある。
　（7-272）＊太郎は慎重態度がある。
　(b) 非普通所有物の場合。一貫して使える。修飾要素の有無は関係無い。修飾要素が独立の単語であるかどうかも関係無い。修飾要素が無い場合の例：
　（7-273）　花子は才能がある。
　（7-274）　太郎は風格(又は，貫禄)がある。
修飾要素があって，それが独立の単語である場合の例：
　（7-275）　花子は特殊な才能がある。
　（7-276）　太郎は堂々たる風格がある。
修飾要素があって，複合語になっている場合の例：
　（7-277）　花子は特殊才能がある。

7.9.3　「持つ」

［1］身体部分
　(a) 普通所有物の場合。修飾要素が無いと，通常，使わない。
　（7-278）　太郎は足を持っている。
　（7-279）　花子は目を持っている。
　（7-280）　昭夫は頭を持っている。
「普通よりも」の意味でも使わない。例えば(7-278)は(7-139)「脚がある」とは異なり，普通よりも走るのが速いという意味を表さない。しかし適切な文脈では使える。
　（7-281）　あの家政婦も目を持っているんだ。秘密を見たに違いない。
　（7-282）　太郎は足を持っているんだ。自分で歩かせろ。
　（7-283）　昭夫は頭を持っているんだ。自分で考えさせろ。
修飾要素があって，それが独立の単語である場合，通常，使わない。これも例は(7-124)(大きい目)と：
　（7-284）　太郎は大きい口を持っている。
しかし，角田三枝(私信)と征矢野文恵(私信)によると，この様な文も武器，道具として，或いはその機能を述べる場合には使えるという。これも多分「当り前のことだが，言う価値がある」の一種だろう。例を追加する。
　（7-285）　あの女は長い爪を持っている。気をつけろ。

(7-286)　あの男は丈夫な胃を持っている。(征矢野文恵，私信)
　　　(7-287)　あの男は強い心臓を持っている。(征矢野文恵，私信)
　　修飾要素があっても，複合語になっている場合には，使えない。
　　　(7-288)＊太郎は大足を持っている。
　　　(7-289)＊アンは赤毛を持っている。
　　　(7-290)＊明子は長髪を持っている。
　　　(7-291)＊あのトナカイは赤鼻を持っている。
　　(b) 非普通所有物の場合。一貫して使えない様だ。修飾要素が無い場合：
　　　(7-292)＊太郎は髭を持っている。
　　　(7-293)＊政夫はほくろを持っている。
「普通よりも」を表せない。適切な文脈では使えるかも知れないが良い例が見当たらない。
　　修飾要素があって，それが独立の単語である場合：
　　　(7-294)＊太郎は白い髭を持っている。
　　　(7-295)＊政夫は大きいほくろを持っている。
　　修飾要素があって，複合語になっている場合：
　　　(7-296)＊あの医者は赤髭を持っている。
　［2］属性
　(a) 普通所有物の場合。一貫して使えない様だ。修飾要素が無い場合：
　　　(7-297)＊太郎は性格を持っている。
　　　(7-298)＊花子は態度を持っている。
「普通よりも」を表せない。適切な文脈では使えると思うが，良い例が見当たらない。
　　修飾要素があって，それが独立の単語である場合：
　　　(7-299)＊太郎は明るい性格を持っている。
　　　(7-300)＊花子は慎重な態度を持っている。
　　修飾要素があって，複合語になっている場合：
　　　(7-301)＊太郎は明朗性格を持っている。
　　　(7-302)＊花子は慎重態度を持っている。
　(b) 非普通所有物の場合。多くの名詞は使えないが，使える名詞もある。多くの名詞は修飾要素が無いと使えない。
　　　(7-303)＊太郎は貫禄を持っている。

(7-304)＊花子は気品を持っている。
(7-305)＊秋子は魅力を持っている。
しかし，使える名詞もある。
(7-306) 花子は才能を持っている。
どの様な名詞が使えるのか，今のところ分からない。
　修飾要素があって，それが独立の単語であると多くの名詞は使えない。
(7-307)＊太郎は堂々たる貫禄を持っている。
(7-308)＊花子は類稀な気品を持っている。
しかし，(7-306)に修飾要素が加わったものは，当然，使える。
(7-309) 花子は特殊な才能を持っている。
面白いことに，(7-305)は不適格だが，修飾要素が加わると適格になる。
(7-310) 秋子は不思議な魅力を持っている。
修飾要素があって，複合語になっている場合。例を作るのは難しいが，少なくとも，下記の言い方は可能であると思う。
(7-311) 花子は特殊才能を持っている。
　上述の様に，「属性」の非普通所有物の場合，「持つ」の用法の可能性は名詞によって，更に，修飾要素の有無によって異なる。使える条件は現在のところ不明である。
　「身体部分」の場合は，普通所有物と非普通所有物の区別はかなり明快である。(峻別出来ないかも知れないが。) 外見で分かるからである。しかし「属性」の場合は，普通所有物と非普通所有物の区別は困難なことがかなりある。外見では分からないからである。(実は，これは「持つ」だけでなく，他の表現の場合も同様である。) このことが，「属性」の非普通所有物の場合に，「持つ」の用法の分析が困難であることの一因かも知れない。

7.9.4　「所有物＋の＋所有者」
［1］身体部分
　(a) 普通所有物の場合。修飾要素が無いと，通常，使えない(7.8.1)。例は「＊髪の少女」，「＊目の少女」。しかし，少数ながら使える例がある(7.8.2, 7.8.5)。「鼻のシラノ」，「目玉のまっちゃん」。使えるのは所有者が特定の人の場合である。そして，「普通よりも」を表す。
　修飾要素があって，それが独立の単語である場合にも使える(7.8.1)。例は

「長い髪の少女」,「青い目の少女」。

　修飾要素があって，複合語になっている場合にも使える。例は「長髪の少女」,「碧眼の少女」。特定の人を指す例もある。例は「赤毛のアン」,「片目のジャック」。

　(b) 非普通所有物の場合。一貫して使える。修飾要素の有無は関係無い。修飾要素が独立の単語であるかどうかも関係無い。修飾要素が無い場合の例は「髭の男」,「ほくろの男」,「にきびの少年」。

　修飾要素があって，それが独立の単語である場合の例は「白い髭の男」,「大きいほくろの男」。

　修飾要素があるが，複合語になっている場合の例は「赤髭の男」。

　[2] 属性

　(a) 普通所有物の場合。修飾要素が無い場合は，通常，使えない(7.8.1)。例は「*性格の男」,「*態度の女」,「*体重の力士」。これらは「普通よりも」を表せない。但し，所有者が特定の人の場合には使える。そして，「普通よりも」を表す(7.8.2, 7.8.5)。例は「体重の小錦」,「身長の曙」。

　修飾要素があって，それが独立の単語である場合には使える。例は「明るい性格の男」,「慎重な態度の女」,「もの凄い体重の力士」。

　修飾要素があって，複合語になっている場合には使える。例は少ない。例は「明朗性格の男」。

　(b) 非普通所有物の場合。修飾要素が無いと使えない。「*才能の女」,「*風格の男」参照。これらは「普通よりも」を表せない。但し，「才能の永川」という言い方が可能であると指摘した人がいる。(広島東洋カープの永川勝治投手である。)「普通よりも」を表す様だ。所有者が特定の人であれば言えるのであろう。

　修飾要素があって，それが独立の単語である場合には使える。例は「特殊な才能の女」,「立派な風格の男」。

　修飾要素があって，複合語になっている場合には使える。例は少ない。例は「特殊才能の女」。

7.9.5　7.9 のまとめ

　上で見たことを表7-5に纏めた。いくつか，面白い事実が浮かび上がった。

表7-5 日本語の所有の表現

	する	ある	持つ	所有物＋の＋所有者
身体部分				
普通所有物				
修飾要素無し	−	「普通よりも」，適切な文脈	適切な文脈	「普通よりも」（特定の人）
独立の修飾語	＋	適切な文脈（？）	適切な文脈（？）	＋
複合語	−	−	−	＋
非普通所有物				
修飾要素無し	−	＋	適切な文脈（？）	＋
独立の修飾語	−	＋	−	＋
複合語	−	＋	−	＋
属性				
普通所有物				
修飾要素無し	−	「普通よりも」，適切な文脈	適切な文脈（？）	「普通よりも」（特定の人）
独立の修飾語	＋	−	−	＋
複合語	−	−	−	＋
非普通所有物				
修飾要素無し	−	＋	−，＋	「普通よりも」（特定の人）
独立の修飾語	−	＋	−，＋	＋
複合語	−	＋	＋	＋

「する」の用法には強い限定がある．身体部分と属性の両方に使える．しかし，普通所有物に限る．非普通所有物には使えない．更に，修飾要素があって，それが独立の単語である場合に限る．（但し，名詞と名詞の複合語では，言えるものがある．）

「ある」の用法もかなり限定がある．身体部分と属性の両方に使える．しかし，通常の用法では非普通所有物に限る．普通所有物に使う場合もある．しかし，「普通よりも」を表すか，又は適切な文脈でのみ使う．

「持つ」の用法もかなり限定がある．通常の用法では，身体部分には使わない．但し適切な文脈では使える．属性には使える．しかし，非普通所有物に限る．

「する」と「ある」はかなり見事な相補分布を示す．特に非普通所有物の場

合，「身体部分」でも「属性」でも完璧な相補分布を示す。

この様に，英語なら動詞 have 一つで表現するところを，日本語ではこれらも動詞を使い分けている。

「所有物＋の＋所有者」の用法は上述の三つの動詞ほどは限定が強くない。

興味深いことに，「ある」と「名詞＋の＋名詞」は特別な意味「普通よりも」があるのに，「する」と「持つ」には無い。（7.8.2 で「名詞＋の＋名詞」を，7.8.4 で「ある」を特別に考察したのは，このためである。）従って，普通所有物で修飾語が無い場合に必ず特別な意味を表すという訳ではない。もしこの様な表現を用いるとしたら，その場合には特別な意味を表すということである。

7.10　第7章のまとめ

本章は所有傾斜を紹介し，それが日本語の所有者敬語を初めとして，日本語，英語，ワロゴ語，ジャル語等の様々な，所有の表現に反映していることを示した。又所有の表現を研究する際に，普通所有物と非普通所有物を区別することの重要さも示した。

日本語の敬語は特殊なものであると思っている人がいるらしい。しかし（7-45）や図7-3が示す様に，日本語の所有者敬語の背景にある原理は，実は，日本語独特のものではなく，かなり普遍的なものである。敬語の表面だけを見ないで，一皮剥いて見ると，日本語の敬語が決して特殊なものではないことが分かる。

第8章　主語，主格，主題，動作者：
　　　　文法分析の四つのレベル

8.1　はじめに

　第1章から第7章まで「主語」という術語を何度か用いた。実は，主語とは何か，厳密に考えると，非常に難しい問題にぶつかる。今までは主語を定義しないままで使って来た。以下では，主語と主語に関連する現象を厳密に検討する。

　本章で述べることは Daneš(1966), Fillmore(1968), Keenan(1976), 柴谷/Shibatani(1977, 1978, 1984, 1985), Comrie(1981：51-79, 98-116)等が提案した考えを，私なりに纏め直したものである。特に日本語の主語に関しては柴谷の研究に負うところが多い。しかし私の考えは彼の考えと異なる点もある。(その点については，8.11.2, 8.11.3, 8.11.4, 8.11.7 で触れる。)

　主語と主語に関連する現象について考えることは，一般言語学の面でも，日本語の研究の面でも，重要である。重要である理由を見て行こう。先ず，一般言語学について。

　(a) Keenan and Comrie(1977)は，関係節の作り易さについて下記の名詞句階層を提案した。

　　(8-1)　主語　＞　直接目的語　＞　間接目的語　＞　斜格目的語　＞
　　　　　所有格　＞　比較の対象

彼らによると，一般に，関係節は主語で最も作り易く，右へ行く程，作りにくくなる。(実例は角田太作(1983a, 2005b：644-45)に紹介した。)

　(b) Comrie(1976)によると，使役文の作り方には，(8-1)と同じ様な名詞句階層が働いている。

　(c) Relational Grammar 関係文法と呼ぶ文法理論は，(8-1)と同じ様な名詞句階層が世界の言語の文法で，基本的な単位であると主張する。Gary and Keenan(1977), Johnson(1977)等参照。

　上に挙げた研究では，主語，目的語等が世界の諸言語の文法で重要な役割を持つと考える。しかし，別の考えもある。

　(d) 5.2で述べた様に，主語の概念が世界の言語に当てはまるとは限らな

い，当てはまらない言語もあるという主張もある。Foley and Van Valin(1977, 1984)，Van Valin(1977)等参照。

(e) Li and Thompson(1976)は，世界の諸言語の分類の基準の一つとして，subject-prominent(主語中心)の型と topic-prominent(話題中心又は主題中心)の型を提案した。(角田太作(2005b：635-36)に紹介した。) 彼らによると，英語は前者の例で，主語が重要な役割を持つ。一方，中国語は後者の例で，話題・主題が重要な役割を持ち，主語の役目は小さい。

(d)と(e)の考えは(a)，(b)，(c)の考えとはかなり違う。特に(c)とは矛盾する。

では，一体，主語は世界の諸言語で重要な役目を持つのであろうか？或いは，持たないのであろうか？そもそも，主語とは何だろうか？又，主語と話題・主題の関係はどんなものだろうか？

日本語の研究に限定して見ると，この問題を考えることが重要である理由が，少なくとも二つある。

(f) 三上章は三上(1960, 1963, 1972)等一連の著作で，主語廃止論を展開した。日本語に主語は要らない，日本語で重要なのは主題であると主張したのである。三上の説は妥当なのであろうか？三上の研究は後の日本文法研究に大きな影響を与えたので，この主語廃止説は無視出来ない。検討する必要がある。そもそも，日本語では，主語とは一体どんなものなのだろうか？ (三上の説の紹介と検討は北原(1975)，柴谷(1978：194-97)，小池(1987：104-25)等にある。又，日本語における主語に関する様々な考えは堀田・桑門(1965：125-35)，大久保(1982：415-43)，柴谷(1978)，小池(1987：104-25)等にある。)

(g) 日本語の研究では，「主語」の他に，「主格」，「主題」(又は「話題」)，「動作主体」(又は「主体」，「動作者」)等，「主語」とよく似た術語を使う。これらは，後で見る様に，お互いに関係はあるが，性質の違うものである。しかし，これらをきちんと区別しないで，混乱が起こることがしばしばある。(実は他の言語の文法研究でもある。) 同じものだと思っている人もいるらしい。(その実例は8.3で挙げる。) では，これらはどの様な関係にあり，どの様な点で違うのであろうか？このことを考えることも重要である。

主語，主格等を区別していない，混乱があると思われる例を挙げる前に，先ず，これらがどんなものであるかを，大まかに示す。

8.2　四つのレベル

　文法の研究をする時に，下記の四つのレベルを区別することが大切である：意味役割，格，情報構造，文法機能。これらを一つずつ考察する。

　[1]　意味役割(semantic roles)のレベル

　意味役割は，文の中にある名詞，代名詞，副詞等が表す意味を，主に動詞との関係で，分類したものである。世界の諸言語の研究で，下記の様なものを用いている。

　　　　動作者(又は，動作主体とも)，対象，受取人，受益者，感情・感覚の持
　　　　ち主，所有者，仲間，行き先，出発点，場所，時間，道具，等

これらを，もっと細かく分類することも可能である。又，いくつかを纏めることも可能である。例えば，本書では，今まで，動作者と言う時，実は，上の分類でいう感情・感覚の持ち主と所有者をしばしば含めていた。これ以外のものを設定することも，勿論，可能である。

　[2]　格(cases)のレベル

　第3章で述べた様に，格は名詞，代名詞，副詞等の形の一種である。接辞又は側置詞で表現することが多い。格は形に関することであることを強調しておく。(下で見る働き・役目・機能とは別のものである。)又，ゼロ格も格の一種である。世界の諸言語の文法書では，下記の様な格の名称を使っている。

　　　　主格，対格，能格，絶対格，与格，所格，方向格，奪格，仲間格，道具
　　　　格，所有格，等。

日本語の格には，仮に以下の名前を付けておく。

　　　　が：主格，を：対格，に：与・所格，で：所・道具格，へ：方向格，
　　　　から：奪格，と：仲間格，の：所有格，ゼロ：ゼロ格，等

「が格，を格，に格」等と呼ぶ方法もある(鈴木重幸1972：206)。この方法は単純明快である。しかし，世界の諸言語と比べる時には不便である。「主格，対格」といった，諸言語の文法書で使う用語の方が比較に便利である。(私が習った独語の教科書は，格の名称に「1格，2格，3格，4格」を使っていた。これでは一体何だか分からない。独語の格の意味や用法は他の言語との共通点があるのに，こんな名前では共通点が分からない。実は，1格は主格，2格は所有格，3格は与格，4格は対格である。一般言語学的に通用しない術語は好ましくない。)

　[3]　情報構造(information structure)のレベル

情報構造は単純化して言うと，文の表す内容であり，状況，文脈によって決まるものである。情報構造の分類は様々な提案がある。（情報構造の一般論については Brown and Yule（1983）を，日本語については三上（1960），柴谷，他（1982：100-08）等参照。）その内，代表的な分類を二つ紹介する。（定義も例文も単純化したものである。）

分類1：「topic（主題又は話題）」対「comment（評言）」。或る文の中で「これから…について述べる」と示す部分が主題で，それについて述べる部分が評言である。日本語では「は」がしばしば主題を表す。（4.6 参照。）

(8-2) 太郎さんは　木更津へ行きました。
　　　　主題　　　　評言

分類2：「旧情報」対「新情報」。或る文脈で，既知の事柄は旧情報であり，未知の事柄は新情報である。例えば，次の質問：

(8-3) 今年はどのチームが優勝するだろう？

への答えでは，以下の通りである（柴谷，他：1982：101-02）。

(8-4) タイガースが　優勝する。
　　　　新情報　　　　旧情報
(8-5) 優勝するのは　タイガースだ。
　　　　旧情報　　　　新情報

[4] 統語機能（grammatical functions, syntactic functions, grammatical relations 等）のレベル

これは，名詞，代名詞，副詞等の，文中での役目，働き，振る舞い，使い方による分類である。この説明だけでは，何のことか分からないかも知れない。英語における統語機能を 8.9 で，日本語における統語機能を 8.11 で，考察する。統語機能のレベルには，次の様な用語をしばしば用いる。

　　主語，目的語（直接目的語，間接目的語），状況語，呼掛け語，等

（本書の初版では「統語機能」ではなく「文法機能」という術語を用いた。しかし意味するところは文法の機能一般ではなく，統語的な機能である。尾上圭介（私信）の提案を採用して，改訂版では「統語機能」を用いる。又，本書の初版では「状況語」ではなく「副詞句」という術語を使った。多くの研究者が「副詞句」という術語を使う。しかし，「副詞句」は，名詞句，形容詞句，動詞句，副詞句等という分類に用いるべきものである。統語機能の分類に用いるのは望ましくない。野島本泰（私信）の提案を採用して「状況語」を用いる。「状

況語」は鈴木(1972)等が用いている。)

　意味役割にどの様なものがあるかという点では，世界の言語は同じである。世界のどの言語でも[1]に列挙したものを表現する。例えば，動作者を表現しない言語は無いであろう。

　同様に，情報構造の中身も世界の言語に共通であろう。例えば，どの言語でも，或る文脈で，既知の事柄と未知の事柄が有るだろう。旧情報だけの言語，或いは新情報だけの言語は先ず考えられない。(但し，旧情報が大部分という場合はある。例えば，同窓会で同じ思い出話を繰り返す場合である。新しい知見の無い論文もそうである。逆に，新情報が大部分という場合もある。例えば，よく知らない分野の論文を読む場合である。) 又，どの言語でも，或る文脈で，主題と評言の区別があるだろう。日本語の「は」の様な，主題を示す印がその言語に有るかどうかは別として。主題を示す印が無い言語でも，主題と評言の区別が有るだろう。

　しかし，格は世界の言語に共通ではない。例えば，ワロゴ語，ジャル語には能格と絶対格があるが，日本語，英語には無い。(3.2 参照。) 日本語には仲間格と呼べるもの(「と」)があるが，ジャル語には無い。(ジャル語では，仲間を表すのには，私が所格と呼んだものを普通，使う。)

　統語機能も言語毎に違う。例えば，或る言語では主語を設定することが有益だと言えても，他の言語でもそうである保証は無い。だからこそ，日本語に主語は要らないという主張も生じうるのだ。

　上述の様に，意味役割と情報構造は世界の言語に共通であろう。従って「日本語は動作者を表すか，表さないか」といった論争は起こらない。「日本語には旧情報が有るか，無いか」といった論争も無い。

　格は名詞，代名詞，副詞等の形である。従って，或る言語にどの様な格が有るかは明白である。(どの様な名称が適切か，という点では意見が分かれることもあろうが。) 従って，「日本語に主格があるか，無いか」といった論争も起こらない。

　しかし，統語機能は難しい問題である。機能，役目といったものは目に見える形で現れるとは限らない。従って，或る言語にどの様な統語機能を設定するかについて，意見が分かれることがしばしばある。だからこそ，日本語に主語は無いという主張も起こるのである。

8.3 混乱の例
8.3.1 はじめに

8.2で見た様に，動作者(又は動作主体)，主格，主題(又は話題)，主語は別のものである。異なるレベルに属する。区別する必要がある。しかし，これらを区別しない研究がある。区別しないと，混乱や不都合なことがしばしば起こる。

以下の能動文と受動文の対を比べて見よう。

(8-6)　　　　　太郎が　　花子を　　褒めた。
　　　意味役割：　動作者　　対象
　　　格：　　　　主格　　　対格
(8-7)　　　　　花子が　　太郎に　　褒められた。
　　　意味役割：　対象　　　動作者
　　　格：　　　　主格　　　与・所格

意味役割の面では「太郎」は能動文でも受動文でも，一貫して動作者である。「花子」は能動文でも受動文でも，一貫して対象である。即ち，意味役割は能動と受動の区別とは無関係である。しかし，格の面では，「太郎」は(8-6)では主格を持つが，(8-7)では与・所格を持つ。「花子」は(8-6)では対格を持つが，(8-7)では主格を持つ。即ち，動作者が主格を持つとは限らないし，又，対象が対格を持つとは限らない。従って，意味役割のレベルと格のレベルを区別することは重要である。

情報構造のレベルと統語機能のレベルも含めて，これらの四つのレベルを区別することの重要さを8.4以下で示す。

上述の様に，これらのレベルを区別しないために，混乱が起こる場合がある。動作者(即ち，意味役割)と主格(即ち，格)を区別しないために起こったと思われる混乱の例を8.3.2で，主格と主語(即ち，統語機能)を区別しないために起こったと思われる混乱の例を8.3.3で，主語と主題(即ち，情報構造)を区別しないために起こったと思われる混乱の例を8.3.4で，見る。

8.3.2 動作者(即ち，意味役割)と主格(即ち，格)を区別しない場合

柴谷(1978：340-42)は日本語の尊敬語で被尊敬者(即ち，敬意の対象，7.1.1参照)は何であるかを考察した先行研究をいくつか紹介し，それらの問題点を指摘している。実は，これらの先行研究の問題点は，本章で検討しているレベルを区別しないことから起こったのである。次の文を見よう。

(8-8)　　　　　　　　竹下さんが　田中さんを　お招きになった。
　　　　　格：　　　　主格　　　　対格
　　　　　意味役割：　動作者　　　対象

上の文で被尊敬者は竹下さんである。この場合，竹下さんは，意味役割の面では動作者であり，又，格は主格で表している。さて，柴谷が検討した先行研究では尊敬語の被尊敬者をどう規定しているだろうか？

　先ず，柴谷は渡辺実(1971：429)の説を紹介している。渡辺は尊敬語を以下の様に規定した。

(8-9)　話手が話題の為手に対して抱く敬意を表す敬語

為手とは，本書でいう動作者と同じであると思われる。（渡辺実(p.425)参照。）確かに(8-8)では被尊敬者は動作者である。しかし，柴谷が指摘する様に，渡辺の考えには不都合な点がある。即ち，尊敬語での被尊敬者はいつも動作者であるとは限らない。受動文では被尊敬者は対象である。

(8-10)　　　学長が　　田中先生を　　褒めていらっしゃいます。
　　　　　　主格　　　対格
　　　　　　動作者　　対象
(8-11)　　　田中先生が　学長に　　褒められていらっしゃいます。
　　　　　　主格　　　　与・所格
　　　　　　対象　　　　動作者

（上の例は小林典子(私信)のものを少し修正した。）受動文では，被尊敬者は動作者ではなくて，対象である。（格は主格「が」で表している。）従って，尊敬語での被尊敬者は動作者であるという説は適切ではない。（この様な考えは能動文だけを考察して，受動文を考慮しなかったのであろう。受動文も考慮しなければならない。）

　柴谷は加藤(1973：32)の説も紹介している。加藤は尊敬語を以下の様に規定した。

(8-12)　　文中の人物に対する敬意を表すもので，述語部分はその主格への敬意を表現している。

確かに(8-8)，(8-10)，(8-11)では，被尊敬者は主格で表している。しかし，柴谷の指摘する通りに，加藤の説も不都合な点がある。即ち，被尊敬者をいつも主格で表すとは限らない。

(8-13)　山田先生には　英語が　よくおわかりにならない。
　　　　与・所格　　　主格
　　　　知識の持ち主　対象　(柴谷1978：342の例文を一部修正した。)

この場合，被尊敬者は与・所格「に」で表している。従って，被尊敬者は主格で表すという考えは適切ではない。

　柴谷は扱っていないが，尊敬語の被尊敬者を主格，与・所格以外の格で表す場合もある。(8-14)は所・道具格，(8-15)は奪格，(8-16)は所有格の例である。

(8-14)　宮内庁では　今，花嫁候補を　探しておられます。
　　　　所・道具格　　　　対格
　　　　動作者　　　　　　対象
(8-15)　お父さんから　少し　小言を　おっしゃってくださいよ。
　　　　奪格　　　　　　　対格
　　　　動作者　　　　　　対象
(8-16)　田中先生の　お書きになった　本
　　　　所有格
　　　　動作者　　　　　　　　　　　対象

(例文(8-14)の「宮内庁」も広い意味での動作者である。動作者が組織，団体等である場合，格は「で」をしばしば使う。)

　ここまでは，被尊敬者を主格以外の格で表す場合があることを見た。被尊敬者は主格で表すという説は適切ではない。では，逆に，主格で表したものは必ず被尊敬者なのだろうか？次の例文を検討しよう。

(8-17)　田中先生が　　タバコが　お嫌いである(こと)。
　　　　主格　　　　　主格
　　　　感情の持ち主　対象

意味役割の面では「田中先生」は感情の持ち主であり，「タバコ」は対象である。しかし，格の点では共に，主格「が」である。被尊敬者は明らかに「田中先生」である。「タバコ」は主格で表してはいるが，被尊敬者ではない。従って，主格で表したものが必ず被尊敬者になるとは限らない。(柴谷1978：225-27参照。)(この二つの例文で，二番目の「が」は主格ではなくて，対象格と呼ぶ立場がある。この様に考えれば，これらの例では主格が被尊敬者を表すと言える。しかし，8.3.3で見る様に，この二番目の「が」を主格と区別する考

えには問題がある。)

この様に，尊敬語の被尊敬者はいつも主格で表すとは限らない。主格以外の格で示す場合もある。逆に，主格がいつも被尊敬者を表すとは限らない。主格が被尊敬者を表さない場合もある。従って，尊敬語の被尊敬者は主格で表すという考えは適切ではない。(この考えは「が＋を」文だけを考慮していたのかも知れない。「が＋を」以外の文も考慮しなければならない。)

従って，尊敬語の被尊敬者は何であるかを考察した先行研究には問題点がある。この原因は(少なくとも原因の一つは)動作者と主格を区別しなかったこと，即ち，意味役割(動作者等)のレベルと格のレベル(主格等)を区別しなかったことであると思われる。

8.3.3 主格(即ち，格)と主語(即ち，統語機能)を区別しない場合

5.2 で，文法の研究では意味の面と形の面の区別が重要であることを述べた。8.3.2 で挙げた例は動作者(即ち，意味の面)と主格(即ち，形の面)を区別していないと思われる例である。

文法の研究では，更に，機能(働き，役目，使い方)を区別することが重要である。主語，目的語等，統語機能と呼ぶものは，機能の面に関することである。日本語の研究の中には，主格等(格のレベル)と主語等(統語機能)を区別しないで，混乱していると思われるものがある。例を挙げる。

主語と主格を同一視する研究は，数十年前から現在まで，多数ある。例えば，鈴木一彦(1981：37)によると，時枝誠記は主語を次の様に規定している。

(8-18) 「何がどうするか」「何がどんなであるか」「何が何であるか」の…「何」を表している語を主語という。

同じ様な規定が佐伯(1959：114)にもある。はっきりとは書いてないが，主格「が」と主語を同一視しているらしい。はっきり書いてあるものもある。

(8-19) 主語は「体言＋が」から成り……　　　　　(浅野 1973：5)

橋本(1969：81)は，主語は「が」で示す場合もあるし，「の」で示す場合もあるとしている。しかし，「…「が」は…主語を示す」と書いているので，結局，「が」が示すものは，全て，主語であると言っていることになる。松下(1977：228-30)もそうである。

主格と主語を同一視する考えには，問題が少なくとも二つある。

問題1。主格が無い文がある。例は(8-14)(「で＋を」)と(8-15)(「から＋

を」)。主格と主語を同一視する人達の考えでは，この様な文には主語が無いということになる。しかし，管見では彼らはこの様な文に主語があるか無いか，言明していない。主格の無い文を考慮しなかったらしい。主格の無い文も考慮しなければならない。更に，関係節の中に所有格が出て，主格が無い場合がある。例は(8-16)。主格と主語を同一視する考えでは，この様な関係節には主語が無いということになる。私の分析では，(8-14)の「で」の名詞句，(8-15)の「から」の名詞句と(8-146の「の」の名詞句は主語である。即ち，主語と主格を同一視しない。詳細は8.11.2で述べる。

問題2。主格と主語を同一視する考えは，主格が一つしか無い文では問題無い。主格の名詞句が主語であると言えばよい。例は(8-6)から(8-8)と(8-10)，(8-11)。しかし，柴谷(1978：180)の指摘する様に，主格が二つある文では，主語が二つあるということになってしまう。例は(8-17)。次の様な文も同様である(柴谷 1978：178)。

　　(8-20)　Aが　Bが　飲みたい，食べたい，読みたい，等。
しかし，主語と主格を同一視する人達も，これらの文に主語が二つあるとは言わない様だ。ここに矛盾がある。

問題1と問題2は格のレベルと文法機能のレベルを区別しないことから生じた問題点である。

ちなみに，時枝誠記(1950：220)は(8-17)と(8-20)の様な文の二番目の「が」を主格と呼ばないで，対象格と呼ぶ。この立場を取れば，これらの文には主格は一つしかなく，これらの文で主語は一番目の「が」だと言える。即ち，対象格を導入すると，これらの文に主語は二つあることになるという問題点を回避する方法になりうる。しかし，時枝の考えには問題がある。国語学会(編)(1955：615-16)と柴谷(1978：226-28)もその問題点を指摘している。私の考えでは，時枝の説の問題点は以下の二つである。

問題1。形が同じなのに，意味或いは用法が違うからと言って，格を区別したら，大きな問題が起こる。例えば，「で」格だけでも，動作者を表す場合は動作者格(例文は(8-14))，場所を表す場合は所格，道具を表す場合は道具格，原因を表す場合は原因格等，多数になってしまう。「が」格を主格と対象格に分けるのなら，「で」格も，他の格も細かく分ける理由がある。しかし，この方法を採用すると，格の数が膨大になり不便である。

問題2。(8-17)と(8-20)の様な文では，二つの名詞句は，形は同じであ

るが，統語的な働きが違う．即ち，格は同じであるが，統語機能が違うのである．(8.11.2 と 8.11.3 で考察する．) 時枝は格のレベルと統語機能のレベルを分けていない．その結果，不必要に格の数を増やしてしまった．

8.3.2 で意味役割のレベルと格のレベルを区別しない研究の例を，8.3.3 では格のレベルと統語機能のレベルを分けない研究の例を挙げ，その問題点を述べた．例を挙げる際に，日本語の文法研究で巨匠，大家と呼ばれている人達の研究を主に引用した．彼らの影響は今でも残っている．上に挙げたレベルを区別しないで，混乱が起こっている研究が今でもある．

8.3.4 主語(即ち，統語機能)と主題(即ち，情報構造)を区別しない場合

三上章(1960 等)の研究の影響か，主題は主語と違うということは，広く理解されている様だ(金田一 1957：182-86 参照)．しかし，私が大学受験の勉強をしていた時に使った国文法の参考書，保坂(1950：38)は主語を以下の様に規定している．

　　(8-21)　　述べられる主題となるもの
主語の例として下記の例文等が挙げてある．
　　(8-22)　　太陽が　昇った．
　　(8-23)　　富士山は　美しい．
　　(8-24)　　社会は　共同体である．
この見解では，主語と主題を区別していない様だ．(8.2-[3]で述べた様に，「は」の機能の一つは主題を表すことであると言われる．) 又，例文を見ると，主格も区別していない様だ．結局，主格，主題，主語を区別していない様だ．

私は大学院生だった頃，中学生と高校生を対象に，国文法の授業をしたことがある．(8-21)と同じ様なことが教科書に書いてあった．練習問題に以下の様な文(正確には覚えていないが)が載っていた．
　　(8-25)　　この本は　太郎が　買った．
(8-21)の規定を文字通りに解釈すれば，主語は「この本は」である．しかし，教科書は「太郎が」を主語としていた．生徒達は，そして私も，混乱した．この教科書の著者も主題と主語を区別していない様だ．

上で，日本語の文法の研究で，意味役割，格，情報構造，文法機能の四つレベルを区別しないで，混乱が起こった例を見た．これらのレベルは相互に関連がある．動作者，主格，主題，主語が一致することは確かに多いであろう．

((8-173)参照。)しかし,これらは別のレベルに属するものである。しかも,いつも一致するとは限らない。即ち,これら四つのレベルの間に一対一の対応は無い。これらのレベルを区別し,その間の関連を見ると同時に,その間の食い違いも見ておいて,これらのレベルについての概念を整理しておくことは,文法を研究する際にも,又,文法を教える際にも大切である。以下では,これらのレベルの間に一対一の対応が無いことを見る。レベルを二つずつ取り上げて検討する。

8.4 意味役割のレベルと格のレベルの関係

8.2-[2]で挙げた意味役割のいくつかを見る。表現を簡潔にする為に,格の名前をいちいち挙げないで,単純に「が」或いは「を」等と言うことがある。

[1] 動作者

動作者は「が」格で表すのが最も代表的な言い方であろう。例は (8-6),(8-8),(8-25)。しかし,動作者を「が」以外の格で表す場合もある。例えば,動作者が組織や団体である時は,普通「で」で表す。例は(8-14)と:

　　(8-26)　筑波大学では　今　受験者を　募集しています。

言語活動動詞とでも呼ぶ様な動詞の場合,動作者は「が」でも,「から」でも表せる。例は(8-15)と:

　　(8-27)　私から　結果を　申し上げます/報告します。

次の例でも,「から」が動作者を示す。

　　(8-28)　太郎には　私から　荷物を　送っておきますよ。

関係節の中では動作者を「の」で表せる。例は(8-16)。受動文では動作者は「に(よって)」又は「から」で示す。例は(8-7),(8-11)と:

　　(8-29)　太郎が　花子から　叱られた。

使役文では,被使役者は動作の対象でもあるが,動作者でもある。「に」で表す場合が多い。「を」で表す場合もある。(水野正規,私信)。

　　(8-30)=(6-20)　花子が　太郎を/に　泣かせた。

確かに,動作者は格の中では「が」で示すのが最も普通の言い方である。だからこそ,勘違いして,動作者と「が」を同一視する人も出て来るのであろう。しかし,他の格で示す場合もある。(その場合,それぞれ,或る限定された条件の下でのみ使う様だ。例えば「で」は動作者が組織,団体の場合にだけ使う。)従って「動作者＝主格(「が」)」という,一対一の対応は無い。だか

8.4 意味役割のレベルと格のレベルの関係

ら，動作者と「が」を同一視してはいけない。

[2] 対象

対象は「を」で表すのが最も普通である。例文は，(8-6)，(8-8)，(8-10)，(8-14)，(8-15)，(8-26)から(8-28)。これらの例では対象は動作の対象である。しかし，感情の対象は「を」で表すこともあるし，「が」で表すこともある。例は(8-17)(タバコが)。(8-20)の二番目の「が」は動作の対象とも言えるし，感情の対象とも言える。受動文では，動作の対象は「が」で表す。例は(8-7)，(8-11)。動作の対象や感情の対象を「に」で表す場合もある。例は(5-31)から(5-34)，(6-12)，(6-75)，(6-81)。次の様な言い方では「の」が対象を表す。

(8-31) 　ビールの　飲み方

纏めると，対象は「を」で表すのが最も普通の言い方である。しかし，他の格で表す場合もある。従って，対象と「を」の間には，一対一の対応は無い。

[3] その他の意味役割

その他の意味役割も動作者と対象と同様に，格との関係を調べることが出来る。スペースの制限があるので，所有者の例だけを挙げる。所有者は「の」だけでなく，「が」，「に」でも表せる。

(8-32)　　太郎の　財産

(8-33)　　太郎が　財産を　持っている。

(8-34)　　太郎に　財産が　ある。

この様にして見ると，意味役割のレベルと格のレベルの関係は，次の様に表せる。

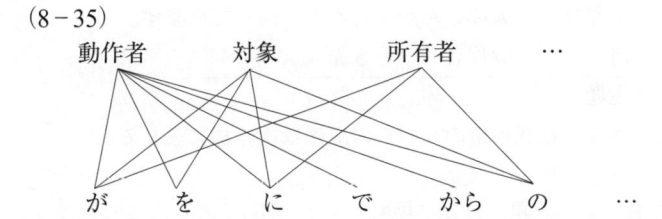

(8-35)

```
動作者    対象    所有者    …


 が   を   に   で   から   の   …
```

動作者を「が」で，対象を「を」で，所有者を「の」で表すのが最も普通である。しかし，(8-35)が示す様に，意味役割のレベルと格のレベルの間に，一対一の対応は無い。従って，同じものではない。同一視してはいけない。

8.5 意味役割のレベルと情報構造のレベルの関係

8.2-[3]で述べた様に，情報構造のレベルでの分類にはいくつか提案がある。その内「topic 主題或いは話題対 comment 評言」の分類を用いて，意味役割のレベルとの関係を見よう。

(8-36) 太郎は　　この荷物を　運んだ。
　　　　動作者　　対象
　　　　主題　　　　　　　　　評言

(8-37) この荷物は　　太郎が　運んだ。
　　　　対象　　　　　動作者
　　　　主題　　　　　　　　　評言

上の例文が示す様に，動作者は主題を示す場合もあるし，逆に，評言を示す場合もある。対象も同様である。その他の意味役割も同様である。場所の例と時間の例を挙げる。

(8-38) 山田君は　　筑波大学で　勉強しています。
　　　　動作者　　　場所
　　　　主題　　　　　　　　　評言

(8-39) 筑波大学では　　大勢の学生が　勉強しています。
　　　　場所　　　　　　動作者
　　　　　　　主題　　　　　　　　評言

(8-40) 太郎さんは　　来年　日本へ　帰って来ます。
　　　　動作者　　　時　　行き先
　　　　主題　　　　　　　　　　評言

(8-41) 来年は　　太郎さんが　日本へ　帰って来ます。
　　　　時　　　動作者　　　行き先
　　　　主題　　　　　　　　　評言

意味役割のレベルと情報構造のレベルの関係は次の様に表せる。

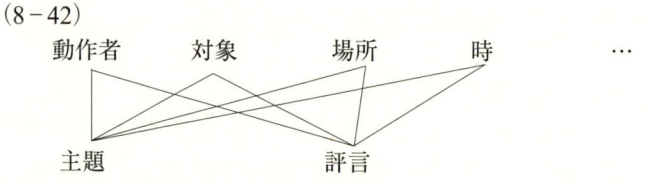

(8-42)
　　動作者　　対象　　場所　　時　　…

　　　　主題　　　　　　評言

統計を取れば，主題になるのは動作者である場合が最も多いであろう。(実は，動作者が最も主題になり易いのは世界の諸言語に共通した傾向である。Tsunoda(1988c)等参照。) しかし，いつもそうなるとは限らない。動作者が評言を表して，動作者以外が主題を表す場合もある。(8-42)が示す様に，意味役割のレベルと情報構造のレベルの間には一対一の対応は無い。従って，同じものではない。同一視してはいけない。区別しなくてはならない。

8.6　格のレベルと情報構造のレベルの関係

日本語では「は」が主題(又は話題)を示すとよく言われる。格のレベルと情報構造のレベルの関係を見る前に，先ず，「は」等，副助詞と，「が」等，格助詞の関係を見ておこう。組合せの順番という観点から見ると，次の様に言える。先ず，大まかに言って，副助詞は格助詞の後ろに来る。(「だけ，のみ，まで」等，例外はあるが。)「は」の例：

格助詞		「は」			例
から	+	は	──→	からは	東京からは
で	+	は	──→	では	東京では
に	+	は	──→	には	東京には
……		……		……	……
が	+	は	──→	は	東京は(*東京がは)
を	+	は	──→	は	東京は(*東京をは)

「は」が付いた時には，「が」と「を」は隠れると言える(三上 1960 参照)。

副助詞「も」の場合も，ほぼ同様である。但し，「も」が「を」に付いた場合，やや硬い言い方ではあるが，「をも」も言える。

格助詞		「も」			例
から	+	も	──→	からも	東京からも
で	+	も	──→	でも	東京でも
に	+	も	──→	にも	東京にも
……		……		……	……
が	+	も	──→	も	東京も(*東京がも)
を	+	も	──→	をも	東京をも
			──→	も	東京も

(ちなみに,「ね,さ,よ」等,終助詞は,副助詞の後に付く:格助詞＋副助詞＋終助詞。
　東京＋から＋は＋ね　東京＋から＋は＋さ　東京＋から＋は＋よ
　東京＋から＋も＋ね　東京＋から＋も＋さ　東京＋から＋も＋よ
私は高校時代に助詞の分類を習った時は違いが分からなかった。しかし,上の様に並べると,格助詞,副助詞,終助詞の違いが分かる(田中章夫,私信)。)

さて,「は」が付いた時には「が」と「を」が隠れるということを心に留めておいて,格のレベルと情報構造のレベルの関係を見て行こう。

(8-43)　太郎は(←―――*がは)　この荷物を　運んだ。
　　　　 主題　　　　　　　　　　　　 評言

(8-44)　この荷物は(←―――*をは)　太郎が　運んだ。
　　　　 主題　　　　　　　　　　　　 評言

「が」は(8-43)の様に,主題に現れることもあるし,(8-44)の様に,評言に現れることもある。(正確に言えば,(8-43)では,隠れた「が」である。)同様に,「を」も(8-44)の様に,主題に現れる場合もあるし,(8-43)の様に,評言に現れることもある。(正確に言えば,(8-44)では,隠れた「を」である。)

他の格でも同様である。「に」の例を挙げる。

(8-45)　名古屋には　味噌煮込みが　あります。
　　　　 主題　　　　　 評言

(8-46)　味噌煮込みは　名古屋に　あります。
　　　　 主題　　　　　 評言

以上見てきたことは,次の様に表せる。

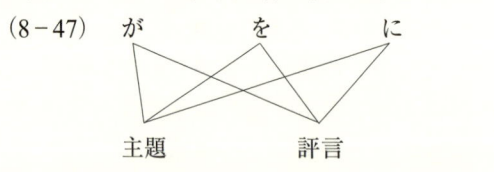

(8-47)　が　　　を　　　に　　　…

　　　　 主題　　　評言

統計を取れば,格の中では,多分,「が」が最も主題に現れ易いであろう。(だから,主格と主題を区別しない人が出て来るのであろう。)しかしながら,いつもそうである訳ではない。(8-47)が示す様に,格のレベルと情報構造のレベルの間に一対一の対応は無い。だから,同一視してはいけない。区別しなければならない。

今まで見てきた三つのレベル，即ち，意味役割，格，情報構造のレベルの関係について言うと，実例の統計を取れば，「動作者＝主格(「が」)＝主題」の対応を示す例がかなり多いであろう。例は，(8-43)の「太郎は」(←＊太郎がは)である。(8-173)も参照。この様な例が多いからこそ，この三つを区別しないで，同一視する人がいるのであろう。しかし，これら三つのレベルの間には，上で見た様に，一対一の対応は無いのだから，同一視してはいけない。きちんと区別すべきである。

日本語の文法を書く時に，考える時に，或いは，教える時に，これら三つのレベルを区別することは大切である。区別しないと，8.3.2 から 8.3.4 で見た様に，混乱が起こる。

さて，文法機能のレベルを検討する前に，考えておくべきことがある。それを 8.7 で見る。

8.7　学問での理論的構築物

学問の世界に理論的構築物というものがある。理論的構築物とは，何かの現象を説明しようとして，学者が提案する考えである。理論的構築物を提案する際に問題となることは，実際にそんな物が有るか無いかではない。そういう物が有ると，仮に考えたら便利であるか，或いは，そんなものが有ると考えても無駄であるか，ということである。便利なものだったら，学問に採用する価値が有るし，役立たないものだったら，学問に採用する価値は無い。

例えば物理学の世界では，理論的構築物の一つは万有引力だそうだ。万有引力という考えは林檎の落下，潮の満干，惑星や彗星の軌道等，実に様々な現象を説明出来るので，大変有用な理論的構築物だそうだ。

言語学の世界にも理論的構築物がある。子音，母音，単語，名詞，動詞，文等，全て，言語について説明する時に役立つ様に提案したものである。どれも便利な理論的構築物である。第 4 章で見た Silverstein の名詞句階層も様々な言語の様々な現象を説明出来るので，非常にすばらしい理論的構築物である。第 5 章で提案した原型的他動詞と原型的他動詞文，第 6 章で提案した二項述語階層と，第 7 章で提案した所有傾斜も理論的構築物である。かなり有用である。

意味役割，格，情報構造と統語機能の四つのレベルも理論的構築物である。又，それぞれのレベルで分類したもの，例えば，意味役割のレベルの動作者，

対象，所有者，場所，時間等も又理論的構築物である。
　言語学における理論的構築物についても，重要な問題は，これらの物が有るか，無いかではない。言語を研究する時に，教える時に，或いは，学習する時に，これらの物が有ると仮に考えたら，役に立つか，或いは有ると考えても，無駄であるかである。便利なら採用すればよいし，役立たなければ採用しなければよい。

8.8　統語機能のレベル

　どの言語でも，文には，普通，動詞がある。動詞は主に動作を表す。(状態等を表すこともあるが。) 更に，動詞の他に，色々な語句がある。それらの大部分は，意味役割の様々なものを表す。動作者，対象，受取人，場所，時間，道具等である。この様な，文の成立ちは，次の様に表せる。

　　(8-48)　動作者　対象　受取人　場所　時間　道具　……　動詞

これは，世界のどの言語にも当てはまる様に書いた，抽象的な表示である。世界の言語が必ず，この語順を取るという意味ではない。又，どの文も必ず，意味役割の全てを表すという意味でもない。今まで見た例文でも，せいぜい多くても，意味役割を三つ位しか表していない。

　日本語と英語の例を挙げる。

　　(8-49)　昨日　　大学で　　太郎が　　花子に　　本を　　渡した。
　　　　　　時間　　場所　　　動作者　　受取人　　対象　　動詞
　　(8-50)　John　　gave　　the book to　Mary　　at the shop　yesterday.
　　　　　　動作者　動詞　　対象　　　　受取人　　場所　　　　時間

統語機能のレベルは，これらの語句の文中での働き(或いは，使い方，役目)による分類である。このレベルは，他の三つのレベルに比べて，かなり，難しい問題がある。他の三つのレベルは統語法機能のレベルと比べて，かなり明快である。(いつも明快という訳ではないが。)

　8.2 で述べた様に，世界のどの言語でも，意味役割のレベルを設定することは問題無い。問題無いどころか必須である。どの言語でも，動作者，対象，場所，時間等を必ず表現する。表現しなければ，言語として役立たないであろう。又，動作者，対象，場所等に言及しないで，或る言語の文法について語ることは不可能である。更に，どの言語でも，或る文を見た場合，どの語句が動作者を表し，どの語句が対象を表し，どの語句が場所を表すか，等は，かなり

8.8 統語機能のレベル

明白である。(いつも明白とは限らないかも知れないが。) 日本語と英語の文を上で挙げた。

格が有ることも明白である。(どの様な名称が適切かという点では意見が分かれることがあるが。) 日本語には「が」,「を」,「に」等やゼロ格がある。英語には代名詞の活用(例, he, him, his)や前置詞がある。世界中の全ての言語に, 何らかの種類の格が有るであろう。又, 格に言及しないで, 或る言語の文法について語るのは不可能であろう。

情報構造も同様である。例えば, どの言語も, 主題と評言を表し, 又, 旧情報と新情報を表すであろう。表さない言語は考えられない。

しかし, これらの三つのレベルとは違って, 統語機能のレベルは非常に難しい。働きというのは目に見える形で出るとは限らない。統語機能のレベルは四つのレベルの中で最も捕え所が無い。そのため, このレベルの考察を最後にしたのである。

世界の諸言語の文法を見ると, 統語機能の分類としては, 主語, 目的語(更に, 下位分類すると直接目的語と間接目的語), 副詞句(本書では状況語と呼ぶ), 呼掛け語等を用いている。動詞は普通, 述語と呼ぶ。(文の構成要素という時には動詞を含める。一方, 統語機能という時に, 一般に, 動詞を含めない。以下では動詞は考慮しないことにする。)

統語機能の分類について考える前に, 先ず, 分類について, 大切なことを三つ述べておく。

(a) もし或るグループのメンバーの間に, 或る基準に関しての違いが無ければ, その基準では分類出来ない。例えば, 或るグループのメンバー全員が男性である時に, メンバーを性別で分類しようとしても分類出来ない。(出身県別, 職業別等, 他の基準では分類出来るかも知れないが。) 統語機能のレベルでの分類も全く同じである。もし, 或る言語で文中の語句の働きに何も違いが無ければ, 働きの点では分類出来ない。(意味役割, 或いは格, 或いは情報構造の点では分類出来るかも知れないが。)

(b) もし或るグループのメンバーを分類しても, その分類が役立たなければ, 分類する価値は無い。何かに役立って, 初めて分類する価値が有るのである。例えば, バレーボール部の部員を募集する時に, 応募者を身長によって分けることは役立つであろう。しかし, その様な分類は茶道部の部員を募集する時は余り役立たないであろう。統語機能のレベルでの分類も全く同じである。

文中の語句を働きによって分類しても，役立たなければ，分類する価値は無い。文法を分析する時に，文法を書く時に，或いは，文法を教える時に役立って，初めて分類する価値がある。

(c) 既存の分類で済むのなら，新しい分類をする必要は無い。既存の分類では済まない時には，新しい分類を立てる価値がある。統語機能のレベルでの分類も全く同じである。もし，或る言語の語句を働きによって分類した結果が，意味役割，格又は情報構造で記述出来るなら，統語機能のレベルを立てる必要はない。このレベルが一番，捕え所が無いのだから，不必要なら立てない方がよい。しかし，意味役割，格，情報構造のどれを用いても記述出来なければ，統語機能のレベルを設定する価値がある。

分類について述べた，(a)，(b)，(c) は，ごく常識的な，誰でも納得出来ることである。言語学の研究でも，ごく常識的な原理を厳密に適用することは必須である。実はこの様な常識的な原理を厳密に適用していない研究もあるから，尚更そうである。

8.7で述べた様に，統語機能のレベルは理論的構築物である。役に立たなければ無駄である。又，統語機能のレベルでの分類も同様で，役に立たなければ無駄である。

8.1で見た様に，日本語に主語が有るか無いかという論争があった。実はこの論争は「有る」，「無い」という言葉を使ってはいるが，有るか無いかを問題にしているのではない。この論争の本当の問題は次の二点である。

(a) 日本語の文法を分析する時に（或いは教える時に，或いは学習する時に）統語機能のレベルを設定すると便利か，或いは，設定しても無駄か？

(b) もし統語機能のレベルを設定すると便利だとしたら，このレベルでの分類の一つに主語を設定すると便利か，或いは，設定しても無駄か？

8.9　英語における統語機能
8.9.1　はじめに

世界の諸言語の文法で，主語や目的語といった言葉を古くから使ってきた。しかし，いつも厳密な意味で使っていた訳ではないらしい。本章で述べる様な，厳密な意味で用いる態度が広まったのは1970年代に入ってからであろう。これは Relational Grammar 関係文法の影響によると思われる。(Gary and Keenan 1977, Johnson 1977, Shibatani 1977 参照。関係文法には7.2で簡単

に触れた。）同様に，四つのレベルをきちんと分ける考え（柴谷 1978, Comrie 1981：51 - 79 参照）も 1970 年代に広まったと思われる。日本語の研究では，この様な立場は既に柴谷（1978）にある。今から約 30 年前である。しかし，まだ，日本語文法の研究者には余り広まっていない様だ。学校の国文法も採用していない。

　日本語の統語機能について考える前に，先ず，英語の統語機能を大まかに見ておく。私達が学校で習った英文法は，統語機能という言葉は用いていないし，ましてや，統語機能とは何か，等は述べていない。ところが，実は，統語機能という考えをしっかり踏まえた文法なのである。

　英語の統語機能のレベルには以下の範疇を設定出来る：呼掛け語(8.9.2)，主語(8.9.3)，目的語(8.9.4)，補語(8.9.5)，状況語(8.9.6)。

8.9.2　呼掛け語

　　（8 - 51）　　Hit the road, Jack.　（Ray Charles）　'旅立て，ジャック。'
　　（8 - 52）　　Baby, it's you.　（The Shirrelles）
この文で，Jack と Baby は動詞との結び付きが無い。何の意味役割も持っていない。動詞の表す動作者を示すのでもないし，対象を示すのでもない。又，文中の他の語句との結び付きも無い。これらだけで呼掛けの文を作れる。

　　（8 - 53）　　Jack!
　これらの語句を「呼掛け語」と呼ぼう。呼掛け語は文のメンバーの中で最も周辺的な，いわば，仲間外れのメンバーである。仲間外れのメンバーが存在することを見ただけでも，英語の文中の語句が均一ではないことが分かる。即ち文中の語句を分類する根拠が有るのだ。

8.9.3　主語

　或る語句に様々な働き，役目が集中している。この語句を仮に語句 X と呼ぶ。この語句には少なくとも以下の七つの働きがある。

　(a)動詞（又は助動詞）との一致。語句 X は動詞（又は助動詞）と一致出来る。しかし，語句 X 以外は動詞と一致出来ない。（但し，英語では動詞がいつも一致に関して形を変える訳ではない。例えば，過去形では，主語が替わっても，be を除いて，動詞の形は変わらない。）例文：

(8-54)　I am reading a book.

(8-55)　John is reading a book.

(b)重文での省略。重文で，前の文と後の文の両方に，同じ人(又は物)を表す語句が有る場合，後の文では代名詞で表せる。例は(8-56)。更に，その語句が前の文でも後の文でも語句 X であれば，後の文では，代名詞で言わないで，省略してもよい。例は(8-57)。省略した跡はゼロ記号(ϕ)で示す。

(8-56)　John saw Mary, and he went away.

(8-57)　John saw Mary, and ϕ went away.

前の文と後の文の両方に同じ人があっても，どちらかが X でない場合，後の文では代名詞で言うことは出来ない。

(8-58)　John saw Mary, and she went away.

しかし，(8-58)では Mary が語句 X ではないので，she は省略出来ない。She を省略すると次の文になる。

(8-59)　John saw Mary, and ϕ went away.

この文(8-57)と同じである。立ち去ったのは John である。Mary ではない。即ち，この文は(8-58)の she を省略した文ではない。次の文を検討しよう。

(8-60)　Mary went, and John saw her.

Mary と her は同じ人であるが，her が語句 X でないので省略出来ない。Her を省略すると非文法的な文が出来る。

(8-61)　*Mary went, and John saw ϕ.

纏めると，重文で，前の文と後の文に，同じ人を指す名詞句が出た場合，その人が前の文でも後の文でも語句 X である場合に限って，後の文の名詞句を省略出来る。どちらかが X でない場合には省略出来ない。(Comrie 1978：347, 1984。)

(c)命令文での省略。語句 X は命令文では普通，省略する。例は(8-62)。省略しない場合もあるが。例は(8-63)。

(8-62)　Have a cigar.　　　　　　　　　　　　　　(Pink Floyd)

(8-63)　You have a cigar.

(d)再帰代名詞の先行詞。語句 X は再帰代名詞 oneself の先行詞になれる。

(8-64)　John praised himself.
　　　　　┗━━━━━━━┛

厳密に言うと，oneself の先行詞になれるのは，語句 X 以外にも有る。例え

ば：
　　(8-65)　　I talked to Mary about herself.
　　　　　　　　　　　　　└──────┘
　　　　　　　　'私はメアリーと彼女自身のことについて話した．'
この場合，(to) Mary はここでいう語句 X ではない，しかし，herself の先行詞である．従って，oneself の先行詞になれるということは語句 X の働きの一つではあるが，語句 X の占有物ではない．
　(e) 語順。語句 X は（普通），動詞（又は助動詞）の直前に来る．
　　(8-66)　　John saw Mary.
　　(8-67)　　Mary saw John.
上の例文が示す様に，英語では語順が重要な役目を持っている (Robins 1964: 254-55, Comrie 1981: 68)。John と Mary を入れ換えたら，文の意味が全く逆になる．
　(f) いわゆる主語繰上げ。(8-68) の様な言い方に対応して，(8-69) の様な言い方がある．
　　(8-68)　　I believe that he is honest.　　'私は彼が正直であると思う．'
　　(8-69)　　I believe him to be honest.　　'私は彼を正直と思う．'
同じく，(8-70) の様な言い方に対応して，(8-71) の様な言い方がある．
　　(8-70)　　I expect that he will arrive soon.
　　　　　　　　　　　　　　　　　　　　'私は彼がじきに着くと思う．'
　　(8-71)　　I expect him to arrive soon.　　'上と同じ．'
(8-68) と (8-70) の he は従属節の語句 X である．しかし (8-69) と (8-71) の him は主節の，主語とは別の語句，実は，普通，目的語と呼ぶものであると考えられる．変形文法という文法理論では，この様な場合，従属節の主語が主節の目的語になったと考える．即ち，変形文法の立場を採れば，この語句は，従属節の主語である場合，主節の目的語になれると言える．この現象は主語繰上げと呼ぶ（柴谷，他，1982: 319-24）。但し，この現象が可能な動詞は，believe, expect 等，かなり限られている．
　この現象を記述するのに，主語と目的語という用語を使わないと，大変不便である．使わなくても，記述出来ないことはないかも知れないが．このこと自体が，英語の文法を語るのに，主語と目的語という概念が，いかに便利であるかを示している．用いないと大変不便である．

((8-68)と(8-69)の和訳の違いにも注目されたい。(8-68)「彼が」と(8-69)「彼を」の違いである。Kuno(1976)は日本語にも主語繰上げがあると主張している。従属節の主語((6-68)の和訳の「彼が」)が主節の目的語((6-69)の和訳の「彼を」)になったと考える。)

今まで挙げた, (a)から(f)までの特徴は, Comrie(1981:59-64, 68-78)等が, 主語, 目的語等の認定の基準としてしばしば用いている。私は英語の語句Xの特徴として, もう一つ考えた。

(g)動詞(又は助動詞)との倒置。英語の語句Xは, 一般疑問文, 特別疑問文を作る時に, 動詞(又は助動詞)と倒置する。(2-99)から(2-108)と(2-110)参照。疑問文以外にも, 語句Xが動詞(又は助動詞)と倒置する場合は有る。例えば, 或る種の自動詞文でこの倒置が起こる。例は(2-11)。接続詞無しで条件節を作る場合にも倒置が起こる。

(8-72)　　Had I time, I would go.

或る種の答えでも倒置が起こる。次の会話の例のBである。

(8-73)　A:　I am tired.　'私は疲れた。'
　　　　　B:　So am I.　　'私も。'

祈願, 願望等を表す文にも倒置がある。(以下の二つの例は旺文社のEssential English-Japanese dictionary 1968 から採った。)

(8-74)　　Long live the Queen!　　'女王万歳。'
(8-75)　　May you succeed!　　'ご成功を祈る。'

この様に, 英語では,「主語+動詞(又は助動詞)」という語順から外れること自体に様々な働きがある。即ち, 英語では主語と動詞(又は助動詞)の語順が重要な役目を持っている。

これ以外にも, 英語の主語の特徴とされているものはある。(Comrie 1981:59-64, 68-78参照。)しかし, これだけ挙げれば, 本章の目的には十分である。

英語等の言語で, 主語, 目的語等の認定の基準の一つとして格を用いて, 主格を主語認定の基準の一つとする考えがある。(Robins 1964:254, Keenan 1976:320-21, Comrie 1981:99参照)。しかし, 格は名詞, 代名詞, 副詞等の形である。機能ではない。本章で採用した考えでは形と機能を区別するので, 格は統語機能のレベルでの分類の基準としては用いない。従って, 主格を主語認定の基準の一つとはしない。

8.9 英語における統語機能

　更に，格と統語機能を区別する立場では，統語的な機能を検討してみると，英語では主格と主語は同一ではない。下の(b)で述べる。

　上で見た様に，英語では語句 X にかなりの数の働きが集中している。この語句 X を一つのグループを成すものと認定して，他の語句から区別したら便利であろう。逆に言うと，もし一つのグループとして認定しないで，又，他の語句からも区別しないと，英文法を書く時に，或いは，教える時に，大変不便であろう。この事は既に(f)の主語繰上げに関連して述べた。

　さて，8.8で述べた様に，或る新しい分類を立てる時に，既存の分類で済むなら，新しい分類は無用である。英語の語句 X の場合はどうであろうか？意味役割，格，情報構造のどれかで語句 X を一貫して記述出来るなら，わざわざ，語句 X を立てる必要は無い。順番に見て行こう。

　(a) 意味役割。今まで見た例の大部分で，語句 X は動作者を表す。確かに，能動文ではそうである。しかし，受動文では語句 X は対象を表す(Comrie 1981：69)。

　　(8-76) 能動文： John 　　　praised 　　　Mary.
　　　　　　　　　　動作者 　　　　　　　　　対象
　　(8-77) 受動文： Mary 　　was praised 　　by John.
　　　　　　　　　　対象 　　　　　　　　　　動作者

受動文では，対象を表す語句が，上で挙げた語句 X の特徴を持っている。もし語句 X がいつも動作者を表すのなら，動作者を表す語句と言えば済む。わざわざ語句 X を立てる必要は無い。しかし，いつも動作者を表すとは限らないので，語句 X は意味役割のレベルと一対一の対応が無い。従って，語句 X を意味役割で一貫して記述することは出来ない(Comrie 1981：69)。

　(b) 格。英語では代名詞 it, you と名詞は中立型の格組織を持ち，他の代名詞は主格・対格型の格組織を持つ(3.2)。I, we, he, she, they は主格で，me, us, him, her, them は対格である。語句 X は代名詞の場合には，ほぼ必ず主格で出る。では，語句 X は「it, you 以外の代名詞の場合，主格で出るものである」と言えば済むか？もし，済むなら，語句 X を立てる必要は無い。かなり多くの場合はそれで済む。しかし済まない場合もある。先ず主格に関する例を見る。例えば Isaac Asimov の小説に以下の題のものがある(佐々木充文，私信)。

　　(8-78)　　I, Robot

本や映画等の題には，この様な言い方は沢山有りそうだ。この様な言い方で

は，代名詞は主格ではあるが，上に挙げた(a)から(g)の働きのどれも無い。従って語句 X ではない。次の例を検討しよう。

(8-79)　It is I.　　　　　　　'それは私です.'

話し言葉なら It's me と言う。(8-89)参照。しかし書き言葉なら，非常に形式ばった人は(8-79)の様に言うらしい。ここでも，代名詞 I は主格ではあるが，語句 X の働きが無い。(例えば，動詞 is と一致していない。一致しているのは It である。) 従って語句 X ではない。もう一つ例を挙げる。

(8-80)　for Mary and I　　'メアリーと私のために'

私達が学校で習った英語では for Mary and me と言う。しかし実際の英語では，書き言葉でも話し言葉でも，(8-80)の様な言い方を見かける。かなり教育のある人の英語で見たことがある。(8-80)の I は主格ではあるが，語句 X の働きは無い。この様に，代名詞の主格が X の働きを持つとは限らない。

次に，対格に関する例を見る。

(8-81)　Me and John saw Mary.　　　　　　(Comrie 1981：70)

この様な言い方は私達が学校で習った英語には出て来ない。(私達が学校で習う英語では John and I と言う(Comrie 1981：71)。) この様な言い方では，me and John は語句 X に当たる。しかし，me は主格ではなく，対格である。従って，対格が語句 X に現れる場合もある。

纏めると，語句 X は「it, you 以外の代名詞なら主格で出るもの」と言えば，多くの場合にはうまく行くが，うまく行かない場合もある。語句 X と格の間にも一対一の対応は無い。従って，格で語句 X を記述することも出来ない。

(c)情報構造。ジョンは何をしたかが話題になっている文脈で次の様に言った場合には，主題と評言の関係は以下の通りである。

(8-82)　John　　praised Mary.
　　　　主題　　評言
　　　　　'ジョンはメアリーを褒めた.'

この場合，語句 X は主題を示す。語句 X が主題を示す場合は多数ある。しかし，いつも主題を示すとは限らない。評言を示す場合もある。誰がメアリーを褒めたかが話題になっている時には，次の様になる。

(8-83)　John　　praised Mary.
　　　　評言　　主題

'ジョンがメアリーを褒めた．' 又は，
'メアリーを褒めたのはジョンだ．'

纏めると，語句 X が主題を示す場合は多数ある．しかし，いつもそうとは限らない．従って，語句 X と情報構造の間にも一対一の対応は無い．

結局，語句 X は意味役割，格，情報構造のどれを取っても，一対一の対応が無い．動作者とも言えないし，主格とも言えないし，主題とも言えない．別のものとして認定する根拠がある．それどころか，上で見た様に，かなりの数の働きが集中しているのだから，認定しないと，英文法を書く時に，或いは，教える時に不便である．即ち，これらの三つのレベルとは違うレベルを設定すると便利なのである．しかも，語句 X の機能を検討したのだから，結局，統語機能のレベルを設定すると便利だということなのである．

では，統語機能のレベルを設定することにしよう．そして，そのレベルに今まで語句 X と呼んできたものを設定しよう．では，その名前をどうしようか？ 今まで通り，語句 X と呼んでもよい．或いは，語句 1 又は語句 A と呼んでもよい．しかし英文法ではこの語句を昔から subject と呼んでいる．日本語では「主語」と訳している．伝統に逆らう理由も無いので，伝統に従って，主語(subject)と呼ぼう．

ちなみに，英語等，西洋の言語で，主語は主格であり，動詞と一致するものであると思っている人が日本にいるらしい(三上 1963：67, 170, 国語学会 1955：520, 内田 1985：17 等参照)．しかし，これは誤解である．(i) 主語が動詞と一致しない場合もある．例えば，上述の様に，英語では過去時制では，be 動詞以外は一致が無い．ノルウェー語等では，動詞が一致を示さない．(ii) 主格と主語は同一ではない．例えば，上述の様に，英語の或る種の代名詞では，主格が主語ではない場合もあるし，対格が主語に出る場合もある．

8.9.4 目的語

呼掛け語と主語以外の語句の内の一つに，主語ほどではないが，いくつかの働きが集中している．この語句を仮に語句 Y と呼ぼう．これは，(8-84) では Mary で，(8-85) では her である．

(8-84) John praised Mary.

(8-85) He praised her.

語句 Y の働きには以下のものがある．

(a) 受動文で主語になる。(8-85)と(8-86)参照。

　(8-86)　She was praised by him.

　(b) 主語と同じ人や事物を指している場合，再帰代名詞 oneself で置き換えられる。

　(8-87)　*I praised me.　　　直訳：'私は私を褒めた。'

　(8-88)　I praised myself.　　'私は自分を褒めた。'

((8-87)の日本語訳は日本語の文として不自然ではない。即ち，この場合，日本語では再帰代名詞「自分」を使わなくてもよい。)

　厳密に言うと，再帰代名詞 oneself の先行詞が主語ではない場合もある。例は(8-65)の to Mary。この場合，herself は語句 Y とは性質が違うものである。即ち，oneself で置き換えられることは語句 Y の働きの一つではあるが，語句 Y の占有ではない。

　(c) 語順。語句 Y は，普通，動詞の直後に来る。例文は多数挙げてある。

　これ以外にも，語句 Y の働きとみなせるものがあるであろう。

　この様に，語句 Y には，主語の場合ほどは多くないが，いくつかの働きが集中している。しかも，主語の働きとは異なっていて，重複しない。(ちなみに，受動文と再帰代名詞の場合は，語句 Y は主語といわば対になって働いている。)

　主語の場合ほどは多くないにせよ，これだけの働きが集中しているのだから，この語句を一つのグループを成すものとして認定し，呼掛け語，主語と区別すると便利であろう。もし区別しないと，英文法を書く時に，或いは，教える時に不便であろう。

　では，この語句を特別には認定しないで，意味役割か格か或いは情報構造を用いて済ますことが出来るであろうか？

　(a) 意味役割。語句 Y は上に挙げた例では対象を表す。しかし対象を表す語句が必ず語句 Y に当たる訳ではない。例えば，受動文では対象を表す語句は主語である。例は(8-86)。語句 Y は意味役割と一対一の対応をしない。従って，意味役割では一貫した記述が出来ない。

　(b) 格。語句 Y は代名詞で表した場合には，対格(me, us, him, her, them)で出る。例は(8-85)(her)。しかし，対格が必ず語句 Y に当たる訳ではない。例を挙げる。

　(8-89)　It's me.　　'それは私です。'

Me は対格であるが，ここでは語句 Y の働きを持っていない。(動詞の直後にあるという点を除いて。実は，この me は語句 Y ではなく，後で見る補語(8.9.5)であると考えるのが妥当であろう。) 又，(8-81)の様な言い方では，対格(me)が主語に出ている。語句 Y は格とも一対一の対応を示さない。従って，格を用いても一貫した記述は出来ない。

(c) 情報構造。例えば，(8-82)を見よう。語句 Y は Mary である。評言の部分に入っている。(8-83)を見よう。語句 Y(Mary)は主題の部分に入っている。従って，語句 Y は情報構造とも，一対一の対応を示さない。語句 Y を情報構造で記述することも出来ない。

結局，語句 Y は意味役割とも，格とも，情報構造とも，一対一の対応を示さない。語句 Y は意味役割を用いても記述出来ないし，格を用いても記述出来ないし，情報構造を用いても記述出来ない。対象でもないし，対格でもないし，評言でもない。この種の語句を一つの，別のものと認定して，呼掛け語と主語から区別する根拠が有る。いくつかの働きが集中しているのだから，これを認定すると，英文法を書く時に，或いは，教える時に，便利である。認定しないと不便である。

では，語句 Y の名前はどうしようか？今まで通り，語句 Y と呼んでもよい。語句 2 或いは語句 B と呼んでもよい。しかし英文法ではこの語句を昔から object と呼んでいる。日本語では「目的語」と訳している。伝統に逆らう理由も無いので，目的語(object)と呼ぼう。

英文法では，三項動詞(6.1.2) give '与える'，send '送る' 等の場合，目的語を直接目的語(direct object)と間接目的語(indirect object)に分ける説もある。学校で習った英文法でもそうである。

(8-90)　　I　　　gave　　the book　　to John.
　　　　　主語　述語　　直接目的語　間接目的語
(8-91)　　I　　　gave　　John　　　the book.
　　　　　主語　述語　　間接目的語　直接目的語

しかし，働きを厳密に調べると，間接目的語を設定する根拠は弱いとする考えもある(Comrie 1981：60-61)。

又，英語に限らず，一般に，間接目的語と呼ばれるものは，実は，働きを厳密に調べると，設定する根拠が弱いそうだ(Gary and Keenan 1977, Faltz 1978, Comrie 1981：61 等参照。) 日本語でもそう言われている(柴谷 1978：225)。

第8章 主語，主格，主題，動作者：文法分析の四つのレベル

日本語の間接目的語は 8.11.7 - [3] で検討する。

　最後に，一見意外に見える目的語を見よう。学校で習った英文法で自動詞文と見なす文の中にも，実は目的語が有る文も有る。

　　(8 - 92)　John looked at Mary.　　'ジョンはメアリーを見た.'
　　(8 - 93)　John looked after Mary.　'ジョンはメアリーの世話をした.'

これらは，普通，自動詞文と見なしている。しかし，この様な文では at Mary や after Mary が目的語であるという説も有る。先ず対応する受動文が有る。

　　(8 - 94)　Mary was looked at by John.
　　(8 - 95)　Mary was looked after by John.

対応する再帰文も有る。

　　(8 - 96)　John looked at himself.
　　(8 - 97)　John looked after himself.

しかも，(8 - 92)で at Mary は，(8 - 93)で after Mary は動詞の直後に出ている。この様に，上で見た目的語の特徴の三つの全てが有る。従って(8 - 92)の at Mary と(8 - 93)の after Mary を目的語と見なす根拠は十分にある。

　8.9.3 で述べた様に，英語等の言語で，対格を目的語認定の基準の一つとする考えがある。しかし本章で採用した考えでは格のレベルと統語機能のレベルを区別するので，対格を目的語の認定に用いない。

　更に，格と統語機能を区別する立場では，統語的な機能を検討してみると，英語では対格と目的語は同一ではない。確かに，(8 - 85)では代名詞の対格 her が目的語である。(8 - 84)では目的語は名詞 Mary である。これも代名詞に置き換えれば，対格 her になる。しかし，代名詞に置き換えても対格にならない名詞が有る。例えば(8 - 92)の at Mary と(8 - 93)の after Mary である。それぞれ，at her と after her になる。この様に，英語では対格と目的語は同一ではない。

8.9.5　補語

学校で習った英文法は補語を設定し，主語補語と目的語補語の二種類に分ける。

　　(8 - 98)　I　　am　　happy.
　　　　　　主語　述語　主語補語

(8-99) He　　　makes　　me　　　　happy.
　　　　 主語　　 述語　　 目的語　　目的語補語
(8-100) John　　is　　　the president.
　　　　 主語　　述語　　主語補語
(8-101) They　　elected　John　　president.
　　　　 主語　　述語　　 目的語　 目的語補語

　主語補語は主語について述べる。一方，目的語補語は目的語について述べる。
　補語は主語の働きを持っていないし，目的語の働きも持っていない。従って，主語と目的語とは別に，補語を設定することは必要であろう。しかし，主語と目的語とは違って，補語について統語的な働きを指摘することは難しい。せいぜい「…について述べる」等という曖昧模糊としたことしか言えない。
　纏めると，主語と目的語とは別に，補語を設定することが必要であろう。しかし，設定する根拠として統語的な働きを指摘するのは困難である。

8.9.6　状況語

　呼掛け語，主語，目的語，補語のどれでもないものは状況語である。様々なものが有る。表す内容については，場所，行き先，出発点，道具，仲間，様態等様々である。(8-50)に例を挙げた。又，話し手の態度，判断等を表すものも有る。例えば，fortunately '幸いなことに'，unfortunately '生憎'，unexpectedly '意外にも'，等である。語順についても，文頭に来るもの，文中に来るもの，文末に来るものと，様々である。状況語を纏めて，働きを指摘するのは難しい。
　8.9.5で見た様に，補語も統語的な働きを指摘することは難しい。補語と状況語の違いを非常に大まかに言えば，以下の様なことであろう。補語は主語又は目的語について述べる。一方，状況語は述語動詞が表す動作について述べる場合が多い。
　実は，英文法に限らず，どの言語の文法でも，副詞句(本書で言う状況語)は雑多なものの集まりである。主語，目的語等，他のグループに入れるのが難しいものは，全て，副詞句に放り込んでいる。副詞句はいわば，統語機能のレベルの「屑篭」，「ゴミ捨て場」，「その他大勢」である。
　8.9.2から見てきたことを纏めると，英語の統語機能のレベルには，呼掛け語，主語，目的語，補語，状況語を設定すれば十分であろう。主語と目的語

は，いくつかの働きが集中している。従って，設定する統語的根拠が十分に有る。しかし，補語と状況語は働きを指摘するのが困難である。設定する統語的根拠が弱い，又は見つからない。主語に最も多くの働きが集中している。換言すれば，主語は働きの点で強い優先権が有る。更に，主語と目的語は，意味役割，格，情報構造のどれででも記述出来ないことを上で示した。この点でも，主語と目的語を設定する根拠が十分に有る。

　設定する根拠が強いということは，実は，設定すると便利であるということである。即ち，英文法を書く時に，或いは，教える時に，主語と目的語という概念を用いると便利である。用いなくても英文法を書いたり，教えたりすることは可能であろう。しかし，大変，不便であると思う。不便であるということを納得出来ない読者は，主語と目的語という概念を一切使わずに，学校で習った英文法を書き直して見ることをお勧めする。書き直せないことはないが，大変，面倒なことになるだろう。

8.10　統語機能を考える時の注意

　8.9で英語での統語機能を検討した。日本語の統語機能を調べる前に，先ず，統語機能を検討する時に注意すべきことを述べておく。

　[1]或る言語で用いた基準が，他の言語にも適用出来るとは限らない。例えば，英語を検討した時に用いた基準の内，動詞との一致，受動文，語順について見よう。

　(a) 動詞との一致。独語，露語等でも，動詞の語尾が語句X(結果としては，主語と呼ぶもの)の人称と数を示すので，この基準を使える。しかし，中国語，ワロゴ語等，動詞のこの種の活用が無い言語では，この基準は使えない。

　(b) 受動文。ワロゴ語，ジャル語等，受動文の無い言語では，受動文は基準にならない。

　(c) 語順。英語では，(8-66)と(8-67)で見た様に，主語，目的語，動詞の語順が重要な役目を持っている。更に，8.9.3-(g)で見た様に，主語と動詞(又は助動詞)を倒置するだけで，一般疑問文と或る種の条件節を作れる。特別疑問文，或る種の応答の文，或る種の自動詞文でも，主語と動詞(又は，助動詞)が倒置する。この様に，英語の文の構造では，主語の語順は重要な役目を持っている。従って，英語の主語を認定する際に，語順を基準として用いるこ

とは妥当である。実は，必要である。では，これは，日本語にも当てはまるであろうか？柴谷(1985：8)は，語順を日本語の主語の特徴の一つとして挙げている。以下の文を見よう。
　　(8-102)　太郎が　花子を　見た。
　　(8-103)　花子を　太郎が　見た。
英語の(8-66)と(8-67)の場合と違って，「太郎が」と「花子を」の位置を取り替えても，表す内容に変わりは無い。又，語順を変えるだけで疑問文や条件節を作れる訳でもない。日本語で語順は確かに他の面では重要な役目を持っているだろうが，少なくとも，主語等の統語機能を検討する基準として意味があるとは思われない。

　逆に，英語の場合には用いなかったものを，基準として用いる言語もある。例えば，ワロゴ語では逆受動文と呼ぶ文を基準として用いることが出来る。(詳細は角田太作/Tsunoda 1988a, 1988e 参照。)

　纏めると，統語機能を認定する基準は全ての言語で同じであるという訳ではない。各々の言語について，慎重に考えることが大切である。(Keenan(1976)は主語を認定する時に用いることが出来そうな基準として，30余の基準を提案している。)

　[2]英語では，能動文の場合，動作者を表す語句に最も多くの働きが集中している。次に，対象を表す語句にいくつかの働きが集まっている。それ以外のもの，例えば，受取人，行き先，場所，出発点，時間等の語句では，その働きとして認められるものは少ない，又は，殆ど無い。機能は，(非常に大まかに言って)次の様な分布を示している。
　　(8-104)

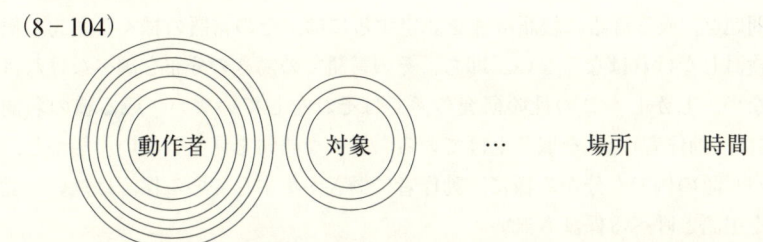

　　　　　　　((((動作者))))　　(対象)　　…　　場所　　時間

　しかし，他の言語でも機能がこの様に分布しているという保証は無い。調べて見なければ分からない。可能性として言えば，例えば，場所の表現と時間の表現に働きが集中していて，動作者や対象には働きが無い，という言語も無いという保証は無い。(現実には，この様な言語は報告されていないが。)この場

合，働きの分布が英語と逆である。
(8-105)

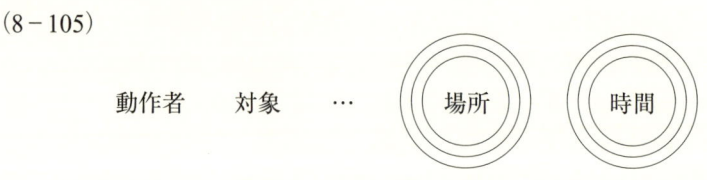

　　　　　動作者　　対象　　…　　場所　　時間

　これほど極端ではないが，英語とは違い，(能動文で)動作者よりも対象の方に多くの働きが集中している言語がある。それはワロゴ語のすぐ東北隣のジルバル語である(Dixon 1972, 1979：127-29 参照。) ワロゴ語では(能動文で)動作者と対象とで，働きの数は大体同じである。
　この様に，働きの分布がどの言語でも同じであるとは限らない。従って言語毎に慎重に分布を調べることが大切である。
　又，日本語の研究のいくつかも含めて，単純に動作者の語句を主語と呼ぶ傾向がある。しかし，動作者の語句を主語と呼べる保証は無い。その言語の様々な語句の働きを調べて初めて，或る語句を主語と呼ぶかどうか決められる。
　[3] Keenan(1976)は世界の諸言語で主語の認定に使える基準として30余の特徴を提案した。その後，「…語における主語」といった研究が数多く出た。日本でも，日本語や他の言語について，この種の研究が見られる。しかし，これらの研究には重大な問題がある。
　問題1。統語機能のレベルを設定することが全ての言語に有意義であるという保証は無い。しかし，この種の研究はその言語の研究に統語機能のレベルが有意義であるかどうか，検討していない。
　問題2。或る言語に統語機能を認定するには，その言語の様々な語句の働きを検討しなければならない。即ち，その言語での働きの分布を調べなければならない。しかし，この種の研究の多くはそれをしていない。或る種の名詞句(主に，動作者)だけを取り上げている。様々な語句を見ていない。しかし，ジルバル語の例でも分かる様に，動作者に働きが集中している保証は無い。動作者を主語と呼べる保証も無い。
　問題3。この種の研究はKeenanの提案した(或いはその類の)基準を当てはめて「この名詞は主語である」等と言っている。しかしKeenanが提案したからといって，その特徴を持ったものを，その言語で主語と呼べる保証は無い。実はその逆である。或る言語の様々な語句の働きを調べてから，場合によっ

ては，その語句の一つを主語と呼ぶことにする。(主語と呼べるものが無い場合もあるかも知れない。) その後で，その主語が持っている特徴を，その言語における主語の特徴と呼べるのである。(勿論，働きの分布を調べる時に，Keenan が提案した基準は使える。しかし，それがその言語の主語の特徴であるとは限らないのである。)

[4]英語では，主語の働きの一つとして，再帰代名詞 oneself の先行詞になれることを見た。例は(8-64)。しかし，oneself の先行詞になれることは主語の占有ではない。例は(8-65)の to Mary。同様に，目的語は oneself で置き換えられる。例は(8-88)。しかし，oneself で置き換えられることは，目的語の占有ではない。例は(8-65)の about herself。

この様に，或る働きが一つの文法機能のグループにだけ，例えば，主語にだけ現れるという保証は無い。二つかそれ以上のグループに現れることもあるかも知れない。一般的に言うと，働きがオーバーラップすることもある。或る言語で働きが次の様な分布を示すことは，かなり，普通のことであろう。

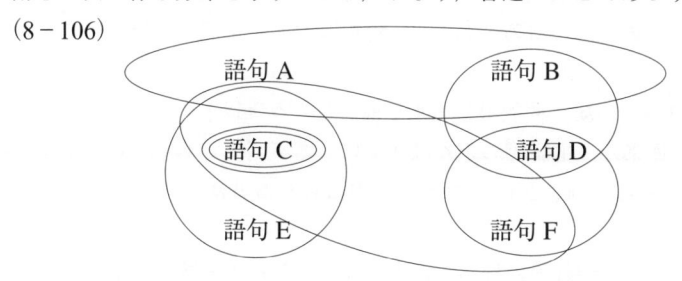

(8-106)

（図：語句A、語句B、語句C、語句D、語句E、語句Fが重なり合う集合図）

様々な語句を，少しのオーバーラップも無く，峻別出来るという保証は無い。多分，様々な語句の働きを調べて見ると，全ての言語で，これらの語句は，いわば，星雲の様に，連続体を成して，つながっているのであろう。(Moravcsik(1984)ハンガリー語について，柴谷(1985:12)は日本語について，これらの語句が(星雲ではなく)いわば数珠の様に連続体を成すと見ている。)

8.11 日本語における統語機能
8.11.1 はじめに

日本語の文の成分(述語を除く)の分類には様々な提案がある。(8.1-(f)に挙げた文献参照。) 分類の例を挙げる。(i)佐伯(1959:72-75, 80)：主語，連用修飾語，接続語，独立語。私が学校で習った国文法でも大体こんなもので

あった。(ii) 鈴木重幸(1972)：主語，対象語，修飾語，状況語，独立語。(iii) 寺村(1982)：必須補語，準必須補語，副次補語，副詞的修飾語。これらの提案の大部分は分類の基準を明快に述べてない。統語的機能は考慮していない。

8.1 で述べた様に，三上章は一連の著作で「日本語主語廃止論」を展開した。英語では，8.9.3 で見た様に，働きの点で，主語は他のものよりもかなり優位に立っている。一方，三上(1972：79) は，日本語では(i) 英語と違い，「主語」に優位性はない，そして，(ii)「主語」も他の語句と同等であると主張した。

他にも，主語を立てない考えがある。寺村(1982)，益岡・田窪(1989)等である。三上の影響であろう。しかし，主語を重視したものも有る。学校で習った文法，佐伯(1959)，鈴木重幸(1972)等である。

8.8 で見た様に，日本語に主語が有るか無いかといった論争は，実は主語が有るか無いかを問題にしているのではない。本当の論点は次の二つである。

(a) 日本語に統語機能のレベルを設定することは意義が有るか？
(b) もしその意義が有るとしたら，そのレベルに主語を設定することは意義が有るか？

以下で日本語の統語機能のレベルを検討しよう。以下の二つを目標とする。

目標1。従来の，主語等の定義は往々にして不明快である。以下では，明快な定義を試みる。働きということを厳密に考える方法を日本語に適用してみる。

目標2。三上，柴谷等の日本語の主語に関する考えを検討する。

以下の考察は柴谷/Shibatani(1977, 1978, 1984, 1985)に負うところが多い。しかし，私の考えは柴谷の考えと必ずしも同じではない。8.11.2, 8.11.3, 8.11.4, 8.11.7 で述べる。

8.11.2 主語

日本語の或る種の語句にはいくつかの働きが集まっている。この語句を語句 X と呼ぼう。これらの働きを検討する。

(a) いわゆる尊敬語の動詞の先行詞になれる。(これは，動詞との一致の一種と見ることが出来るであろう。柴谷，他(1982：262-63)参照。)

(8-107) 田中先生が　この本を　お書きになった。

(b) 再帰代名詞「自分」(又は「自分自身」)の先行詞になれる。

(8-108)　田中先生は　ご自分を　高く　評価している。
　(c) 継続の「-ながら」：主節の語句 X と従属節の語句 X の対応。従属節の印「-ながら」は，継続を表す場合と逆接を表す場合が有る(南 1974：128-29)。逆接の「-ながら」の例を挙げる。
　　　(8-109)　あんな立派な親が　ありながら　太郎は　ぐれてしまった。
(8-109)が示す様に，逆接の「-ながら」の場合，従属節と主節に別々の語句 X が現れることが出来る。しかし，これは継続の「-ながら」の場合には不可能である。即ち，(8-110)と(8-111)の様な言い方は出来ない。必ず(8-112)の様な言い方にする。
　　　(8-110)＊太郎は　花子が　ビールを飲みながら　野球を　見た。
　　　(8-111)＊太郎は　太郎が　ビールを飲みながら　野球を　見た。
　　　(8-112)　太郎は　φ　ビールを飲みながら　野球を　見た。
即ち，主節の語句 X と従属節の語句 X は同一の人を指す。かつ，従属節の語句 X は現れてはいけない。(南(1974：118-19)参照。変形文法の立場では，従属節の語句 X は主節の語句 X と同一の人を指す，そして，必ず省略されると言うであろう。「-ながら」を主語の認定の基準とすることは尾上圭介(私信)の教示による。)「-ながら」の他に，「-つつ」(例：「飲みつつ」)，連用形(継続を表すものに限る)等もこの現象を示す(南 1974：121-22)。これらも主語の認定の基準として使える。
　(d) 数量詞遊離。(8-113)に対応して，(8-114)から(8-116)までの様な言い方が出来る。(8-113)では数量詞「五人」は「の」によって名詞「学生」に結び付いている。しかし一旦「の」を消すと，数量詞は自由の身になって，あちこちに移動出来る。(但し動詞より前で。)この様な現象を数量詞遊離と呼ぶ(柴谷，他 1982：353-56)。
　　　(8-113)　五人の学生が　昨日　図書館で　本を　読んだ。
　　　(8-114)　五人　学生が　昨日　図書館で　本を　読んだ。
　　　(8-115)　学生が　五人　昨日　図書館で　本を　読んだ。
　　　(8-116)　学生が　昨日　五人　図書館で　本を　読んだ。
但し，語句 X 以外にも数量詞遊離が適用出来るものが有る。それは 8.11.3 で見る語句 Y(目的語と呼ぶことになる)である。更に，次の様な例でも適用出来る。(これは状況語と呼ぶべきであろう。)

(8-117) 私は　昨日　三つの　　　　パーティーに　行った。
(8-118) 私は　昨日　パーティーに　三つ　　　　　行った。
従って，数量詞遊離が適用出来ることは語句 X と語句 Y の占有ではない。

（小林典子（私信）の指摘する通り，日本語では数量詞が名詞から離れている言い方の方が普通であろう。従って，(8-113) の様な文から (8-114) 等の様な文を派生する分析は適切ではないかも知れない。このことを考慮すると，ここで問題にしていることは，「数量詞が遊離出来るかどうか」ではなくて，「数量詞が「の」によって名詞に結び付いている言い方に対応して，結び付いていない言い方も出来るかどうか」ということである。）

ちなみに，柴谷，他 (1982：355) は日本語の数量詞遊離について次の様に述べている。「「が」ないし「を」で標示された主語・直接目的語にのみ適用できると言えよう。」しかし，(8-118) が示す様に，「に」格でも数量詞遊離が可能な場合が有る。

日本語の語句 X の働きとして，四つ挙げた。英語の場合ほど多くはないが，語句 X にいくつかの働きが集まっている。この語句 X を一つのグループとして設定すると，日本文法を書く時に，或いは，教える時に，便利だろう。英語の場合ほどは便利ではないかも知れないが。

では，語句 X は意味役割，格，情報構造のどれかで記述出来るだろうか？もし出来れば，語句 X を特別に立てる必要は無い。

(a) 意味役割。語句 X は動作者を表す場合がかなり多い。しかし語句 X がいつも動作者を表すとは限らない。例えば受動文では対象を表す。これは語句 X である。先ず，尊敬語の先行詞になれる。例は (8-11)。「自分」の先行詞にもなれる。

(8-119) 田中先生は　自分の　犬に　噛まれた。

継続の「-ながら」も可能である。下記の例は，2003 年に阪神タイガースがリーグ優勝した後，或るテレビ番組で星野仙一監督（優勝当時の監督）が，藤本敦士選手について語ったことである。

(8-120) 藤本は　φ　私に叱られながら，成長していったのです。

数量詞遊離も出来る。

(8-121) 三人の学生が　叱られた。
(8-122) 学生が　三人　叱られた。

よって，受動文では対象を表す語句が語句 X である。この様に，語句 X は

動作者を表すとは限らない。意味役割との間には一対一の対応は無い。従って語句Xは意味役割で記述出来ない。

(b) 格。上で見た例では語句Xは主格「が」である。(「は」に隠れる場合もあるが。) しかし語句Xは主格と同一ではない。例えば、主格であっても尊敬語の先行詞にならない場合も有る。例は(8-17)の「タバコが」である。主格が語句Xはであるとは限らない。語句Xは格とも一対一の対応を示さない。従って格でも記述出来ない。

(c) 情報構造。語句Xが主題に出る場合は非常に多い。しかしいつも主題に出るとは限らない。評言に出ることもある。

(8-123) 太郎は　花子を　褒めた。
　　　　　　X
　　　　　主題　　　　評言

(8-124) 花子は　太郎が　褒めた。
　　　　　　　　　X
　　　　　主題　　　　評言

語句Xは情報構造のレベルについても、一対一の対応を示さない。従って、語句Xは情報構造を用いても記述出来ない。

この様に見ると、語句Xは、意味役割、格、情報構造のレベルとは別のものとして、設定する根拠が有る。(理由は英語の場合ほどは強くないが。)

では、名前はどうしようか？名前は今まで通り語句Xと呼んでもよい。又、語句1、或いは語句Aと呼んでもよい。語句Xは英語でも、日本語でも、能動文の場合には、動作者を表す語句である。働きの内容は全く同じではない。しかし、英語の場合、語句Xを主語と呼んでいる。反対する理由は無い。日本語でも主語と呼ぼう。

英語の主語と働きが同じではないのだから、日本語で主語という言葉を使うべきでないという様な主張を聞いたことが有る。この主張は適切ではない。世界の言語はそれぞれ違うのは確かである。しかし、何かに名前を付ける時に、かなりの共通点が有れば、或いは、重要と思われる点で共通していれば、同じ名前を付けて差し支えない。それどころか、同じ名前を付けないと不便である。例えば世界のどの言語の文法でも、意味の点では動作等を表し、働きとしては、述語になれる語を、動詞と呼ぶ。厳密に見れば、違いは有る。例えば英語、独語、露語等では動詞が主語と一致するが、ワロゴ語では一致が無い。し

かし，上で挙げた点が共通なので，それら全てを動詞と呼んでいるのである。言語毎に別の名前を付けたら不便だ。主語も同様である。言語によって違いがあっても，かなりの共通点が有れば，或いは，重要と思われる点で共通していれば，主語と呼んでよい。言語毎に別の名前を付けたら不便だ。

上では他動詞文と受動文(自動詞文の一種？)の語句Xを見た。自動詞文でも同様である。先ず，語句Xは尊敬語の先行詞になれる。

(8-125) 先生が いらっしゃった。

「自分(自身)」の先行詞になれる。

(8-126) 先生が 自分の 家に 帰った。

継続の「-ながら」も可能である。

(8-127) 先生が φ 笑いながら 歩いた。

数量詞遊離が適用出来る。

(8-128) 三人の先生が 来た。

(8-129) 先生が 三人 来た。

従って，この様な自動詞文にも主語を設定出来る。上の文の場合，主語は「先生が」である。

柴谷(1978：186, 1984：65, 1985：8)は日本語の主語の特徴の一つとして格を挙げている。

(8-130) 格助詞「が」で示される。

しかし本章で採用した考えでは格と統語機能を区別するので，8.9.3で述べた様に，主格は主語の認定の基準には用いない。この考えの妥当性については，8.11.7で更に詳しく述べる。

同じく柴谷は日本語の主語の特徴の一つとして語順も挙げている。

(8-131) 基本語順で文頭に起こる。

しかし，8.10で述べた様に，主語の統語的な働きを考える際に，語順は英語の場合とは異なり，日本語では意味があるとは思われない。従って語順は用いない。

柴谷はこれ以外にも，日本語の主語の特徴と見なすものを挙げている。しかし，そのままでは適用するのが難しいので，ここでは用いなかった。その例を一つ挙げる。8.9.3-(b)で述べた様に，英語では，後の文で省略をする場合，前の文の語句も後の文の語句も必ず主語でなくてはならない。柴谷(1985：6)は，同様に，日本語でも「…して，…する／した」の省略の仕方を主語の特徴

の一つと見ている。確かに次の様な文ではその様に見える。

　　(8-132)　星野監督が　藤本選手を　指導して，φ　進歩した。

監督が選手を指導した状況では，進歩したのは，普通は，監督ではなくて，選手であろう。しかし，(8-132)では，日本語の文法としては，進歩したのは星野監督であると解釈する。省略の先行詞も省略された語句も共に「星野監督が」である。従って，この文の場合，英語と同じく，省略の先行詞も省略された語句も主語であると言える。しかし，次の例では違う。

　　(8-133)　藤本選手は　星野監督が　指導して，φ　進歩した。

この場合，進歩したのは星野監督ではなくて，藤本選手である。先行詞も省略された語句も共に「藤本選手は」である。省略された語句は主語ではある。しかし，先行詞は主語ではない。(8.11.3で見る語句Y(即ち目的語)である。)

　即ち，(8-132)の様な文では，先行詞も省略された語句も主語(統語機能のレベル)である。しかし，(8-133)の様に，話題(情報構造のレベル)を示す「は」が介入すると，もはや，先行詞も省略される語句も主語とは限らない。一旦「は」で話題を示しておくと，後は，(必ずかどうか分からないが)省略出来る。三上(1960：117-39)参照。

　この様に，「…して，…する／した」の文で，何が先行詞になれるか，何が省略出来るかについては，話題(情報構造のレベル)が主語(統語機能のレベル)に優先する。統語機能を調べる時に用いるのは相応しくない。従って，主語認定の基準には使わない。(但し，情報構造が支配しない場合には，主語の働きを調べるのに使える。(8-132)参照。)

　ちなみに，尊敬語の先行詞，「自分(自身)」の先行詞，継続の「-ながら」には，話題の「は」の存在は影響しない。

　　(8-134)　田中先生が／田中先生は　この本を　お書きになった。
　　(8-135)　田中先生が／田中先生は　ご自分を　高く　評価している。
　　(8-136)　太郎が／太郎は　φ　ビールを飲みながら　野球を　見た。

数量詞遊離も同様である。

　　(8-137)　先生が　三人　来ました。
　　(8-138)　先生は　三人　来ました。

これらの四つの現象は「は」の有無に関係無く適用出来る。従って，統語機能の検討に使える。換言すると，これら四つの現象の場合には主語が話題の「は」に優先する。

8.11.3 目的語

X以外の或る語句に働きがいくつか集まっている。この語句を語句Yと呼ぼう。

(a) いわゆる謙譲語の動詞の先行詞になれる。(これは動詞との一致の一種と見ることが出来よう。柴谷, 他(1982 : 263)参照。)

(8-139) 私は　田中先生を　お招きした。

但しここで語句Yと呼んでいるもの以外でも, 謙譲語の先行詞になれるものがある。例を挙げる。

(8-140) 私は　田中先生のお宅に　参上した。

(この場合, 先行詞は状況語と呼べるものである。)従って謙譲語の先行詞になれることは語句Yの占有ではない。

(b) 主語と同じ人を指す時, 再帰代名詞「自分(又は, 自分自身)」で置き換えることが出来る。例は(8-135)。但し, 語句Y以外でも,「自分」で置き換えられるものがある。例は(8-119)の「自分の犬に」と(8-126)の「自分の家に」。(これらは状況語と呼べるものである。)従ってこれも語句Yの占有ではない。

(c) 受動文で主語になる。(8-6), (8-7)と(8-10), (8-11)参照。

(d) 数量詞遊離も可能である。

(8-141) 私は　三人の学生を　見た。

(8-142) 私は　学生を　三人　見た。

但し, 数量詞遊離は語句Yの占有ではない。主語にも起こりうる。(8-113)から(8-116)参照。状況語と呼べるものでも可能な場合がある。(8-117)と(8-118)参照。

語句Yの機能として, 四つ挙げた。(その内の一つ(数量詞遊離)は主語と状況語の働きと重複する。)語句Yに四つの機能が集まっているのだから, これを別のグループとして設定したら便利であろう。(但し, 働きの一つは主語と状況語と重複するが。)

語句Yは意味役割, 格, 情報構造のどれを用いても記述出来ない。

(a) 意味役割。語句Yは対象を表す。しかし対象を表す語句が必ず語句Yである訳ではない。受動文では対象は主語である。例は(8-7), (8-11)。従って語句Yは意味役割では記述出来ない。

(b) 格。上の例では語句Yは対格「を」で表している。しかし対格「を」

の語句がいつも語句 Y の働きを持っている訳ではない。例えば，(8-143)の「川を」は，(a)謙譲語の先行詞，(b)「自分(自身)」での置き換え，(c)受動文での主語の三つの働きは無い。

 (8-143) 男が 川を 泳いだ。
 (8-144)＊男が 川を お泳ぎした。
 (8-145)＊男が 自分を 泳いだ。
 (8-146)＊川が 男に 泳がれた。

但し，数量詞遊離は可能であるが(柴谷 1984：67-68)。

 (8-147) 男が 三つの川を 泳いだ。
 (8-148) 男が 川を 三つ 泳いだ。

(この「川を」は状況語と呼べるものである。更に 8.11.7 でも述べる。)

この様に，対格「を」がいつも語句 Y の働きを持っているとは限らない。従って語句 Y は格でも記述出来ない。

 (c) 情報構造。語句 Y は評言に出ることもある。例は(8-123)の「花子を」。主題に出ることもある。例は(8-124)の「花子は」。従って語句 Y は情報構造を用いても，記述出来ない。

この様に，語句 Y は意味役割，格，情報構造のどれを用いても，記述出来ない。語句 Y を設定する根拠が有る。

名前はどうしようか？語句 Y は英語でも日本語でも他動詞文では対象を表す語句である。英文法では，語句 Y を目的語と呼ぶ。逆らう理由も無いので，日本語の場合でも目的語と呼ぼう。

5.3 で見た様に，格助詞「を」を目的語の印と見なす人がかなりいる。柴谷(1984：67)も「を」を目的語の特徴の一つと見なしている。(但し，「を」なら必ず目的語であると言っている訳ではないが。) しかし本章で採用した考えでは格と統語機能を区別するので，「を」を目的語の特徴とは見なさない。この考えの妥当性については 8.11.7 で更に詳しく述べる。

8.11.4 日本語の主語の原型と目的語の原型

日本語について，8.11.2 で見た四つの働きを持つ語句を主語の原型とし，8.11.3 で見た四つの働きを持つ語句を目的語の原型とすることを提案する。

 (8-149) 日本語の主語の原型：以下の働きを持つ語句。
   (a) いわゆる尊敬語の先行詞。

(b) 「自分(自身)」の先行詞。
(c) 継続の「-ながら」：
節の語句 X と従属節の語句 X の対応。
(d) 数量詞遊離。

(8-150) 日本語の目的語の原型：以下の働きを持つ語句。
(a) いわゆる謙譲語の先行詞。
(b) 「自分(自身)」での置き換え。
(c) 受動文の主語。
(d) 数量詞遊離。

但し数量詞遊離は主語の原型と目的語の原型に共通である。更に状況語と呼べるものの一部とも共通である。従って主語の原型と目的語の原型の区別には役立たない。状況語の大多数との区別には役立つ。

上で日本語の主語の原型と目的語の原型を提案した。実は，他動性(第5章)等，他の言語現象と同じ様に，主語と目的語の場合も，原型ではないものも存在する。8.11.2 で検討した主語と 8.11.3 で検討した目的語は全て原型的な主語或いは目的語である。全て人間である。そして，格枠組みは「が＋を」(主格＋対格)である。では動物の場合，無生物の場合はどうであろうか？ 8.11.5 で検討する。又，「が＋を」以外の格枠組みの場合はどうであろうか？ 8.11.7 で検討する。

本章で採用した考えでは格と統語機能を区別する。従って「が＋を」の格枠組みを主語或いは目的語の原型の定義に入れなかった。これが妥当な決定であることは 8.11.7 でも述べる。

上で提案した日本語の主語の原型と目的語の原型は柴谷／Shibatani(1977, 1978, 1984, 1985)に負うところが多い。Harada (1976)も参考になった。これらの先行研究が挙げなかった(と思われる)働きは，主語の(c)継続の「-ながら」と目的語の(b)「自分(自身)」での置き換えの二つである。なお，8.11.2 と 8.11.3 で述べた様に，柴谷が提案した働きでも，本章で採用しなかったものもある。

7.1.4 で(Harada 等の考えを基にして)尊敬語を主語尊敬と，謙譲語を非主語尊敬と呼ぶことにした。(更に非主語尊敬を三つに分けた。(i) 直接目的語への尊敬(8.11.3, 8.11.5, 8.11.7 も参照)。(ii) 間接目的語への尊敬(8.11.7 - [3] も参照)。(iii) 状況語への尊敬。) 尊敬語と謙譲語の定義には様々なものがあ

る。(大石(1975, 1983), 南(1987), 菊地(1994), 井上史雄(1999)等参照。)例えば大石(1983：131)は尊敬語を「話題主を高めるもの」と, 謙譲語を「話題主を低めるもの」と定義する。又, 大石(1983：131)は尊敬語を「話題主を直接的に高める表現のために用いられる敬語」と, 謙譲語を「話題主を低め, その行為の向かう相手方あるいは聞き手を高める表現のために用いられる敬語」と定義する。これらの定義は分かりにくい。しかし, 統語的な働きに着目すれば, かつ, 本章で提示した分析を採用すれば, 尊敬語は主語尊敬である, 謙譲語は非主語尊敬であると言える。上に挙げた尊敬語と謙譲語の定義よりも, 主語尊敬と非主語尊敬と言う方が分かり易いと思う。完璧な定義であるという保証は無いが。

8.11.5 原型ではない主語と目的語：動物の場合と無生物の場合
［1］動物の場合

(a) 主語。尊敬語の先行詞。7.1.6 で見た様に, 動物について用いる尊敬語については意見が分かれる。使う人がいるそうだが(例は(7-49)と(7-50)), 不自然と判断する人もいる。又, (7-49)と(7-50)は共に自動詞文である。他動詞文の場合, 尊敬語は使わない様だ。作例を挙げる。

(8-151) ? わんちゃんが　おいしそうに　水を　めしあがっています。

もし(7-49), (7-50), (8-151)の文の全てが言える人がいれば, この様な人の場合, 尊敬語の先行詞の働きを認定出来る。他の人の場合, 尊敬語の先行詞の働きを認定するのは困難である。

「自分(自身)」の先行詞。問題無く言える。

(8-152) あの猫は　自分を　なめている。

継続の「-ながら」。これも問題無く言える。

(8-153) 猫が　φ　餌を　食べながら　周りを　見た。

数量詞遊離。これも問題無く言える。

(8-154) 三匹の　猫が　水を　飲んだ。

(8-155) 猫が　三匹　水を　飲んだ。

纏めると, (7-49), (7-50), (8-151)の様な敬語を使う人がもしいれば, 上で見た語句は主語の原型の四つの働きの全てを持っている。従って, これは原型的な主語である。一方, その様な敬語を使わない人の場合, これらの語句は働きの三つを持っている。原型的ではないが, かなり見事な主語である。

(b) 目的語。謙譲語の先行詞。菊地(1994：277-78)と井上史雄(1999：68)によると，動物について話す時に謙譲語を使う人がいるらしい。作例を挙げる。

　(8-156)　私は　わんちゃんを　大事にして　あげました。

もし(8-156)の様な文を言う人がいれば，その人の場合は，謙譲語の先行詞になるという働きが可能である。そうでない人の場合には不可能である。

「自分(自身)」での置き換えは問題無く言える。例は(8-152)。受動文の主語も問題無く言える。

　(8-157)　あの犬は　この猫を　追いかけた。
　(8-158)　この猫は　あの犬に　追いかけられた。

数量詞遊離。これも問題無く言える。

　(8-159)　あの犬は　三匹の猫を　追いかけた。
　(8-160)　あの犬は　猫を　三匹　追いかけた。

纏めると，(8-156)の様な敬語を使う人の場合，上で見た語句は原型的な目的語の四つの働きの全てを持っている。原型的な目的語である。一方，その様な敬語を言わない人の場合，これらの語句は働きの三つを持っている。原型的ではないが，かなり見事な目的語である。

[2] 無生物の場合

(a) 主語。尊敬語の先行詞。直接敬語(7.1.1)では言わないと思う。しかし所有者敬語なら言える。7.1.3 で見た様に，自動詞主語の場合，所有傾斜で高い方なら言える。7.1.4 で見た様に，他動詞主語の場合，所有傾斜で高い方でも言いにくい。しかし言える人もいる。これらの人の場合，尊敬語の先行詞の働きを認定出来る。他の人の場合，尊敬語の先行詞の働きを認定出来ない。

「自分(自身)」の先行詞。意外なことに，無生物で使える。

　(8-161)　惑星は　自分の重力で　ほぼ球形に　なっている。
　　　　　　(http://www4.airnet.ne.jp/mira/begin/planet.html
　　　　　　「惑星を見てみよう」に基づいた文)
　(8-162)　恒星は　自分自身で　光を　放ちます。
　　　　　　(http://www.j-muse.jp/joyful/virtual_museum/ucyuukan/
　　　　　　uchu01.html「恒星・惑星」に基づいた文)

継続の「-ながら」。これは問題無く言える。

　(8-163)　火砕流が　φ　岩石を　押し流しながら　下ってきた。

数量詞遊離。これも問題無く言える。
　(8-164) 今年は　三つの台風が　日本を　襲った。
　(8-165) 今年は　台風が　三つ　日本を　襲った。
　纏めると，これらの語句は原型的な主語の四つの働きの内の少なくとも三つを持っている。原型的ではないが，かなり見事な主語である。所有者敬語を他動詞文の主語に使える人の場合，四つの働きの全てを持っている。原型的な主語である。
　(b) 目的語。謙譲語の先行詞。もし以下の様な敬語を使う人がいれば，この様な人の場合，謙譲語の先行詞の働きを認定出来る。他の人の場合，認定出来ない。或る電気店の店員が或る電気器具について(8-167)の様な文を言った。
　(8-166) 私は　鉢植えのお花を　大事にしてあげました。
　(8-167) スイッチを　押してあげると…
　「自分(自身)」での置き換え。実例は見つからなかった。しかし，下記の様な文は言う人もいるかも知れない。私は余り自然な文とは思わないが，言えないことも無いと思う。
　(8-168)?宇宙の暗闇の中で　恒星は　自分自身を　照らしています。
　受動文の主語。これは問題無く言える。例は(4-50)(能動文)と(8-169)(受動文)。
　(8-169) 三陸地方が　津波に　襲われた。
　数量詞遊離。これも問題無く言える。
　(8-170) 火砕流が　三軒の家を　押し流した。
　(8-171) 火砕流が　家を　三軒　押し流した。
　纏めると，これらの語句は原型的な目的語の四つの働きの内，少なくとも二つは持っている。原型的からやや離れているが，目的語と呼べる。(8-166)，(8-167)と(8-168)の様な文が言える人がいれば，この場合は四つの働きがある。原型的な目的語である。

8.11.6　四つのレベルの対応

　意味役割，格，情報構造，統語機能の四つのレベルの間の関係は，以下の様に表示すると分かり易い。例を少し挙げる。(この方法は柴谷 1978：233 に倣った。)

(8-172)　太郎が　　花子を　　褒めた。
　　　　　動作者　　対象
　　　　　主格　　　対格
　　　　　主語　　　目的語
　　　　　─────────────
　　　　　　　　　評言

(この様な文には，主題に当たるものは無いと言える。)

(8-173)　太郎は　　花子を　　褒めた。
　　　　　動作者　　対象
　　　　　(主格)　　対格
　　　　　主語　　　目的語
　　　　　─────────────
　　　　　主題　　　評言

(主格の「が」は「は」に隠れている。)

(8-174)　花子は　　太郎が　　褒めた。
　　　　　対象　　　動作者
　　　　　(対格)　　主格
　　　　　目的語　　主語
　　　　　─────────────
　　　　　主題　　　　　評言

(対格の「を」は「は」に隠れている。)

　8.11.7 で「が＋を」以外の文の主語と目的語を検討する。その際，上記の様に示すと，レベルの関係を理解し易い。

　ちなみに，(8-173)は下記の一致を示す：「動作者＝主格＝主語＝主題」。実際の日本語の使用例を調べたら，この一致を示す例はかなり多いであろう。従来の研究のかなりの数も，これらが一致している場合だけを考慮していたのであろう。だからこそ，8.3 で見た様に，動作者，主格，主語，主題を区別せずに，混然一体とする考えが生じたのであろう。しかし，既に明らかな様に，動作者，主格，主語，主題は同じものではない。別のレベルに属すのである。この様に，四つのレベルがいつも，一対一の対応を示すとは限らない。きちんと区別する必要がある。

8.11.7　原型ではない主語と目的語：「が＋を」(主格＋対格)と他の格枠組み

　日本語の主語について 8.11.2（人間の場合）と 8.11.5（動物の場合と無生物の場合）で検討し，目的語について 8.11.3（人間の場合）と 8.11.5（動物の場合と

無生物の場合)で検討した。検討した文の格枠組みは全て「が＋を」である。
6.1.3 - [1]で見た様に，日本語には他にも様々な格枠組みがある。これらの文における主語と目的語を検討しよう。(柴谷の研究を除くと，主語と目的語に関する従来の研究は「が＋を」だけを考察して，他の格枠組みは検討しなかった。) 同時に，格と統語機能を区別することの妥当性，重要さを改めて指摘する。その際，主語と主格を同一視する考え(8.3.3)の問題点も指摘する。

[1]「が＋を」(主格＋対格)： 「を」の名詞が無生物の場合

例として，(8-143)を再度検討しよう。

(8-175)=(8-143)　男が　川を　泳いだ。

8.11.3 で見た様に，「川を」は目的語の原型の働きの三つは不可能である：(a)謙譲語の先行詞，(b)「自分(自身)」での置き換え，(c)受動文の主語。唯一，(d)数量詞遊離だけが可能である。「川を」を目的語と呼ぶことは不可能ではない。その場合，目的語らしさの度合が非常に低い。しかし，やはり，目的語とは見なさないで，状況語と見なすのが妥当である。(5-24)から(5-30)までの文の「を」格の名詞も同様である。

(8-175)の「男が」は主語の原型の働きを全て持っている。従って，原型的な主語である。例文は省略する。

この様に，格は同じでも，(8-175)の「川を」と(5-24)から(5-30)までの文の「を」格の名詞は，8.11.2 で見た「を」格の名詞(即ち，目的語の原型)とは働きがかなり違う。格が同じでも働きが大分違う。格と統語機能は一致しない。従って，区別することは大切である。

先行研究の中には，(8-175)と(5-24)から(5-30)までの文の「を」格の名詞を目的語と見なすものと，見なさないものがある様だ。柴谷(1984：67)によれば，橋本(1969：109-10)は目的語と見なしていないらしいが，松下(1977：233)は目的語と見なしているらしい。目的語と見なすのは格助詞「を」があるからであろう。これらの研究は格「を」だけに着目している。統語機能は検討していない。従って，「を」格の名詞であっても，働きが違うことは指摘していない。

[2]「が＋に」(主格＋与格)

(柴谷は「が＋に」の文を検討していない。)「が」格の名詞は尊敬語の先行詞になれる。

(8-176) 田中先生は 高橋君に 惚れ込んでいらっしゃいます。

(角田三枝,私信)

「自分(自身)」の先行詞にもなれる。

(8-177) 田中先生は 自分自身に 惚れ込んでいる。

継続の「-ながら」も可能である。「が+に」が主節にある場合の例は(8-178)で,従属節にある場合の例は(8-179)である。

(8-178) 矢野捕手は φ スライディングを よけながら 走者に
タッチした。

(8-179) 矢野捕手は φ 走者に タッチしながら スライディングを
よけた。

数量詞遊離も可能である。

(8-180) 三人の男性が 花子に 惚れた。

(8-181) 男性が 三人 花子に 惚れた。

主語の働きの四つの全てがある。従って,原型的な主語である。次に「に」格の名詞を検討しよう。先ず謙譲語の先行詞になれる。

(8-182) 高橋君は 田中先生に お答えした。

「自分(自身)」で置き換えられる。例は(8-177)。受動文で主語になれる。

(8-183) 花子は 太郎に 惚れられた。

数量詞遊離も可能である。

(8-184) 太郎は 三人の通行人に ぶつかった。

(8-185) 太郎は 通行人に 三人 ぶつかった。

目的語の働きの四つの全てがある。従って,原型的な目的語である。

「が+に」の文について意味役割,格,統語機能のレベルの関係を示す。情報構造のレベルは省略する。

(8-186)　　　　　　　太郎が　　　花子に　惚れた。
　　　　　意味役割　　動作者　　　対象
　　　　　格　　　　　主格　　　　与格
　　　　　文法機能　　主語(4/4)　　目的語(4/4)

「太郎が」に関する「4/4」は主語の原型の四つの働きの全てを持っていることを,「花子に」に関する「4/4」は目的語の原型の四つの働きの全てを持っていることを表す。

「が+に」の文について,「が」格と「に」格の名詞が人間の場合を見た。ス

ペースの都合で，動物の場合と無生物の場合は省略する。
　(8-175)の「を」格の名詞(「川を」)と 8.11.3 で見た目的語の原型の例(全て「を」格)は，格は同じであるが，働きはかなり違う。一方，全く逆の関係を示すのが(8-186)の「に」格の名詞と 8.11.3 で見た目的語の原型の例(全て「を」格)の場合である。これらの名詞は，格(「に」と「を」)は違うが，働きは同じである。ここでも格と統語機能は一致しない。従って，区別することは大切である。
　[3]「が＋に＋を」(主格＋与格＋対格)
　「が＋に＋を」の「に」格の名詞を検討する。私の日本語では，この「に」格の名詞は「が＋に」の「に」格の名詞と働きが少し違う。(実は後で見る様に，私と判断が違う人もいる。)先に共通点を見よう。謙譲語の先行詞の例になれる。
　　(8-187)　私は　高橋先生に　本を　お送りした。
「自分(自身)」で置き換えられる。
　　(8-188)　私は　自分に　土産を　送った。
(この文は不自然に感じられるかも知れないが，旅先から自分あてに土産を送る場合には使えると思う。)受動文の主語になれる。
　　(8-189)　田中さんは　山田さんに　賄賂を　送られた。
　違いは数量詞遊離にある。私の日本語では，数量詞遊離は適用出来ない。(柴谷(1978：352)も私と同じ判断である。)
　　(8-190)　私は　三人の学生に　本を　送った。
　　(8-191)＊私は　学生に　三人　本を　送った。
興味深いことに，同じ「に」格であっても，「が＋に」の「に」格の場合には数量詞遊離が適用出来る。(8-185)参照。これが私の日本語における「が＋に」の「に」と「が＋に＋を」の「に」の違いである。
　纏めると，私の日本語では「が＋に＋を」の「に」格の名詞は目的語の原型の四つの働きの内の三つを持っている。3/4 である。かなり原型に近い目的語である。
　この様に，「が＋に」の「に」格の名詞と「が＋に＋を」の「に」格の名詞は，格は同じであるが働きは違う。格と統語機能は一致しない。従って，区別することは大切である。
　英語等，他の言語の文法書では，「が＋に＋を」の「を」格に当たる名詞を

直接目的語,「に」格の名詞に当たるものを間接目的語と呼ぶものがある。((8-90)と(8-91)参照。)しかし,(8-91)の下の段落で述べた様に,一般に,間接目的語を立てる理由は弱いと言われている。日本語について柴谷(1978:225)は次の様に述べている。「直接目的語と間接目的語との区別は統語機能の面からの特徴づけはむずかしい。」しかし,上で見た様に,数量詞遊離は「が＋を」の「を」格の名詞と「が＋に」の「に」格の名詞には適用出来るが,「が＋に＋を」の「に」格の名詞には適用出来ない。この違いを用いれば,日本語では直接目的語と間接目的語を区別する理由がある。

この二つの目的語の分類の仕方には,二つの可能性がある。(i)直接目的語と間接目的語に分ける。(ii)目的語だけを設定し,後は下位分類して,数量詞遊離が適用出来るものと,出来ないものがあるとする。上述の様に,違いは一つしかない。(数量詞遊離である。)従って,分ける根拠は弱い。(ii)の分類が良いであろう。

(7.1.4で日本語の所有傾斜について述べた時,直接目的語,間接目的語という言葉を使った。勿論,7.1.4ではっきりと述べた様に,あの段階では,本章で用いる様な厳密な意味で用いたのではない。しかし,数量詞遊離を基準に用いれば,直接目的語と間接目的語を区別することは可能である。)

上述の様に,私(と柴谷)の日本語では「が＋に＋を」の「に」格の名詞には数量詞遊離を適用出来ない。即ち,(8-191)は言えない。しかし,(8-191)が言える人がいる。即ち「が＋に＋を」の「に」格の名詞に数量詞遊離を適用出来る人がいる。これらの人の場合,「が＋に＋を」の「に」格の名詞は目的語の原型の四つの働きの全てを持っている。4/4である。これは原型的な目的語である。又,これらの人の日本語では,直接目的語と間接目的語を区別する根拠は見つからない。

(8-191)の適格さは地方差がある様だ。全国を調べた訳ではないが,集中講義や講演等に行った時に,受講者に(8-191)が言えるかどうか聞いてみた。言える人が最も多かったのは富山大学である。受講者の30％位が言えると答えた。出身地は主に富山県と石川県であった。次に多かったのは山口大学である。受講者の10％位が言えると答えた。出身地は主に山口県と福岡県であった。逆に東北大学では言える人は皆無であった。出身地は全員,東北地方であった。関東地方,名古屋地区,関西地方では言える人がたまにいる程度である。

この様に，「が＋に＋を」の「に」格の名詞の場合，数量詞遊離の可能性に地方差がある。このことは統語現象に地方差が有ることを示す。統語現象における地方差の例を追加する。或る研究会で柴谷方良が下記の様な例文を挙げた。

　　(8-192)　太郎は　花子から　本を　買ってもらった。
この例文についての討論を行ったが，議論が噛み合わず，参加者がかなり混乱した。討論の結果，混乱の原因は「から」の用法の違いであると判明した。柴谷は，下の(a)の意味で用いた。柴谷と同じ解釈をする参加者もいた。しかし，私を含めて，(b)の解釈をする参加者もいた。
　(a) 太郎が花子に頼んだ。花子が誰かから本を買った。(太郎　花子　誰か)
　(b) 太郎が誰かに頼んだ。誰かが花子から本を買った。(太郎　誰か　花子)
参加者の出身地を見ると，関東地方出身(私も含めて)と中部地方出身は全員(b)の解釈であった。関西地方出身の参加者の中には(a)の解釈の人(柴谷も含めて)と(b)の解釈をする人がいた。「から」の用法に地方差があることが判明して，参加者全員が驚いた。ちなみに，私の日本語では(a)の意味では，「から」ではなく「に」を使う。

　　(8-193)　太郎は　花子に　本を　買ってもらった。
　日本語の方言の研究では，統語論の研究は従来手薄であった。しかし佐々木(2004)等を契機に，統語論の研究が盛んになってきた。上述の様に，様々な統語現象で地方差がある様だ。調査すべき現象は多数ある。今後，統語論の研究が益々活発になることを期待する。(国立国語研究所(1989)の『方言文法全国地図』の第1集の第26図「26 息子に(手伝いに来てもらった)」によると，この種の文で，格助詞「から」を使う地域は長野県，新潟県，山形県，秋田県に集中し，又，九州にも散在する。この地図では，関西地方に「から」が無いのは意外であった。又，野島本泰(私信)によると，長崎県佐世保市でも「から」を使うそうだ。国立国語研究所(1989)の存在は，佐々木冠(私信)の教示による。)

[4]「が＋が」(主格＋主格)
　柴谷(1978：180)の指摘する様に，もし，主格が主語であるとすると，この型の文には主語が二つあることになる。本当に主語が二つあるのだろうか？働きを検討しよう。
　先ず，主語の働きを見よう。尊敬語の先行詞になれるのは，前の「が」だけ

であって、後の「が」はなれない（柴谷1978：179, 1984：65, 1985：9）。例を挙げる。（柴谷（1984：65）のものを少し修正した。）

　　　（8-194）　山田先生が　花子さんが　お好きである（こと）。
　　　（8-195）＊花子が　　山田先生が　お好きである（こと）。

「自分」の先行詞になれるのも，前の「が」であって，後の「が」はなれない（柴谷1978：180, 1984：65, 1985：9）。

　　　（8-196）　太郎が　花子が　自分の　妹より　好きである（こと）。
　　　　　　　　　　　　　　（柴谷（1985：9）の例文を少し修正した。）

継続の「-ながら」は不可能である。逆接の「-ながら」は動詞の他に，形容詞，形容動詞，名詞にも付くことが出来る（南1974：123）。例は（8-109）。しかし継続の「-ながら」は形容詞，形容動詞，名詞には付かない。「が＋が」の格枠組みを取るのは形容詞，形容動詞の類である。表6-1と6.2.3参照。（「飲みたい」，「食べたい」等の形も含める。（8-20）参照。）これらには継続の「-ながら」の形が無い。従って「が＋が」には，継続の「-ながら」は不可能である。

数量詞遊離は，自然な文を作るのが難しい。しかし前の「が」でも，後の「が」でも可能であると思われる。前の「が」の例：

　　　（8-197）　三人の男子学生が　花子が　好きである（こと）。
　　　（8-198）　男子学生が　三人　花子が　好きである（こと）。

後の「が」の例：

　　　（8-199）　花子が　三人の男子学生が　好きである（こと）。
　　　（8-200）　花子が　男子学生が　三人　好きである（こと）。

前の「が」に主語の原型の四つの働きの内の三つがある。3/4である。主語と呼べる。（柴谷/Shibatani（1977, 1978, 1984, 1985）の結論に賛成である。）しかも，働きが三つもあるので，原型的ではないが，かなり立派な主語である。

では，後の「が」はどうであろうか？目的語の働きを検討しよう。謙譲語の先行詞になれない。そもそも，形容詞や形容動詞には謙譲語が無いらしい。「が＋が」文の述語は形容詞，形容動詞の類である。従って「が＋が」では，謙譲語の先行詞という働きは該当しない。次に，「自分」（自身）で置き換えることが出来る。

　　　（8-201）　山田先生が　ご自分が　好きである（こと）。

受動文の主語になれない。そもそも，いわゆる形容動詞には受動形が無い。数量詞遊離は出来る。(8-200)参照。

後の「が」には目的語の原型の四つの働きの内の二つがある。2/4 である。従って，目的語と見なせる。(柴谷の結論に賛成である。) 但し，原型的な目的語と比べて，目的語らしさの度合はかなり低い。

意味役割，格，文法機能の関連は次の通りである。

(8-202)　　　　　　　太郎が　　　　花子が　好きである(こと)。
　　　意味役割　　感情の持ち主　　対象
　　　格　　　　　主格　　　　　　主格
　　　文法機能　　主語 (3/4)　　　目的語 (2/4)

この様に，働きを調べて見ると，主格がいつも主語と見なせる訳ではない。主格と主語を同一視する考えには無理がある。

[5]「に＋が」(与格＋主格)

「に＋が」文の例は第5章，第6章に多数挙げてある。主語の特徴を検討しよう。尊敬語の先行詞になれるのは「が」ではなく，「に」である(柴谷 1978：181, 1984：66, 1985：9)。例は(柴谷 1984：66)：

　(8-203) 山田先生に　生徒達が　よく　おわかりになる。

「自分」の先行詞になれるのも，「が」ではなく，「に」である(柴谷 1978：161, 1984：66, 1985：9)。例は(柴谷 1985：9)：

　(8-204) 太郎には　花子が　自分の　妹よりも　よく　理解できる。

継続の「-ながら」は不可能の様だ。「に＋が」の述語は動作ではなく状態を表す動詞である。表 6-1 参照。これらの述語は逆接の「-ながら」は言える。しかし，継続の「-ながら」は状態を表す。状態を表す動詞は継続の「-ながら」の用法が無い様だ。

数量詞遊離は不可能である(柴谷，他 1982：355 参照)。

　(8-205) こちらの二人の男子学生に　その問題　解ける。
　(8-206)*こちらの男子学生に　二人　その問題　解ける。

　　　　　　　　　　　　　　　　(例文も，柴谷，他(1982)から。)

纏めると，「に」には主語の原型の四つの働きの内の二つがある。2/4 である。主語と見なしてよいだろう。(柴谷の結論に賛成である。) 但し原型的な主語と比べて主語らしさの度合がかなり低い。

では，「が」はどうであろうか？目的語の働きを見よう。謙譲語の先行詞に

なることは，普通は無い。「分かる，出来る」等の類の動詞はこのままでは謙譲語の形は無い様だ。しかし，複合動詞にすれば謙譲語の形も作れる場合がある。以下の例は加藤昌彦（私信）による。

(8-207) 私には　あなたのことが　ご理解申し上げられません。

「自分」で置き換えることが出来る。

(8-208) 田中さんには　自分が　分からない。

受動文では主語になれない。「に＋が」文の述語は受動形が無い様だ。数量詞遊離は可能である。

(8-209) 太郎には　三つの言語が　分かる。
(8-210) 太郎には　言語が　三つ　分かる。

従って，「が」は目的語の原型の四つの働きの内，少なくとも二つは持っている。謙譲語の先行詞の働きも含めれば三つ持っている。2/4又は3/4である。目的語と見なしてよいだろう。（柴谷の結論に賛成である。）但し，原型的な主語よりは主語らしさの度合がずっと低い。三つのレベルの関係は次の通りである。

(8-211) 私には　　　　　あなたのことが　ご理解申し上げられません。
意味役割　知識の持ち主　対象
格　　　　与・所格　　　主格
文法機能　主語(3/4)　　 目的語(2/4 又は 3/4)

繰り返して述べた様に，主格が主語であると見る人がいる。しかし，「に＋が」の文では，働きを調べると，「が」は目的語と見なすのが妥当である。主語を表しているのは「に」である。

[6]「で＋を」(所・道具格＋対格)

（柴谷は「で＋を」の文を検討してない様だ。）「で」は組織，団体等を示す。（「が＋を」でも言える。(8-218)参照。）主格が主語である考えでは，「で＋を」の文には主語が無いということになる。では，本当に主語を認定出来ないのだろうか？ 実は認定出来る。「で」は尊敬語の先行詞になれる。(8-14)。「自分」の先行詞にもなれる。

(8-212) 野球部では　自分達を　賞賛している。

継続の「-ながら」も言える。

(8-213) 県警では　φ　この犯人を　捜しながら　あの犯人も　捜した。

数量詞遊離は不可能である。

(8-214) 三つの県警で　犯人を　捜している。
 (8-215) *県警で　三つ　犯人を　捜している。

纏めると，「で」は主語の原型の四つの働きの内，三つを持っている。3/4である。原型的ではないが，かなり立派な主語である。次に「を」を検討する。謙譲語の先行詞になれる。

 (8-216) 宮内庁では　各国代表を　お招きした。

「自分」で置き換えられる。例は(8-212)。

受動文の主語になれると思われる。以下の文を比較してみよう。

 (8-217) 宮内庁で　各国代表を　招いた。
 (8-218) 宮内庁が　各国代表を　招いた。
 (8-219) 各国代表が　宮内庁に　招かれた。

(8-219)の受動文は(8-218)の能動文(「が＋を」)に対応すると言える。しかし(8-217)の能動文(「で＋を」)に対応するとも言える。従って「で」が受動文の主語になれると言ってよいであろう。数量詞遊離も可能である。

 (8-220) 宮内庁では　三人の大使を　招いた。
 (8-221) 宮内庁では　大使を　三人　招いた。

纏めると，「を」は目的語の原型の四つの働きの全てを持っている。4/4である。従って原型的な目的語である。三つのレベルの関係は次の通りである。

 (8-222)　　　　　　　　宮内庁では　　　各国代表を　　招いた。
　　　　意味役割　　　動作者　　　　　対象
　　　　格　　　　　　所・道具格　　　対格
　　　　文法機能　　　主語 (3/4)　　　目的語 (4/4)

[7]「から＋を」(奪格＋対格)

(柴谷は「から＋を」の文を検討してない様だ。) 言語活動の動詞等に用いる。(「が＋を」で言うことも可能である。(8-229)参照。) 主格が主語である考えでは，「から＋を」の文には主語が無いということになる。では，本当に主語を認定出来ないのだろうか？実は認定出来る。主語と目的語に関する考察の結果は「で＋を」の場合とほぼ同じである。「から」は尊敬語の先行詞になれる。例は(8-15)。「自分」の先行詞にもなれる。

 (8-223) 私から　自分を　売り込むとはなんですが…

継続の「-ながら」も言える。

(8-224) 私から 自分を 売り込みながら，ついでに太郎も売り込んでおいた。

(「太郎も」の「も」に後ろに「を」が隠れている。）数量詞遊離は不可能と思われる。

(8-225) 三人の学生から 結果を 報告してきた。

(8-226) *学生から 三人 結果を 報告してきた。

纏めると，「から」は主語の原型の四つの働きの内，三つを持っている。3/4である。原型的ではないが，かなり立派な主語である。次に，「を」格の名詞句を検討しよう。謙譲語の先行詞になれる。

(8-227) 私から 先生を お呼びたてしまして…

「自分」で置き換えることは可能である。例は (8-224)。受動文の主語になれると思われる。以下の文を比較してみよう。

(8-228) 田中先生から 太郎を 売り込んだ （とは驚いた）。

(8-229) 田中先生が 太郎を 売り込んだ （とは驚いた）。

(8-230) 太郎が 田中先生に 売り込まれた（とは驚いた）。

(8-230)は(8-229)の能動文(「が＋を」)に対応すると言える。しかし(8-228)の能動文(「から＋を」)に対応するとも言える。従って「から」が受動文の主語になれると言ってよいであろう。数量詞遊離は可能である。

(8-231) 私から 三人の学生を 呼んでおきました。

(8-232) 私から 学生を 三人 呼んでおきました。

纏めると，「を」は目的語の原型の四つの働きの全てを持っていると言える。4/4である。従って原型的な目的語である。三つのレベルの関係は次の通り。

(8-233)　　　　　田中先生から　太郎を　売り込んだ。
　　意味役割　　動作者　　　対象
　　格　　　　　奪格　　　　対格
　　文法機能　　主語 (3/4)　目的語 (4/4)

[8] 関係節の中の「の」(所有格)

主格が主語であるとする考えでは，この種の関係節には主語が無いということになる。では，本当に主語を認定出来ないのだろうか？ 実は認定出来る。尊敬語の先行詞になれる。例は(8-16)。「自分」の先行詞になれる。

(8-234) ご自分の 財力で 田中先生の お買いになった 家

（この場合，先行詞ではなく，後行詞と呼ぶべきであろう。）継続の「-ながら」は可能である。やや自然さの度合は低いが．

　　（8-235）　田中先生の　φ　逆境と戦いながら　書いた　本

数量詞遊離は不可能である。

　　（8-236）　三人の学者の　書いた　本
　　（8-237）*学者の　三人　書いた　本

纏めると，この「の」は主語の原型の四つの働きの内，少なくとも二つは持っている。2/4である。継続の「-ながら」も含めれば三つである。即ち3/4である。原型的ではないが，主語と呼べる。

　8.11.2 から本節 (8.11.7) まで，日本語の主語と目的語を検討した。主語，目的語の他にどんなものを設定出来るであろうか？英語の場合と同じく，呼掛け語，状況語等が立てられるであろう。他の言語の場合と同じで，日本語でも状況語は「その他」のグループである。状況語の中には，主語と目的語の様に，数量詞遊離が可能なものがある。(8-147) と (8-148) 参照（「川を」）。（数量詞遊離の他には統語的な働きは見つからない。）しかし，多くのものは統語的な働きを指摘することが困難である。

　8.11.2 で述べた様に，日本語の文の成分の分類には様々な提案がある。（その多くは統語的な働きを分類の基準としていない。）私達が学校で習った国文法では，主語以外の語句を，十束一からげにして「連用修飾語」と呼ぶ（佐伯 1959 参照）。既に，明らかな様に，この考えは適切ではない。少なくとも，目的語は他の連用修飾語から区別すべきである。

8.11.8　三上章の主語廃止説

　8.11.1 で紹介した日本語に関する三上章の主語廃止説を検討する。三上は日本語について以下の様に主張した。

　(a) 主語に優位性はない。
　(b) 主語は他の語句と同等である。

本章の考察の結果を考慮すると，三上の主張は妥当といえるであろうか？

　英語では，主語の働きとして七つ，目的語の働きとして三つ，挙げることが出来た。その他の語句には，この様な働きを指摘することは難しい。一方，日本語では，主語の（原型の）働きとして四つ，目的語の（原型の）働きとして四つ，挙げることが出来た。その内の一つ，数量詞遊離は（私の日本語では）主語

と直接目的語に共通である。更に状況語の一部にも共通である。その他の語句には，この様な働きを指摘することは難しい。（上で述べた様に，柴谷（1978, 1984, 1985：8）は日本語の主語の特徴としてこれら以外のものを挙げているが，そのまま適用するには，問題があると思われる。）

英語では，主語に優位性があり，他の語句とは同等ではないと言える。しかも，英語の主語の優位性はかなり高い。殆ど，絶対君主と呼んでよい位だ。日本語については，上の考察の結果，次の様に言える。

(a) 主語と目的語は同じ位の優位性がある。

(b) 他の語句に対して，主語と目的語の優位性はある。しかし，英語の主語ほどは強くない。

この様にして見ると，三上の主張は妥当ではない。主語を廃止してしまうのは不適切だ。

柴谷（1978：194-97）も三上の説を検討している。やはり三上の主張は妥当ではないと結論している。その根拠の詳細は私が挙げた根拠と全く同じではないが。

8.12 諸言語における主語

8.9.3 で見た様に，英語では主語にかなりの数（七つ）の働きが集中している。目的語では少ない（三つ）。その他のものには，働きを挙げることは困難である。主語が強い言語である。いわば，主語の君主国家である。又，主語を強く要求する言語でもある。英語には dummy subject 又は empty subject 形式主語と呼ぶものがある。（日本語，ワロゴ語，ジャル語等には無いが。）It と there である。(Li and Thompson 1976：467，松本克己 1988：45 参照)。例えば，天候，温度，時間，明暗等，日本語等ではゼロ項文で表して，主語の無い文にも，英語では it を付ける。例は(6-36)と：

(8-238) It is ten o'clock.

この様な文は日本語では主語が無い。(6-31)から(6-33)参照。又，いわゆる意味上の主語が that 節や不定詞である場合にも it を加える。（これも日本語にも，ワロゴ語にも，ジャル語にも無い。）

(8-239) It is good to listen to Pink Floyd everyday.

英語では主語を強く要求する。しかし，主語が出ない場合もある。それは特殊な場合である。例えば命令文がそうである。例は(8-62)。但し命令文で主

語が出る場合もあるが，例は(8-63)。（命令文で主語が出ないのは世界的な傾向である。日本語でもそうである（三上1960：242)。）又，日記や話し言葉のくだけた言い方では，1人称の代名詞，I又はweを省略することがある。

　(8-240)　Wish you were here. 　　　　　　　　　　　　(Pink Floyd)

　日本語では，英語の場合ほどは，主語に働きが集中していない。（四つ挙げた。）目的語にも同じ数（四つ）の働きが集まっている。主語の君主国家ではない。主語と目的語が同等と言えよう。英語よりは主語が弱い。

　主語が日本語の場合よりももっと弱い言語もある。ジャル語(Tsunoda 1981a：106-08)では明確に主語の特徴として挙げられるのは(i)再帰代名詞の先行詞になることと(ii)一致の二つ位である。

　主語がもっと弱い言語もあるらしい。Li and Thompson(1976)によると，中国語では主語を設定する理由は確かに有るが，主語の役目は非常に弱いそうだ。同じく，Li and Thompson(1976)によると，タイ高地のLisuリス語では，主語を設定する理由が全く無いという。（リス語の詳細については，Hope(1974)参照。）

　主語が強いと言われる言語はいくつかある。Li and Thompson(1976：483)によると，英語，仏語，インドネシア語等は，世界の諸言語の中で，最も主語が強いそうだ。又，松本克己(1988：44-45)によれば，英語，独語，仏語，スペイン語，伊語等，西洋の言語では，主語が重要な役目を持つという。（英語のitに当たる主語は，例えば，独語にも(es)，仏語にも(il, ce)ある(Li and Thompson 1976：467)。但し，スペイン語，伊語等には無い（野田尚史，私信)。

　私はワロゴ語，ジャル語，日本語，英語以外の言語の統語機能を検討したことは無い。しかしながら，英語は，主語が強いと言われている言語の中でも，例外的に主語が強いという感じがする。保阪泰人と三松国宏（共に私信）によると，独語，オランダ語，デンマーク語等，英語と同じ系統（印欧語族のゲルマン語派）に属する言語でも，主語はまあまあ強い，しかし，英語ほどは強くないらしい。

　上で挙げた言語のいくつかを選び，主語の強さで並べた。独語，中国語，リス語は私自身が調べたのではないが，上記の情報をもとにして，仮に，位置を決めた。

(8-241)　主語の強さ

　　　　　強い　　　　　　　　　　　　　　　　　弱い
　　　　　←―――――――――――――――――――→

　　　　英語　　独語　　日本語　　ジャル語　　中国語　　リス語

　断言は出来ないが，英語ほど主語が強いのは世界的に見ても珍しいのかも知れない。少なくとも，私が統語機能について調べた言語の中では，英語の主語が最も，しかも圧倒的に強い。主語が非常に強いという点で，英語はかなり珍しい言語であるかも知れない。逆に日本語は主語が余り強くないと言う点で，極めて普通の言語であるのも知れない。

8.13　まとめ

　文法を研究する際に，意味役割，格，情報構造，統語機能のレベルを区別することは大切である。これらの間には一対一の対応が無い。動作主体・動作者，主格，主題・話題，主語はそれぞれ別のレベルに属する。だから区別することは大切なのである。

　主語は統語機能のレベルに属す。或る言語について，統語機能のレベルを設定するかどうか，又，統語機能のレベルを設定するとしたら，そこに，どんなものを設定するかどうかは，その言語における様々な語句の文中での働きの分布を綿密に調べなければならない。

　英語，日本語等では，能動文の動作者に或る程度の数の働きが集まっている。それを主語と呼んでいる。（受動文，自動詞文でも，この働き（のいくつか）が集まっているものが有れば，それを主語と呼んでいる。）能動文の対象にもいくつかの働きが集まっている。それを目的語と呼んでいる。この他にも，呼掛け語，状況語等が設定出来るであろう。（しかし動作者よりも対象の方に働きが多いと言われる言語もある。その場合には，主語，目的語とは別の用語が必要かも知れない。）

　しかし働きはオーバーラップしていることがある。即ち主語，目的語，状況語等は峻別出来るものではなく，連続体でつながっているのだろう。

　世界の言語には，英語の様に，主語が強い言語から，日本語，ジャル語の様に，主語が余り強くない言語，更には，リス語の様に，主語を設定する理由が見当たらないと言われる言語まである。換言すると，英語等の文法では，統語機能が重要な役目を果たすが，リス語等では，殆ど果たさないと思われる。

日本語では主語を設定する理由はある。しかし，主語を設定する理由は英語の場合ほどは強くない。英語ほどは，主語の優位性は無い。又目的語も主語と同じ位の優位性がある。

三上章が日本語に主語が不用であると主張した理由は主語に優位性が無いという理由であった。（同様に，小池（1987：125）も，主語と呼ぶには力が弱すぎるから，主語ではなくて，主格である，という主張をしている。）しかし，主語を設定するのに主語が強いことは必要ではない。統語機能のレベルを立てる理由があり，更に，そのレベルと他と区別して主語を立てる理由があれば十分である。強い主語も弱い主語もありうる。

日本語の文法で主格と主語を同一視する考えがある。しかし統語的な働きを調べてみると，主格は主語とは限らないし，又，主語は主格とは限らない。同様に，対格は目的語とは限らないし，又，目的語は対格とは限らない。格のレベルと統語機能のレベルは一対一の対応をしない。だからこそ格のレベルと統語機能のレベルを区別することが重要なのである。

ちなみに，動作者・動作主体，主格，主題・話題，主語は日本語の術語ではそっくりで，ややこしいが，英語では全く違う。動作者・動作主体は actor，主格は nominative case，主題・話題は topic，主語は subject である。日本語の研究で，これらについて混乱・混同があった原因の一つは術語が余りにも似すぎていたことかも知れない。

第9章　日本語は特殊な言語ではない。しかし，英語は特殊な言語だ。

9.1　はじめに

　よく日本語は特殊な言語であると言われる。私自身もこの事を中学生の頃から今まで何度か聞いたことがある。授業で「日本語は特殊な言語であると聞いたことのある人は手を上げて下さい」と言うと，学生の殆ど全員が手を上げる。又「日本語の特質」という題の本もある(金田一1981)。この様に「日本語は特殊な言語である」といった，神話の様なものが日本社会に広く流布している。(この神話の実例はグロータース(1984：162-86)が挙げている。但しグロータース自身はこの神話を批判している。)　一体，日本語は本当に特殊な言語なのだろうか？日本語の特質といったものは本当に有るのだろうか？この神話を「日本語特殊説」と名付けよう。

　日本語特殊説とは逆に，英語は人間の言語の中で，標準的な，或いは，代表的な言語であると思っている人も，又，かなり多くいるらしい。例えば「英語には敬語が無いが，日本語には有るので，日本語は特殊である」という主張を聞いたことが有る。この考えは，暗黙の内に，英語が標準的な言語であると考え，英語を基準として選び，英語と違う言語は特殊だと考えているのである。これを「英語標準説」と呼ぼう。(ちなみに，英語に敬語が無いというのは間違いである。英語にも敬語がある。世界の言語で，敬語の無い言語は多分，無いであろう。南(1987：31-33)参照。)

　英語標準説を信じる人は言語学者の中にもいる様だ。アメリカのある高名な言語学者は「英語を詳しく研究すれば世界の言語に共通する普遍的な性質が分かる」と述べたと伝えられている。この態度を松本克己(1987：52)は以下の様に批判している。「おのれの言語を全世界の標準と見る頑な迷信が，最先端の言語理論家の間にさえはびこっている」。松本は生成文法という言語理論を実践する人たち(の一部？)を批判したのである。

　実は世界の諸言語の中で英語の研究が最も進んでいると言ってよいであろう。従って，或る言語を研究する時に英語の研究の成果を参考にすることは有

効な研究方法である。第8章で日本語の統語機能を検討する際にこの方法を用いた。福井（2001：169）は生成文法の立場から普遍文法（UG）の研究方法について以下の様に述べている。「ひとつの言語に顕在的に現れている特性は，すべての言語に顕在・非顕在を問わず備わっている可能性が高く，その意味で，ひとつの言語，例えば英語の諸特性に基づいて UG の究明を目指すという方向性は，全く的外れな研究戦略とも言えないのである。」福井の言う通りなのであろう。

但し，気を付けるべき点がある。上述の様に，或る言語を研究する時に英語の研究の成果を参考にすることは有効な研究方法である。しかし他の言語が英語と同じである保証は無い。この点に気を付けるべきである。残念ながら，英語についての考えをそのまま他の言語に当てはめる研究がある。例を挙げる。文の構造の階層性（configurationality）に関する研究である。詳細は以下で引用する文献を参照されたい。又，階層性の概略は角田太作（2005b：642）に紹介してある。

Hale（1983）は文の構造について configurational（階層的）と non-configurational（非階層的）の二つのタイプがあることを指摘した。英語等の言語の文は非常にぎっちりとした構造を持つと言われる。例えば The tall man caught a small kangaroo. の文は図9-1の様に分析出来る。この様なぎっちりとした構造をHale は階層的と呼ぶ。

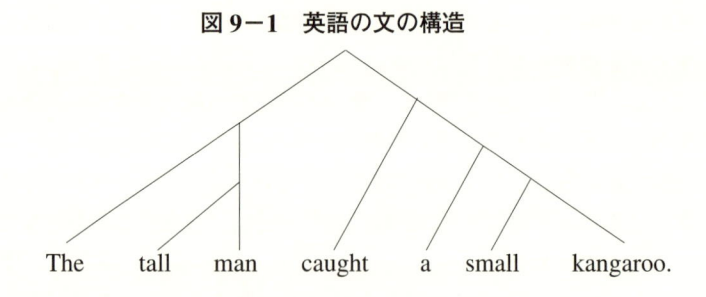

図9-1　英語の文の構造

```
          The  tall  man  caught  a  small  kangaroo.
```

非階層的な言語の例として Hale は豪州中央部のワルピリ語を挙げている。この言語では語順は自由である。例えば(9-1)から(9-3)の語順や，他の語順も可能である。(4.8で見た様に，ジャル語には独立代名詞と付属代名詞がある。付属代名詞は普通，付属代名詞を運ぶ語 nga に付く。ワルピリ語にも

独立代名詞と付属代名詞がある。以下の例でAUXというグロスを付けた語は付属代名詞を運ぶ語である。-rna '1 単，主' は付属代名詞である。AUXは文の二番目の位置に現れる。)

(9-1) ngarrka-ngku　　ka　　wawirri-φ　　　　panti-rni.
　　　　男-能格　　　　AUX　カンガルー-絶対格　さす-現在・未来
(9-2) wawirri-φ　　　　　ka　panti-rni　　　　ngarrka-ngku.
　　　　カンガルー-絶対格　AUX　さす-現在・未来　男-能格
(9-3) panti-rni　　　　　ka　　ngarrka-ngku　wawirri-φ.
　　　　さす-現在・未来　AUX　男-能格　　　カンガルー-絶対格
　　　'男がカンガルーを[槍で]さす.'

更に，名詞と修飾語も，一緒に現れるとは限らない。例を挙げる。

(9-4) wawirri-φ　　　　　　kapi-rna　　　panti-rni
　　　　カンガルー-絶対格　AUX-1 単，主　さす-現在・未来
　　　yalumpa-φ.
　　　あれ-絶対格
　　　'私はあのカンガルーを[槍で]さす.'

(英語では *That I spear kangaroo. と言えない。) 従って，英語等の名詞句に相当する単位も無い。

纏めると，ワルピリ語は図9-1が示す構造を持たない。非階層的である。実は，ジャル語(Tsunoda 1981a)も含めて，豪州原住民語のかなり多くが非階層的である。Hale(1983)自身は図式化しなかったが，Blake(1983)はクイーンズランド州西北部のカルカトゥング語について，図9-2の様な図式を提示した。

図9-2　カルカトゥング語の文の構造

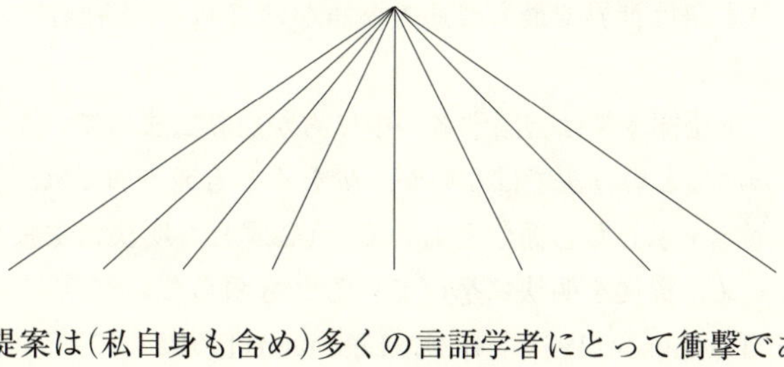

Haleの提案は(私自身も含め)多くの言語学者にとって衝撃であった。他の

言語も，英語の様な階層性があると(暗黙の内に)思っていたのである。ジャル語(Tsunoda 1981a)でも状況はワルピリ語と同じである。非階層的であることは疑いない。

ところが，Jelinik(1983)はワルピリ語も，英語の様にがっちりとした構造の文を持つと主張した。これは全く無理な主張である。Austin and Bresnan (1996)はJelinikの主張がいかに無茶な話であるかを示した。Tsunoda (1981a)からジャル語の事実も引用している。Peter Austin(私信)によれば，Jelinikの研究は世界の言語を英語と同じ様に見せようとしている例である。

結局，Jelinikの研究及び同種の研究は，英語を世界の諸言語の中で，標準的な・代表的な言語と見なしている様だ。しかし，英語は本当に標準的な・代表的な言語なのだろうか？

本章では日本語特殊説と英語標準説を検討する。結論を先に述べると，日本語特殊説も英語標準説も共に誤解である。即ち，日本語は決して特殊な言語ではない。日本語は世界の諸言語と比べてみると，非常に多くの面で極めて普通の言語である。一方，英語は或る面では世界的にも非常に珍しい言語である。

日本語が特殊な言語ではないことは，既に柴谷(1981)，グロータース(1984：162-86)，松本克己(1987)が述べている。柴谷と松本は言語類型論の分野での研究を引用して，下記の事実等を指摘した。

(a) 母音。日本語(東京方言等)は「ア，イ，ウ，エ，オ」の五つの母音を持っている。世界の言語の中で，母音の数は五つである言語が最も多い。

(b) 語順。日本語では，主語，目的語，動詞の語順はSOVが普通である(第2章参照)。世界の言語の中で，SOVが普通であるものが最も多い。

どの言語でも，母音はその音韻の中で最も重要な項目の一つであり，語順はその文法の中で最も重要な項目の一つである。更に，音韻と文法は語彙と共に，言語の構造の中核を成す。即ち，母音と語順という，言語の構造の最も中心的な面で，日本語は世界で最も普通の言語なのである。語順については9.2でも詳しく述べる。

上述の様に，英語標準説は言語学者の中にもかなり広まっている。しかし，英語は，全ての面でという訳ではないが，少なくとも或る面では，特殊な言語であるという認識を示した言語学者もいる。(必ずしも明快に主張しているとは限らないし，又，根拠を明快に挙げているとも限らないが。)この認識は，例えばLi and Thompson(1976：483)，Lehmann(1978a：179-80, 205)，柴

谷(1981：46)，Foley and Van Valin(1984：24)，Sadock and Zwicky(1985：181, 183)，松本克己(1987：52, 1988：51)，Comrie(2006)等が示している。角田太作(1989b)は具体的な根拠を挙げて，英語がある面では特殊であることを示した。

以下では角田太作(1989b)の主張を基にして，日本語と英語を世界の諸言語と比べて，次の二つを行う。

(a) 日本語は特殊な言語ではないことを示す実例を追加する。
(b) 英語が特殊な言語である実例を挙げる。

第2章から第8章まで見た項目を順番に検討する。

9.2 語順

私は，第2章で見た19の項目について世界の130の言語における語順を調べた。その結果を非常に大まかに付録の語順の表に示す。なお，これらの言語の系統と地理的分布については付録の言語の分類を参照されたい。

付録の語順の表(及び表2-1)では日本語を基準として選んだ。その理由は以下の通りである。何かを測る時には基準が一定していなければならない。第2章で述べた様に，日本語は付属部が主要部に先行するという点で一貫している。(しかし，英語は一貫していない。) 従って語順の比較の基準として日本語は適切である。(しかし，英語は不適切である。)

日本語と同じ様な語順を持つ言語，即ち，表でプラスの多い言語は東北アジア，コーカサス，パキスタン，インド，中国，南米，中米，北米等世界各地に多数ある。即ち，語順の点では日本語は決して特殊な言語ではない。極めて普通の言語である。第2章で検討した19の項目のいくつかを検討してみよう。

[1] 主語，目的語，動詞

(ここでは「主語，目的語」の術語は，第8章で見た厳密な意味では用いない。ここで用いるのは，それぞれ，他動詞能動文の動作者と対象を表す名詞句という程度である。) 柴谷(1981)と松本克己(1987)は日本語の様にSOVを持つ言語が最も多いと述べた。私自身が調べた130の言語でも，やはり，SOVが最も多く，次いで，SVOである。

(a) SOVは57言語(44%)で，普通の語順，又は，普通の語順の一つ。
(b) SVOは51言語(39%)で，普通の語順，又は，普通の語順の一つ。

(ジャル語等では，SOV，SVO共に普通の語順である。この場合，SOVと

SVOの両方で数えた。）

　第2章で見た様に，日本語ではSOVが普通の語順であり，英語ではSVOが普通の語順である。この点では日本語も英語もごく普通の言語である。以下では，柴谷も松本も検討していない項目を見よう。

　[2] 関係節と名詞

　130の言語の内，英語の様に関係節が名詞に後行するのは約86言語，約66％である。逆に，日本語の様に関係節が名詞に先行するのは約29の言語，約22％である。（「約」という表現を用いたのは，関係節の位置が確認出来ない言語も有るからである。更に，関係節が名詞に先行する型でも，後行する型でもなくて，「その他」の型の言語も有る。関係節に当たるものが無いと思われる言語もある。）この点では，英語の様な言語が過半数を占めていて，日本語の様な言語は少数派である。(J. Hawkins(1988：335-44)は，世界の諸言語で，関係節が名詞に先行しないで，後行する傾向が強いことを指摘し，更に，その事実の説明も試みている。）

　[3] 助動詞と本動詞

　英語の様に助動詞が本動詞に先行する言語は約49，約38％である。逆に，日本語の様に本動詞が助動詞に先行するのは約40の言語，約31％である。（助動詞が無い，或いは，無いと思われる言語も有る。）この点では，英語も日本語もごく普通の言語である。

　[4] 一般疑問文（英語でいうyes/noの疑問文）の作り方

　（世界の諸言語の一般疑問文の概観はSadock and Zwicky(1985：181-83)参照。）世界の言語の圧倒的大多数では，平叙文のイントネーションを変える方法で一般疑問文を作れる。(2.2-[13]で述べた様に，私がタイ人のマリー・ケオマノータムから調査したところでは，タイ語では文のイントネーションを変える方法では一般疑問文を作れない。タイ語は声調が有る。声調の有る言語では文のイントネーションを変えると語の声調に影響するのかも知れない。そのため，文のイントネーションを変える方法では，一般疑問文を作ることは困難なのかも知れない。）かなりの数の言語では，イントネーションを変えること以外に，一般疑問文を作る方法は無い。

　約93の言語，即ち約72％の言語には一般疑問文を示す印がある。例えば日本語の「か」である。（日本語の「か」は文末に来るが，他の言語では，文頭に来るものも，その他の位置に来るものも有る。）（動詞の語尾が疑問文である

ことを示す言語もある。この方法はこの計算から除いた。) 一方，英語には，この様な疑問文の印は無い。従って，一般疑問文の印の有無に関しては，日本語は多数派に属し，逆に，英語は少数派に属す。

英語には一般疑問文の印が無い。イントネーションを変える方法を用いないで一般疑問文を作るのには(例えば，文章を書く時に)大変ややこしいことをする。それは主語と動詞の倒置である。動詞が be 動詞である時は，動詞をそのままで，主語と倒置する。例は(2-100)。助動詞がある場合には助動詞を主語と倒置する。例は(2-102)と(2-104)。Be 動詞も助動詞も無い場合には一層ややこしい。助動詞 do を持ってきて，do を主語と倒置する。例は(2-106)。

英語における一般疑問文の作り方は世界的に見て，二つの点で非常に珍しい。(a)倒置を伴う点と，(b)助動詞を伴う点。この二つの点を以下で検討しよう。

(a) 一般疑問文を作るのに主語と動詞の倒置を伴うのは 130 の言語の中では僅かに 11 しか無い。8％である。即ち，一般疑問文を作るのに主語と動詞を倒置すること自体が珍しいのである。この倒置が確認出来たのは英語，スウェーデン語，ノルウェー語，デンマーク語，独語，オランダ語，仏語，スペイン語，チェコ語，セルボ・クロアチア語，ハンガリー語の 11 の言語である。(セルボ・クロアチア語はユーゴスラビアが分裂した後，セルビア語とクロアチア語等に分ける様になった。) これらの言語は全て西洋の言語である。従って，この倒置は西洋の言語だけに見られる特殊な現象である。この点でこれらの西洋言語は世界的に見ても珍しい言語である。(インドネシア語も，私が文法書で調べたところでは，一般疑問文を作る際に主語と動詞の倒置が起こるかの如く書いてあった。しかし，インドネシア人のリナ・スプリアタナニンシーさん(Rina Supriatnaningsih)に確認したところ，この倒置は起こらないとのことである。) (Ultan(1978：222)の調査では，この倒置があるのは 38 の言語の内，七つであり，その内の六つは現代欧州の言語である。Ultan もこの現象は珍しいと言っている。但し言語の名前は明記してない。)

付録の語順の表の中で，この倒置について「弱い意味で有る」と示した言語がある。これは次の様なことである。例えば，独語では平叙文では動詞は必ず2番目に来るが，主語は文頭に来てもよく，又，動詞より後に来てもよい。即ち，SVO と OVS の両方が可能である。(但し SVO の方が頻度が高いらし

い。)この様に，平叙文では主語と動詞の相対的な順番は固定していない。しかし一般疑問文では，動詞は必ず文頭に来て，主語は必ず動詞の後に来る。必ず VS の語順である。この様な場合について私は「弱い意味で有る」という表現を用いた。英語では平叙文では普通 SV であるので「強い意味で倒置が有る」と言える。

　語順の表には書いてないが，一般疑問文を作る際に，主語と動詞の倒置がある限られた状況でだけ起こる言語がある。

　例えば仏語ではこの倒置は je '私' 等，独立性の無い代名詞(clitic pronouns)の場合にだけ起こる。名詞や，moi '私' 等，独立性の有る代名詞の場合には起こらない。この様な限定された状況でのみ倒置が起こる。英語ではこの様な限定は無い。名詞も代名詞も倒置する。

　ハンガリー語ではこの倒置を用いて一般疑問文を作れる。又，倒置を用いなくても，平叙文に一般疑問文の印を加えるだけで，一般疑問文を作れる。疑問の印を使わない時にだけ倒置が起こる。一方，英語は(イントネーションを変える方法を除けば)いつも倒置が起こる。

　上述の様に，一般疑問文を作る際の主語と動詞の倒置は世界的にも珍しい現象である。更に，この倒置が強い意味で存在して，しかも，上で見た様な限定の無いのは，130 の言語の中では英語だけである。従って，英語は益々，特殊な言語である。

　(b) この倒置自体が世界的にも珍しい現象である。しかも，これらの珍しい言語の中で，この倒置の際に助動詞の助けを借りるのは英語だけである。従って，英語は益々，特殊な言語である。

　一般疑問文の作り方に関して纏めると，英語は世界の諸言語の中でも，他に類例の無い，極めて希な言語である。一方，日本語はごく普通の言語である。

　以上，語順について見たことを纏めよう。(i)主語，目的語，動詞の順番と(ii)助動詞と本動詞の順番に関しては，日本語も英語も普通の言語である。(iii)関係節と名詞の順番に関しては，英語は多数派に属し，日本語は少数派に属す。しかし(iv)一般疑問文の作り方に関しては，日本語は多数派に属すが，英語は(130 の言語の中では)他に類例の無い，世にも希な，極めて珍しい言語である。

　更に，英語の助動詞 do は世界的に見ても珍しいと思われる。以下の五つの場合に用いる。(i)一般疑問文(例は(2-102))，(ii)特別疑問文(例は(2

−110)), (iii)否定文, (iv)強調(Halliday and Hasan 1976：127, Lehmann 1978：180), (v)或る種の副詞が文頭に来た場合(梅本孝, 私信)。一般疑問文と特別疑問文の例は既に見た。否定文の例を見よう。Be動詞も助動詞も無い時には, doを導入する。例は(2−129)。但し, 命令文では, be動詞さえもdoを必要とする。例は(2−131)。強調の用法を見よう。平叙文と命令文の例を挙げる。

(9−5)　I did read this book.　　　　　'私は本当にこの本を読んだ。'
(9−6)　Do read this book.　　　　　　'この本をぜひ読みなさい。'

或る種の副詞が文頭に来た場合の例を挙げる。Little '全く…ない' の例：

(9−7)　Little did I dream that he was here.
　　　　'彼がここにいるとは夢にも思わなかった。'

　助動詞doは強調の場合には強調の意味がある。しかし他の場合にはそれ自身の意味は無く, 単に過去或いは現在の時制を示すだけである。(現在時制では, 3人称単数に限って(即ちdoes), 人称と数も示す。)要するに, それ自体の意味を(殆ど)持たないで, 時制(と人称と数)の印だけを運ぶ運び屋である。(従って, doは純粋に文法的な要素(Halliday and Hasan 1976：127)と言える。又, その機能は単に文法的なものである(Lehmann 1978：180)と言える。)

　しかも, doには五つもの用法がある。管見では, こんなに多機能の助動詞は英語のdoしか無い。

　既に見た様に, 一般疑問文と特別疑問文で助動詞を導入するのは, 130の言語の中で, 英語だけである。

　否定文ではどうだろうか？（否定文の概観はPayne(1985)にある。）助動詞を使う言語は130の言語の中に六つある。韓国語・朝鮮語, ニブフ語(サハリン)等である。しかし, 韓国語・朝鮮語を除いて, これらの言語では, この助動詞は否定文に使うだけであって, 他の用法は無いと思われる。即ち, 否定専用の助動詞らしい。一方, 英語のdoは多機能で, 否定文以外にも用法がある。

　韓国語・朝鮮語での状況を記す。（鄭真虎(Cheong Jin-Ho))と李在溶(イ・ジェジュン, Lee Jea Joon)の教示によるところが大きい。）否定文の作り方は少なくとも, 以下の三つがある。(否定文を含めて, 韓国語・朝鮮語の語順全般についてはTsunoda 1990e参照。)

方法 1。副詞 ani/an '否定' 又は mot '出来ない(不可能)' が動詞の直前に来る。(英語の not と同じである。) An の例を挙げる。(副詞 ani/an と mot は平叙文と疑問文で使う。)

　　(9-8)　Jip　e　　an　　ga-n-da.
　　　　　　家　へ　否定　行く-n-平叙　　'[私は]家へ行かない。'

(韓国語では 1 人称と 2 人称の主語は頻繁に省略する。)

　方法 2。否定の助動詞 mal-da を用いる。本動詞は助動詞に先行する。形は英語で suspective と呼ぶ形(-ji)を取る。助動詞 mal-da は勧告文と命令文で使う。命令文の例を挙げる。

　　(9-9)　Jip　e　ga-ji　　ma-la.
　　　　　　家　へ　行く-否定　助動詞-命令　　'家へ行くな。'

Mal-da は否定文で助動詞として使うだけであって，他に用法は無い。否定専用の助動詞である(鄭真虎 Cheong Jin-Ho 私信)。

　方法 3。Ha-da 'する' という動詞がある。これは日本語の「する」と同じく，単独で動詞として使える(鄭真虎 Cheong Jin-Ho 私信)。更に「する」とは違って，否定文を作るのにも使える。この場合は助動詞として使う。本動詞が先行する。(形は suspective 形を取る。) 本動詞と ha-da の間に否定の副詞 ani/an 又は mot が入る。Ani の例を挙げる。

　　(9-10)　Jip　e　　ga-ji　　　ani ha-n-da.
　　　　　　家　へ　行く-否定　する-n-平叙
　　　　　'[私は]家へ行かない。'

Ha-da は単独で動詞としても使え，又，助動詞としても使える点で英語の do そっくりである。しかも，両者とも否定文で使える。しかし，ha-da は do と違って，疑問文或いは強調の用法が無い。Do とは違い，多機能ではない。

　否定文について纏めると，否定専用の助動詞がある言語は六つ見つかった。その中で，韓国語・朝鮮語だけは，否定専用の助動詞の他に，英語の do に似た助動詞もある。但し，この助動詞は否定文以外では，助動詞としては用いない。結局，否定専用ではない，多機能の助動詞を否定文に用いるのは，130 の言語の中では，英語だけである。

　強調については，諸言語を調べてない。少なくとも，英語と日本語には強調の助動詞(と呼べるもの)がある。英語の do は強調にも用いる。日本語にも強調の助動詞と呼べるものがある。それは(2-75)で挙げた「読みはする，読み

もする」の「する」である。

　英語の助動詞 do について纏めると，これほど多機能な助動詞は英語の do だけであって，(管見では)世界で他に例が無い。(こんな厄介なものなのであるから，私が英語を習った時に，do に手こずったのは当然である。)

　Do は(強調の用法以外では)それ自体の意味は無くて，単なる運び屋である。何らかの意味で，文の形を整えていると言えよう。英語には do の他にも文の形を整える要素が二つある。仮主語 it (8.12 参照)と存在文で文頭に来る there である。

　(9-11)　　There is a book on the table.　　'机の上に本がある.'
(和訳が示す様に，日本語ではこの様な語は使わない。) It と there も，それ自体の意味は無い。英語には文の形式を整える要素が三つもあって，しかも頻繁に使っている。これは世界的に見ても珍しい現象であると思われる。

9.3　格，Silverstein の名詞句階層，他動性，二項述語階層，所有傾斜

　[1]　格(第3章)
　3.2 で見た様に日本語も英語も，対格型格組織と中立型格組織を持っている。この二つの型は世界各地で見られる。又，一つの言語に二つの格組織が並存することも全然珍しくない。従って，格組織の点では，日本語も英語も，ごく普通の言語である。

　[2]　Silverstein の名詞句階層(第4章)
　Silverstein の名詞句階層が，日本語等，世界の様々な言語に反映している事を見た。この点でも日本語はごく普通の言語である。英語に反映している例を 4.4 で挙げた。英語の他の現象にも反映しているだろう。即ち，英語も例外ではないであろう。

　[3]　他動性(第5章)
　他動性に関する現象は日本語にも英語にもある。英語についての詳細は Tsunoda (1994) 参照。他の言語でも同様である。この点でも，日本語，英語共に，ごく普通の言語である。

　[4]　二項述語階層(第6章)
　日本語も英語も，二項述語階層を反映している。例を挙げる。
　(a)　1A ではその言語で他動詞構文と呼ぶものが出る。しかし，右へ行くほど，他動詞構文は出なくなり，他の構文が出易くなる。

(b) 受動文，再帰文，相互文等のボイスに関する構文は二項述語階層の左端では作り易いが，右へ行くほど，作りにくくなる。

これらの傾向は世界の他の諸言語でも見られる。この点でも，日本語と英語はごく普通の言語である。

[5] 所有傾斜(第7章)

所有傾斜は日本語，英語，ジャル語，ワロゴ語等，様々な言語に反映している。日本語も英語も普通の言語である。

9.4 統語機能と主語

主語，目的語等が示す，統語的な働きの強さによって，言語を分類出来る。更に，主語の果たす役割の重要さによっても分類出来る。(8-241)参照。8.12でも述べた様に，主語が強いと言われる言語の中でも，特に英語は主語が強いらしい。この点で英語は世界でも希な言語かも知れない。一方，日本語は主語が余り強くない。この点ではごく普通の言語であろう。

ちなみに，8.1-(e)で述べた様に，Li and Thompson(1976)は世界の諸言語を分類する基準の一つとして，主語が強い(subject-prominent)か，或いは，話題が強い(topic-prominent)か，という基準を提案した。主語が強いということはどういうことかは，第8章で述べたことで明らかであろう。話題が強いということ(詳細はLi and Thompson 1976参照)の例を日本語から一つ挙げる。「…して，…する／した」の型の文での省略である。(8-132)が示す様に，「は」が無い場合は，先行詞も省略される語も主語である。即ち，日本語では主語が働く場合がある。しかし，(8-133)が示す様に，一旦「は」が介入すると，話題が主語に優先する。即ち，この場合，話題は主語よりも強い。

さて，Li and Thompson(1976：483)は，日本語は主語も話題も強い言語であろうと言っている。私の調査では，(8-133)の様な場合は，省略に関しては，話題が主語に優先する。三上(1960)が示す様に，「は」の力は強い。しかし(8-134)から(8-138)に関して見た様に，尊敬語，「自分」，継続の「-ながら」，数量詞遊離に関しては，主語の働きは話題の有無に影響されない。従って，Li and Thompsonの言う様に，日本語は主語も話題も強い言語と言えるかも知れない。

9.5 まとめ

日本語特殊説も英語標準説も適切ではない。以下の項目では，日本語も英語も普通の言語である：(i)主語，目的語，動詞の語順，(ii)助動詞と本動詞の語順，(iii)格組織，(iv)他動性，(v)二項述語階層，(vi)所有傾斜。

日本語は，(vii)関係節と名詞の語順に関しては，少数派に属す。しかし，珍しい言語というほどではない。私が調べた限りでは，日本語にしか無いという特徴は無い。一歩下がって，世界的に見て珍しい特徴も無い。

しかし，英語に関しては，(viii)一般疑問文における主語と動詞の倒置は世界的に見ても珍しい。(ix)しかも，その時，助動詞の助けを借りるのは英語だけである。(x)更に，多機能の助動詞 do は他の言語に見当たらない，珍しいものである。(xi)統語機能が強い，主語が強い，仮主語がある等の点で珍しい。特に，主語が非常に強いという点で，英語は世界的にも類例の無い，希な言語であるかも知れない。

英語に有る珍しい現象を追加する。相互文では，二人が参加する場合は each other を，三人以上が参加する場合は one another を使う。

(9-12) John and Mary helped each other.
'ジョンとメアリーは助け合った．'

(9-13) John, Mary and Bill helped one another.
'ジョンとメアリーとビルは助け合った．'

和訳が示す様に，日本語ではこの区別は無い。管見ではこの区別があるのは，英語の他はアイスランド語（入江浩司，私信）だけである。この点でも英語は非常に珍しい言語である。

英語はこれらの点では実に特殊な言語である。決して，人間言語の中で代表的な・標準的な言語ではない。

9.6 誤解の原因

日本語特殊説も英語標準説も誤解であることを示した。日本語はかなり多くの点でごく普通の言語である。英語は或る面では，世界的に見ても極めて珍しい言語である。決して，標準的な言語でも，代表的な言語でもない。

では，日本語は特殊な言語である，或いは，英語は標準的な言語であるといった誤解は何故生じたのであろうか？日本語特殊説が生じた背景は既に柴谷(1981)が鋭く指摘している。次の様に纏めることが出来るだろう。

明治維新の後，日本人は西洋の国々から学問，技術，法律制度，その他を学び，その時，それらの国々の言語も学んだ。英語，独語，仏語等の西洋の言語は，全て，印欧語族と呼ぶ語族に属している。(付録の言語分類の表参照。)これらの言語は非常によく似ている。例えば，語順の面でもよく似ている。(付録の語順の表参照。)一般疑問文を作る際に倒置を用いる。又，これらの言語では主語が強く，仮主語もある。当時の日本人は，これらの言語と日本語を比べた時に，これら，先進国の言語は互いによく似ているのに，後進国の日本語だけ違うので，日本語は特殊な言語であると思ったのであろう。(当時の人達は，一般疑問文での倒置や，主語が強いことが，珍しい現象であることは，知らなかったのであろう。)

　日本語を西洋の言語とだけ比べていたらしい。しかし，日本語が特殊であるかどうか知るには世界の諸言語と比べなければならない。日本語は特殊な言語であると言う人は，世界の諸言語と比べていない。例えば，日本語を豪州原住民語と比べたという話を一度も聞いたことが無い。(付録の語順の表は世界各地の130の言語を調べてある。)

　グロータース(1984：180-81)は村山七郎から習ったという面白い，しかも，痛烈に辛らつな，法則を述べている。それは「外国語を知ることが少ないほど，日本語の特色が多くなる」という法則である。

　では，英語が標準的・代表的な言語であるという誤解は何故，生じたのであろうか？英語は元々，今日のドイツとデンマークの国境の地域に住んでいたゲルマン部族の Angle, Saxon, Jute の言語である(Brook 1963:14)。彼らは今日のイギリスに移住した。その後，たまたま，大英帝国，アメリカ等，英語を使用する国が軍事的，政治的，経済的に強かったので，英語を世界で広く使う様になり，又，学校の教育でも，世界各地で教えるになった。こうして英語は世界各地に広まった。そのため，英語は標準的な言語であるといった誤解が生じたのであろう。(これに関連して，中村(1989)参照。)

　英語を世界的に広く使う様になったのは，別に，英語が人間の言語の中で，標準的・代表的な言語であるからという訳ではない。又，英語が他の言語と比べて，優れているという訳でもない。たまたま，英語を話す人達が軍事的，政治的に強かっただけのことである。例えば，豪州では原住民語を話すことを禁止する等して，原住民に英語を押し付けた。

　同じことが，日本語の中での東京方言についても言える。東京の言葉は今，

全国的に広まっている。しかし，これは東京の言葉が他の地方の言葉と比べて，優れているからという訳ではない。明治維新以来，東京が政治的にも，経済的にも日本の中心であり，又，政府が国語教育等を通して，東京の言葉を他の地方に押し付けて来たのである。（方言矯正運動等と言う人権無視，「方言権」無視の恐ろしい政策を取った時期もあったそうだ。）もし，明治維新の際に日本の首都を，例えば，名古屋に置いたら，今頃は，名古屋の言葉が全国に広まり，学校教育でも，テレビ，ラジオでも使って，全国の人達が名古屋の言葉を真似していたであろう。

　9.1 で述べた様に，言語学者の中にも，西洋の言語は標準的な言語であると思っている人がいるらしい。特に，英語が標準的な言語であると思っている人がいるらしい。第二次大戦後，Noam Chomsky という言語学者が出現し，彼の理論が国際的に影響を与えた。生成文法と呼ぶ理論である。（日本にも彼の影響を受けた人は大勢いる。）彼の母語は英語である。彼は英語について研究し，英語で研究を発表した。Chomsky 自身は英語が標準的・代表的な言語であると言ったのか言わないのか私は知らない。しかし彼の影響を受けた人達の中には，英語が標準的・代表的な言語であると思い込んでしまった人がいるらしい。その例を 9.1 で挙げた。（この様な言語学はエゴセントリックならぬ，英語セントリックな言語学である。）もし Chomsky が日本人であって，日本語について研究し，日本語で研究を発表していたら，日本語は標準的・代表的な言語であると思い込んでしまう人が出たかも知れない。

　結局，日本において，英語が標準的・代表的な言語と見る考えは明治以来の西洋志向，舶来崇拝の名残なのである。

　大学で教える外国語もこの傾向を残している。英語，独語，仏語等，西洋の言語が圧倒的に多い。これは地理的に非常に偏っている。又，言語の型の点でも非常に偏っている。例えば，語順の点では，フィリピンのタガログ語では動詞が文頭に来る。格の点では，インドのヒンディー語には能格型格組織（3.2 参照）がある。これらの言語を教えれば，地理的な偏りも，言語の型に関する偏りも少しは修正出来るのだが。

第10章　言語教育への提案

10.1　はじめに

　第9章まで見てきたことは言語教育にも応用出来る。本章では Tsunoda (1987a, 1987b)，日本語教育学会(1991)の第6章「日本語教育のための基礎資料としてのテスト」(角田太作が担当)等を基にして，このことを考える。本章では主に次の二つの場合を検討する。

　(a) 日本語教育：日本人が外国人に日本語を教える場合。
　(b) 外国語学習：日本人が外国語を学習する場合。

　一般に，外国語を学習する時，学習の進度には次の様な要素が影響すると思われる。

　(a) 語学教育の内容。教師，教材，教授法等の質と内容は当然，学習の進度に影響するであろう。

　(b) 学習態度。真剣に勉強する場合の方が，真剣に勉強しない場合よりも，進度が速いであろう。学習意欲の無い人が上達しないのは当然である。

　(c) 外国語学習の得意，不得意。人間が幼児の時，母語を修得する際には，得意，不得意の違いが無く，誰でも母語を話せる様になる。しかし外国語学習の場合には事情が異なる。明らかに，人により得意，不得意の差がある。(私がメルボルンのモナシュ大学の大学院生だった頃，日本人留学生の中には，私よりも後から豪州へ来たのに，私よりもずっと速く，英語が上達した人がいる。外国語学習に得意，不得意の差が有ることを，私は身をもって痛感した。)

　(d) 母語の影響。母語が外国語学習にどの様に，又，どの程度，影響するかについては専門家の間でも意見が分かれているらしい(Selinker 1972, Richards 1980, Kellerman 1984 参照。)しかし，母語が影響することは疑いないと思われる。母語の影響について次の節で考えてみよう。

10.2　母語の影響

　母語の影響を考える時，発音，文法，語彙，意味等の項目に分けて考えると

便利である。順番に見て行こう。

　[1] 発音

　母語の影響が最も顕著なのは発音の面であろう。我々は英語を習った時に、英語の発音が日本語の発音と違う場合、かなり苦労した。これは、母語、即ち、日本語の影響が原因である。少し、例を見よう。

　(a) 子音。日本人にとって、l と r の区別は難しい。Lead と read, light と right, long と wrong 等、l と r の違いだけで単語を区別している。この区別が出来なくて失敗した日本人の話をよく耳にする。例えば、豪州の或るパーティーで食べ物を頼む時に、lost ram（迷った雄羊）を頼んだ日本人がいたそうだ。本人は roast lamb を頼んだつもりであったのだろう。日本のテレビに一時出ていたコマーシャルで「コーヒーにブライト」というのが有った。この歌を歌っている本人は brite と言っているつもりらしいが、実際の発音は l の発音であって、blight と聞こえる。このコマーシャルを見て、或る英語母語話者が言った。「あんなものを入れてコーヒーを飲む気にはならない。」当然であろう。blight は「（樹木の）胴枯れ病、虫害」等を意味する。l と r の区別の他には、v と b の区別、s と th の区別も難しい。

　(b) 母音。最も難しいのは、hat と hut, mad と mud, bad と bud 等の区別である。モナシュ大学にいた頃、或る日本人と一緒に、豪州人の家庭に招かれて行った時のことである。その日本人がその家の奥さんと日本料理の話をしていた。奥さんが（英語で）尋ねた。「てんぷらには batter（衣）を使いますか？」その日本人は答えた。「いいえ、butter は使いません。oil を使います。」

　[2] 文法

　安藤節子（私信）によると、ベトナム人が日本語で、「私の本」と言うべきところで、「本の私」という様な間違いをすることがあるそうだ。ベトナム語の所有の表現は、タイ語と同じく（(2-34)参照）：

　　(10-1)　所有物＋所有格前置詞＋所有者

の型であって、日本語の：

　　(10-2)　所有者＋所有格後置詞＋所有物

の型の逆である。（付録の語順の表参照。）この言い間違いは母語、即ち、ベトナム語の影響である可能性が十分ある。

　英語を習っているハンガリー人が、(10-3)の様に言うべきところを、(10-4)の様に言ったという話を聞いたことがある。

(10 − 3) Shall we go ?
　　　(10 − 4) Go we ?
9.2 − [4] で見た様に，ハンガリー語の一般疑問文の作り方には主語と動詞を倒置する方法もある。但し，英語とは違って，助動詞無しで倒置出来る。この言い間違いも母語の影響による可能性が十分ある。
　日本語の「している」と英語の現在進行形は，共通点も有るが，違う点も有る。共通点は両方とも現在進行中の出来事を表現するのに使える点である。更に，現在進行中の動作以外のものを表現するのにも使える。しかしその内容が違う。「している」は過去の出来事を（厳密に言えば，過去の出来事の現在への関連とでもいうものを）表すことが出来る。（鈴木重幸 1972：377 − 83，高橋 1976 参照。）英語に訳すと，現在進行形ではなく，現在完了に対応する場合が多数ある。例を挙げる。
　　　(10 − 5)　　太郎は何度もオーストラリアに行っています。
　　　　　　　　'Taro has been to Australia many times.'
　　　(10 − 6)　　一学期が始まっています。　　'The first term has started.'
　一方，英語の現在進行形は過去ではなくて，未来（特に，近い未来）の出来事を表す。
　　　(10 − 7)　　I'm eating at five o'clock.　　'5 時に食事します。'
　　　(10 − 8)　　He's leaving tomorrow.　　'彼は明日出発します。'
　英語母語話者に日本語で作文させると，今後の出来事を表すのに：
　　　(10 − 9)　　私は 5 時に食べています。
等と書くことがある。「している」の意味は現在進行形の意味と同じと勘違いしたのであろう。

[3] 語彙
　日本語で単に「て」と言うところを，英語では必ず hand と arm とに言い分けることや，日本語で単に「あし」と言うところを，英語では必ず foot と leg とに言い分けること等は，既によく知られている。それでもなお，日本人が英語を話す時は，英語を話すことだけで必死で，この様な細かい違いにまで注意を払う余裕が無くて，言い間違えることもある。もっと微妙なのは，head と「頭」の違いである。Head は（多分，首は除いて）首より上の部分である。一方，「頭」は head の部分の中で，顔を除いた部分，即ち，毛髪の生えている部分（禿げた人の場合は，以前，毛髪の生えていた部分）である。だから，英語

では chop the head off と言うところを，日本語では「首をはねる」と言う。

10.3 テストの結果への反映

　この節では，母語の影響が実際に日本語のテストの結果に反映していると思われる実例を挙げる。これは「外国人のための日本語能力認定試験に関する調査研究の経過報告V．1984年版日本語能力認定試行試験」(日本語教育学会，1985)に報告した研究に基づいている。この報告書は日本語学習者を対象にして行っている日本語能力認定試験の1984年の試験の結果を分析したものである。(ちなみに，1984年の試験は18カ国で行った。)この結果はTsunoda (1987a)，日本語教育学会(1991)の第6章にも報告してある。(この報告で，私が行ったことは言語の分類だけである。実際の分析は村上隆(当時，名古屋大学教育学部)が行った。)

　この報告では，先ず，受験者の母語を次の五つのグループに分けた。
　A：インドネシア・フィリピン系：
　　　インドネシア語，タガログ語等。
　B：中国・タイ系：
　　　中国語(福建語，広東語を含む)，タイ語。
　C：インド系：
　　　ヒンディー語，ウルドゥー語，マラーティー語，パンジャビ語，
　　　グジャラティ語，ベンガリ語。
　D：西洋系：
　　　英語，独語，スウェーデン語，スペイン語，ポルトガル語，
　　　ポーランド語。
　E：韓国・日本系：
　　　韓国語，日本語。(日本語を母語とする受験者は日系ブラジル人のことである。)

　この分類の基準としては次の四つを用いた。(a)動詞，名詞等の活用の有無，(b)活用の仕方，(c)語順，(d)声調の有無。最初の三つは文法に関することであり，声調は音声の面での現象である。これらの基準は全て言語の構造に関するものである。文字(例，ローマ字，漢字)は考慮しなかった。

　(a) 活用。Bグループの言語は，概略，活用を持っていないが，他のグループの言語は持っている。

(b) 活用の仕方。Cグループ，Dグループ，Eグループでは活用に接尾辞を用いる。Aグループでは，接尾辞だけでなく，接頭辞も用いる。

(c) 語順。大まかに言って，Bグループ，DグループではSVOが普通であり，Cグループ，EグループではSOVが普通である。Aグループ，Bグループ，Dグループは前置詞を用い，Cグループ，Eグループは後置詞を用いる。

(d) 声調。Bグループの言語は全て声調があるが，他の言語は(スウェーデン語を除いて)声調が無い。

以上の基準を用いて，上記の言語を分類した。これらの基準は上でも述べた様に，文法と声調という，純粋に言語の構造に関する特徴である。ところが，この分類と受験者の成績との間に著しい関係があるという，実に興味深い事実があることを村上が発見した。以下の通りである。

1984年版の試験の内容は以下の五つのST(サブテスト)に分類出来る。

ST-1. 聞き取り
ST-2. 文法・語彙(話し言葉)
ST-3. 語彙・読解(書き言葉)
ST-4. 漢字の読み
ST-5. 漢字の書取

それぞれのSTにおける各グループの平均を図10-1に示す。(得点は標準化してあるから，0.0が全受験者の平均である。) もしグループの間に差が無ければ，図10-1でどのグループも同じ様な線になるはずである。しかし，線はグループ毎にかなり違う。即ち，この言語の分類はグループの間に違いが有ることを見事に表しているのである。即ちこの分類は大変有益である。各グループの特徴は下記の通りである。

Aグループ(インドネシア・フィリピン)とBグループ(中国・タイ)はST-1,2では成績が全体の平均を下回り，ST-3ではほぼ平均並，ST-4, 5では平均を越えている。即ち，話し言葉には弱いが，書き言葉には強いと言える。

Eグループ(韓国・日本)は，全体的に高得点ではある。傾向はAグループ，Bグループとよく似ている。

Dグループ(西洋)はAグループ，Bグループ，Eグループと正反対の傾向を示している。話し言葉には強いが，書き言葉には弱く，漢字の書き取りには特に弱い。

Cグループ(インド)は全体的に得点が低い。ST-3(語彙・読解(書き言葉))

では特に低い。

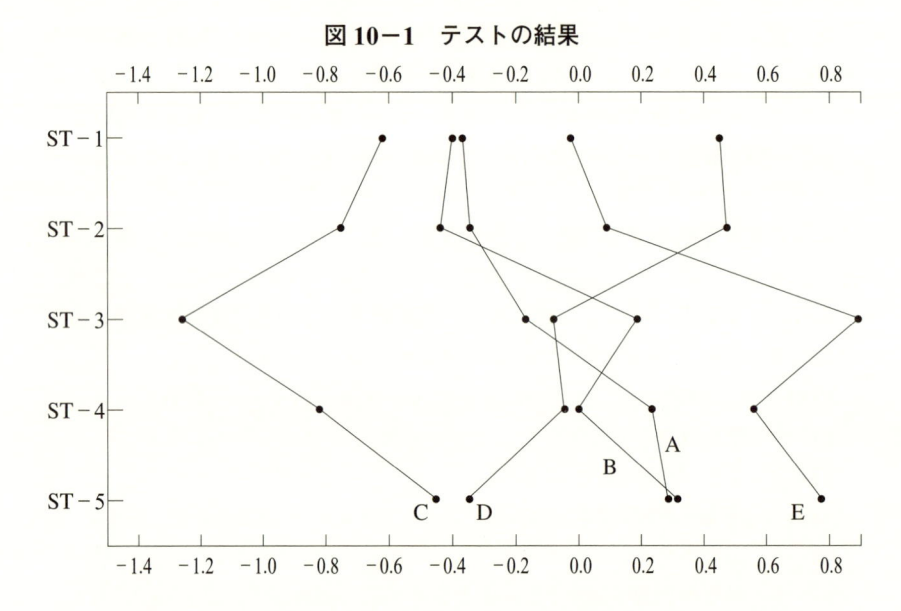

図 10-1　テストの結果

上述の様に，上の分類は，言語の構造に関する特徴に基づいたものである。この分類は受験者の母語による，サブテスト毎の得点の違いと，実に見事に関連している。しかしながら，この得点の違いの原因は受験者の母語の違いだけではないかも知れない。これ以外にも，いくつか原因が考えられる。

　先ず考えられることは文化的な要因である。上の分類は言語構造の特徴に基づいたものである。しかし，実はこの分類は結果的には地理的分類でもあり，又，文化的分類とも一致する。文化的な違いも得点の違いに反映しているという可能性もある。例えば，言語観に違いがあって，或る文化圏では書き言葉を重視した教育(いわば，「目型」の教育)を行うが，別の文化圏では話し言葉を重視した教育(いわば，「耳型」の教育)を行うといった違いが有るかも知れない。(この指摘は，土岐哲(私信)による。) D グループ(西洋)で，話し言葉の試験(ST-1, 2)の得点が書き言葉の試験(ST-3, 4, 5)よりも高いのは，この様なことが原因である可能性も有る。

　又，各国における日本語教育の教授法，教科書，水準等も得点の違いに反映している可能性がある。更に，上で述べた言語観の違いの様なものがもし有れ

ば，当然，これは教授法や教科書等にも影響するであろう。

　この様に，得点の違いは母語の違いだけでなく，文化的背景，教育的背景等の違いも関係している可能性も有る。しかしながら，純粋に言語の構造に関する特徴を用いて行ったこの分類が受験者の母語毎の得点の違いと関連していることは，興味深い事実であり，又，否定出来ない事実でもある。

　母語が影響するかも知れない例は 10.4 でも挙げる。

10.4　諸言語の知識

　上述の様に，母語が言語学習に影響する可能性がある。一般的に言って，言語を教える側が，学習者の母語を含めて，色々な言語を知っていると言語教育に有益である。本書で見たことも，有用と思われる。その例をいくつか挙げる。有用と思われる例を網羅する訳ではない。下で述べること以外にも有益な場合が有るだろう。

　[1] 語順(第 2 章)

　語順の点で，(a) 日本語に似ているか違うか，(b) 違う場合にはどの様に違うかで，言語を以下の様に分類出来る。付録の語順の表を参照。

(a) 日本語と似ている言語(付録の言語の表でプラスが多い)。
　　例：韓国語・朝鮮語。
(b) 日本語と違う言語。
　　(b-i)　(かなり)一貫して違う言語(マイナスが多い)。例：タイ語。
　　(b-ii)　一貫していない言語(プラスもマイナスもかなり有る)。
　　　　例：英語。

(a)の例は朝鮮語・韓国語とパキスタン，インド，バングラデシュのパンジャビ語，ヒンディー語，ベンガリ語，タミル語，カンナダ語である。語順は日本語と殆ど同じである。(僅かな違いは有るが。) (b-i)の例はタイ語，カンボジア語(クメール語とも言う)，ベトナム語である。かなり多くの点で，一貫して日本語の逆である。(b-ii)の例は英語，独語，仏語である。一貫性がない。

　一般に，学習している言語が母語と或る点で似ている場合には，少なくとも，その点については，学習が容易であろう。例えば，日本語の語順の学習は，これらの三つの型の言語の内で，(a)の言語の話者にとって，最も楽であるのは明白であろう。日本語の語順の学習は非常に容易であろうと推測出来る。正しくその通りであって，彼らが「日本語の語順の学習は容易であった」

と言うのを何度か聞いたことがある．同様に，日本人がこれらの言語を学習する時も，語順の学習は非常に楽である．僅かな違いを別とすれば，殆ど，何も覚える必要が無い．単に，日本語の語順で，その言語の単語を言うだけである．

では，(b-i)と(b-ii)ではどうであろうか？ (b-i)の様に一貫して逆である言語の学習の方が，(b-ii)の様に違いに一貫性の無い言語の学習より，楽であろうと推測される．(柴谷1981：50-51参照．)一貫して逆であれば，只，語順をひっくり返すだけでよいのだから．違いに一貫性が無い言語の場合には，いちいち，どの場合に語順が同じか，どの場合に違うかを記憶しなければならない．実は，日本の学校の大多数では，語順に関しては日本人にとって最も学習が難しいタイプの言語(即ち，英語)をいきなり教えるのである．

なお，この様な違いは学習の結果に反映するだろうか？ 10.2で述べた様な，ベトナム人の(10-1)の様な例は反映した例と思われる．又，大坪一夫(私信)は次の様に述べている．筆記試験では，ゆっくり考える時間が与えられるので，この様な違いは反映しないかも知れないが，口述試験等では，反応の時間の差に現れるであろう．

話は横道にそれるが，上で述べた様な知識は自動翻訳にも利用出来るだろう．日本での自動翻訳の研究は日本語と英語の間の翻訳の研究から始まったらしい．しかし，私は素人ながら思うのだが，いきなり英語と日本語の間の翻訳から研究を始めたのは，結果的には，効率の悪い方法であったと思う．先ず，日本語と語順が同じ言語((a)の型)との間の翻訳を研究すれば良かったのであろう．これが一番容易な方法であろう．次に，日本語と語順が一貫して逆の言語((b-i)の型)との翻訳に使える様に改良，修正する．最後に，英語の様に，日本語との違いに一貫性の無い言語((b-ii)の型)に使える様に，改良，修正する．この方法は一見，回り道の様に見えるが，実は，いきなり英語に取り掛かるよりは，効率の良い方法であると思う．(実用的には英語を最も使うので，いきなり，英語に取り掛かったのであろう．又，自動翻訳の研究者は言語類型論の研究成果を知らなかったのであろう．)私の考えを，1990年頃，通信関係，コンピュータ関係に勤務する人達に話したら，「多分，この方法の方が効率がよかったのであろう」ということであった．但し，現在の段階では研究がかなり進んだので，今更，回り道をすることはしないということではあるが．

［2］Silversteinの名詞句階層(第4章)

　受動文の使い方，「は」と「が」の用法，「こと」の用法等は日本語を教える時に役立つだろう。

［3］他動性(第5章)

　こんな話を聞いたことがある。外国人に日本語を教える時に，初めに他動詞文と自動詞文を教えたが，後で，中間的な文が出てきて，その文は他動詞文か自動詞文か，どちらかと，学生に質問されて，返事に困ったという。この様な時，第5章で見たことは役立つであろう。

［4］二項述語階層(第6章)

　これも色々と役立つであろう。例えば，日本語の教育では，どの述語がどの格枠組みを取るかを，いずれは教えなければならない。個々の述語についてばらばらに記憶させるのは効率が悪い。図6-1を使えば，少しは楽になるであろう。「が＋を」は左から出る。一方「に＋が」は右から出る。「が＋に」，「が＋が」等は或る決まった類にだけ出る。

　次の様な話を聞いたことがある。日本語教育の或る教室で，或る外国人学生が次の様に言ったそうだ。「日本語の動詞にはルールが無い。動詞の一つ一つについて，構文を覚えなければならない。」それに対して，先生がこう答えたそうだ。「どの言語も論理的ではない。」

　図6-1を使えばこの学生の苦労は少しは軽減したであろう。又，この先生の答えは適切ではない。6.2.3で見た様に，日本語を含め，どの述語がどの格枠組みを取るかは，諸言語に共通の傾向がある。例えば，他動詞文と呼ぶものは左から，与格構文と呼ぶものは右から出る。

　今までは，外国人に日本語を教える場合を見た。逆に日本人が外国語を学習する場合を見よう。

　私の知人で，大学でスペイン語を習った人がいる。その人は，(6-112)や(10-10)の様な文に出会った時，大変戸惑ったそうだ。(下の例文はHopper and Thompson 1980：254から。)

　　　(10-10)　Me　　gusta　　la　　cerveza.
　　　　　　　私に　好ましい　冠詞　ビール
　　　　　　　(直訳)'私にビールが好きだ.'

この知人はこの様な文を見た時，なんと奇妙な文か，と思ったそうだ。又，或る学生が露語を習った時，(6-109)から(6-111)の様な文に出会って，不思

議に思ったそうだ。実はこれらの文は別に奇妙な文ではないのである。6.2.3 で述べた様に「与格＋主格」構文は二項述語階層で右の方，即ち，能力，所有，感情，知識等の表現に，多数の言語で用いる。別に珍しい現象ではない。日本語にも「に＋が」構文が存在するのだ。スペイン語を教える先生や，露語を教える先生が一言「同じ様な文は日本語にもありますよ。」と言えば，これらの人達はこんな文で戸惑うことも無かったであろう。外国語を日本人に教える人の場合も，日本語とその言語の似ている点，違う点を知っておくことは重要である。

　外国人に日本語を教える時に，もし「が＋を」を先に教えて，学生が「が＋を」に馴れてしまった後で，「に＋が」等が出ると，学生は戸惑うかも知れない。もし，その学生の母語に与格構文があれば，「あなたの言葉にもありますよ」と言ってやれば，学生にとって理解し易いであろう。

　6.2.6で見た様に，二項述語階層は露語の動詞のアスペクト（完了体と不完了体）や動詞接尾辞の意味と用法を記述するのにも役立つらしい。辞書や文法書に繰り込むと便利であろう。

［5］所有傾斜（第7章）

　外国人が教室で日本語の敬語を習っても，実際に外へ出てみると，日本人が教室の敬語を使うとは限らない。例えば，(7-49)と(7-50)の様な例がある。これを誤用と見なす研究者もいる。もし学生がこれを誤用と習った後で，この様な敬語を聞いたら，戸惑うであろう。（教師に不信感を持つかも知れない。）逆に，もし，この様な敬語を使う先生からこれを習い，後で，これは誤用であると言われたら，又戸惑うであろう。（教師に不信感を持つかも知れない。）この様な場合には所有傾斜の考えを用いて，次の様に説明したら良いのではなかろうか？「この様な敬語は所有傾斜の高い所では用いるが，下の方へ来るにしたがって，不自然と感じられる様になる。但し，愛玩動物にまで用いる人もいる。」

　図7-3と表7-5が示す様に，英語ではhave一つで済むが，日本語では「持つ，所有する，ある，いる，する」等を使う。これらの使い分け（重複もあるが）を教えるのには図7-3と表7-5が役立つであろう。

　英語を日本人に教える時，生徒が疑似過去分詞（7.6参照）をめちゃくちゃに使ったら，身体部分，属性，衣類以外には使わない様に教えればよい。

［6］文法分析の四つのレベル（第8章）

第8章で述べた様に，主格，主語，動作者，主題を区別しないで，混乱が起こっている場合がある。一方，意味役割，格，情報構造，文法機能四つのレベルの関係を学習して，主語，主格等の違いを認識したため，日本語教育に役立ったという声を私は何度も聞いている。

[7] 英語の特殊性(第9章)

英語を習った時，主語と動詞の倒置，助動詞 do，仮主語 it 等に戸惑った人は多いと思う。私も戸惑った。今にして思えば，戸惑って当り前である。教科書に一言，これらのものは世界的にも珍しいと書いてあれば，生徒も教師も随分，助かったであろう。

10.5 まとめ

既に明らかな様に，世界の諸言語についての知識があると，言語教育に有益である。

学習する言語と学習者の母語の，類似点と相違点を教師が知っていれば，便利であるのは明白である。例えば，或る言語を母語とする学習者にとって，日本語のどの面が難しいか，或いは，易しいか，或る程度，予測出来る。即ち，どの学習者には，どんな点を注意深く，丁寧に教えなければならないか，或いは，どんな点は簡単に済ませてよいか，等を，或る程度，予測出来る。例えば，韓国語・朝鮮語或いはインドの言語を母語とする学生には，日本語の語順は彼らの母語と殆ど同じだということを指摘すれば，後は殆ど教えることが無い。日本人にこれらの言語を教える場合も同じである。

もし，或る言語を母語とする人たちが，繰り返し同じ間違いをすることがあったら，母語の影響の可能性を考える必要がある。その時，教師がその母語を知っていたら，大変便利である。例えば，もしベトナム人学習者の間に「所有物＋の＋所有者」という間違いが頻繁に見られたら，ベトナム語の影響を考慮する必要がある。((10-1)参照。) その時，学習者の母語と日本語の間の，その点についての違いを説明すれば，学習者にとって理解もし易く，又，間違いを直して，正しい言い方を習得するのも速くなると思われる。

学習する言語と学習者の母語との類似点と相違点を知り，それを教科書，教師用マニュアル等に繰り込んだら便利であろう。更に，学生の母語毎に，その母語と学習する言語との類似点，相違点を考慮して編纂した教科書を用いれば，学習の進度は一層速まるかも知れない。

上述のことは，単に日本語教育に当てはまるだけではない。豪州，アメリカ等で，移民や難民に英語を教えている。この英語教育にも当てはまる。更に，日本人が外国語を学習する場合も含めて，言語教育全般について当てはまるであろう。

　最後に，第9章で見たことに関連して，以下の事を述べて，本章を終える。

　日本語が特殊な言語であるという神話が広く流布している。実は日本語は世界的に見て，ごく普通の言語である。日本語は特殊であるという，誤った先入観に基づいて日本語を教えると，かえって，学習の妨げになるであろう。上述の様に，日本語と学習者の母語の間に類似点がある場合には，それを積極的に指摘した方が，教える側にとっても，習う側にとっても，助けになるであろう。

　一方，日本語の場合とは逆に，英語は世界の諸言語の中で代表的な，或いは，標準的な言語であると誤解している人も大勢いる。実は，主語と動詞の倒置，助動詞 do，仮主語 it 等は世界的に見ても珍しい。これらを，英語は代表的・標準的であるという前提で英語を教えたら，これも又，学習の妨げとなるであろう。

第11章　おわりに

1.1で述べた様に，言語類型論と言語普遍性の研究，略して，言語類型論，は世界の諸言語を比較して，そのバリエーションを調べる．具体的には以下のことを調べる．

(a) 諸言語はどの様な点で，どの程度，異なっているか？
(b) 諸言語にはどの様な点で，どの程度，共通性が有るか？

本書が紹介した研究が示す様に，世界の諸言語は，表面は異なる様に見えても，実は，一皮剥くと，著しく普遍的な規則や傾向に支配されている場合がかなり有る．これらを言語普遍性と呼ぶ．例えば，Keenan and Comrie (1977)が提案した名詞句階層((8-1))，Silverstein (1976)の提案した名詞句階層(図4-1)，私の提案した二項述語階層(表6-1)，所有傾斜((7-16))である．

(言語類型論は諸言語の共通点だけを研究して，個々の言語の事実や特殊性を無視すると思っている人がいる．これは誤解である．言語類型論は個々の言語をなるべく精密に見るよう努力している．又，個々の言語の特殊性も無視はしない．現に，第9章では，英語がいかに特殊な言語であるかを指摘した．)

言語普遍性の多くは，ただ一つの言語を研究するのではなく，様々な言語を比較することによって発見したものである．ただ一つの言語を研究するだけでこの様な普遍性を発見することも不可能ではないであろうが，大変，困難であろう．(後者の例は所有傾斜である．これは，元々，日本語の所有者敬語を眺めていて気が付いたことではある．しかし，多分，世界の言語に何らかの形で反映しているであろう．即ち，これは言語普遍性の一つであろう．)

言語類型論的な視野を持つと，言い換えれば，諸言語を幅広く見ると，個々の言語の研究にも役立つ．例を挙げよう．

例1。他の言語と比べることによって，その言語の性質が明らかになることがある．例えば，第2章で見た語順や，第8章で見た主語の強さに関しても，日本語を他の言語と比べることによって，日本語の性質が明らかになる．又，第9章で述べた様に，英語をこれらの点で他の言語を比較して，初めて英語が特殊な言語であることが判明した．

例2。言語類型論的な観点から個々の言語を見ると，従来の，その言語だけを見る研究では気が付かなかった事実を発見することが有る。例えば，4.5では日本語の能動文と受動文を Silverstein の名詞句階層を用いて分析して以下のことを示した。他動詞文で主語が無生物であるものは，従来，言われているのとは違い，日本語の受動文と能動文の使い分けの一般的傾向の合致したものである。又，6.2.5 では，日本語でどの述語がどの構文を取るかについては，「が＋を」構文の分布，「に＋が」構文の分布等について，かなり，規則性があることを，私が提案した二項述語階層を用いて示した。

　例3。或る一つの言語だけを見ていると特殊に見える現象が，他の言語と比べると，実は特殊な現象ではないことに気付くことがある。例えば，日本語だけを見ていると，あたかも「に＋が」文が特殊な文であるかのごとく見える。(6.2.3－[2]－(d)で見た様に，「に＋が」文をいわば特殊な文と見なした分析もあった。(6-115)参照。) しかし，二項述語階層の右の方の類，例えば，能力，関係(所有を含む)，感情，知識等の述語が「に＋が」に相当する格枠組みを取る言語は全然，珍しくない。

　この様に，諸言語への幅広い視野を持っていると，或いは，言語類型論の研究成果を知っていると，日本語等，個々の言語の研究に大変役立つ。使わないともったいない。(学者の中には，自分の専門の言語以外の言語の研究成果や，言語類型論の研究成果には関心を持たない人がいる。実にもったいない。)

　誤解を避けるために述べておく。言語類型論は個々の言語の研究を軽視しない。軽視しないどころか，個々の言語の研究は言語類型論に必須である。個々の言語の研究無しには言語類型論は成立しない。言語類型論と個々の言語の研究は車の両輪の様なものである。(私自身，ワロゴ語，ジャル語等，個々の言語の研究をしてきた。)

　上で言語類型論と個々の言語研究の関係を述べた。更に，言語類型論の研究成果は他の研究分野にも役立つ。例を挙げる。

　その1：言語理論。従来，提案された言語理論はとかく，西洋の言語，特に，英語に傾きがちである。しかし，第9章で示した様に，或る面では，西洋の言語は特殊であり，特に，英語は世界でも希にみる珍しい言語である。英語だけを考慮して(或いは，西洋の言語だけを考慮して)言語理論を構築するのは適切ではない。幅広く，様々な型の言語を考察することが重要である。(Comrie 1976：303-04, 1981：1-15, 松本克己 1987：52, Nichols 1986：

116等参照。）9.1で見た様に，折角Haleが文の階層性について，ワルピリ語は英語とタイプが異なると指摘したのに，無理矢理にワルピリ語は英語と同じだと主張する人もいる。エゴセントリックならぬ，「英語セントリックな」言語学から脱皮しなければならない（角田太作1983a：76）。

　その2：対照言語学。この研究では，普通二つの言語を比較する。例えば，従来，日英対照研究等を盛んに行ってきた。しかし単に二つの言語を比べるだけでは，次の疑問に答えられない。

　(a) 或る特徴が二つの言語（例えば，日本語と英語）に共通である場合，その共通点が存在する理由は，その特徴が世界の諸言語の全て（或いは，多く）にある特徴だからなのか，或いは，その二つの言語がたまたま同じタイプに属すからなのか？

　(b) 二つの言語がある点で異なる場合，その違いはいわば偶発的なものなのか，或いは，他の特徴とも関連のある，もっと規則的な違いなのか？

　対照言語学も，従来の様に単に二つの言語を比べるだけではなく，やはり，言語類型論的な観点を導入することが必要である。例えばSmith(1978)は，日本語と英語の語順はmirror images（ぴったり逆ということ）であると言った。確かに，表2-1が示す様に，逆の場合もある。しかし，実は同じ場合もある。第2章で見た様に，日本語は主要部と従属部の順番が一貫するタイプの言語である。一方，英語は一貫しないタイプの言語である。語順のタイプが違うのである。（日本語と英語のいわゆる「鏡像関係」については影山(1981)も参照されたい。）

　その3：歴史言語学。言語類型論の研究成果を用いると，祖語を再建する時の手がかりを提供する。（証明は提供しないが。）又，再建した祖語が妥当なものであるかどうかを検討する手がかりも提供する。（Comrie 1981：194-218，松本克己1990参照。）

　その4：言語教育。第10章で述べた様に，言語類型論の研究成果は言語教育にとっても有益である。

　第11章の纏めとして，更に，本書の纏めとして，次の様に言うことが出来る。言語類型論はそれ自体，大変興味深い学問である。又，その研究成果は個々の言語の研究，言語理論，対照言語学，歴史言語学，言語教育等，関連分野にとっても有益である。

　最後に，誤解を招かない様に付言する。言語類型論の研究成果を知っている

と便利であることは強調した。しかし，言語類型論の研究をすることを勧めたのではない。(ましてや，個々の言語の研究をきちんとしていない人が言語類型論の論文を書くのは好ましくない。)幅広く諸言語に関心を持つことの重要さを強調したのである。私は，常々，学生に次の様に言っている。どの言語を研究するにしても，その言語の研究に研究時間の7割か8割を当て，残りの2割か3割の時間は，一般論や他の言語の勉強に当てるべきである。

付録　言語の分類

「大付録　語順の表」も含めて，本書で言及した言語を系統によって分類した。言語の順番は語順の表で用いた順番に基づく。言語名は英語で使う名前も示す。ここに示した分類や名前について，研究者の意見が一致していないものもある。この分類と英語名はあくまでも，読者の便宜のためのものである。

下記の様な語族又は言語については，その言語の地域を非常に大まかに示しておいた。

(a) 日本で余り知られていないもの。
(b) その言語の名前或いは語族の名前だけでは地域が明白ではないもの。

1　不明　　日本語(Japanese)
2　不明　　韓国語・朝鮮語(Korean)
3　アルタイ語族(Altaic)
　　　　蒙古語(Mongolian)
　　　　エベンキ語(Evenki)(シベリア)
　　　　トルコ語(Turkish)
4　ウラル語族(Uralic)
　　　　マリ語(Mari)(ボルガ川流域)
　　　　ハンガリー語(Hungarian)
　　　　フィンランド語(Finnish)
5　北西コーカサス語族(North-West Caucasian)
　　　　アブハズ語(Abkhaz)
　　　　アジゲ語(Adyghe)
　　　　カバルディアン語(Kabardian)
6　北中央コーカサス語族(North-Central Caucasian)
　　　　バツ語(Bats)
7　北東コーカサス語族(North-East Caucasian)
　　　　アバル語(Avar)

8 南コーカサス語族(South Caucasian)
　　　グルジア語(Georgian)
9 印欧語族(Indo-European)
　9.1 スラブ語派(Slavic)
　　　露語(Russian)
　　　ポーランド語(Polish)
　　　チェコ語(Czech)
　　　ブルガリア語(Bulgarian)
　　　セルボ・クロアチア語(Serbo-Croatian)(セルビア，クロアチア)
　9.2 ゲルマン語派(Germanic)
　　　スウェーデン語(Swedish)
　　　ノルウェー語(Norwegian)
　　　デンマーク語(Danish)
　　　独語(German)
　　　オランダ語(Dutch)
　　　英語(English)
　9.3 ケルト語派(Celtic)
　　　アイルランド語(Irish)
　　　ウェールズ語(Welsh)(イギリス)
　　　ブレトン語(Breton)(フランス)
　9.4 イタリック語派(Italic)
　　　ラテン語(Latin)
　　　仏語(French)
　　　ポルトガル語(Portuguese)
　　　スペイン語(Spanish)
　　　伊語(Italian)
　　　ルーマニア語(Rumanian)
　9.5 ヘレニック語派(Helenic)
　　　現代ギリシャ語(Modern Greek)
　9.6 インド・イラン語派(Indo-Iranian)
　　　ペルシャ語(Persian)
　　　ロシャニ語(Rošani)(アフガニスタン)

付録　言語の分類　275

```
             ウルドゥー語(Urudu)(パキスタン)
             マラーティー語(Marathi)(インド)
             グジャラティ語(Gujarati)(インド)
             パンジャビ語(Panjabi)(インド)
             ヒンディー語(Hindi)(インド)
             マイティリ語(Maithili)(インド)
             オリア語(Oriya)(インド)
             ベンガリ語(Bengali)(バングラデシュ)
             シンハラ語(Sinhalese)(スリランカ)
10  不明     バスク語(Basque)(フランス，スペイン)
11  アフロ・アジアティック語族(Afro-Asiatic)
             エジプトのアラビア語(Egyptian Arabic)
             現代ヘブライ語(Modern Hebrew)(イスラエル)
             ティグリニャ語(Tigrinya)(エチオピア)
             ハウサ語(Hausa)(ナイジェリア)
12  ニジェル・コルドファニアン語族(Niger-Kordofanian)
             ヨルバ語(Yoruba)(ナイジェリア)
             スワヒリ語(Swahili)(タンザニア，ケニア)
             ハヤ語(Haya)(ケニア，ウガンダ)
13  ドラビダ語族(Dravidian)(インド南部)
             カンナダ語(Kannada)
             タミル語(Tamil)
             テルグ語(Telugu)
14  不明     ブルシャスキ語(Burushaski)(パキスタン)
15  シナ・チベット語族(Sino-Tibetan)
             チベット語(Tibetan)
             ネワリ語(Newari)(ネパール)
             ミゾ語(Mizo)(インド)
             ビルマ語(Burmese)
             リス語(Lisu)(ビルマ，中国)
             広東語(Cantonese)
             福建語(Fukienese)
```

　　　　　　　　北京の中国語(Mandarin Chinese)
16　カム・タイ語族(Kam-Tai)
　　　　　　　　タイ語(Thai)
　　　　　　　　ラオ語(Lao)(ラオス)
17　モン・クメール語族(Mon-Khmer)
　　　　　　　　カンボジア語(Cambodian)(又は，クメール語 Khmer)
　　　　　　　　ベトナム語(Vietnamese)
18　オーストロネジア語族(Austronesian)
　　　　　　　　マレイ語(Malay)(マレーシア等)
　　　　　　　　インドネシア語(Indonesian)
　　　　　　　　タガログ語(Tagalog)(フィリピン)
　　　　　　　　イロカノ語(Ilokano)(フィリピン)
　　　　　　　　カパンパンガン語(Kapampangan)(フィリピン)
　　　　　　　　ビコル語(Bikol)(フィリピン)
　　　　　　　　パラウ語(Palauan)(パラオ島)
　　　　　　　　チャモロ語(Chamorro)(グァム，サイパン)
　　　　　　　　トンガ語(Tongan)
　　　　　　　　サモア語(Samoan)
　　　　　　　　ニウエ語(Niuean)(ニウエ島)
　　　　　　　　マオリ語(Maori)(ニュージーランド)
19　パマ・ニュンガン語族(Pama-Nyungan)(豪州)
　　　　　　　　ジルバル語(Dyirbal)
　　　　　　　　ワロゴ語又はワルング語(Warrongo, Warrungu)
　　　　　　　　カルカトゥング語(Kalkatungu)
　　　　　　　　ディヤリ語(Diyari)
　　　　　　　　ワンクマラ語(Wangkumara)
　　　　　　　　アリャワラ語(Alyawarra)
　　　　　　　　ワルピリ語(Warlpiri)
　　　　　　　　ジャル語(Djaru)
20　ブナバン語族(Bunaban)(豪州)
　　　　　　　　グニヤンディ語(Gooniyandi)
21　アラワカン語族(Arawakan)

　　　　　アムエシャ語(Amuesha)(ペルー)
22　ハケ語族(Jaqi)(ペルー等)
　　　　　ハカル語(Jaqaru)
　　　　　アイマラ語(Aymara)
23　トゥピ・グアラニ語族(Tupi-Guaraní)
　　　　　グアラニ語(Guaraní)(パラグワイ等)
　　　　　ウルブ・カーポル語(Urubu-Kaapor)(ブラジル)
24　ジエ語族(Je)
　　　　　カネラ語(Canela)(ブラジル)
25　ムラ語族(Mura)
　　　　　ピラハ語(Pirahã)(ブラジル)
26　カリブ語族(Carib)(ブラジル)
　　　　　ヒシカリャナ語(Hixkarynana)
　　　　　アパライ語(Apalai)
27　ケチュア語族(Quechuan)
　　　　　ケチュア語(Quechua)(ペルー等)
28　トゥカノアン語族(Tucanoan)
　　　　　トゥユカ語(Tuyucan)(コロンビア等)
29　ホカン語族(Hokan)
　　　　　トル語(Tol)(ホンジュラス)
　　　　　ハイランド・チョンタル語(Highland Chontal)(メキシコ)
　　　　　ワラパイ語(Walapai)(アメリカ)
　　　　　サウスイースタン・ポモ語(Southeastern Pomo)(アメリカ)
　　　　　イースタン・ポモ語(Eastern Pomo)(アメリカ)
30　マヤ語族(Mayan)(グワテマラ等)
　　30.1　マメアン語派(Mamean)
　　　　　マム語(Mam)
　　　　　イシル語(Ixil)
　　30.2　キチェアン語派(Quichean)
　　　　　キチェ語(Quiche)
　　　　　ポコムチ語(Pokomchi)
　　　　　ラビナル・アチ語(Rabinal Achi)

カクチケル語(Cakchiquel)
ケクチ語(K'ekchi')
 30.3 カンホバラン語派(Kanjobalan)
ハカルテク語(Jacaltec)
トホラバル語(Tojolabal)
 30.4 チョラン語派(Cholan)
チョンタル・マヤ語(Chontal Mayan)
チョルティ語(Chorti)
31 オト・マングエアン語族(Oto-Manguean)(メキシコ)
コパラ・トリケ語(Copala Trique)
イスムス・ザポテク語(Isthumus Zapotec)
32 ウト・アズテカ語族(Uto-Aztecan)(アメリカ,メキシコ等)
 32.1 ナワトラン語派(Nahuatlan)
ピピル語(Pipil)
ナワトル語(Nahuatl)
 32.2 タラカヒチク語派(Taracahitic)
ヤキ語(Yaqui)
 32.3 テピマン語派(Tepiman)
パパゴ語(Papago)
 32.4 ホピ語派(Hopi)
ホピ語(Hopi)
 32.5 ヌミク語派(Numic)
チェメフエビ語(Chemehuevi)
コマンチ語(Comanche)
 32.6 タキク語派(Takic)
ルイセニョ語(Luiseño)
33 カイオワ・タノアン語族(Kiowa-Tanoan)(アメリカ)
カイオワ語(Kiowa)
34 アサパスカン語族(Athapascan)
ナバホ語(Navajo)(アメリカ)
サルシー語(Sarcee)(カナダ)
スレイビー語(Slavey)(カナダ)

35 ムスコギアン語族(Muskogean)(アメリカ)
　　　　　チョクトー語(Choctaw)
　　　　　チカソー語(Chickasaw)
36 不明　ユチ語(Yuchi)(アメリカ)
37 スー語族(Siouan)(アメリカ)
　　　　　オマハ・ポンカ語(Omaha-Ponca)
　　　　　ダコタ語(Dakota)
38 アルゴンキアン語族(Algonkian)(アメリカ，カナダ)
　　　　　ブラックフット語(Blackfoot)
　　　　　アティカメク語(Atikamekw)
39 サハプティアン語族(Sahaptian)(アメリカ)
　　　　　サハプティン語(Sahaptin)
　　　　　ネズ・パース語(Nez Perce)
40 ツィムシアン語族(Tsimshian)(カナダ)
　　　　　コースト・ツィムシアン語(Coast Tsimshian)
　　　　　ギトゥクサン語(Gitksan)
41 エスキモー・アリュート語族(Eskimo-Aleuto)
　　　　　エスキモー語(Eskimo)(カナダ，アラスカ等)
42 チュコトゥコ・カムチャトゥカン語族(Chukotko-Kamchatkan)
　　　　　チュクチ語(Chukchi)(シベリア)
43 不明　ニブフ語(Nivkh)(サハリン，アムール川付近)

大付録　語順の表

　以下の表で，私が調べた130の言語の語順を示す。この表が示すものはあくまでも概略である。この様な表で個々の言語の詳細を示すことは不可能である。但し，以下の言語については，かなり詳細な資料を出版した。日本語 (Tsunoda 1988b)，ジャル語 (Tsunoda 1989a)，タイ語 (Tsunoda 1990a)，ワロコ゜語 (Tsunoda 1990c)，韓国語・朝鮮語 (Tsunoda 1990e)，中国語 (Tsunoda 1991a)，ルーマニア語とスペイン語 (1991b)，スウェーデン語とケクチ語 (Tsunoda 1992a)，カルカトゥング語とディヤリ語 (Tsunoda 1992b)，グニヤンディ語 (Tsunoda 1993a)，ワルピリ語とアリャワラ語 (Tsunoda 1993b)，仏語とベンガリ語 (Tsunoda 1994b)，ユチ語 (Tsunoda 1994c)，ケチュア語 (Tsunoda 1994d)，ポルトガル語と伊語 (Tsunoda 1995a)。

　項目2から項目10までと，項目18，19は，単純にプラス (＋) かマイナス (－) で示した。日本語と同じ語順 (例，名詞＋後置詞，形容詞＋名詞) ならプラス，日本語と逆の語順 (例，前置詞＋名詞，名詞＋形容詞) なら，マイナスで示した。日本語と同じでもなく，逆でもなく，それ以外の語順を持っている場合には，出来る限り言葉で説明した。言葉で説明しにくい場合には，「その他」で示した。一つの言語に二つ以上の語順が見られる場合で，それらが (ほぼ) 同等に普通の語順と思われる場合には，それらの全てを示した。その場合，その言語でより普通と思われる語順を先に書くように努めた。

　主語 (S)，目的語 (O)，動詞 (V) の語順については，一つの言語で二つ以上の可能性がある場合は，最も普通と思われるものを挙げるように努めた。従って，或る言語について，例えば，SVOと書いてあっても，他の語順の可能性が無いとは限らない。又，他の項目では，その言語で余り普通ではないと思われるものは表に入れてない。例えば，英語の後置詞がその例である。従って，或る言語について，例えば，プラスが書いてあっても，マイナスの可能性が無いとは限らない。又，項目によっては，或いは，言語によっては，たまたまプラスに当たる例文が見つかったので，プラスを書いているだけであって，資料を拡大すれば，マイナスに当たる例文が見つかる可能性のある場合も有る。

（同様なことが，マイナスと書いてある場合にも当てはまる。）即ち，この表は全ての可能性を書いているとは限らない。

		日本語	韓国語・朝鮮語
1	S, O と V	SOV 等	SOV 等(V が最後)
2	名詞と側置詞	+	+
3	所有格と名詞	+	+
4	指示詞と名詞	+	+
5	数詞と名詞	+	+
6	形容詞と名詞	+	+
7	関係節と名詞	+	+
8	固有名詞と普通名詞	+	+
9	比較の表現	+	+
10	本動詞と助動詞	+	+
11	副詞と動詞	V より前	V より前
12	副詞と形容詞	+	+
13	疑問の印	文末	文末
14	一般疑問文での S, V 倒置	無し	無し
15	疑問詞	平叙文式	平叙文式
16	特別疑問文での S, V 倒置	無し	無し
17	否定の印	動詞語尾	V 又は助動詞の直前；否定助動詞
18	条件節と主節	+	+
19	目的節と主節	+	+

		蒙古語	エベンキ語
1		SOV 等(V が最後)	SOV 等
2		+	+
3		+	その他
4		+	+
5		+	+
6		+	+
7		+	+
8		+, −	−
9		+	+
10		+	+(17 は例外)
11		V より前(？)	V より前
12		+	+
13		文末	V の直後
14		無し	無し
15		平叙文式(？)	平叙文式
16		無し	無し
17		動詞語尾；V の直前(？)；否定の焦点の直後(？)	否定助動詞が本動詞の前
18		+	+
19		+	−

	トルコ語	マリ語
1	SOV 等	SOV 等
2	+	+
3	+；その他	+
4	+	+
5	+	+
6	+	+
7	+	+
8	+	+（?）
9	+	+
10	+	+（17 は例外）
11	V より前	様々
12	+	+
13	質問の焦点の直後	文末
14	無し	無し
15	文頭；V の直前；平叙文式	平叙文式
16	無し	無し
17	動詞語尾；否定の焦点の直後	否定助動詞が本動詞の直前又は直後
18	+	+，−
19	+，−	+

	ハンガリー語	フィンランド語
1	SVO 等	SVO 等
2	+	+，−
3	+，−	+等
4	+	+
5	+	+
6	+	+
7	−	−，+
8	+	+，−
9	−，+	−，+
10	+，−	−
11	様々	様々
12	+	+
13	V の直後；否定の印の直後	2 番目
14	有る	無し
15	文頭	文頭（?）
16	有る	無し
17	V の直前	否定助動詞が本動詞の直前（?）
18	+	−，+
19	+	+

		アブハズ語	アジゲ語
1	S, O と V	SOV 等	SOV 等
2	名詞と側置詞	+	+
3	所有格と名詞	その他	+
4	指示詞と名詞	+	+
5	数詞と名詞	+, −	−
6	形容詞と名詞	−, +	−
7	関係節と名詞	+	+, −
8	固有名詞と普通名詞	−	−
9	比較の表現	+	+
10	本動詞と助動詞	+	+
11	副詞と動詞	様々	V より前
12	副詞と形容詞	+	+
13	疑問の印	動詞語尾	動詞語尾
14	一般疑問文での S, V 倒置	無し	無し
15	疑問詞	平叙文式(?)	文頭；平叙文式
16	特別疑問文での S, V 倒置	無し	無し
17	否定の印	動詞語尾	動詞語尾
18	条件節と主節	+, −	+
19	目的節と主節	+, −	+

	カバルディアン語	アバル語	グルジア語
1	SOV, OSV 等	SOV 等	SOV, SVO 等
2	+	無し	+
3	+	+	+
4	+	+	+
5	−	+	+
6	−	+	+
7	+, −	+	−
8	−	−	−
9	+	+(?)	+
10	+	+, −	助動詞無し
11	V より前	V より前	V より前(?)
12	+	+	+
13	動詞語尾	不明	無し
14	無し	不明	無し
15	文頭；平叙文式	平叙文式(?)	文頭
16	無し	不明	無し
17	動詞語尾	動詞語尾	V の直前
18	+	+, −	+
19	+	不明	−

大付録　語順の表　285

	露語	ポーランド語	チェコ語	ブルガリア語
1	SVO 等	SVO 等	SVO 等	SVO 等
2	−	−	−	−
3	−, +	−	−	−, +
4	+	+	+	+
5	+	+	+	+
6	+	+	+	+
7	−	−	−	−, +
8	−	−(?)	−, +	−
9	−	−	−	−
10	−	−, +	−	−, +
11	様々	様々	様々	文末等
12	+	+	+	+
13	2番目；文頭	文頭(?)	無し	文頭；2番目
14	無し	無し	弱い意味で有る	無し(?)
15	文頭；平叙文式	文頭(?)	文頭	文頭
16	無し	無し	弱い意味で有る	無し(?)
17	否定の焦点の直前	Vの直前	動詞接頭辞	否定の焦点の直前
18	+	+, −	+	+, −
19	−	不明	−	不明

	セルボ・クロアチア語	スウェーデン語
1	SVO 等	Vが2番目(SVO 等)
2	−	−
3	−, +	+, −
4	+	+
5	+	+
6	+	+
7	−	−
8	−	−, +
9	−	−
10	−, +	−
11	様々	様々
12	+	+
13	文頭；文頭のVの直後	無し
14	弱い意味で有る	弱い意味で有る
15	文頭	文頭
16	弱い意味で有る	弱い意味で有る
17	Vの直前；動詞接頭辞；否定助動詞が本動詞の前	Vの直後；等
18	−, +	+, −
19	−, +	+, −

		ノルウェー語
1	S, OとV	Vが2番目(?)(SVO等)
2	名詞と側置詞	−
3	所有格と名詞	+, −
4	指示詞と名詞	+
5	数詞と名詞	+
6	形容詞と名詞	+
7	関係節と名詞	−
8	固有名詞と普通名詞	−, +
9	比較の表現	−
10	本動詞と助動詞	−
11	副詞と動詞	Vの後；等
12	副詞と形容詞	+
13	疑問の印	無し
14	一般疑問文でのS, V倒置	弱い意味で有る
15	疑問詞	文頭
16	特別疑問文でのS, V倒置	弱い意味で有る
17	否定の印	Vの直後；等
18	条件節と主節	−, +
19	目的節と主節	−

	デンマーク語	独語
1	Vが2番目(SVO等)	Vが2番目(SVO等)
2	−	−, +
3	+, −	−, +
4	+	+
5	+	+
6	+	+
7	−	−
8	−, +	−
9	−	−
10	−	−
11	様々	様々
12	+	+
13	無し	無し
14	弱い意味で有る	弱い意味で有る
15	文頭	文頭
16	弱い意味で有る	弱い意味で有る
17	Vの直後；等	否定の焦点の直前；文末；等
18	+, −	+
19	不明	−

大付録　語順の表　287

	オランダ語	英語	アイルランド語
1	Vが2番目（SVO等）	SVO	VSO
2	−, +	−	−
3	−, +	+, −	−, +
4	+	+	−
5	+	+	+；名詞を挟む
6	+	+	−
7	−	−	−
8	−	−, +	−
9	−	−	−
10	−	−	−
11	様々	様々	文末；等
12	+	+, −	+, −
13	無し	無し	文頭
14	弱い意味で有る	有る	無し
15	文頭	文頭	文頭
16	弱い意味で有る	有る	無し
17	Vより後（?）	Vの直後	文頭
18	+, −	+, −	+, −
19	−	−	−

	ウェールズ語	ブレトン語	仏語
1	VSO等	VSO等	SVO等
2	−	−	−
3	−, +	−, +	−, +
4	−	+, −	+
5	+；名詞を挟む	+；名詞を挟む	+
6	−, +	−, +	−, +
7	−	−	−
8	−	−	−
9	−	不明	−
10	−	+；様々	−
11	文末；等	Vより後；等	Vより後；等
12	+, −	+, −	+
13	文頭	文頭	文頭
14	無し	無し	有る
15	文頭	文頭	文頭
16	無し	無し	有る
17	VとSを挟む；文頭；Sの後	Vを挟む；Vの直前	Vを挟む；等
18	+, −	+, −	+, −
19	−	不明	+, −

		ポルトガル語	スペイン語	伊語
1	S, O と V	SVO 等	SVO 等	SVO 等
2	名詞と側置詞	−	−	−
3	所有格と名詞	−, +	−, +	−, +
4	指示詞と名詞	+	+	+
5	数詞と名詞	+	+	+
6	形容詞と名詞	−, +	−, +	−, +
7	関係節と名詞	−	−	−
8	固有名詞と普通名詞	−	−	−
9	比較の表現	−	−	−
10	本動詞と助動詞	−	−	−
11	副詞と動詞	様々	様々	V の直後；等
12	副詞と形容詞	+	+	+
13	疑問の印	無し	無し	無し
14	一般疑問文での S, V 倒置	無し	弱い意味で有る	無し
15	疑問詞	文頭	文頭	文頭（?）
16	特別疑問文での S, V 倒置	有る（?）	弱い意味で有る（?）	有る（?）
17	否定の印	V の直前	V の直前	V の直前；等
18	条件節と主節	+, −	+	+
19	目的節と主節	−, +	−	−

	ルーマニア語	現代ギリシャ語	ペルシャ語
1	SVO 等	SVO, VSO 等	SOV
2	−	−	−
3	−	−, +	その他；−
4	+, −	+, −	+
5	+	+	+
6	−, +	+, −	−, +
7	−	−, +	−
8	−	−	−, +
9	−	−, +；その他	その他；−
10	−	−	−, +
11	V より後	様々	V より前
12	+	+	+
13	無し	文頭	文頭
14	無し	無し	無し
15	文頭	文頭	平叙文式；文頭
16	弱い意味で有る（?）	無し	無し
17	V の直前	V の直前；否定の焦点の直前	動詞接頭辞
18	+, −	+, −	+
19	−	+, −	−, +

大付録　語順の表　289

	パンジャビ語	ヒンディー語	ベンガリ語	バスク語
1	SOV	SOV	SOV	SOV 等
2	+	+	+	+（?）
3	+	+；その他	+	+
4	+	+	+	－
5	+	+	+	+，－
6	+	+	+	+
7	その他；+	その他；－	その他	+
8	不明	+	+	+，－
9	+	+	不明	+；その他
10	+	+	+	+
11	Sの直後	SとVの間；等	Vの直前；等	Vより前
12	+	+	+	+
13	無し	文頭	質問の焦点の直後（?）	Vの直後；助動詞の直前
14	無し	無し	無し	無し
15	Vの直前	Vの直前	不明	文頭；Vの直前
16	無し	無し	無し（?）	弱い意味で有る（?）
17	Vの直前	Vの直前；等	Vの後	Vの直前
18	+	+	+	+
19	－	－	不明	－，+

	エジプトのアラビア語	現代ヘブライ語
1	SVO 等	VSO, SVO
2	－	－
3	－；その他	－
4	－	－
5	+，－	+
6	+	－
7	－	－
8	－	+，－
9	－	－
10	－	助動詞無し
11	文末；等	様々（?）
12	－	－
13	文頭；Vの直後（?）	文頭
14	無し	無し
15	文末；文頭；平叙文式	文頭（?）
16	無し	無し
17	Vを挟む（?）；Vの前；否定の焦点の直前（?）	不明
18	+	+
19	－	－

		ティグリニャ語	ハウサ語	ヨルバ語
1	S, O と V	SOV 等	SVO 等	SVO
2	名詞と側置詞	−	−	−
3	所有格と名詞	＋	−	−
4	指示詞と名詞	＋	＋，−	−
5	数詞と名詞	＋	−	−，＋
6	形容詞と名詞	＋	＋，−	−
7	関係節と名詞	＋	−	−
8	固有名詞と普通名詞	−	−	−
9	比較の表現	その他	その他	−（？）
10	本動詞と助動詞	＋；−（？）	−	−
11	副詞と動詞	Vより前	Vより後；等	Vの後；等
12	副詞と形容詞	＋	不明	−，＋
13	疑問の印	様々	文末（？）；文頭	文頭；文末
14	一般疑問文でのS, V倒置	無し	無し	無し
15	疑問詞	平叙文式	文頭；平叙文式	文頭；等
16	特別疑問文でのS, V倒置	無し	無し	無し
17	否定の印	不明	文頭；等	SとVの間；等
18	条件節と主節	＋	＋，−	＋
19	目的節と主節	−	−	−

	スワヒリ語	ハヤ語	タミル語
1	SVO 等	SVO 等	SOV 等
2	−	−	＋
3	−	−	＋
4	−，＋	−	＋
5	−	−	＋
6	−	−	＋
7	−	−	＋；その他
8	−	不明	＋
9	その他	不明	＋
10	−	助動詞無し	＋
11	文末（？）	Vの後	Sより後でVより前
12	−	不明	＋
13	文頭；Vの直後（？）	無し	文末；質問の焦点の直後
14	無し	無し	無し
15	平叙文式（？）	平叙文式	平叙文式
16	無し	無し	無し
17	動詞接頭辞	不明	動詞語尾
18	＋	＋	＋
19	−	不明	＋

	カンナダ語	ブルシャスキ語	チベット語
1	SOV 等	SOV 等	SOV
2	＋	＋	＋
3	＋	＋	＋
4	＋	＋	－
5	＋	＋	－
6	＋	＋	－
7	＋	＋(？)	＋
8	不明	不明	不明
9	＋	＋	＋
10	＋	＋	不明
11	Ｖの直前；等	Ｖより前	Ｖの前
12	＋	＋	＋，－
13	質問の焦点の直後	Ｖの直後	文末
14	無し	無し	無し
15	平叙文式(？)	平叙文式(？)	平叙文式；等
16	無し	無し	無し
17	動詞語尾(？)；Ｖの後	不明	不明
18	＋	＋	＋
19	＋(？)	＋	不明

	ミゾ語	ビルマ語	中国語
1	SOV 等	SOV(？)(Ｖが最後)	SVO 等
2	＋(？)	＋	－
3	＋	＋	＋
4	名詞を挟む；－	＋	＋
5	－	－	＋
6	－	＋(？)	＋
7	その他；＋；－	＋	＋
8	－	＋，－	＋
9	＋；その他(？)	不明	その他
10	＋(？)	＋	－，＋
11	Ｖより前；等	Ｖより前	様々
12	－	＋(？)	＋
13	文末	文末	文末
14	無し	無し	無し
15	平叙文式(？)	Ｖの直前	平叙文式
16	無し(？)	無し	無し
17	否定の焦点の直後(？)；Ｖの直後(？)	動詞接頭辞	ＳとＶの間
18	＋	＋	＋
19	不明	＋	不明

		タイ語	ラオ語
1	S, OとV	SVO	SVO
2	名詞と側置詞	−	−
3	所有格と名詞	−	−
4	指示詞と名詞	−	−
5	数詞と名詞	−	−
6	形容詞と名詞	−	−
7	関係節と名詞	−	−
8	固有名詞と普通名詞	−	−
9	比較の表現	−	−
10	本動詞と助動詞	−, +	−, +
11	副詞と動詞	様々	様々
12	副詞と形容詞	−	−
13	疑問の印	文末；質問の焦点の直後	文末
14	一般疑問文でのS, V倒置	無し	無し
15	疑問詞	平叙文式	文末；文頭(?)；平叙文式(?)
16	特別疑問文でのS, V倒置	無し	無し
17	否定の印	否定の焦点の直前	Vの直前(?)；等
18	条件節と主節	+, −	+, −
19	目的節と主節	−	−

	カンボジア語	ベトナム語	マレイ語	インドネシア語
1	SVO 等	SVO 等	SVO 等	SVO 等
2	−	−	−	−
3	−	−	−	−
4	−	−	−	−
5	−	+, −	+, −	+
6	−	−	−	−
7	−	−	−	−
8	−	−	−	−
9	−	−	−	−
10	−, +	−, +	−	−
11	様々(?)	様々(?)	様々	様々
12	−	+, −	+, −	−, +
13	文末	文末	質問の焦点の直後；文頭	文頭；2番目
14	無し	無し	弱い意味で有る(?)	無し
15	平叙文式；文頭	平叙文式	文頭；文末；等	平叙文式；文頭
16	無し	無し	無し	無し
17	Vの直前	Vの直前	Vの直前；否定の焦点の直前；SVの前	Vの直前；等
18	+	+, −	+, −	+, −
19	−, +	+, −	−	−

大付録　語順の表　293

	タガログ語	イロカノ語	カパンパンガン語
1	VSO, VOS	VSO	VSO, VOS
2	−	−	−
3	−, +	−	−, +
4	+, −；名詞を挟む	+	+, −；名詞を挟む
5	+	不明	+
6	+, −	+；名詞を挟む（?）	+
7	−, +	−	不明
8	−	−	−
9	−	不明	−
10	不明	−	−
11	様々	様々（?）	様々
12	+	−	−, +
13	2番目（?）	無し	無し（?）
14	無し	不明	無し（?）
15	文頭	文頭	文頭（?）
16	無し	不明	無し
17	文頭	文頭	文頭（?）
18	+, −	+, −	+；−（?）
19	+, −	−（?）	−

	ビコル語	パラウ語	チャモロ語
1	VSO, VOS 等	VOS, SVO	SVO, VSO 等
2	−	−	−
3	+, −	−	−
4	+, −	+	+
5	+, −	+	+
6	+, −	+, −	+, −
7	−	−	−
8	−	+	−
9	−	−	−
10	助動詞無し	−	−, +
11	Vより後（?）；等	その他（?）	様々
12	+	+	+
13	文末から2番目（?）	無し	文頭（?）
14	無し	無し	無し
15	文頭	平叙文式（?）	文頭（?）
16	無し	無し	無し
17	文頭；等	不明	文頭
18	+, −	+	+, −
19	+, −	−	+, −

	トンガ語	サモア語
1 S, OとV	VSO, VOS	VSO, VOS, 等
2 名詞と側置詞	−	−
3 所有格と名詞	−, +	−, +
4 指示詞と名詞	−	+, −
5 数詞と名詞	−, +	−, +
6 形容詞と名詞	−, +	−
7 関係節と名詞	−	−
8 固有名詞と普通名詞	−	−, +
9 比較の表現	−；その他	−
10 本動詞と助動詞	−	助動詞無し
11 副詞と動詞	様々	様々
12 副詞と形容詞	−, +	−
13 疑問の印	無し(?)	文頭；文末
14 一般疑問文でのS, V倒置	無し(?)	無し
15 疑問詞	平叙文式(?)	平叙文式；文頭；等
16 特別疑問文でのS, V倒置	無し(?)	無し
17 否定の印	文頭；Vの前；等	Vの直前；否定の焦点の直前；等
18 条件節と主節	+, −	+, −
19 目的節と主節	−	−

	ニウエ語	マオリ語	ワルコ°語
1	VSO 等	VSO 等	SOV 等
2	−	−	無し
3	−, +	−, +	+, −
4	−	−, +	+, −
5	+	−	−, +
6	−	−	+, −
7	−	−	−(?)
8	−	不明	+(?)
9	その他	不明	不明
10	−	助動詞無し(?)	助動詞無し
11	様々	様々	様々
12	−	−	不明
13	VとSの間；文末；等	無し(?)	文頭；等
14	無し	無し	無し
15	平叙文式；Vの直後；等	平叙文式(?)；文頭(?)	文頭；等
16	無し	無し	無し
17	Vの直前	文頭(?)	文頭；等；動詞語尾
18	+, −	+	+
19	−	−	−

大付録　語順の表　295

	カルカトゥング語	ディヤリ語	アリャワラ語
1	SOV 等	SOV 等	SOV 等
2	＋(？)	＋(？)	無し(？)
3	＋	＋，－	－，＋
4	＋	＋	－，＋
5	＋(？)	－	－
6	－	－	－，＋
7	－	その他	－；その他
8	不明	－，＋	－(？)
9	その他	その他	不明
10	助動詞無し(？)	＋	助動詞無し(？)
11	文末；等	様々	様々
12	－	－	－
13	文頭(？)	無し	無し
14	無し	無し	無し
15	文頭	文頭	文頭(？)
16	無し	無し	無し
17	文頭	文頭；SとVの間；否定の焦点の直前	Vの語尾
18	＋	＋，－	＋
19	－	－	＋

	ワルピリ語	ジャル語	グニヤンディ語
1	SOV 等	SVO，SOV 等	SOV 等
2	無し(？)	無し	＋；－(？)
3	不明	＋，－	＋，－
4	－，＋	＋，－	＋，－
5	－	＋，－	＋，－
6	－，＋	－，＋	－，＋
7	その他	その他	その他
8	不明	不明	－
9	＋；等	不明	その他
10	助動詞無し(？)	助動詞無し	助動詞無し
11	様々	様々	様々
12	不明	－(？)	＋
13	2番目；位置が不明	2番目等；文頭	質問の焦点の直後
14	無し	無し	無し
15	文頭等	文頭等	文頭等
16	無し	無し	無し
17	文頭又は2番目	文頭等	否定の焦点の直前(？)
18	＋，－	＋，－	＋
19	＋，－	－	－

		アムエシャ語	ハカル語
1	S, OとV	VSO 等	SOV 等
2	名詞と側置詞	無し(?)	無し
3	所有格と名詞	+	+, -
4	指示詞と名詞	+(?), -(?)	+
5	数詞と名詞	+;-(?)	+
6	形容詞と名詞	+, -	+
7	関係節と名詞	-	その他
8	固有名詞と普通名詞	-	+
9	比較の表現	その他	無し
10	本動詞と助動詞	-	助動詞無し
11	副詞と動詞	様々	不明
12	副詞と形容詞	不明	+
13	疑問の印	2番目	質問の焦点の直後(?)
14	一般疑問文でのS, V倒置	無し	無し
15	疑問詞	文頭	文頭等
16	特別疑問文でのS, V倒置	無し	無し
17	否定の印	否定の焦点を挟む(?)	Vの直後(?)
18	条件節と主節	+	+, -
19	目的節と主節	不明	+, -

		アイマラ語	グアラニ語	ウルブ・カーポル語
1		SOV 等	SVO 等	SOV 等
2		無し	+	+
3		+, -	+	+
4		+	+;名詞を挟む	+
5		+	+	+
6		+	-	-
7		その他	-(?)	-(?)
8		-	-(?)	+(?)
9		無し	その他(?)	+;その他
10		助動詞無し	助動詞無し(?)	+
11		Vより前(?)	文末等	Sより前;等
12		+	-	-
13		質問の焦点の直後(?)	2番目等	文末
14		無し	無し	無し
15		文頭等	文頭等	文頭
16		無し	無し	無し
17		Vより前とVの直後(?)	Vの直前とVより後(?)	Vの直後;否定の焦点の直後(?)
18		+, -	+, -	+
19		+, -	-	不明

	カネラ語	ピラハ語
1	SOV 等	SOV 等
2	+	+
3	+	+
4	−	−
5	不明	−
6	−	−
7	その他(？)	その他(？)
8	+(？), −(？)	+(？)
9	+	その他
10	助動詞無し(？)	助動詞無し
11	様々	様々
12	不明	その他(？)
13	文頭	文末；文末から2番目；Vより前；その他
14	無し	無し
15	文頭	平叙文式
16	無し	無し
17	文末；否定の焦点の直後；Sの直後；文頭	動詞語尾；否定の焦点の直後
18	+	+
19	不明	−

	ヒシカリャナ語	アパライ語
1	OVS 等	OVS, SOV
2	+	+
3	+	+
4	その他(？)	その他(？)
5	+	+, −
6	不明	−, +
7	その他	その他
8	不明	不明
9	その他	+；その他
10	+(17のみ)	+
11	VとSより後；等	様々
12	−	−
13	Vの語尾；2番目；文末(？)	無し(？)
14	無し	無し
15	文頭	文頭等
16	弱い意味で有る(？)	無し
17	本動詞の語尾；否定の焦点の直後	本動詞の語尾；否定の焦点の直後；等
18	+, −	+
19	−, +	−, +

		ケチュア語
1	S, O と V	SOV 等
2	名詞と側置詞	無し
3	所有格と名詞	+, −
4	指示詞と名詞	+
5	数詞と名詞	+
6	形容詞と名詞	+
7	関係節と名詞	+, −
8	固有名詞と普通名詞	−
9	比較の表現	+
10	本動詞と助動詞	+, −
11	副詞と動詞	V より前；等
12	副詞と形容詞	+
13	疑問の印	V の直後；質問の焦点の直後
14	一般疑問文での S, V 倒置	無し
15	疑問詞	文頭(?)
16	特別疑問文での S, V 倒置	無し
17	否定の印	文頭等と V の直後；文頭等と否定の焦点の直後
18	条件節と主節	+
19	目的節と主節	−, +

	トゥユカ語	トル語	ハイランド・チョンタル語	ワラパイ語
1	SOV 等	SVO 等	SVO 等	SOV 等
2	+	+	無し	無し(?)
3	+	+	+, −	+, −
4	+	無し	+	−
5	+, −	+, −	+	−
6	−	+, −	+	−
7	−	+	その他	その他
8	+, −	+(?)	不明	+
9	+	その他	その他	その他
10	+	+(?)	助動詞無し(?)	助動詞無し(?)
11	V より前	様々(?)	様々(?)	様々(?)
12	その他	+	+, −	その他
13	V の直後(?)	文頭	文頭(?)	無し
14	無し	無し	無し	無し
15	平叙文式	文頭	文頭	文頭
16	無し	無し(?)	無し	無し
17	動詞語尾	不明	動詞接頭辞	動詞語尾
18	+	+	+	不明
19	−	−	+	−(?)

	サウス・イースタン・ポモ語	イースタン・ポモ語	マム語
1	SOV 等	SOV 等	VSO 等
2	+	無し(?)	-(?)
3	+	+	名詞を挟む
4	+(?)	+	+, -
5	不明	-	+
6	+(?)	-	+, -
7	不明	-(?)	-
8	+(?)	+(?)	-(?)
9	不明	不明	不明
10	不明	+(?)；-(17のみ)	-(?)
11	様々	様々	文末, 文頭
12	不明	不明	不明
13	文末(?)	2番目；文頭	2番目
14	無し(?)	無し(?)	無し
15	文頭(?)	文頭(?)	文頭
16	無し(?)	無し(?)	無し
17	動詞語尾；動詞語尾とVの直前	否定助動詞と動詞語尾；等	文頭
18	+	+	+, -
19	不明	+(?)	-

	イシル語	キチェ語	ポコムチ語
1	SVO, VSO 等	SVO	VOS
2	-	-	-
3	-；+；名詞を挟む	-；名詞を挟む	-；+；名詞を挟む
4	-	名詞を挟む	-
5	+	+	+
6	+	-	+
7	-	-	-
8	-	不明	-
9	-	-	-
10	助動詞無し(?)	助動詞無し	助動詞無し(?)
11	様々	様々	様々
12	-, +	+	+
13	文頭	文頭	Vの直後
14	無し(?)	有る(?)	無し
15	文頭	文頭	文頭
16	無し(?)	有る(?)	無し
17	文頭(?)	否定の焦点を挟む	Vを挟む；等
18	+	+	+
19	-	-	-

		ラビナル・アチ語	カクチケル語	ケクチ語
1	S, OとV	SVO等	SVO	VOS等
2	名詞と側置詞	－；＋（？）	－	－
3	所有格と名詞	＋；名詞を挟む	＋；名詞を挟む	＋；名詞を挟む
4	指示詞と名詞	＋	－	－
5	数詞と名詞	＋	＋	＋
6	形容詞と名詞	－，＋	－	－，＋
7	関係節と名詞	－	－	－
8	固有名詞と普通名詞	－	－	不明
9	比較の表現	－	－	－
10	本動詞と助動詞	－（？）	助動詞無し	－（？）
11	副詞と動詞	様々	様々（？）	Vより前；等
12	副詞と形容詞	＋	＋	＋
13	疑問の印	無し	無し	文頭
14	一般疑問文でのS, V倒置	無し	無し	無し
15	疑問詞	文頭	文頭	文頭
16	特別疑問文でのS, V倒置	無し（？）	無し（？）	無し（？）
17	否定の印	否定の焦点を挟む	Vを挟む	文頭等
18	条件節と主節	＋，－	＋，－	＋，－
19	目的節と主節	－	－，＋	－，＋

		ハカルテク語	トホラバル語	チョンタル・マヤ語
1		VSO	SVO等	SVO等
2		－	－	－
3		＋；名詞を挟む	＋；名詞を挟む	－，＋
4		－	－	＋；名詞を挟む
5		＋，－	＋	＋
6		－，＋	＋	＋
7		－	－	－
8		不明	－	－（？）
9		－	－	－
10		－（？）	－	－
11		VSOの後；等	様々（？）	様々（？）
12		＋	＋	＋
13		無し	Vの直後	無し
14		無し	無し	無し
15		文頭	文頭	文頭
16		無し	無し	無し
17		文頭	文頭（？）	Vの直前（？）
18		＋，－	＋	＋，－
19		－	－	－，＋

	チョルティ語	コパラ・トリケ語	イスムス・ザポテク語
1	VOS 等	VSO 等（V が1番目）	SVO, VSO 等
2	−	−	−
3	＋；名詞を挟む	その他	−；その他
4	−	−	−
5	＋	＋	＋
6	−	−	−
7	−	−	−
8	−	−	−
9	−	−	−
10	−	助動詞無し（？）	助動詞無し
11	様々（？）	様々（？）	様々（？）
12	＋	−	＋
13	2番目	文末	文を挟む；文末
14	無し	無し	無し
15	文頭	文頭	文頭
16	無し	無し	無し
17	文頭（？）	文頭（？）	文頭；文頭と動詞語尾（？）
18	＋	＋，−	＋，−
19	−	−	−

	ピピル語	ナワトル語
1	VOS 等	SVO
2	−	−；＋（？）
3	＋；名詞を挟む；その他；−	＋；名詞を挟む
4	＋	＋
5	＋	＋
6	＋，−	＋
7	−	−
8	−（？）	−
9	不明	
10	−，＋	助動詞無し
11	V より前（？）	V より前
12	＋	＋
13	無し	文頭
14	無し	無し
15	文頭（？）	文頭
16	無し	無し（？）
17	V の直前；等	V の直前
18	＋	＋
19	−	−

		ヤキ語	パパゴ語
1	S, O と V	SOV 等	様々
2	名詞と側置詞	+	+
3	所有格と名詞	その他；+	+；その他
4	指示詞と名詞	+	+
5	数詞と名詞	+	+
6	形容詞と名詞	+	+
7	関係節と名詞	−	−
8	固有名詞と普通名詞	+（?）；−（?）	+
9	比較の表現	+	−
10	本動詞と助動詞	助動詞無し（?）	助動詞無し（?）
11	副詞と動詞	様々	V の直前（?）
12	副詞と形容詞	+	+
13	疑問の印	文頭	文頭
14	一般疑問文での S, V 倒置	無し	無し
15	疑問詞	文頭（?）	文頭；2番目
16	特別疑問文での S, V 倒置	無し	無し
17	否定の印	S の直後；等	3番目；文頭；等
18	条件節と主節	+，−	+，−
19	目的節と主節	−	不明

	ホピ語	チェメフエビ語	コマンチ語
1	SOV	SOV 等	SOV
2	+	+	+
3	+；−；その他	+；−；名詞を挟む	+（?）
4	+	+；−；名詞を挟む	+
5	+	+	+
6	+（複合語）	+，−	+
7	−	−	−
8	−	不明	不明
9	+	不明	+
10	助動詞無し	助動詞無し（?）	助動詞無し
11	様々	様々	V より前（?）
12	+	+	+
13	文頭	2番目；文頭又は文末	2番目
14	無し	無し	無し
15	文頭等	文頭等	文頭
16	無し（?）	無し	無し
17	V の直前；否定の焦点の直前；等	動詞語尾；文頭（?）と動詞語尾；等	2番目（?）
18	+，−	+，−	+
19	+，−	不明	−

	ルイセニョ語	カイオワ語	ナバホ語
1	SOV 等	SOV 等	SOV，OSV(V が最後)
2	無し(？)	無し(？)	＋
3	＋；その他	その他；＋；＋(複合語)	＋；その他
4	＋	＋	＋
5	＋	＋	－
6	＋，－	－(複合語)	－
7	－	その他	その他
8	－(？)	不明	不明
9	不明	不明	＋
10	助動詞無し(？)	助動詞無し(？)	＋(？)
11	様々	文頭等	V より前
12	＋	その他	＋
13	2 番目	文頭等	文頭；2 番目；文頭と 3 番目(？)
14	無し	無し	無し
15	平叙文式；文頭	文頭	平叙文式(？)
16	無し	無し(？)	無し
17	2 番目等；文頭	文頭等と動詞語尾；等	文中と文末(？)
18	＋	＋	＋
19	不明	－	＋，－

	サルシー語	スレイビー語
1	SOV	SOV
2	＋	＋
3	＋；その他	＋；その他
4	＋	＋
5	＋	－
6	－	－
7	－	－
8	＋(？)	＋，－
9	不明	＋
10	助動詞無し(？)	＋(？)
11	V より前；等	V より前
12	不明	＋，－
13	V の直後(？)	文頭；文末
14	不明	無し
15	文頭(？)	平叙文式；文頭
16	不明	無し
17	V より前；等	不明
18	＋	＋，－
19	－，＋	＋

		チョクトー語，チカソー語	ユチ語
1	S, O と V	SOV 等	SOV 等
2	名詞と側置詞	+	+
3	所有格と名詞	+；その他	+
4	指示詞と名詞	−	−
5	数詞と名詞	−	−
6	形容詞と名詞	−	−
7	関係節と名詞	その他	不明
8	固有名詞と普通名詞	+(?)	不明
9	比較の表現	その他	不明
10	本動詞と助動詞	+	助動詞無し
11	副詞と動詞	V より前；等	V より前
12	副詞と形容詞	−	+
13	疑問の印	文末	質問の焦点(普通はV)の直後
14	一般疑問文でのS, V 倒置	無し	無し
15	疑問詞	文頭	不明
16	特別疑問文でのS, V 倒置	無し	不明
17	否定の印	動詞接頭辞と動詞語尾；文末(?)	動詞接頭辞
18	条件節と主節	+, −	不明
19	目的節と主節	+, −	不明

		オマハ・ポンカ語	ダコタ語	ブラックフット語
1		SOV 等	SOV 等	SVO, VSO
2		+	+	無し
3		+；その他	+；その他	+；その他
4		−, +	−, +	+
5		−	−	+
6		−	−	+(複合語)；−(?)
7		その他	−	−
8		−(?)	不明	不明
9		その他	+(?)	不明
10		+	+(?)	助動詞無し
11		V より前；等	V より前	様々(?)
12		−	+	その他
13		文末	文末；等	動詞接頭辞
14		無し	無し	無し
15		V の直前；等	文頭	文頭(?)
16		無し	無し(?)	無し
17		動詞語尾	動詞語尾	動詞接頭辞
18		+	不明	+, −
19		+	不明	+, −

大付録　語順の表　305

	アティカメク語	サハプティン語	ネズ・パース語
1	SVO 等	SVO 等	VSO 等
2	無し(?)	無し(?)	無し(?)
3	+；その他	+；-；その他	+，-
4	+	+	+
5	+	+	+，-
6	+，-	+	+，-
7	-	-	-
8	-	不明	-
9	-	不明	その他
10	助動詞無し(?)	-(?)	+，-
11	様々(?)	様々	様々
12	+	不明	+，-
13	2番目	文頭	文頭等
14	無し	無し	無し
15	文頭	文頭	文頭等
16	無し	無し	無し
17	文頭等	文頭等	文頭等
18	+	+	+，-
19	-	-	-

	コースト・ツィムシアン語	ギトゥクサン語	エスキモー語
1	VSO	VSO 等	SOV 等
2	その他；-	その他；-	+
3	+；名詞を挟む	-；その他(?)	-；名詞を挟む；その他
4	-	-	-，+
5	+	+	-，+
6	+	+	-；その他
7	-	-，+	-，+
8	-	-(複合語)，+(複合語)	-，+
9	不明	不明	+；その他
10	助動詞無し	-(?)	助動詞無し
11	様々(?)	様々	Vより前(?)；等
12	+(?)	+	+
13	動詞語尾(?)	文末	動詞語尾；文頭又は文末
14	無し	無し	無し
15	文頭	文頭	平叙文式等
16	無し	無し	無し
17	文頭とそれ以外の所	文頭(?)；文頭の助動詞(?)	動詞語尾
18	+，-	+，-	+，-
19	-	-	-，+

		チュクチ語	ニブフ語
1	S, OとV	SOV, SVO, 等	SOV
2	名詞と側置詞	＋	＋
3	所有格と名詞	＋；－；その他	＋
4	指示詞と名詞	＋	＋
5	数詞と名詞	＋	－，＋
6	形容詞と名詞	＋，－	＋
7	関係節と名詞	＋，－	＋
8	固有名詞と普通名詞	－（？）	不明
9	比較の表現	＋；その他	＋
10	本動詞と助動詞	＋，－	＋
11	副詞と動詞	様々	Vより前
12	副詞と形容詞	＋	＋
13	疑問の印	無し	動詞語尾
14	一般疑問文でのS, V倒置	無し	無し
15	疑問詞	平叙文式	平叙文式
16	特別疑問文でのS, V倒置	無し	無し
17	否定の印	本動詞接頭辞；本動詞の接頭辞と語尾；動詞接頭辞と動詞語尾；Vの直前；等	否定助動詞
18	条件節と主節	＋，－	＋
19	目的節と主節	－	＋，－

参考文献

日本語の名前も含め，アルファベット順に並べてある。下記の略語を用いた。

AJL : Australian Journal of Linguistics.
BLSn : Proceedings of the n-th Annual Meeting of the Berkeley Linguistics Society. Berkeley：Berkeley Linguistics Society.
CLSn : Papers from the n-th Regional Meeting Chicago Linguistic Society. Chicago：Chicago Linguistic Society.
IJAL : International Journal of American Linguistics.
JL : Journal of Linguistics.
Lg. : Language.
LI : Linguistic Inquiry.
NLLT : Natural Language & Linguistic Theory.
SinL : Studies in Language.

Austin, P. and J. Bresnan. 1996. Non-configurationality in Australian Aboriginal languages. NLLT 14：215–68.

浅野信. 1973. 日本文法文章論. 東京：桜楓社.

Blake, B. J. 1977. Case marking in Australian languages. Canberra：Australian Institute of Aboriginal Studies.

———. 1983. Structure and word order in Kalkatungu：the anatomy of a flat language. AJL Vol. 3：143–75.

———. 1984. Problems for possessor ascension：some Australian examples. *Linguistics* 22：437–53.

Blansitt, E. L., Jr. 1988. Datives and allatives. In Hammond et al. 1988：173–91.

Breen, J. G. 1976. Wangkumara. In Dixon 1976：336–39.

Brook, G. L. 1963. A history of the English language. Tokyo：Nan'un-do.

Brown, G. and G. Yule. 1983. Discourse analysis. Cambridge：Cambridge

University Press.

Catford, J. C. 1975. Ergativity in Caucasian languages. (Unpublished paper.) Ann Arbor：University of Michigan.

Černy, V. 1971. Some remarks on syntax and morphology of verbs in Avar. Archiv Orientální 39：46 – 56.

Chafe, W. L. 1970. Meaning and the structure of language. Chicago：University of Chicago Press.

―――. 1976. Givenness, contrastiveness, definiteness, subjects, topics, and point of view. In Li 1976：25 – 55.

Comrie, B. 1976. The syntax of causative constructions：cross-language similarities and divergences. In M. Shibatani (ed.), The grammar of causative constructions, 261 – 312. New York：Academic Press.

―――. 1978. Ergativity. In Lehmann 1978b：329 – 94.

―――. 1979. Russian. In T. Shopen (ed.), Languages and their status, 91 – 151. Cambridge, MA：Winthrop.

―――. 1981. Language universals and linguistic typology. Oxford：Basil Blackwell.

―――. 1984. Coreference and conjunction reduction in grammar and discourse. 名古屋大学での講演(1984年12月21日). Comrie (1988)として出版.

―――. 1988. Coreference and conjunction reduction in grammar and discourse. In J. A. Hawkins (ed.), Explaining language universals, 186 – 208. Oxford：Basil Blackwell.

―――. 2006. 'Syntactic typology：just how exotic ARE European-type relative clauses?' In R. Mairal and J. Gil (eds.), Linguistic universals 130 – 54. Cambridge：Cambridge University Press.

Craig, C. G. 1976. Properties of basic and derived subjects in Jacaltec. In Li 1976：99 – 123.

Daneš, F. 1966. A three-level approach to syntax. Travaux Linguistiques de Prague. 1：225 – 40.

Dixon, R. M. W. 1972. The Dyirbal language of North Queensland. Cambridge：Cambridge University Press.

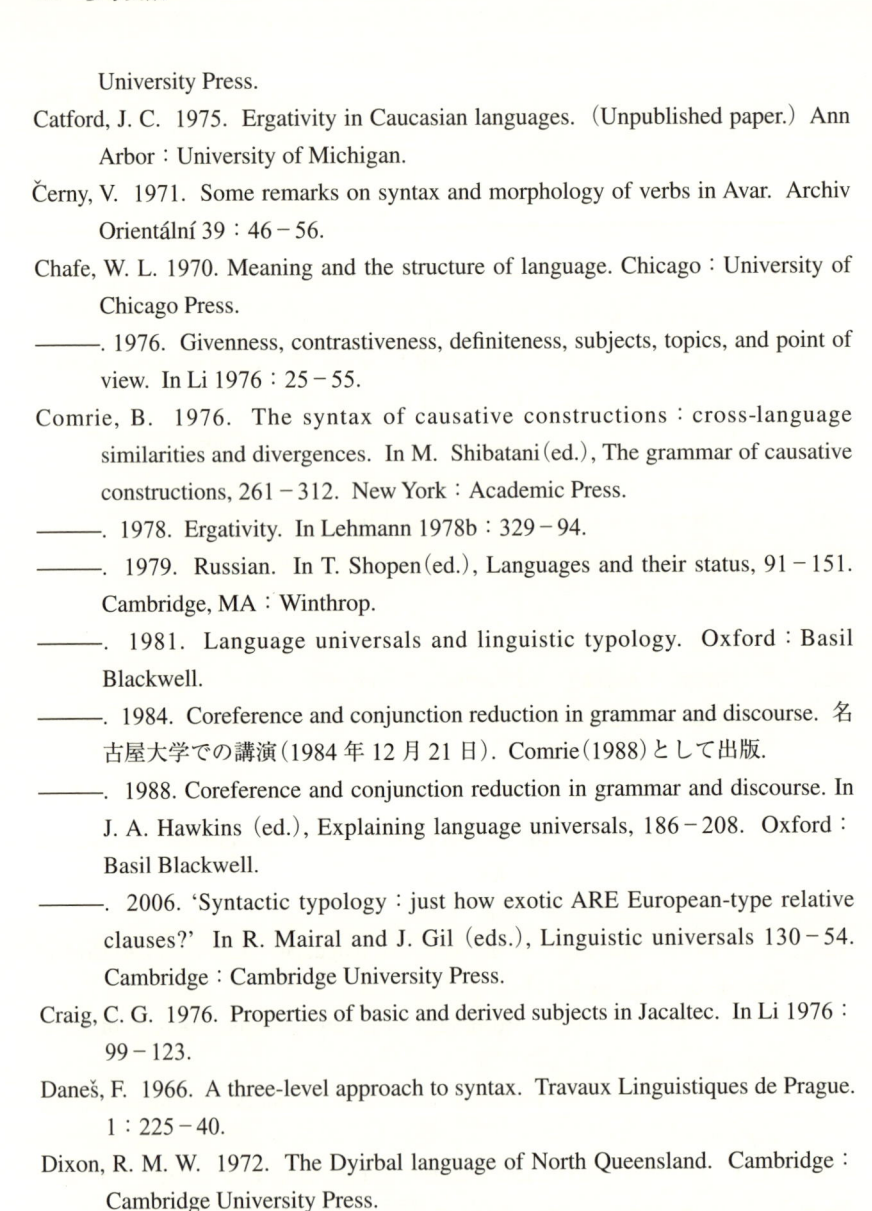

―――. (ed.) 1976. Grammatical categories in Australian languages. Canberra：Australian Institute of Aboriginal Studies, and New Jersey：Humanities Press.

―――. 1979. Ergativity. Lg. Vol. 55：59 – 138.

―――. 1980. The languages of Australia. Cambridge：Cambridge University Press.

―――. 1994. Ergativity. Cambridge：Cambridge University Press.

Durie, M. 1987. Grammatical relations in Acehnese. SinL Vol. 11：365-99.

Faltz, L. M. 1978. On indirect objets in universal syntax. CLS 14：76-87.

Fillmore, C. J. 1968. The case for case. In E. Bach and R. T. Harms (eds.), Universals in linguistic theory, [0]-88. London：Holt, Rinehart and Winston.

―――. 1970. The grammar of *hitting* and *breaking*. In R. A. Jacobs and P. S. Rosenbaum (eds.) Readings in English transformational grammar, 120-33. Waltham, MA：Ginn and Company.

Foley, W. A. and R. D. Van Valin, Jr. 1977. On the viability of the notion of 'subject' in universal grammar. BLS 3：293-320.

―――. 1984. Functional syntax and universal grammar. Cambridge：Cambridge University Press.

Fox, B. 1981. Body part syntax：towards a universal characterization. SinL Vol. 5：323-42.

Frishberg, N. 1972. Navaho object markers and the great chain of being. In J. P. Kimball (ed.), Syntax and Semantics Vol. 1：259-66. New York：Seminar Press.

福井直樹. 2001. 自然科学としての言語学. 東京：大修館書店.

Gary, J. O. and E. L. Keenan. 1977. On collapsing grammatical relations in universal grammar. In Cole and Sadock 1977：83-120.

Givón, T. 1985. Ergative morphology and transitivity gradients in Newari. In F. Plank(ed.), Relational typology, 89-107. Berlin：Mouton.

Greenberg, J. H. 1963. Some universals of grammar with particular reference to the order of meaningful elements. In J. H. Greenberg(ed.), Universals of language, 73-113. Cambridge, MA：MIT Press.（1978の版を参照した.）

グロータース, W. A. 1984. 私は日本人になりたい. 東京：大和出版.

Gruber, J. S. 1967. Look and see. Lg. Vol. 43：937-47.

Haiman, J. 1985. Natural syntax. Cambridge：Cambridge University Press.

Hale, K. L. 1973. A note on subject-object inversion in Navajo. In B. Kachru et al. (eds.), Issues in linguistics：papers in honor of Henry and Renée Kahane, 300-09. Urbana：University of Illinois Press.

―――. 1983. Warlpiri and the grammar of non-configurational languages. NLLT

Vol. 1：5-47.
Halliday, M. A. K. and R. Hasan. 1976. Cohesion in English. London：Longman.
Hammond, M., E. A. Moravcsik, and J. A. Wirth.(eds.) 1988. Studies in syntactic typology. Amsterdam and Philadelphia：John Benjamins.
Harada, S. I. 1976. Honorifics. In Shibatani 1976：499-561.
Hartmann, R. R. K. and F. C. Stork. 1972. Dictionary of language and linguistics. Essex, England：Applied Science Publishers.
橋本進吉. 1969. 助詞・助動詞の研究. 東京：岩波書店.
Hawkins, J. 1988. On explaining some left-right asymmetries in syntactic and morphological universals. In Hammond et al. 1988：321-57.
Hawkins, R. 1981. Towards an account of the possessive constructions：NP's N and the N of NP. JL Vol. 17：247-69.
Hewitt, B. G. 1979. Abkhaz. Amsterdam：North Holland.
Hinds, J. 1986. Japanese. London：Croom Helm.
Hirtle, W. H. 1970. -Ed adjectives like 'verandahed' and 'blue-eyed'. JL Vol. 6：19-36.
Hope, E. R. 1974. The deep syntax of Lisu sentences. Canberra：Pacific Linguistics.
Hopper, P. J. and S. A. Thompson. 1980. Transitivity in grammar and discourse. Lg. Vol. 56：251-99.
保坂弘司. 1950. 国文法の総合研究. 東京：学燈社.（1963 の 85 版を参照した.）
堀田要治, 桑門俊成. 1965. 文の成分. 森岡健二, 他(編), 口語文法講座 6, 用語解説編, 117-88. 東京：明治書院.
Huddleston, R. 1988. English grammar：An outline. Cambridge：Cambridge University Press.
Hudson, R. A. 1975. Problems in the analysis of ed-adjectives. JL Vol. 11：69-72.
Hyman, L. H. 1977. The syntax of body parts. Haya grammatical structure (Southern California Occasional Papers in Linguistics 6), 99-117. Los Angeles：University of Southern California.
井上史雄. 1999. 敬語はこわくない. 東京：講談社.
井上和子. 1976. 変形文法と日本語(上). 東京：大修館書店.
磯部英美. 1988. タイ語の二項動詞のランキングについて. 名古屋 YWCA, 日本語教育セミナーに提出したレポート.
ヤコブセン, ウェスリー・M./W. M. Jacobsen. 1989. 他動性とプロトタイプ論. 久野暲, 柴谷方良(編), 日本語学の新展開, 213-48. 東京：くろしお出版.
―――. 1991. The transitive structure of events in Japanese. Tokyo：Kurosio

Publishers.
Jelinik, E. 1984. Empty categories, case, and configurationality. NLLT 2：39-76.
Jespersen, O. 1924. The philosophy of grammar. London：George Allen and Unwin.
Johnson, D. 1977. On relational constraints on grammars. In Cole and Sadock 1977：151-78.
影山太郎．1980a. 日英比較：語彙の構造．東京：松柏社．
―――．1980b. 語彙意味論の問題．言語文化研究 6：1-20. 大阪大学言語文化部．
―――．1981. 日英語の鏡像関係．言語, Vol. 10, No. 12：54-61.
金子尚一．1990. 非情物主語の問題から．国文学解釈と鑑賞, 第 55 巻, 7 号：36-46.
加藤正信．1973. 全国方言の敬語概観．林四郎, 南不二男（編）, 敬語講座, 第 6 巻, 現代の敬語, 25-83. 東京：明治書院．
Keenan, E. L. 1976. Towards a universal definition of "subject". In Li 1976：303-33.
Keenan, E. L. and B. Comrie. 1977. Noun phrase accessibility hierarchy and universal grammar. LI Vol. 8：63-99.
Kellerman, E. 1984. The empirical evidence for the influence of the L1 in interlanguage. In A. Davies et al.（eds.）, Interlanguage, 98-122. Edinburgh：Edinburgh University Press.
菊地康人．1994. 敬語．東京：角川書店．
Kim, A. H. 1988. Preverbal focusing and type XXIII languages. In Hammond et al. 1988：147-69.
金田一春彦．1957. 日本語．東京：岩波書店．
―――．1981. 日本語の特質．東京：日本放送出版協会．
北原保雄．1975. 日本語の主語．言語, Vol. 4, No. 3：194-202.
Klaiman, M. H. 1980. Bengali dative subjects. Lingua Vol. 51：275-95.
―――．1981. Toward a universal semantics of indirect subject constructions. BLS 7：123-35.
小池清治．1987. 大学生のための日本文法．東京：有精堂．
国語学会（編）．1955. 国語学辞典．東京：東京堂．
国立国語研究所．1989. 方言文法全国地図 [:] 第 1 集．東京：国立国語研究所．
小松寿雄．1984. 明治以降の動詞研究の歴史．鈴木一彦, 林巨樹（編）, 研究資料日本文法 2, 用言編（一）, 動詞, 139-67. 東京：明治書院．
久野暲 / Kuno, S. 1973. 日本文法研究．東京：大修館書店．

———. 1976. Subject raising. In Shibatani 1976：17-49.
———. 1978. 談話の文法. 東京：大修館書店.
Kuno, S. and E. Kaburaki. 1977. Empathy and syntax. LI Vol. 8：627-72.
Lakoff, G. 1977. Linguistic gestalts. CLS 13：236-87.
Lehmann, W. P. 1978a. English：a characteristic SVO language. In Lehmann 1978b：169-222.
———. (ed.) 1978b. Syntactic typology. Austin and London：University of Texas Press.
Li, C. N. (ed.) 1976. Subject and topic. New York：Academic Press.
Li, C. N. and S. A. Thompson. 1976. Subject and topic：a new typology of languages. In Li 1976：457-89.
Lyons, J. 1968. Introduction to theoretical linguistics. Cambridge：Cambridge University Press.
Malchukov, A. L. 2005. Case pattern splits, verb types and construction competition. In M. Amberber and H. de Hoop (eds.), Competition and variation in natural languages：The case for case, 73-117. London and New York：Elsevier.
Mallinson, G. and B. J. Blake. 1981. Language typology. Amsterdam：North Holland.
益岡隆志, 田窪行則. 1989. 基礎日本語文法. 東京：くろしお出版.
松本克己. 1987. 日本語の類型論的位置づけ. 言語, 創刊15周年記念別冊(1987年6月)：42-52.
———. 1988. 日本語と印欧語. 国文学解釈と鑑賞, 第53巻, 1号：41-46.
———. 1990. 言語類型論と歴史言語学. 国文学解釈と鑑賞, 第55巻, 1号：6-11.
松本泰丈. 1982. 琉球方言の主格表現の問題点. 国文学解釈と鑑賞, 第47巻, 9号：178-85.
———. 1990.「能格」現象と日本語. 国文学解釈と鑑賞, 第55巻, 1号：30-46.
松下大三郎. 1930. 改選標準日本文法. 東京：中文館書店.
———. 1977. 標準日本口語法. 東京：勉誠社.
McLendon, S. 1978. Ergativity, case, and transitivity in Eastern Pomo. IJAL 44：1-9.
三上章. 1960. 象は鼻が長い. 東京：くろしお出版.
———. 1963. 日本語の論理. 東京：くろしお出版.
———. 1972. 現代語法序説. 東京：くろしお出版.
南不二男. 1974. 現代日本語の構造. 東京：大修館書店.
———. 1987. 敬語. 東京：岩波書店.

宮岡伯人. 2002.「語」とは何か. 東京：三省堂.
Moravcsik, E. A. 1984. The place of direct objects among the noun phrase constituents of Hungarian. In F. Plank(ed.), Objects, 55-85. London：Academic Press.
森田良行. 1987. 自動詞と他動詞. 山口明穂(編), 国文法講座 6, 時代と文法－現代語, 155-80. 東京：明治書院.
Munro, P. and L. Gordon. 1982. Syntactic relations in Western Muskogean：a typological perspective. Lg. Vol. 58：81-115.
Nagano, Y. 1986. A checklist of Newari ergativity. Monumenta Serindica 15：167-85.
中村敬. 1989. 英語はどんな言語か？ 東京：三省堂.
Nichols, J. 1986. Head-marking and dependent-marking grammar. Lg. Vol. 62：56-119.
――――. 1988. On alienable and inalienable possession. In W. Shipley(ed.), In honor of Mary Haas, 557-609. Berlin：Mouton de Gruyter.
日本語教育学会. 1991. 日本語テストハンドブック. 東京：大修館書店.
新居田純野. 1999. 人の所有を表す表現について. アラム佐々木幸子(編), 言語学と日本語教育[:]実用的言語理論の構築をめざして, 245-58. 東京：くろしお出版.
西尾寅弥. 1954. 動詞の派生について. 国語学, 第 17 輯：105-17.
岡田英俊. 1987. 日本語の自動詞・他動詞の音韻分析. 東京大学言語学論集 '87：63-78.
奥津敬一郎. 1967. 自動詞化・他動詞化および両極化転形. 国語学, 第 70 輯：46-66.
――――. 1975. 主語とは何か. 言語, Vol.4, No.3：203-11.
――――. 1983. 不可離所有と所有者移動―視点の観点から―. 都大論究, 第 20 号：1-13. 東京都立大学国語国文学会.
大石初太郎. 1975. 敬語. 東京：筑摩書房.
――――. 1983. 現代敬語研究. 東京：筑摩書房.
大久保忠利. 1982. 増補版日本文法陳述論. 東京：明治書院.
パルデシ, プラシャント／Pardeshi P. 2007.「他動性」の解剖：「意図性」と「受影性」を超えて. 角田三枝, 佐々木, 塩谷 2007：179-90.
Payne, J. 1980. The decay of ergativity in Pamir languages. Lingua Vol. 51：147-86.
――――. 1985. Negation. In Shopen 1985, Vol. 1：197-243.
Penhallurick, J. 1984. Full-verb inversion in English. AJL Vol. 4：33-56.
ピーターセン, マーク／Petersen, M. 1988. 日本人の英語. 東京：岩波書店.

Richards, J. C. 1980. Second language acquisition：error analysis. Annual Review of Applied Linguistics 1980：91-107.
Richards, J., J. T. Platt, and H. Weber. 1985. Longman dictionary of applied linguistics. Essex, England：Longman.
Robins, R. H. 1964. General linguistics：An introductory survey. London：Longmans.
Sadock, J. M. and A. M. Zwicky. 1985. Speech act distinctions in syntax. In Shopen 1985, Vol. 1：155-96.
佐伯梅友. 1957. 国語概説. 東京：秀英出版.
Sapir, E. 1917. Review of C. C. Uhlenbeck, Het Passive Karakter van ... IJAL Vol. 1：82-86.
佐々木冠. 2004. 水海道方言における格と文法関係. 東京：くろしお出版.
笹栗淳子. 1996. 現代日本語における「名詞のコト」の分析 ― 2つの用法と「コト」の統語的位置 ―. 九大言語学研究室報告, 第17号：37-46.
Selinker, L. 1972. Interlanguage. *International Review of Applied Linguistics in Language Teaching* Vol. 10：209-31.
柴谷方良/Shibatani, M.（ed.）1976. Japanese generative grammar. New York, San Francisco and London：Academic Press.
―――. 1977. Grammatical relations and surface cases. Lg. Vol. 53：789-809.
―――. 1978. 日本語の分析. 東京：大修館書店.
―――. 1981. 日本語は特異な言語か？ 言語, Vol. 10, No. 12：46-58.
―――. 1984. 格と文法関係. 言語, Vol. 13, No. 3：62-70.
―――. 1985. 主語プロトタイプ論. 日本語学, Vol. 4（10月号）：4-16.
―――. 1989. 言語類型論. 柴谷方良, 他, 英語学大系, 第6巻, 英語学の関連分野, 3-179. 東京：大修館書店.
柴谷方良, 影山太郎, 田守育啓. 1982. 言語の構造, 意味・統語篇. 東京：くろしお出版.
柴谷方良, 角田太作. 1982. 言語類型論の最近の動向. 言語, Vol. 11, No. 4：100-08.
Shopen, T.（ed.）1985. Language typology and syntactic description.（Three volumes.）Cambridge：Cambridge University Press.
Silverstein, M. 1976. Hierarchy of features and ergativity. In Dixon 1976：112-71.
Smith, D. C. 1978. Mirror images in Japanese and English. Lg. Vol. 54：78-122.
鈴木一彦. 1981. 時枝誠記日本文法・同別記口語編. 東京：東宛社.
鈴木重幸. 1972. 日本語文法・形態論. 東京：むぎ書房.

鈴木康之．1968．名詞と名詞とのくみあわせ．東京成徳短期大学紀要 2：25-40．
高橋太郎．1975．文中にあらわれる所属関係の種々相．国語学，第 103 輯：1-17．
―――．1976．すがたともくろみ．金田一春彦（編），日本語動詞のアスペクト，117-54．東京：むぎ書房．
―――．1978．「も」によるとりたて形の記述的研究．研究報告集 1：1-52．東京：国立国語研究所．
竹内史郎．2008．古代日本語の格助詞ヲの標示域とその変化．国語と国文学，第 85 巻，第 4 号：50-63．
谷脇道彦．1988．日本語の文法．福岡：葦書房．
寺村秀夫．1982．日本語のシンタクスと意味 I．東京：くろしお出版．
Timberlake, A. 1975. Hierarchies in the genitive of negation. Slavic and East European Journal Vol. 19：123-38.
時枝誠記．1950．日本文法口語篇．東京：岩波書店．
角田三枝．2007．日本語の動詞の活用表．立正大學國語國文学 45：1-7．
角田三枝，佐々木冠，塩谷亨（編）．2007．他動性の通言語的研究．東京：くろしお出版．
角田太作/Tsunoda, T. 1974. A grammar of the Waruŋu language, North Queensland. M. A. thesis. Melbourne：Monash University.
―――. 1976. The derivational affix 'having' in Warungu. In Dixon 1976：214-25.
―――. 1981a. The Djaru language of Kimberley, Western Australia. Canberra：Pacific Linguistics.
―――. 1981b. Split case-marking patterns in verb-types and tense/aspect/mood. Linguistics Vol. 19：389-438.
―――. 1981c. Interaction of phonological, grammatical, and semantic factors：an Australian example. Oceanic Linguistics Vol. 20：45-92.
―――．1982．オーストラリア原住民語．森岡健二，他（編），講座日本語学 10，外国語との対照 I：193-214．東京：明治書院．
―――．1983a．言語類型論．言語生活，第 383 号：64-79．
―――. 1983b. A re-definition of 'ergative' and 'accusative'. In Shirô Hattori et al. (eds.), Proceedings of the 13th International Congress of Linguists (Tokyo 1982), 962-66. Tokyo：ICL 1982 Office, Gakushuin University.
―――．1984．能格と対格．言語，Vo. 13, No. 3：71-80．
―――．1985a．言語プロトタイプ論．言語，Vol. 14, No. 6：71-74．
―――. 1985b. Remarks on transitivity. JL Vol. 21：385-96.
―――. 1987a. Language typology for assessment. Babel (Journal of the Australian

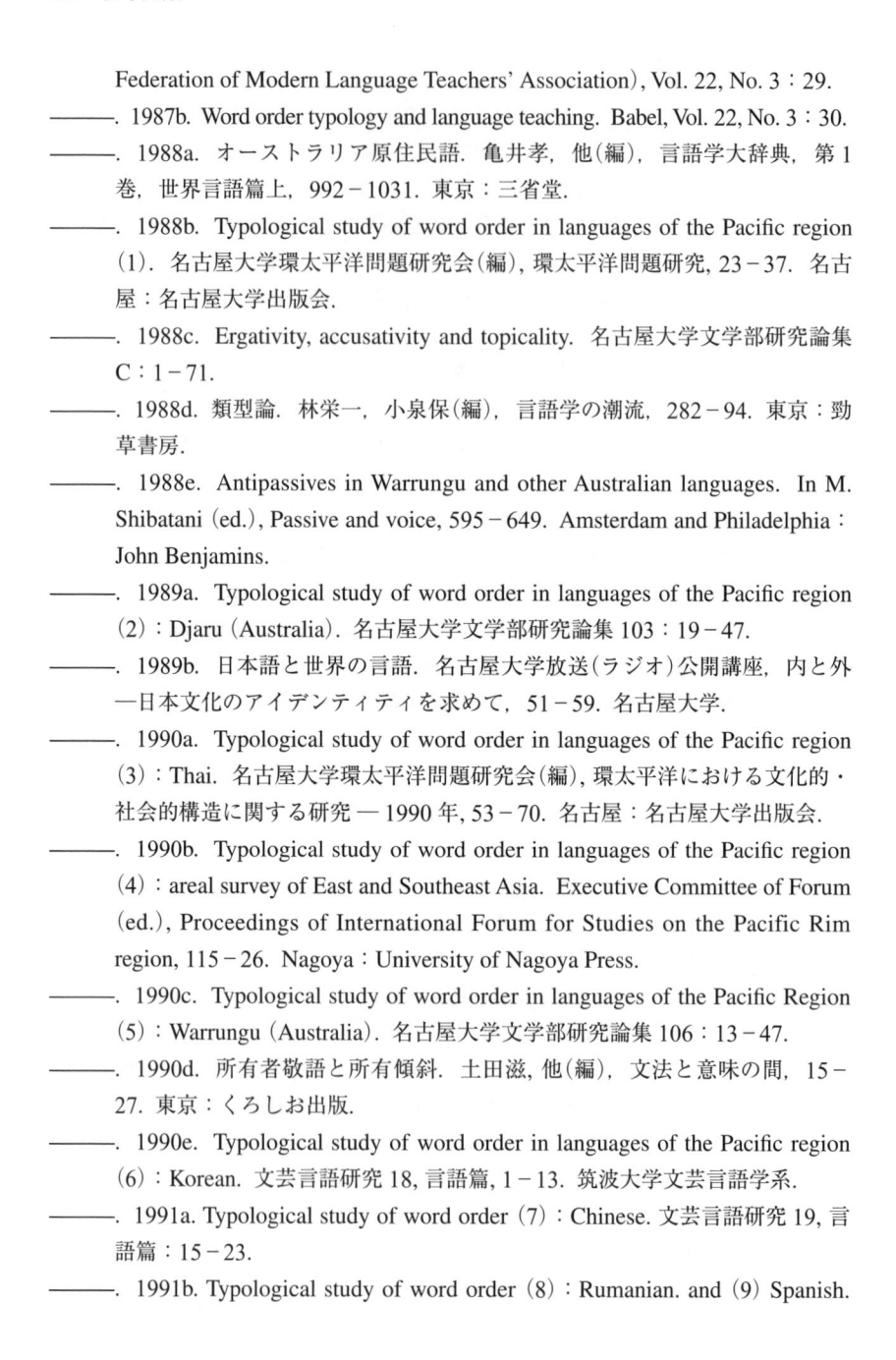

Federation of Modern Language Teachers' Association), Vol. 22, No. 3 : 29.

―――. 1987b. Word order typology and language teaching. Babel, Vol. 22, No. 3 : 30.

―――. 1988a. オーストラリア原住民語. 亀井孝, 他(編), 言語学大辞典, 第1巻, 世界言語篇上, 992-1031. 東京:三省堂.

―――. 1988b. Typological study of word order in languages of the Pacific region (1). 名古屋大学環太平洋問題研究会(編), 環太平洋問題研究, 23-37. 名古屋:名古屋大学出版会.

―――. 1988c. Ergativity, accusativity and topicality. 名古屋大学文学部研究論集 C : 1-71.

―――. 1988d. 類型論. 林栄一, 小泉保(編), 言語学の潮流, 282-94. 東京:勁草書房.

―――. 1988e. Antipassives in Warrungu and other Australian languages. In M. Shibatani (ed.), Passive and voice, 595-649. Amsterdam and Philadelphia : John Benjamins.

―――. 1989a. Typological study of word order in languages of the Pacific region (2):Djaru (Australia). 名古屋大学文学部研究論集 103:19-47.

―――. 1989b. 日本語と世界の言語. 名古屋大学放送(ラジオ)公開講座, 内と外―日本文化のアイデンティティを求めて, 51-59. 名古屋大学.

―――. 1990a. Typological study of word order in languages of the Pacific region (3):Thai. 名古屋大学環太平洋問題研究会(編), 環太平洋における文化的・社会的構造に関する研究―1990年, 53-70. 名古屋:名古屋大学出版会.

―――. 1990b. Typological study of word order in languages of the Pacific region (4):areal survey of East and Southeast Asia. Executive Committee of Forum (ed.), Proceedings of International Forum for Studies on the Pacific Rim region, 115-26. Nagoya : University of Nagoya Press.

―――. 1990c. Typological study of word order in languages of the Pacific Region (5):Warrungu (Australia). 名古屋大学文学部研究論集 106:13-47.

―――. 1990d. 所有者敬語と所有傾斜. 土田滋, 他(編), 文法と意味の間, 15-27. 東京:くろしお出版.

―――. 1990e. Typological study of word order in languages of the Pacific region (6):Korean. 文芸言語研究 18, 言語篇, 1-13. 筑波大学文芸言語学系.

―――. 1991a. Typological study of word order (7):Chinese. 文芸言語研究 19, 言語篇:15-23.

―――. 1991b. Typological study of word order (8):Rumanian. and (9) Spanish.

文芸言語研究 20, 言語篇 1 – 42.

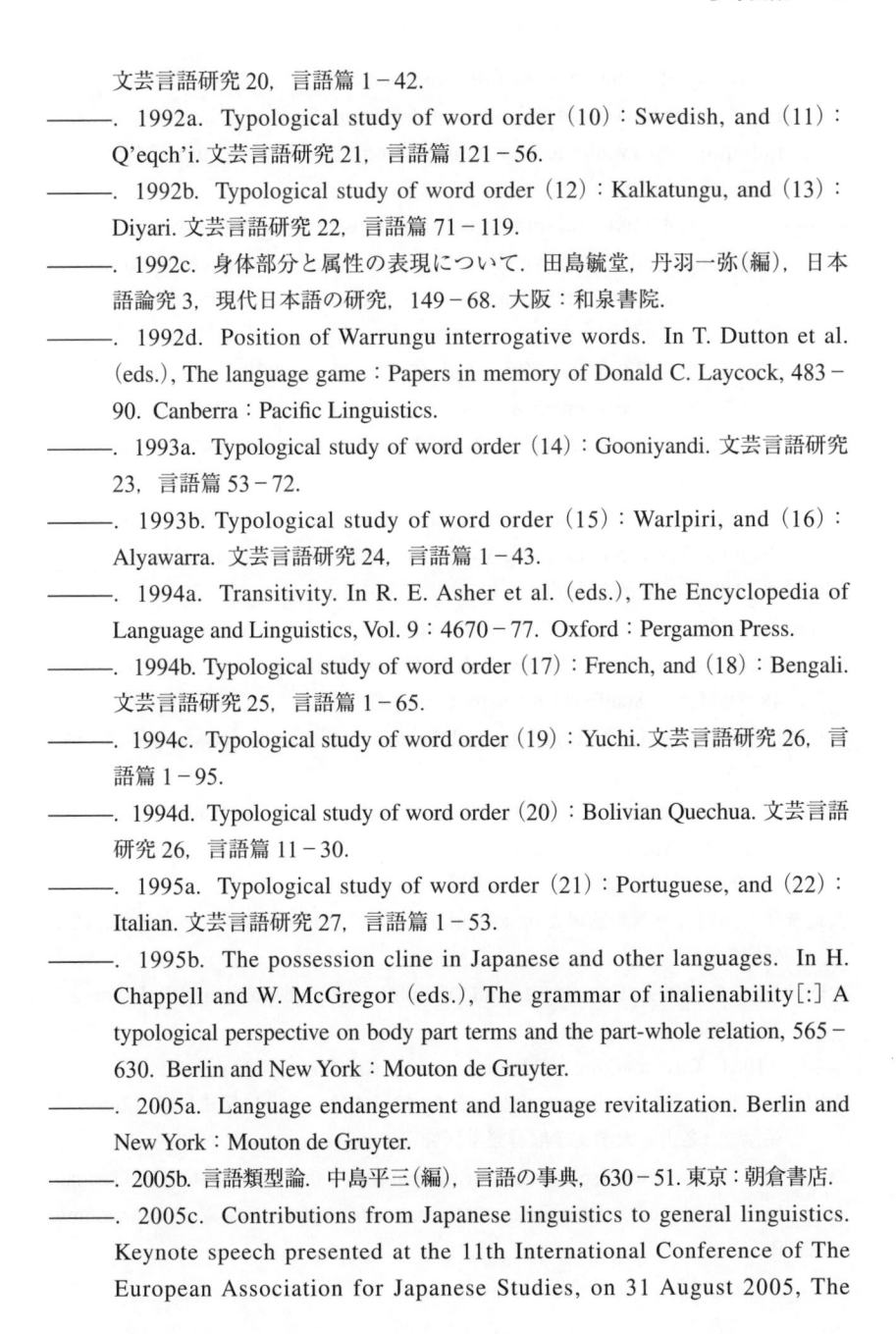

―――. 1992a. Typological study of word order (10): Swedish, and (11): Q'eqch'i. 文芸言語研究 21, 言語篇 121 – 56.

―――. 1992b. Typological study of word order (12): Kalkatungu, and (13): Diyari. 文芸言語研究 22, 言語篇 71 – 119.

―――. 1992c. 身体部分と属性の表現について. 田島毓堂, 丹羽一弥(編), 日本語論究 3, 現代日本語の研究, 149 – 68. 大阪: 和泉書院.

―――. 1992d. Position of Warrungu interrogative words. In T. Dutton et al. (eds.), The language game: Papers in memory of Donald C. Laycock, 483 – 90. Canberra: Pacific Linguistics.

―――. 1993a. Typological study of word order (14): Gooniyandi. 文芸言語研究 23, 言語篇 53 – 72.

―――. 1993b. Typological study of word order (15): Warlpiri, and (16): Alyawarra. 文芸言語研究 24, 言語篇 1 – 43.

―――. 1994a. Transitivity. In R. E. Asher et al. (eds.), The Encyclopedia of Language and Linguistics, Vol. 9: 4670 – 77. Oxford: Pergamon Press.

―――. 1994b. Typological study of word order (17): French, and (18): Bengali. 文芸言語研究 25, 言語篇 1 – 65.

―――. 1994c. Typological study of word order (19): Yuchi. 文芸言語研究 26, 言語篇 1 – 95.

―――. 1994d. Typological study of word order (20): Bolivian Quechua. 文芸言語研究 26, 言語篇 11 – 30.

―――. 1995a. Typological study of word order (21): Portuguese, and (22): Italian. 文芸言語研究 27, 言語篇 1 – 53.

―――. 1995b. The possession cline in Japanese and other languages. In H. Chappell and W. McGregor (eds.), The grammar of inalienability[:] A typological perspective on body part terms and the part-whole relation, 565 – 630. Berlin and New York: Mouton de Gruyter.

―――. 2005a. Language endangerment and language revitalization. Berlin and New York: Mouton de Gruyter.

―――. 2005b. 言語類型論. 中島平三(編), 言語の事典, 630 – 51. 東京: 朝倉書店.

―――. 2005c. Contributions from Japanese linguistics to general linguistics. Keynote speech presented at the 11th International Conference of The European Association for Japanese Studies, on 31 August 2005, The

University of Vienna. See the following website: http://www.univie.ac.at/eajs/sections/abstracts/Section_2/keynote_tsunoda_t.htmhttp://www.univie.ac.at/eajs/sections/abstracts/Section_2/keynote_tsunoda_t.htm

―. 2006. Reflexive and middle constructions of Warrungu (Australia). In T. Tsunoda and T. Kageyama (eds.), Voice and grammatical relations: In honor of Masayoshi Shibatani, 299‒333 Amsterdam and Philadelphia: John Benjamins.

―. 2007a. 他動性の研究の概略. 角田, 佐々木, 塩谷 2007：3‒11.

―. 2007b. Reciprocal-reflexive constructions in Djaru. In V. P. Nedjalkov (ed.), Reciprocal constructions, Vol. 2：859‒84. Amsterdam and Philadelphia: John Benjamins.

―. 2007c. Reciprocal constructions in Warrungu. In V. P. Nedjalkov (ed.), Reciprocal constructions, Vol. 3：1403‒1434. (See previous entry.)

内田賢徳. 1885. 主語的なる現象. 日本語学 Vol. 4(10月号)：17‒29.

Ultan, R. 1978. Some general characteristics of interrogative systems. In J. H. Greenberg et al. (eds.), Universals of Human Language, Vol. 4 Syntax, 211‒48. Stanford: Stanford University Press.

Van Valin, R. D., Jr. 1977. Ergativity and the universality of subjects. CLS 13：689‒705.

Vovin, A. 1997. On the syntactic typology of Old Japanese. Journal of East Asian Linguistics Vol. 6：273‒290.

渡辺実. 1971. 国語構文論. 東京：塙書房.

渡辺俊洋. 1981. 動詞の意味と case-marking. レポート. 名古屋大学文学部言語学研究室.

Wierzbicka, A. 1979. Ethno-syntax and the philosophy of grammar. SinL Vol. 3：313‒83.

―. 1981. Case marking and human nature. AJL Vol. 1：43‒80.

山田宗弘. 1981. M. Silverstein の hierarchy は日本語にいかに反映しているか. 卒業論文. 名古屋大学文学部言語学研究室.

Zubin, D. 1979. Discourse function of morphology: the focus system in German. In T. Givón(ed.), Discourse and syntax, 469‒504. New York: Academic Press.

索　引

事項と語彙などの索引

あ

愛玩動物　127-29, 131-32, 136, 139, 142, 144-45, 149-50, 152, 155, 266
愛す　80-83, 101, 106, 111, 114, 117, 119
(〜し)合う　83, 119, 253
開く　109
開ける　109, 111
アスペクト　78, 121-22, 147, 149, 266
与える　77, 95-96, 100, 134-35, 205
温める　77, 101
あだ名　161
新しい情報　14, 19
ある　51, 101, 111, 114, 145, 150-52, 162-65, 167, 169, 175-76, 266
(-て)ある　83
行き先　179, 190, 207, 209
生きる　72
行く　37, 72
意志　37-38, 86, 89
意志性　85-90, 93
意志的　86
至(前置詞)　6
1人称　41-43, 48-50, 55, 58-59, 61-63, 144, 237, 250
1格　179
一項述語　97, 99-100
一項動詞　95-96
一項文　97-99, 123
一致　36, 79, 197, 203, 208, 212, 215, 218, 237
一般疑問文　4, 15-17, 25, 200, 208, 246-49, 253-54, 259
移動　73, 77
意図性　86
意味　29, 51, 69, 74, 76, 78, 80-81, 84-86, 91-93, 96, 99, 101-02, 105-06, 110, 119, 185-86, 215
意味役割　179, 181-85, 187-91, 193-97, 201, 203-05, 208, 214-15, 218-19, 223, 226, 231-34, 238, 267
いや　59, 61-62, 64
いる　150-51, 266
(-て)いる　83
射る　77
要る　71, 101, 106, 111, 114-115
衣類　127-29, 131, 134, 136-37, 140, 142-46, 149-50, 152, 154-55, 157, 161, 266
イントネーション　15-17, 246-48
受取人　95, 179, 194, 209
動かす　77
羨ましい　104, 111
羨む　104, 111
売る　98
英語教育　268
英語標準説　241, 244, 253
英文法　7, 99, 197, 201, 203-08, 219
お-(接頭辞)　126, 130-35
於(前置詞)　6
おうむ返しの質問　20
覆う　77, 117
送る　77, 81-83, 188, 205, 227
襲いかかる　73, 108, 113
襲う　108, 111, 113, 120
お互いに…する　83
お…になる　126
思いつく　120
思う　59, 64, 120, 249
泳げる　97

音韻 *244*

か

か（格）*15-16, 246*
が（格）*35-36, 38, 53-55, 65, 73, 80, 85, 97-98, 115, 137, 141-42, 179, 183-86, 188-89, 191-93, 195, 214-16, 224-26, 229-32, 265*
外国語教育 *40*
開始 *120*
階層性 *242, 244, 271*
外来語 *10*
改良する *77*
買う *98*
が＋が（格）*73, 80-81, 85, 97, 105, 111, 115, 120, 229-30, 265*
が＋から（格）*105, 111, 120*
が＋から＋を（格）*98*
−かかる *108, 113, 120-21*
格 *31, 33-40, 43, 47, 58-60, 69, 71-74, 78-79, 81, 84-85, 87-90, 97, 99, 105-06, 108-19, 137, 142-44, 179, 181-89, 191-93, 195-96, 200-06, 208, 214-16, 218-20, 223, 225-27, 231-34, 238-39, 251, 255, 267*
格助詞 *7, 34, 70, 191-92, 216, 219, 225, 229*
格組織 *31-40, 43, 46-47, 65, 99, 114, 201, 251, 253*
格枠組み *97-101, 103, 105-06, 110-14, 116, 119-21, 123, 220, 224-25, 230, 265, 270*
過去 *4, 197, 249*
かじりつく *107, 113*
かじる *107, 111, 113, 120*
数 *208, 249*
形 *69, 74, 76, 78-81, 83-85, 92-93, 96, 99, 101, 105, 109-10, 116, 119, 121-23, 137, 155, 179, 181, 185-86, 200, 250-51*
活用 *69, 79, 83, 260-61*
悲しい *104*
悲しむ *104*
が＋に（格）*72-75, 79-81, 84-85, 97-98, 107, 111, 113, 120-21, 225-28, 265*
が＋に＋を（格）*79, 81, 85, 98, 227-29*
可能 *13, 24, 115*
かぶる *146*
噛みつく *73, 107, 113, 120*
噛む *37, 107, 111, 113, 120*
から *179, 186, 188, 229, 233-34*
から＋を（格）*85, 97, 185, 233-34*
が＋を（格）*72-75, 79, 80-81, 84-85, 89, 97-98, 107, 110-11, 113, 115, 119-20, 185, 220, 224-25, 228, 232-34, 265-66, 270*
考えつく *120*
考える *59, 63, 120*
感覚 *179*
関係 *101-03, 105, 111-12, 114, 117, 119, 121, 123, 270*
関係節 *9-10, 25, 27, 121, 177, 186, 188, 234, 246, 248*
関係文法 *139, 177, 196*
勧告文 *250*
感情 *89-90, 101-02, 104-06, 111-12, 114, 117-21, 184, 189, 266, 270*
感情（・感覚）の持ち主 *179, 184, 231*
関心 *42, 49*
間接受動文 *71, 80-82, 98*
間接目的語 *133, 135-36, 177, 180, 195, 205-06, 220, 228*
完了体 *121-22, 266*
聞き手 *50, 127, 137, 221*

聞く 68, 102, 106
聞こえる 68, 71
疑似過去分詞 155-56, 159-62, 164, 266
傷つける 77, 118
既知の事柄 180-81
機能 171, 179, 181, 185, 187, 200, 203, 209, 212, 218, 249
疑問 25
疑問詞 17-20
疑問詞 25
疑問の印 15-16, 248
疑問文 3, 15-18, 20, 25, 200, 209, 246-47, 250
逆受動文 116, 118-19, 209
旧情報 180-81, 195
強調 23, 249-51
嫌い 59, 61-64, 73, 101, 104-05, 111, 184
嫌う 59, 61, 63-64, 104, 111
着る 146
食いつく 107, 113
食う 107, 111, 113, 120, 137
グロータース 241, 244, 254
敬意 125-26, 132, 138, 182-83
敬語 125-27, 130, 133, 136-39, 176, 183, 221-23, 241, 266
形式主語 99, 236
傾斜 102, 123, 127-28, 133, 138, 142
形態論 84, 136
形容詞 5, 7, 9, 12, 14, 22, 25, 27, 68, 74, 95, 97, 104, 111-12, 160, 165-68, 180, 230, 280
形容動詞 60-64, 74, 81, 95, 97, 104, 230-31
蹴る 56, 77, 101, 106, 140
原型 75-78, 83, 85-93, 219-27, 230-35
原型的他動詞 77, 79, 83, 87-88, 92, 103, 110, 114, 123, 193

原型的他動詞文 78-81, 84-86, 88, 90-92, 110, 113, 119, 193
原型的な主語 220-21, 223, 225-26, 231-32
原型的な目的語 222-23, 226, 228, 231, 233-34
言語活動動詞 188
言語教育 257, 263, 267-68, 271
言語普遍性 1, 269
言語理論 241, 270-71
言語類型論 ix, 1, 3, 6, 40, 244, 264, 269-72
現在 4, 243, 249
謙譲語 133, 218-223, 225-27, 230-234
ご-(接頭辞) 126, 130
故意 86-89
語彙 244, 259
項 78, 95-99
後行詞 235
交替 141
後置詞 5-7, 28, 31, 34, 261, 280
後置詞言語 6
後置詞 8, 60, 258
肯定文 3
語幹 47
国文法 7, 13, 21, 187, 197, 211, 235
五項文 98
語順 1-5, 11-12, 16, 24-26, 28-29, 36, 47, 55, 57-58, 69, 79, 154, 194, 199-200, 204, 207-09, 216, 242, 244-49, 253-55, 258, 260-61, 263-64, 267, 269, 271, 273, 280
こと(形式名詞) 59-65, 73, 141-42, 265
語尾 31, 36, 208, 246
固有 43, 61-64
固有名詞 10-11, 25, 28, 41-42, 45, 48-49, 55, 59, 61, 117
殺す 10, 32-34, 37-38, 44-46, 48, 67, 77-79, 81-83, 86, 95-96, 101, 103, 106-08,

111, 114, 117, 120
壊す 77, 88, 92, 101-02, 106-08, 111, 120
壊れる 88, 92

さ

再帰代名詞 198, 204, 211-12, 218, 237
再帰文 80, 82-83, 116, 118-20, 206, 252
探す 101-02
サクソン所有格 8
作品 127-28, 132, 136, 141, 145, 149-50, 152, 155
触る 73, 80-83, 87-88, 107, 111, 113
3格 179
参加者 77, 80, 96, 99
三項 96
三項述語 98, 100
三項動詞 95-96, 111, 205
三項文 98, 123
三立型 35-36, 40, 44-46
三立型格組織 43
3人称 41-44, 50, 58, 61-64, 249
3人称代名詞 42-43, 47
子音 60, 157, 193, 258
使役動詞 98
使役文 98, 177, 188
視覚 68, 102
時間 92, 96, 179, 190, 194, 209-10, 236
自己中心性 41
指示詞 8, 33, 39
指示詞 25, 27
自主 32-40, 45-46, 108-09
時制 203, 249
自然の力 41, 51-53
質問の焦点 15-16, 25
している 121, 147-50, 157, 167-69, 259
視点 50
自動詞 37, 70-74, 79, 83-84, 90-92, 108-
110, 137
自動詞主語 129-30, 133-37, 139, 141-42, 222
自動詞文 3-5, 32, 50, 53, 67-70, 72-76, 84-86, 89-92, 108-09, 130, 133, 136, 143, 200, 206, 208, 216, 221, 238, 265
自動性 72, 90-93
自動翻訳 264
死ぬ 35, 68, 71, 77, 80, 91, 95-96, 141
自分 82, 118, 204, 212-14, 216-23, 225-27, 230-34, 252
自分自身 82, 118, 212, 216-23, 225-27, 230
修飾語 9, 27-28, 96, 149, 161-62, 170, 176, 212, 243
修飾要素 159-65, 167-75
終助詞 192
従属部 25-30, 271
従属節 23-24, 28-29, 199-200, 213, 220, 226
重文 198
受益者 179
主格 31, 33, 35, 47, 87-88, 114-15, 137, 164, 177-79, 181-88, 192-93, 200-03, 215-16, 224-26, 229, 231-34, 238-39, 267
主格＋主格 105, 111, 229
主格／ゼロ＋主格／ゼロ 112
主格／ゼロ＋対格／ゼロ 112
主格／ゼロ＋at 112-13
主格／ゼロ＋for 112
主格／ゼロ＋into 112-13
主格／ゼロ＋like 112
主格／ゼロ＋of 112
主格／ゼロ＋on 112-13
主格／ゼロ＋to 112-13
主格／ゼロ＋with 112
主格＋対格 87-89, 107, 110-12, 220, 224-

25
主格・対格型 33, 201
主格＋奪格 105, 111
主格＋at 107, 110
主格＋to 110
主格＋与格 107, 111, 225, 227
主語 3-5, 16-17, 20, 27, 33, 36, 48-53, 57, 67-70, 96, 99, 108-09, 125, 134, 136-37, 177-82, 185-87, 195-97, 199-201, 203-27, 229-39, 244-45, 247-48, 250, 252-54, 259, 267-70, 280
主語尊敬 133, 220-21
主語中心 178
主語廃止説（論） 178, 212, 235
主語補語 206-07
主節 23-25, 27, 29, 199-200, 213, 226
主体 70, 178
主題 53-55, 177-78, 180-82, 187, 190-93, 195, 202-03, 205, 215, 219, 224, 238-39, 267
主題中心 178
述語 5, 12, 32, 54, 68, 74, 89, 95, 97-106, 110-12, 114, 116-17, 119-20, 123, 126, 183, 195, 205-07, 211, 215, 230-32, 265, 270
出発点 72, 179, 207, 209
受動文 47-50, 52, 57, 65, 67-71, 78, 82-83, 116-20, 182-83, 188-89, 201, 204, 206, 208, 214, 216, 218-20, 222-23, 225-27, 231-34, 238, 252, 265, 270
授与 77
主要部 25-30, 245, 271
状況語 13, 96, 133, 180, 195, 197, 207-08, 212-13, 218-20, 225, 235-36, 238
条件節 23-25, 27, 29, 200, 208-09
称号 12
上手 105, 112

状態 38, 54, 77, 91-92, 102-04, 125, 147, 152
状態述語 102, 105
状態動詞 102, 105
状態の持ち主 5, 32
焦点 18-19
情報構造 179-82, 187, 190-93, 195, 201-205, 208, 214-15, 217-19, 223, 226, 238, 267
省略 7, 198, 213, 216-17, 252
助動詞 13, 17, 20-22, 25, 27-28, 79, 197, 199-200, 208, 246-50, 253
所有 89-90, 102-03, 106, 114, 127, 139-40, 145-52, 154, 157-58, 163-64, 167, 176, 258, 266, 270
所有格 8, 25, 27, 40, 88, 139, 142, 144, 177, 179, 184, 186, 234
所有格＋絶対格 106
所有格前置詞 258
所有傾斜 125-30, 132-42, 144-46, 149-56, 176, 193, 222, 228, 251-53, 266, 269
所有者 125-30, 132, 139, 142-44, 154-55, 159-62, 167, 173-75, 179, 189, 194, 258, 267
所有者移動 139
所有者敬語 125-27, 129-39, 141-42, 176, 222-23, 269
所有者昇格 139-42, 144
所有する 145, 149-50, 266
所有接尾辞 157
所有物 8, 125-36, 139-40, 142-44, 149-150, 152-56, 159-61, 167, 173, 175-76, 258, 267
所有物名詞 160, 168
知る 101, 105, 111, 144
新情報 180, 195
親族 42-43, 61-64, 127-29, 132-33, 141-

42, 144-45, 150, 152, 154, 156-57
親族名詞 42, 45, 59, 61
身体部分 125, 127-28, 130, 134-36, 140
　-44, 146, 148, 150, 152-58, 161, 163,
　165-67, 169, 171, 173, 175-76, 266
心配 59, 62-64
心配する 59, 62-63
数詞 8, 25, 27, 160, 167
数量詞遊離 213-14, 216-23, 225-35, 252
好き 59, 61-64, 73, 80-83, 97, 101, 104-05,
　111, 115, 118, 230-31, 265
好く 59, 61, 63-64, 81, 104, 111
する 145-49, 167-68, 175-76, 250-51, 266
座る 34, 37, 44-46
姓 11-12, 28
声調 246, 260-61
静的 147
接辞代名詞 47
絶対格 33-35, 45, 88, 142-44, 164, 179,
　181, 243
絶対格+所格 106
接頭辞 55, 122-23, 126, 130, 165-67, 261
接尾辞 8, 21, 23, 59-60, 122, 155, 157, 161
　-62, 164, 166-67, 261, 266
ゼロ格 34-36, 38-39, 108, 179, 195
ゼロ項 99
ゼロ項述語 98-99
ゼロ項動詞 96
ゼロ項文 123, 236
ゼロ+ゼロ(格) 110, 112
先行詞 198-99, 204, 211-12, 214-23, 225-
　27, 229-35, 237, 252
全体・部分 147-149
前置詞 5-8, 31, 87, 99, 107, 110, 113, 195,
　258, 261
前置詞言語 6
総記 53-55

相互文 83, 116, 118-20, 252-53
属性 127-28, 130-31, 134, 136, 140-46,
　150, 152-58, 161, 163, 165-68, 170,
　172-76, 266
側置詞 5, 7, 25, 27-28, 31, 179
組織 184, 188, 232
尊敬語 133-34, 182-85, 212, 214-17, 219-
　22, 225, 229, 231-34, 252
存在 5, 150-51
存在物 5
存在文 251

た
(-し)たい 186
体 121-22
対応する 101, 118
対格 31, 35, 43, 45-46, 108, 179, 182-84,
　201-06, 218-19, 224, 227, 232-34, 239
対格型 33-34, 36, 39-40, 43-44, 47, 66
対格型格組織 40, 43, 251
対照 4, 53-55
対象 5, 32, 41, 47-49, 52, 55-57, 68-70, 75,
　77-81, 85-86, 91-92, 96, 101-04, 106
　-08, 112-13, 116, 119, 123, 125, 177,
　179, 182-84, 188-90, 194, 197, 201,
　204-05, 209-10, 214, 218-19, 224, 226,
　231-34, 238, 245, 260
対象格 184, 186
対照言語学 271
対象語 96, 212
代名詞 5, 8, 22, 31, 33-37, 39-40, 42-44,
　47, 53, 58-59, 87-99, 112, 179-81, 195,
　198, 200-04, 206, 237, 248
抱きつく 107, 113
抱く 107, 111, 113, 120
他主 32-40, 44-46, 109
叩く 72, 77-78, 80-83, 101-03, 106-07, 110

-11, 113-14, 143
発つ 72
奪格 40, 143, 179, 184, 233-34
他動詞 32-33, 70-73, 77, 79, 83-85, 90, 92
　　　-93, 103, 108-09, 137, 251
他動詞格枠組み 110, 111-14
他動詞主語 130, 133-37, 141-42, 222
他動詞能動文 5, 245
他動詞文 3-5, 32, 50-53, 65, 67-70, 72-79,
　　　81, 84, 86-92, 107-09, 113-14, 117-18,
　　　134, 143, 216, 219, 221, 223, 265, 270
他動詞文中和型 36, 40
他動性 67, 69-70, 72, 74-76, 78-80, 83-86,
　　　89-93, 119, 123, 220, 251, 253, 265
食べる 13, 48, 109, 122, 186, 230
他目 32-40, 45-46, 108
たれる 137
単数 153, 162, 249
団体 184, 188, 232
知覚 68, 101-03, 106, 110, 112-13, 120,
　　　123
知識 89, 101-02, 104-105, 109, 111-12,
　　　114, 117-18, 120-21, 184, 232, 263-
　　　64, 266, 270
地名 11, 52
中立型 33-34, 39-40, 99, 201, 251
中立叙述 53-55
聴覚 68, 102
直接目的語 136
直接敬語 126, 136, 222
直接受動文 71-74, 79-81, 117
直接目的語 133, 135, 137, 139-42, 177,
　　　180, 195, 205, 214, 220, 228, 236
追求 101-02, 112, 120, 123
－つく 107, 113, 120-21
作る 77
続く 84

続ける 84
強い 101, 111
で(格) 184, 186, 188, 232-33
停止 77
出来る 71, 73, 101, 111, 114, 117, 232
で＋を(格) 85, 97, 185, 232-33
テンス 147, 149
と(格) 179, 181
同格 144
同格表現 142
道具 96, 127, 171, 179, 186, 194, 207
道具格 40, 179, 184, 186, 232-233
統語論 136, 229
動作 5, 32, 37-38, 41, 48-55, 67-69, 72-
　　　75, 77-81, 85-86, 91-92, 101-104, 106,
　　　108, 112, 116, 119-121, 140, 147, 188-
　　　190, 194, 207, 215, 231, 259
動作格 37-40, 47
動作者 5, 32, 41, 47-49, 52, 55, 57, 68, 77,
　　　86, 96, 177-179, 181-191, 193-194,
　　　197, 201, 203, 209-210, 214-215, 224,
　　　226, 233-234, 238-239, 245, 267
動作主体 178-179, 182, 238-39
動作述語 102
動作動詞 102
動詞 3-6, 12-13, 16-23, 25, 27, 36, 47-48,
　　　55, 57, 60-61, 63-64, 68, 70-73, 77-
　　　79, 81, 83-87, 90, 93, 95-98, 100, 103-
　　　14, 117-18, 120-23, 126, 130, 134-37,
　　　141, 145-46, 148-50, 154-55, 164, 176,
　　　179, 188, 193-95, 197, 199-200, 202-
　　　08, 212-13, 215-16, 218, 230-33, 244-
　　　50, 253, 255, 259-60, 265-68, 280
倒置 4-5, 16-17, 20, 25, 200, 208, 247-48,
　　　253-54, 259, 267-68
動的 147
動物 41-43, 47, 50-51, 53, 56, 61-64, 151,

220-22, 224, 227
動物名詞 34, 39, 41, 48-49, 59, 61-62
通る 72
溶かす 77
得意 101, 105, 111
特別疑問文 17-18, 20, 25, 200, 208, 248-49
独立代名詞 58, 242-43
所格 40, 59, 106, 143, 179, 181-84, 186
所格＋絶対格 105
飛ぶ 72-73, 80-83, 93
止める 77

な

無い 111, 114, 165-66
仲間 179, 197, 207
仲間格 40, 179, 181
－ながら 213-14, 216-17, 220-22, 226, 230-33, 235, 252
泣く 97-98
殴りかかる 108, 113, 121
殴る 35, 50, 67, 108, 111, 113, 120-21
名古屋ことばのつどい 129
成る 101, 105, 111
に（格） 81, 97, 107-108, 115, 169, 179, 184, 188-89, 192, 195, 214, 226-29, 231-32
に＋が（格） 73, 80-81, 85, 89, 97, 111, 114-16, 119-20, 231-32, 265-66, 270
2格 179
二項 96
二項述語 97-103, 119-120, 123, 251, 253
二項述語階層 95, 100, 110, 116, 119, 121, 123, 193, 251-253, 265-266, 269-270
二項対立説 75-76
二項動詞 95-96, 111
二項文 97-98, 123
二重否定 22
2人称 41-43, 47, 50, 58, 61-64, 250

2人称代名詞 41
日本語教育 257, 262, 265-268
日本語特殊説 241, 244, 253
似る 101, 118
人間 41-43, 47, 50-53, 56, 61-64, 135, 151, 156, 220, 224, 226
人間名詞 34, 39, 41-42, 48-49, 53, 59-61
人称 208, 249
ぬ（格） 144
抜ける 72
の（格） 8, 60, 126, 130, 141-42, 144, 154, 163, 179, 185-86, 188-89, 213-14, 234-35
能格 34-35, 43-46, 88, 143-44, 179, 181, 243
能格型 35-37, 40, 43, 45, 47, 65, 136
能格型格組織 34, 40, 43, 255
能格＋絶対格 88, 106
能格・絶対格型 34
能格＋与格 88, 106
能動詞 71
能動文 5, 47-49, 52, 57, 65, 71, 182-83, 201, 209-10, 215, 223, 233-34, 238, 270
能力 89, 90, 97, 101-03, 105, 111-12, 114, 117, 123, 153, 169, 266, 270
飲み 217
飲む 51, 109-10, 121, 186, 213, 221, 230
ノルマン所有格 8

は

は（主題・話題・対照） 53-55, 65, 73-74, 97, 126, 180-181, 187, 191-192, 215, 217, 224, 252, 265
はく 146
場所 72, 96-97, 179, 186, 190, 194, 207, 209-210

派生 *79, 84-85, 122, 136*
派生語尾 *84*
はだか格 *34*
はた迷惑の受身 *71*
発音 *258*
発見 *120*
発見する *106*
話し相手 *42*
話し手 *41-42, 49-50, 127, 132, 137, 207*
比較の表現 *12, 25*
被修飾語 *9, 27-28*
非主語尊敬 *133, 220-21*
被尊敬者 *125, 127, 132, 182-85*
必要とする *114*
否定助動詞 *250*
否定の焦点 *22-23*
否定文 *3, 21, 23, 47, 249-50*
非動作格 *37-39*
被動作性 *85-89, 93*
非普通所有物 *158-62, 164, 167-76*
評言 *180-81, 190-92, 195, 202, 205, 215, 219, 224*
開く *109, 111*
品詞 *5, 21, 78, 101, 104, 112, 119*
不完了体 *121-22, 266*
不完了体形 *122*
複合語 *9, 137, 141, 160, 167-75*
複合後置詞 *6*
複合動詞 *88, 232*
副詞 *5-7, 13-14, 25, 27, 179-181, 200, 212, 249, 250*
副詞句 *13, 180, 195, 207*
副助詞 *191-92*
複数 *44, 115*
付属代名詞 *58, 88, 143, 242-43*
付属部 *245*
普通所有物 *158-63, 165, 167-76*

普通名詞 *10-11, 25, 28*
ぶつかる *68, 73, 101, 107, 111, 113, 118, 226*
増やす *77*
プラーグ学派 *75*
不連続説 *75-76*
文中 *5, 14, 31, 180, 183, 194-97, 207, 238*
文頭 *4, 14, 17-20, 48-49, 57, 207, 216, 246-47, 249, 251, 255*
文法機能 *179-80, 186-87, 193, 211, 226, 231-34, 267*
文末 *4, 14-16, 19, 207, 246*
文脈 *36, 49, 54-55, 68, 82, 126, 163-165, 169-72, 175, 180-81, 202*
分離可能所有 *127-28, 144, 154*
分離不可能所有 *127-29, 144, 154-55*
へ(格) *179*
平叙文 *3-4, 15-20, 246-50*
減らす *77*
変化 *35, 77-81, 85, 91-92, 103, 106, 109, 123*
変形文法 *199, 213*
ボイス *78, 116, 119-20, 123, 252*
母音 *45, 59-60, 157, 193, 244, 258*
方言矯正運動 *255*
方言権 *255*
方向格 *40, 179*
報告する *85, 97, 188*
補語 *96, 197, 205-08, 212*
母語 *129, 255, 257-58, 260, 262-63, 266-68*
欲しい *101, 104*
補助動詞 *13, 83*
欲す *104, 106, 114*
惚れかかる *121*
惚れる *97, 101, 111*
本動詞 *13, 17, 21, 25, 27-28, 246, 248, 250, 253*

ま

増す 137
待つ 101-02, 106
まともな受身 71, 72
見える 71
未知の事柄 180-81
見つける 101-02
未来 4, 13, 23-24, 243, 259
見る 16, 18, 22, 36, 58, 67-68, 102, 106, 118
無生物 41-43, 47, 50-53, 55-56, 61-64, 77, 151, 220-22, 224-25, 227, 270
無生物主語 50-53, 65
無生物名詞 34, 39, 41, 48-49, 52, 59, 61-63, 117
無標 54-55
無変化 103, 106
名詞句 34, 39, 41, 47, 95-96, 186, 198, 210, 234, 243, 245
名詞句階層 1, 41-43, 49, 50, 52, 54-55, 59-60, 63-65, 117, 177, 193, 251, 265, 269-70
名詞文 95
命令文 22, 198, 236-37, 249-50
迷惑 71
目的語 3-5, 16, 27, 33, 47, 51-52, 67-71, 75, 108, 110, 130, 133-34, 136, 177, 180, 185, 195-97, 199-200, 203, 205-08, 211, 213, 217-28, 230-39, 244-45, 248, 252-53, 280
目的語補語 206-07
目的節 25, 27
目的節 23-24, 29
持つ 17, 67, 101, 111, 145, 155, 175, 266
物 50

や

焼く 84
焼ける 84
有標 55
有標 54
夢みる 109
様態 13-14, 207
与格 31, 40, 59-60, 88, 114-15, 179, 182, 184, 226, 232
与格構文 114-16, 265-66
与格+主格 89-90, 111, 114, 231, 266
与格+絶対格 89, 106, 114
呼掛け語 180, 195, 197, 203-05, 207, 235, 238
読む 21, 96-98, 115-16, 186, 213, 249-250
4格 179
四項 96
四項述語 98
四項動詞 96
四項文 98

ら

利益 71
理解する 111, 231
両数 44
類別詞 8
歴史言語学 271
連続体 75-77, 96, 128, 146, 149, 211, 238
連用修飾語 211, 235

わ

分かりかかる 121
分かる 73-74, 80-83, 89, 97, 101, 105, 111, 114, 232
忘れる 101, 105, 109
話題 41, 49-50, 53-55, 57-58, 68-69, 178, 180, 182-83, 190-91, 202, 217, 221, 238-39, 252

話題中心 *178*
割る *88-89*
を（格）*35, 39, 55, 70, 75, 85, 93, 107-08, 115, 179, 188-89, 191-92, 195, 214, 218-19, 224-25, 227-28, 233-34*

A

active *37, 39*
active-inactive *37*
actor *239*
adposition *5*
affectedness *85*
afraid *104*
alienable possession *127*
angry *100, 112*
at *87, 99, 107-08, 112-13, 118, 194, 196, 206, 259*
avoir *83, 150*
await *112*
aware *104*

B

be *16-17, 197, 203, 247, 249*
believe *199*
bend *77, 107*
break *77, 107, 109*
bump *68, 112-13, 118*
buy *100*

C

case *179*
case frame *97*
cline *102, 127*
clitic pronoun *58, 248*
comment *180, 190*
configurationality *242*
correspond *112, 118-19*

D

dependent *25*
desire *104*
desirous *104*
destroy *107*
die *17, 68, 95, 99, 108, 115*
direct object *205*
Direct Respect *126*
discrete *75*
do *17, 22, 247-251, 253, 267-68*
drink *109, 112*
dummy subject *236*
dynamic *147*

E

-ed *155, 157*
egocentrism *41*
empty subject *236*
envious *104, 112*
envy *104, 112*
être *83*
expect *199*

F

fear *104*
find *113*
fond *100, 104, 112*
forget *112*

G

give *95, 100, 205*
good *101, 112*
grammatical functions *180*
grammatical relations *180*

H

haben *83*

have 17, 22, 112, 150, 153-54, 162, 164, 175, 198, 266
head 25
hear 68, 101, 103, 110, 112-13
hit 50, 67, 77-78, 87, 99, 107, 112-13, 197
Humanness Hierarchy 50
hurt 118

I

inactive 37
inalienable possession 127
indirect object 205
information structure 179
intransitive sentences 67, 74

K

kick 77, 87, 107, 140
kill 10, 33-34, 67, 78, 95, 107-08, 112, 117, 119
know 104, 140

L

like 95, 99, 104, 112
listen 101, 103, 110, 112-13, 236
look 99, 101, 103, 110, 112-13, 118, 206
love 17, 117-19

M

marked 54

N

nominative case 239
Norman genitive 8

O

object 3, 92, 205
oneself 198-99, 204, 211
one-place verb 95

P

possessor ascension 139
possessor float 139
possessor promotion 139
possessor raising 139
Possessor Respect 126
postposition 5
preposition 5
present 9, 100
proficient 101
prototype 75
provide 100

R

Relational Grammar 139, 177, 196
resemble 117
Respectee 125

S

Saxon genitive 8
see 4, 16-18, 20, 67-68, 101, 103, 110, 112-13, 198-99, 202
sein 83
semantic roles 179
send 205
shoot 77, 87, 107
SOV 3, 5, 55, 244-46, 261
Speech-Act Participant Empathy Hierarchy 50
static 147
stop 21, 109
subject 3, 203, 239
subject-prominent 178, 252
suppletion 31, 36, 38
supply 100
SV 4-5, 55, 248
SVO 3-5, 245-47, 261, 280

syntactic function *180*

T

there *236, 251*
three-place verb *95*
topic *180, 190, 239*
topic-prominent *178, 252*
transitive sentence *67, 74*
transitivity *67*
tread *112-13*
two-place verb *95*

U

unmarked *54*

V

verb *3, 77, 95*
VO *4*
volitionality *86*
VS *5*

W

wait *112*
WHの疑問文 *17*
with *161-62*
write *112*

Y

yes／noの疑問文 *15, 246*

言語名の索引

あいうえお順。日本語は除く。英語名は，言語の分類で挙げていない言語だけ示す。

アイマラ語 *277*
アイルランド語 *274*
アジゲ語 *273*
アティカメク語 *279*
アパライ語 *277*
アバル語 *105-06, 114, 273*
アブハズ語 *78, 106, 273*
アムエシャ語 *277*
アラビア語 *275*
アリャワラ語 *276, 280*
イースタン・ポモ語 *37, 277*
イシル語 *277*
伊語 *99, 237, 274, 280*
イロカノ語 *276*
インドネシア語 *237, 247, 260, 276*
ウェールズ語 *274*
ウルドゥー語 *260, 275*
ウルブ・カーポル語 *277*
英語 *2-14, 16-21, 23-25, 27-31, 33, 39-40, 50, 52-53, 67, 69-70, 72-73, 77-78, 80-81, 84, 87-88, 97, 99-100, 103-04, 106-13, 116-19, 139-42, 144-45, 150, 153-62, 164-67, 175-76, 178, 180-181, 194-97, 199-203, 205-12, 214-17, 219, 227, 235-39, 241-55, 258-60, 263-64, 266-71, 274, 280*
エスキモー語 *34, 279*
エベンキ語 *273*
オマハ・ポンカ語 *279*
オランダ語 *237, 247, 274*
オリア語 *88, 275*

332　索　引

カイオワ語　278
カクチケル語　278
カネラ語　277
カバルディアン語　273
カパンパンガン語　276
カルカトゥング語　243, 276, 280
韓国語　19, 40, 249-50, 260, 263, 267, 273, 280
広東語　260, 275
カンナダ語　114, 116, 263, 275
カンボジア語　263, 276
喜界島方言　38-39, 144
キチェ語　277
ギトゥクサン語　279
グアラニ語　277
グジャラティ語　260, 275
グニヤンディ語　276, 280
クメール語　263, 276
グルジア語　89, 274
クロアチア語　247
ケクチ語　278, 280
ケチュア語　277, 280
現代ギリシャ語　274
現代ヘブライ語　275
コースト・ツィムシアン語　279
古代日本語　39, 97
コパラ・トリケ語　278
コマンチ語　278
サウスイースタン・ポモ語　277
サハプティン語　279
サモア語　276
サルシー語　278
ジャル語　47, 53, 58, 66, 69-70, 87-88, 100, 108, 110, 116, 118, 127, 136, 142-45, 157-58, 165, 167, 176, 181, 208, 236-38, 242-45, 252, 270, 276, 280
ジルバル語　100, 210, 276

シンハラ語　88, 275
スウェーデン語　247, 260-61, 274, 280
スペイン語　40, 99, 115, 237, 247, 260, 265-66, 274, 280
スレイビー語　278
スワヒリ語　275
セルボ・クロアチア語　247, 274
タイ語　3-5, 8-17, 20-25, 27-30, 116, 118, 246, 258, 260, 263, 276, 280
タガログ語　255, 260, 276
ダコタ語　279
タミル語　263, 275
チェコ語　247, 274
チェメフエビ語　278
チカソー語　279
チベット語　106, 275
チャモロ語　276
中国語　6, 40, 178, 208, 237-38, 260, 276, 280
チュクチ語　34, 279
朝鮮語　19, 40, 249-50, 263, 267, 273, 280
チョクトー語　279
チョルティ語　278
ティグリニャ語　275
ディヤリ語　276, 280
テルグ語　88, 275
デンマーク語　237, 247, 274
トゥユカ語　277
独語　31, 40, 47, 70, 83, 99, 115-16, 179, 208, 215, 237-38, 247, 254-55, 260, 263, 274
トホラバル語　278
トル語　277
トルコ語　70, 116, 273
トンガ語　276
ナバホ語　47, 55, 57-58, 66, 278
ナワトル語　278

ニウエ語 276
ニブフ語 249, 279
ネズ・パース語 279
ネワリ語 78, 106, 275
ノルウェー語 203, 247, 274
ハイランド・チョンタル語 277
ハウサ語 275
ハカル語 277
ハカルテク語 53, 278
バスク語 34, 275
バツ語 37, 273
パパゴ語 278
ハヤ語 140, 275
パラウ語 276
ハンガリー語 211, 247-48, 259, 273
パンジャビ語 260, 263, 275
ビコル語 276
ヒシカリャナ語 277
ピピル語 278
ピラハ語 277
ビルマ語 275
ヒンディー語 88, 255, 260, 263, 275
フィンランド語 273
福建語 260, 275
仏語 9, 11, 40, 83, 99, 150, 237, 247-48, 254-55, 263, 274, 280
ブラックフット語 279
ブルガリア語 274
ブルシャスキ語 275
ブレトン語 274
ベトナム語 258, 263, 267, 276
ペルシャ語 274
ベンガリ語 89, 260, 263, 275, 280
ポーランド語 260, 274
ポコムチ語 277
ホピ語 278
ポルトガル語 260, 274, 280

マイティリ語 88, 275
マオリ語 276
マム語 277
マラーティ語 275
マリ語 273
マレイ語 276
ミゾ語 275
水海道方言 34, 39
蒙古語 273
ヤキ語 278
ユチ語 279-280
ヨルバ語 275
ラオ語 276
ラテン語 31, 67, 70, 167, 274
ラビナル・アチ語 277
リス語 237-238, 275
ルイセニョ語 278
ルーマニア語 274, 280
露語 40, 47, 89, 115-16, 121-23, 208, 215, 265-66, 274
ロシャニ語 36, 274
ワラパイ語 277
ワルピリ語 242-44, 271, 276, 280
ワルング語 276
ワロコ°語 43-47, 59-60, 65, 70, 83, 100, 110, 116, 118, 136, 142, 144-45, 157-58, 163-64, 176, 181, 208-10, 215, 236-37, 252, 270, 276, 280
ワンクマラ語 35, 276

人名の索引

（編者である団体の名前も含む）日本語の名前も含め，アルファベット順に並べてある．

A

安藤節子 *6-7, 18, 258*
荒木一富 *137*
浅野信 *307*
Austin, P. *244, 307*

B

Blake, B. J. *xii-xiii, 1, 3, 35, 139-40, 243, 307, 312*
Blansitt, E. L., Jr. *7, 307*
Breen, J. G. *35, 307*
Bresnan, J. *244, 307*
Brook, G. L. *254, 307*
Brown, G. *19, 180, 307*

C

Catford, J. C. *103, 308*
Černy, V. *105, 308*
Chafe, W. L. *4, 91, 308*
Chappell, H. *127, 139, 154, 156, 165-66*
鄭真虎／Cheong J. *249-50*
Chomsky, N. *255*
Comrie, B. *1, 3, 5, 8-9, 13-14, 28, 31, 35, 37, 137, 162, 177, 197-202, 205, 245, 269-271, 308, 311*
Craig, C. G. *53, 308*

D

Dalton, J. *162*
Daneš, F. *177, 308*
Dixon, R. M. W. *37, 41-42, 100, 108, 144, 210, 308*
Durie, M. *139, 309*

E

江口豊 *91*

F

Faltz, L. M. *205, 309*
Fillmore, C. J. *77, 177, 309*
Foley, W. A. *69, 96, 178, 245, 309*
Ford, J. *140*
Fox, B. *139-40, 309*
Frishberg, N. *47, 55, 309*
福井直樹 *242, 309*

G

Gary, J. O. *139, 177, 196, 205, 309*
Givón, T. *76, 86, 309*
Gordon, L. *139, 313*
Greenberg, J. H. *3, 29, 309*
グロータース, W. A. *241, 309*
Gruber, J. S. *103, 309*

H

Haiman, J. *127, 309*
Hale, K. L. *47, 55, 242-43, 271, 309*
Halliday, M. A. K. *249, 310*
Hammond, M. *310*
Harada, S. *133, 135-36, 220, 310*
Hartmann, R. R. K. *67, 77, 310*
Hasan, R. *249, 310*
橋本進吉 *185, 225, 310*
Hawkins, J. *246, 310*
Hawkins, R. S. *8, 310*
Hewitt, B. G. *78, 106, 310*
Hinds, J. *149-50, 154, 310*
Hirtle, W. H. *155-56, 160-61, 310*

Hope, E. R. *237, 310*
Hopper, P. J. *76, 78, 85-86, 90, 93, 265, 310*
保坂弘司 *187, 310*
保阪泰人 *xi, 237*
堀田要治 *178, 310*
Huddleston, R. *77, 310*
Hudson, R. A. *155-56, 310*
Hyman, L. H. *139-40, 310*

I

井上史雄 *221-22, 310*
井上和子 *115, 310*
入江浩司 *253*
磯部英美 *5, 310*
岩崎敏彦 *146, 148*

J

ヤコブセン, ウェスリー／Jacobsen, W. M. *72, 90, 92-93, 311*
Jelinik, E. *244, 311*
Jespersen, O. *68, 109, 311*
Johnson, D. *177, 196, 311*

K

Kaburaki, E. *50, 312*
ケオマノータム, マリー／Kaew-manotham, M. *23*
影山太郎 *xii, 135, 145-46, 148, 154, 160-61, 167-68, 271, 311, 315*
金田章宏 *xi*
金子尚一 *51, 311*
加藤正信 *183, 311*
加藤昌彦 *232*
加藤容子 *120*
Keenan, E. L. *1, 139, 177, 196, 200, 205, 209-11, 269, 311*

Kellerman, E. *257, 311*
金子尚一 *51, 311*
菊地康人 *221, 311*
Kim, A. H. *19, 311*
金田一春彦 *2, 23, 28, 51, 187, 241, 311, 315*
北原保雄 *178, 311*
Klaiman, M. H. *89-90, 114-15, 311*
小林典子 *xi, 183, 214*
小池清治 *178, 239, 311*
国語学会 *70, 72, 78, 83, 186, 203, 311*
国立国語研究所 *229, 311*
小松寿雄 *70, 311*
近藤典子 *156*
久野暲／Kuno, S. *50, 53-54, 60, 115-16, 141, 200, 311-12*
草薙裕 *165*
桑門俊成 *178, 310*

L

Lakoff, G. *76-77, 86, 312*
李在滌／Lee J. *249*
Lehmann, W. P. *7-9, 244, 249, 312*
Li, C. N. *178, 236-37, 244, 252, 312*
Lyons, J. *68, 70, 77, 95-96, 312*

M

Malchukov, A. L. *123, 312*
Mallinson, G. *1, 3, 312*
益岡隆志 *212, 312*
松本泰丈 *xi, 38, 144, 312*
松本克己 *xi, 3, 236-237, 241, 244-46, 270-71, 312*
松下大三郎 *136, 312*
McGregor, W. *127, 139, 154, 156, 165-66*
McLendon, S. *37, 312*
三上章 *11, 28, 71-74, 79, 84, 141, 178, 180, 187, 191, 203, 212, 217, 235-37, 239,*

252, 312
三松国宏 83, 237
南不二男 133, 136, 161, 213, 221, 241, 312
皆島博 xi
宮岡伯人 21, 313
水野正規 188
Moravcsik, E. A. 96, 211, 310, 313
森田良行 70, 72-74, 81, 84, 313
Munro, P. 139, 313
村上隆 129, 260
村山七郎 254

N

Nagano, Y. 78, 106, 313
長友和彦 97
中村敬 254, 313
Nichols, J. 26, 28, 127, 139, 270, 313
日本語教育学会 ix, 3, 257, 260, 313
新居田純野 xi, 146, 151, 313
西尾寅弥 84, 313
野田尚史 xi, 51, 63, 71, 84, 97, 99, 237
野島本泰 180, 229

O

大石初太郎 126, 136, 138, 221, 313
岡田英俊 84, 313
岡田公夫 xi
大久保忠利 178, 313
奥津敬一郎 xi, 70, 72, 84, 99, 139-41, 313
尾上圭介 180, 213
大坪一夫 xi, 264

P

Palmer, A. 45
パルデシ，プラシャント／Pardeshi P. xi, 88-89, 93, 313
Payne, J. 23, 36, 249, 313

Penhallurick, J. 4-5, 313
ピーターセン，マーク／Petersen, M. 11, 313
Platt, J. T. 314
Richards, J. C. 67, 257, 314
Robins, R. H. 68, 77-78, 199-200, 314

S

Sadock, J. M. 15, 17, 245-46, 308, 314
佐伯紀子 64, 161
佐伯梅友 185, 211-12, 235, 314
Sapir, E. 37, 314
笹栗淳子 64, 314
佐々木冠 38, 79, 229, 314-15
佐々木充文 201
佐々木惣平 64
佐藤琢三 xi, 110
Selinker, L. 257, 314
柴谷方良／Shibatani, M. xiii, 1, 4, 54, 71-72, 98, 114-16, 136, 141, 177-78, 180, 182-84, 186, 197, 199, 205, 209, 211-214, 216, 218-220, 223, 225, 227-33, 236, 244-46, 253, 264, 311, 314-15
柴田武 126
塩谷亨 79, 315
Shopen, T. 314
Siewierska, A. 116
Silverstein, M. 1, 41, 43, 46-48, 50, 52, 54-55, 59-60, 63-65, 68, 117, 193, 251, 265, 269-70, 314
Smith, D. C. 271, 314
征矢野文恵 171-72
Stork, F. C. 67, 77, 310
スプリアタナニンシー，リナ／Supriatnaningsih, R. 247
鈴木一彦 185, 314
鈴木重幸 21, 34, 71-72, 96, 179, 181, 212, 259, 314

鈴木康之 *154, 160-61, 315*

T

田島毓堂 *154*
高橋公明 *128*
高橋太郎 *xi, 83, 117, 121, 146, 151, 154, 315*
竹内史郎 *315*
田窪行則 *212, 312*
田守育啓 *315*
田中章夫 *192*
谷脇道彦 *315*
タサニー・メーターピスィット／Tasanee, M. *16, 116, 118*
寺村秀夫 *96, 104, 212, 315*
Thompson, S. A. *76, 78, 85-86, 90, 93, 178, 236-37, 244, 252, 265, 310, 312*
Timberlake, A. *47, 315*
時枝誠記 *185-86, 315*
土岐哲 *262*
辻敬一郎 *127*
角田三枝 *iii, 21, 79, 169, 171, 226, 315*
角田太作／Tsunoda, T. *ix, xi-xiii, 1, 3, 6, 14, 20, 24, 31, 33-34, 43, 47, 51, 53-54, 58-59, 67, 69-70, 76-78, 83, 86-88, 93, 95, 100, 105, 107-08, 114, 116, 125-27, 129, 132, 136-37, 142, 144, 158, 163-65, 167, 177-78, 191, 209, 237, 242-45, 249, 251, 257, 260, 271, 280, 315, 318*
堤美知子 *xi*
Tuite, K. *164*

U

内田賢徳 *203, 318*
Ultan, R. *7, 247, 318*
梅本孝 *249*

V

Van Valin, R. D., Jr. *69, 96, 178, 245, 309, 318*
Vovin, A. *38-39, 318*

W

渡辺実 *183, 318*
渡辺俊洋 *122, 318*
Weber, H. *314*
Wierzbicka, A. *41-42, 139, 318*

Y

山田久就 *122*
山田宗弘 *47-48, 318*
矢澤真人 *146*
Yule, G. *19, 180, 308*

Z

Zubin, D. *41-42, 47, 318*
Zwicky, A. M. *15, 17, 245-46, 314*

角田太作（つのだ・たさく）
1946年群馬県生まれ。東京大学文学部卒業。Monash University 大学院修士課程卒業（M.A. 取得），博士課程卒業（Ph.D. 取得）。言語学専攻。主な研究分野は(i)オーストラリア原住民語学，(ii)言語類型論，(iii)言語消滅危機と言語再活性化。Griffith University、名古屋大学、筑波大学、東京大学、国立国語研究所を経て、国立国語研究所名誉教授。

著書に The Djaru language of Kimberley, Western Australia（Canberra: Pacific Linguistics 1981）、Language endangerment and language revitalization（Berlin and New York: Mouton de Gruyter 2005）、A grammar of Warrongo（Berlin & New York: De Gruyter Mouton 2011）などがある。

世界の言語と日本語　改訂版
言語類型論から見た日本語

1991年 5月25日 初　版 第1刷発行
2009年 5月25日 改訂版 第1刷発行
2020年11月12日 改訂版 第5刷発行

著　者 … 角田 太作

発行人 … 岡野秀夫
発行所 … くろしお出版
　　〒102-0084　東京都千代田区二番町4-3
　　電話 03-6261-2867　fax 03-6261-2879　www.9640.jp

装丁 … 折原カズヒロ　　　印刷・製本 … 藤原印刷株式会社

©2009　Tasaku Tsunoda, Printed in Japan
ISBN978-4-87424-448-7　C3080